我们的父亲
——泰戈尔子女回忆录

董友忱 译

人民出版社

目 录

序 言 1

回忆父亲

童 年	3
回忆什莱多赫	31
帕德玛河与"帕德玛号"船	52
喜马拉雅山之行	58
圣蒂尼克坦梵学书院	64
在圣蒂尼克坦度过的一个暑假	74
一个仲夏之夜的梦	80
痛苦的打击	82
斯瓦代什运动	97
外国之行	109
第一次观察美国	112
世界学生俱乐部	115
回国前夕	118
又回到什莱多赫	121
缤纷俱乐部	123

戏剧和演出……129
波雷什纳特山……137
吉里迪城……140
陪同爸爸在国外……143
　　在伦敦……143
　　在美国……155
几个事件……158
旅游日记……162
挪威之行遭遇的波折……173
巴黎日记……175
在欧洲其他地方……180
意大利之行……191
在欧洲边界……196
一位瑞士农民……198
波迪绍尔……200
我怎样看爸爸……203
增　补……219
　　改善农村……219
　　久格迪什琼德罗教授……231
　　拉姆戈尔山……236
日　记……249
　　宗教　1903年8月2日……250
　　女人们的权利　1905年4月……251
　　英国之行：1912年、1913年9月25日……254
　　关于《遁逃集》和《四个人》　1915年2月14日……256
书　信……258
　　旅居美国侨民的书信……258

作者介绍·· 265
回忆罗廷·· 272
一位躲在幕后的人·· 275

回忆往事

一 ··· 285
二 ··· 291
三 ··· 295
四 ··· 308
五 ··· 314
六 ··· 317

涅　槃

附　录

家庭生活中的罗宾德罗纳特·································· 369
罗宾德罗纳特的婚礼·· 378
我们的往事·· 382

译者后记·· 402

序　言

罗廷德罗纳特作为一位伟大天才父亲的儿子，一生都过着简朴的生活，这是很少见的。在很小的时候他就失去了母亲，对此他应该会记得的。他把童年和少年时期的生活梦想和渴望都放置在一边，长期以来全身心地投入到为实现父亲梦想的工作中。我们这些有机会了解罗廷哥哥的人，亲眼看到他把自己的理想和愿望弃置一边，为实现父亲——诗人的一个又一个新的计划而奔忙着。

他那种贵族特有的宁静而英俊的身体内蕴藏着一颗艺术家的心灵，但是他很少有充分表达自己艺术理想的机会。他不得不忙于讨论圣蒂尼克坦学校的各种问题和国际大学的经济法律问题——很少有时间关注他自己的画室、他的小作坊或他的园艺研究工作。他作为国立国际大学的第一任副校长（印度国立大学的校长一般都由总理兼任，各邦立大学的校长都由各邦的总督兼任，副校长实际上就是校长——译者注），在那尘封的档案里留下了他那繁重劳作和思想的印记——只有他的几位老朋友还记得这些往事。而这其中对于他那艺术家思想的记忆总是留存在他们的脑际——他们对于作为艺术家形象的回忆总是鲜活的。

我们还记得，在日本发生过的一件事。罗宾德罗纳特·泰戈尔应邀出席一个饮茶的节日聚会。饮茶仪式结束之前，所用的那些茶具特别之美体现在哪里，其历史又是什么——就这些问题，聚会的主人向罗宾德罗纳特·泰戈尔、侬多拉尔·巴苏、中国诗人徐志摩和我们其他在场的人做了讲解。最后聚会主持人手里拿起的一把长柄竹勺子吸引了我们的目光，用它可以从茶盒里取茶叶。他解释说："大约三百年前，日本的一位军队统帅制作了这把竹勺子。他虽为军队统帅，可他又是一位工匠，关于他的一切情况今天谁都不记得了。由他亲手制作的这种造型美丽的竹勺子却被人们所纪念。这把勺子就是他制作的。"

罗廷哥哥也喜欢亲手制作木工活儿。他是一位熟练的手工艺制作大师。看过他的绘画、读过他作品的人们，都会记得他那深邃的洞察力、独特的表现手法。国际大学北寓所（uttaraayan）的花园就是他的一个独特创作。

当时围绕着他的很多回忆，至今都留驻在我们的记忆里——各种节日庆典、网球比赛，迪嫩德罗纳特的品茗聚会，美术学院学生们的野炊篝火，月夜下攀登杜牧迦山，都使我们难以忘怀，而最使我们难忘的是，在开始建设斯里尼克坦那一天聚会上的谈话。那天晚上，罗廷哥哥是怎样聚精会神地聆听了著名维那琴演奏家比塔普罗姆的演奏，我至今都记忆犹新。我没有权利对他运用母语表达思想的能力进行评头品足，但是我毫不怀疑这样一点：如果进行研究，就可以断定，他是一位用英语写作的作家。作为圣蒂尼克坦学校最初时期的学生，在接受父亲长期教育过程中他获得了一些经验，而后他学会了很好地运用这些经验。我们感到遗憾的是，由于他那非常谦恭的性格，他多方面的才华，从来都没有在我们面前得到充分的展现，他也没有充分地展现的时间和机会。

雷纳德·埃尔姆赫斯特

回忆父亲

罗廷德罗纳特·泰戈尔 著

童　年

一

我们在加尔各答的这座焦拉桑科①宅第，仿佛就是一颗古老的大榕树，其繁茂的枝叶伸展开来，占据着好几印亩的土地。从历史角度看，不能说这座宅第很古老。加尔各答城是由英国人奠基的，现在的这种状态是怎样形成的，还会怎么样发展？为了自己经商的需要，英国商人们在恒河岸边开始兴建加尔各答城的时候，我的祖先们也就在那个时期在焦拉桑科附近建起了我们的宅第。虽然不能说我们的宅第历史悠久，但是我们家族有七八代人都居住在这座宅第里。这座宅第尽管还没有完全被毁坏，毫无疑问，它的周围已经发生了一些变化。其砖石结构依然如故，可是如今，在这里再也看不到这座宅第里一百多年来那些生活的遗迹了。这座宅第现在依然伫立着，但它仿佛就像既无生命又无知觉的骷髅一样——哪里都看不到生机勃勃的气息了，再也听不到欢声笑语，也听不到各个房间里传出来的歌声了，没有人在心情压抑的时候在这座宅第的屋顶晒台上或游廊里漫步了。

我就出生在这座宅第的一个房间里。我觉得，我是在吉祥时刻降生的。当时宅第的辉煌已经黯淡了，但是传统之光依然熠熠生辉。我

---

① 焦拉桑科（Joraasaanka），泰戈尔家族故居的名称，孟加拉语的意思为"双桥"。

焦拉桑科——泰戈尔家族宅第（现在为泰戈尔印度大学）的南门

的祖父代本德罗纳特大哲① 当时是这个家的家长。我的父亲是他七个儿子中最小的一位。在我的堂兄堂姐中我也是最后一个出生的。在我之前，家里已经有很多孩子出生了，因此我的降生当然没有被看作是一个特别的事件。不过，"罗比叔叔"在众多亲人中成为大家特别喜爱的对象，所以在孩提时代我也并非是根本不被关注的。几天前，我在《家庭杂记本》中看到了我被关注的证据。我的二伯父绍登德罗纳特② 获得硕士学位后从英国回来了，他没有住在焦拉桑科的家里，而是住在巴利贡吉③。每天下午我们家里的许多人都聚集在他的家里，玩耍娱乐，唱歌弹琴，聊天讨论，直到深夜。在一间大会客厅里保存一个装帧很一般的记录本。当时谁想写什么，都可以写在本子上，其名称为《家庭杂记本》。翻阅这个杂记本，就可以看到轻松快乐的笑话、有趣的诗歌、各种研究性的短文——在它的每一页上写有许多雅俗共

---

① 大哲，是人们对罗宾德罗纳特·泰戈尔的父亲的尊称。
② 绍登德罗纳特·泰戈尔（Sadyendranaath Tagore，1842—1923），诗人的二哥。
③ 巴利贡吉（Baaliganji），加尔各答城的一个富人居住社区。

赏的趣闻，阅读时就觉得非常有趣。这本杂记本几年前转到我的手里。阅读的时候，首先映入我眼帘的是，1888 年我的两位堂哥希登德罗纳特①和波棱德罗纳特②所写的两篇短文。在这里，我将这两篇短文摘录在下面。我希望我的两位过世的哥哥能原谅我。因为他们禁止发表这个杂记本里所写的东西。

罗比叔叔的孩子

1888 年 11 月

　　罗比叔叔将会有一个尊贵而幸福的儿子，不会是女儿。他不会像罗比叔叔那样幽默风趣，他会比罗比叔叔严肃深沉。他不会陷入社会事务中，而会躲在远处，独自打坐禅思神灵。
　　　　　　希登德罗纳特·泰戈尔写于花园街一号的家里

1890 年 3 月

　　希登哥哥，你的预言现在看到了——其性格严肃深沉，这是不能否认的。可是这孩子是否就不会成为社会的圣灵而成为森林中的贤哲隐士呢？我想不会的吧。严肃深沉并不是不会笑啊。罗比叔叔的性格实际上也是严肃深沉的。在笑的时候严肃深沉就会死亡，不会有这样的感觉吧。真正的严肃是需要的，而笑的意思并非所有时间都要露出牙齿。
　　　　　　　　　　　　　　B. T. ［波棱德罗纳特·泰戈尔］

至此还没有结束，还有短文继续：

---

① 希登德罗纳特（Hitendranaath，1867—1908），诗人泰戈尔的三哥海门德罗纳特（hemendranaath，1844—1884）的长子，兄弟姐妹叫他"希达"或"希度"。
② 波棱德罗纳特（Balendranaath，1870—1899），小名"波卢"，是诗人四哥比棱德罗纳特（Beerendranaath，1845—1915）唯一的儿子。

1890年3月

波棱德罗纳特哥哥，作为一种预测，希登哥哥说得很准确。让娃娃安静或者不安静，反正他现在相当吵闹。

绍罗拉① ［绍罗拉·乔杜拉妮女士］

希望可怜的孩子安静也好，吵闹也罢，在他出生之前进行上述的这种讨论对他有多少好处，我说不清楚。长大之后，我不晓得，可怜的孩子还会忍受痛苦……不过那时候可能他将学会反驳——他不会再默默地忍受这种议论。已经预测到还没有发生的事件——在这方面就不需要求助于事件的制造者——因为实际证据就在这里。

今天的男孩子们是何等珍贵啊！我们那个时候男孩子们的生平是在死后才写啊，［而现在］是在出生之前。

B.T. ［波棱德罗纳特·泰戈尔］

我堂哥们的预言是否应验了，对此我不应该说什么——不过我只能说这样一点，尽管我的堂哥希登德罗纳特有过预言，我的一生并没有在打坐禅思中度过，对此是毫无怀疑的。

我们的家庭当时是庞大的。宅第很大，可还是容纳不下所有的人。在庆祝伟大女王维多利亚诞辰纪念日的时候，有一次在我们家里讨论过她的家庭里有多少人口。在堂哥哥们中间有过一次激烈的争论：女王的家庭大还是我们的家庭大。波卢哥哥拿来一张纸，计算了两个家庭的人口数量，然后特别高兴地向大家宣布，伟大女王家庭人口数目刚好是一百人。大哲家庭有一百多位家人居住在这座宅第里。维多利亚女王家

---

① 绍罗拉（Saralaa，1872—1945），小名"绍莉"，诗人四姐绍尔诺库马丽（sharnakuma-aree，1856—1932）的二女儿。

族与大哲一家在比人口数量方面是输定了。

童年时代，我们就是在这种大家庭的环境中长大成人的。在我们国家，当时大家庭是一种潮流，大家庭的人都住在一起，尽管有诸多好处，还是有不方便之处，我作为亲身经历者，现在来说一说。我的堂哥堂姐们都比我年长，他们中的很多人知识渊博，他们的相貌俊美，身体健康。我亲妹妹的肤色如此的白皙，外貌也出奇的美丽。在家里我的肤色比较黑，从相貌上看不到智慧的表象。我的本性很害羞，身体虚弱，在心理学上被称为自卑症。这种心态仿佛从童年起就附粘在了我的身上。虽然长大了，但是我还是不能完全摆脱这种心态。多人一起居住的大家庭，就是有这样一种不方便之处——对于那些身上具有某种弱点或者身心不够坚强的人来说，他们就不得不忍受很多的痛苦。为了改善我的健康状况，在我七八岁的时候，父亲把我带到什莱多赫住了几个月。在那里我沐浴着阳光，在开阔的田野上、河滩上漫游散步，体质的确增强了很多，可是我身体上仿佛涂上了一层黑色。回到加尔各答后，我去戈格诺①堂哥家向伯母请安，她抬起我的脸来，说："哎呀，罗比把他的儿子完全变成了农民。"听了伯母这句话，我就再也没有去过她们家。

我们家的家长是我的爷爷——大哲代本德罗纳特。令我惊奇的是，他的影响波及全家的每一个人。可是他又不常住在焦拉桑科的宅第里。在我出生之前，他就住在花园大街上一栋租来的房子里。他把他的长子迪金德罗纳特和长女绍乌达米妮②也带到那里居住。住在他身边的还有他的得意门生普利耶纳特·夏斯特里。虽然他住在离家很远的地方，可是家庭生活中的大小事务都按照他的指示办理——任何地方都不曾出现

---

① 这里指的戈格诺，即戈格嫩德罗纳特·泰戈尔（Gaganendranaath Tagore，1867—1938），诗人的堂侄子，即他的堂哥古嫩德罗纳特（Gunendranaath，1847—1881）的长子，极富有创造性的画家。
② 绍乌达米妮（Soudaaminee，1847—1920），诗人的大姐，其丈夫1883年病故，当时她才36岁。

过混乱，也不曾有过因为没有指示而出现拖延懈怠的情况。我们通常看不到他，但是我们每个人都能感觉到他的影响。他从不明确地下达任何指示，强迫全家人执行他的旨意。可他却具有如此惊人的能力。

大哲住在花园大街的房子里。常常去他那里的有：什波纳特·夏斯特里① 等梵社② 的领导人，同他讨论宗教问题或者商量有关梵社的事情。除此之外，常去他那里的，还有来自孟加拉邦③ 研究探索学术理论的学识渊博的很多名士。我们从外面默默地望着，这些年迈之人怀着虔诚崇敬的心情，如何小心翼翼地走进我爷爷的房间。在他那全神贯注而又平静地沉湎于对薄伽梵④ 的静思的形象面前，在场的所有怀着某种目的的人，就会立即消除自我吹嘘、傲慢、放肆的举动，他们都虔诚地坐在大哲身边，聆听他的讲话。

我们这些小孩子在固定日子可以到他那里去。巴乌沙月⑤ 初七，玛克月十一号，新年和大哲的生日——杰斯塔月初三，我们都去向他致敬请安。直到现在，我都记得，我们何等恐惧地走进他的房间。我们向他行触脚礼⑥，然后站在他的面前，一看到他脸上那甜蜜的笑容，所有恐惧都消失了。当我发现他记得我们所有这些男女孩子们的名字的时候，我就特别得开心。带着他那充满慈爱的祝福走出他的房间，我就仿佛觉得，我获得了新生。

---

① 什波纳特·夏斯特里（Shibanaath shaastree，1847—1919），学者，文学家，教育家，社会改革家，梵社的创始人。
② 梵社（brahmasamaaj），19 世纪由什波纳特·夏斯特里、拉姆莫洪·拉伊、泰戈尔的父亲代本德罗纳特等人创立的印度教的新教派，其主张反对偶像崇拜，以《吠檀多》为经典。
③ 孟加拉邦，在 1947 年 8 月 15 日前指现在印度的西孟加拉邦和孟加拉国的总称。
④ 薄伽梵，印度教徒信奉的天神，为中文的音译名称（Bagaavan）。
⑤ 巴乌沙月、玛克月、杰斯塔月等都是印度与孟加拉国月份的名称，巴乌沙月在公历的 12 月至次年 1 月间；玛克月在公历的 1—2 月间；杰斯塔月在公历的 5—6 月间。
⑥ 触脚礼，印度教社会流行的礼节，即跪在地上用右手触摸对方的脚面，然后触摸自己的头，即做出从对方的脚上抓取尘土放在自己头上的动作。

我的大姑妈绍乌达米妮，负责照顾我的爷爷——我们的家长。自从大姑父去世之后，大姑妈就放弃了自己的家庭生活，将全部精力都用于照顾她父亲了。大哲在垂暮之年耳朵的听力差了，因此，所有时间都要有人陪伴在他的身边。爷爷坐在外室①的时候，有普里耶纳特·夏斯特里陪伴，其他时间都由大姑妈陪伴照看，在爷爷的饮食方面不会出现任何差池。吃的食物非常简单，但是规定的量一点儿都不能超过。豆汤、蔬菜的烹调都要放一定量的糖。"泰戈尔家的菜系都是甜的"——人们的这种印象大概由此而来。爷爷的食物虽然简单，但是种类并不少。看到食盘里的牛奶和甜米奶糕，我就感到很惊奇。当时在想，处在高龄的爷爷怎么能吃牛奶、奶酪之类的食品呢？从前人们的消化能力当然是很强的。我听说，拉姆莫洪·拉伊②一次吃掉了一头山羊的肉。

爷爷的房间在二层，一层住着我的大伯迪金德罗纳特。从他的房间旁边经过时我的恐惧感并没有减少。我迈着轻轻的脚步从他的门前一经过，就拼命地一下子跑进花园里。大伯父用锐利的目光透过他那长长的胡须望着我们的时候，我们就感到害怕，但是当他那爽朗的笑声在整个楼房里回荡的时候，我们的恐惧感就立即消失了。我明白了，他也是和其他人一样的人。大伯父的笑声令我难以忘怀。发自他那纯洁的童心的笑声，就像喷泉似的喷射出来。

大伯父自己也有一个很大的家庭，有很多孩子，但是他从来都不被家庭所累。他尽管居住在尘世间，可又仿佛置身于尘世之外。他摆脱了现实，每天都生活在精神王国里。他是研究理论的学者，《吠檀多》是他的精神食粮。他常常撰写有关哲学方面的文章，将德国哲学家康德的理论与印度哲学进行比较。但是枯燥的学术研究并不是他唯一的追

---

① 印度教徒的大户人家，房屋布局分为内室和外室。内室是女眷活动的场所，外室是男人活动的场所。
② 拉姆莫洪·拉伊（Raammohan raaya，1772—1833），孟加拉人，印度近代社会改革家，宗教改革家，语言学家。有人将其译为"罗摩莫罕·罗易"。

求。我们在他的长诗《梦游》里了解到他的诗情。这部长诗实现了韵律、语言与想象的巧妙结合,在孟加拉文学上占有一个特殊的位置。听说,这本书出版之后,迈克尔·莫图舒顿①在巴尔图书馆对他的朋友们说:"如果什么时候我应该脱帽站立在什么人的身边,我就会站立在那部《梦游》诗人的身边。"我们从几篇短小诗歌作品中就可以了解到,大伯父是一位怎样的幽默之人。需要派人去叫某人,需要通知某些事情,需要办理一些琐事,他不写便条,而是写三四行诗派人送去,这已经成为他的习惯。在这种类似儿歌的短诗中蕴含着相当多的幽默。我记得这样一首儿歌:

> 在南方,在北方,
> 你的行程有升有降。
> 委托你把这封信交到
> 你们导师们的手上。
> 你还要说:"下来接吧。
> 这是你大哥的妙手所创。
> 赶快看一下,
> 请回答吧,
> 我现在就此告辞。"

每当大伯父放弃哲学思考,想休息的时候,他休息的方式也是新奇的。对他来说,深入思考数学的复杂问题,就像做游戏一样。在他的桌子上放着一堆笔记本,笔记本的每一页上都画有数不清的奇怪的符号。看到这些符号,我们都感到很惊奇。放下数学,有时他就想阅读文

---

① 迈克尔·莫图舒顿·德多(Maaikal Madhushoodan Data,1824—1873),用孟加拉语创作无韵诗的第一位诗人,是印度十四行诗的首创者。

学作品。在闲暇时间，他阅读的作品有《鲁滨逊漂流记》以及狄更斯或司各特的短篇小说。直到晚年，他还在多次阅读《鲁滨逊漂流记》。他还有一项消遣——用折纸来制作各种东西。他不是随随便便地做折纸。每当需要制作某种新东西的时候，他就会想出一种折纸的方法，为了不忘记，还要配写相应的儿歌。在他的一个笔记本里写有很多这样的儿歌，大伯父给它起了个名字——韵律诗盒。他非常热衷做的，就是抓住我们让我们背诵这种儿歌，教我们做纸盒。还有一件事，大概很多人不知道，我也要说一说。大伯父创造了孟加拉语的速记法。他发明的这种速记符号表，也是用朗朗上口的诗歌写成的。

有关大伯父那单纯的童真般的心灵，可以举出很多的事例来。他买了一辆自行车——是一辆很大的三轮车。早晨他骑着这辆三轮车，沿着花园大街向摩耶丹广场前进。他有一套骑车散步的奇特服装——在他的身上加两件外套。第一件外套上的纽扣掉了，所以第一件外套就得从前面穿，这样就把前胸全遮住了——然后再正常地穿好第二件外套。他就穿着这身奇特的装束，在巴利贡吉街区骑车漫游，毫无拘谨困窘之意。

那个时候很多体面人士常常来拜访大伯父。我们虽然站在外面，距离客厅比较远，可是他们在严肃认真地商谈问题的时候，大伯父那爽朗的笑声还是不时地传到我们的耳朵里。在与朋友们交谈后常常要请他们在某个时间吃饭，随后他就把此事忘掉了，他的大儿媳妇赫摩洛达因此很是不满。几位年迈的有身份的人中午来了，沉浸在与迪金德罗纳特讨论哲学经典之中，谁也不提该离开了。为了表达到了该吃饭时间的信息，赫摩洛达女士只能走来走去，这时候一句高声话语传到我的耳朵里——她对仆人说："我招待这些客人在哪里吃饭呀？"这一类的事情常常发生。估计，由于产生了误会，很多时候被邀请来的一些有身份之人都主动离开了。

大伯父真的缺乏一般性的常识。一部名为《真理讨论的总结》的哲学著作写完了，要在一次学者会议上宣读，可是在此前他要读给某个人听一听。作品写完了，他在家里却找不到人。只有一个老年女仆在打扫房间，除了她，就再也没有什么人了。有人发现，那位老女仆蒙着头巾，坐在迪金德罗纳特面前的地板上，而大伯父从头至尾给她朗读了一遍《真理讨论的总结》。

大伯父的才华是多方面的，但是仿佛他又与这个现实世界没有什么联系似的。他完全生活在他那幻想世界的一个纯粹情感的王国里。

我的二伯父绍登德罗纳特的生活环境完全是另一种类型。他也曾经在花园街区居住过，就在大哲所住的那栋楼的附近。但是他那里的氛围却是另一种样子。他是旧时代从英国留学归来的人，是进入英印行政机构的第一位印度人。许多从英国回来的留学人士经常去他家里。巴利贡吉街区是英国人居住的地区，有一些与英国人关系密切的孟加拉人，都想把脑袋削个尖，钻到那里去租房子住。他们中的大多数都是有身份的人，有的是政府的高级官员，多数是律师，很多人作为专家在法律部门任职。在英国人统治的最初时期，谋生的途径是很有限的。有天分的青年一旦获得了机会，就会前往英国，回来后就会成为专家。当时从英国留学归来的人是很有声望的。如果能在高等法院任职，就会赚很多的钱。在闲暇的时候，这些人也关注爱国战士的事业，那个时候国大党的领导者中大部分人都在法律部门任职。他们具有成为领导者的所有素质，有智慧，有口才，有财富，有声望，只是缺少与国人的心灵沟通。因此那个时代的国大党只是局限在知识分子狭窄的群体里。他们与国内的普通老百姓没有任何联系。因此，国大党发动的运动并没有得到人民群众的响应。

不过，所有这些献身于国大党事业的人士，都是很有才干的。一个时期印度母亲孕育了这些不同凡响的强有力的人士，她的这一个特殊的成就是不可否认的。在孟加拉邦，除了苏棱德罗纳特·般多巴泰[①]、

[①] 苏棱德罗纳特·般多巴泰（Surendranaath bandyopaadhyaaya，1848—1925），出生在加尔各答，父亲是著名医生。曾经留学英国，在印度一些大学教授过英语。印度国大党创始人之一，创办过《印度爱国者》，担任过《孟加拉人》的主编。

拉斯比哈里·高士①、阿侬德莫洪·巴苏②、拉尔莫洪·高士、阿舒多什·乔杜里③，还可以举出很多杰出人士的名字，他们在印度的政治历史上是永远值得纪念的。

几乎所有这些人经常来二伯父的家里，他们同我们家的关系相当密切。除了国大党这些领导人，二伯父还与克里什那戈宾多·古普多、罗梅什琼德罗·德多等他同时代的政治家也保持着特别的友谊。每天傍晚，这些人都聚集在巴利贡吉的二伯父家里，闲聊直到深夜。对我来说，当然不可能理解他们所进行的交谈、讨论和争论。二伯母就是他们这个家庭的女主人。在接待所有这些客人方面，二伯母具有一种独特的能力，她会用自己的爱心让每个人都感到满意。她还是年纪很小的一个小姑娘时，从杰索尔地区的农村来到加尔各答，成为泰戈尔家的媳妇。在二伯父亲手调教下，她不仅学会了英语，还通过孟加拉语接受了全面的教育，而且还摆脱了当时街区女人们所固有的迷信。二伯父带她去了英国。她还在二伯父工作之地孟买地区游览过很多地方。看到波斯、马拉提、古贾拉提少女们那种简朴自由的精神状态，回来后她就在孟加拉女人中间进行热情的讲述。在孟加拉邦，当时少女们的服装是非常简单的，二伯母就在姑娘们中间倡导穿肥大的短袖连衣裙等外衣，按照孟买女人的款式穿戴纱丽。

那时候父亲有一匹枣红色的老马和一辆带篷的马车。下午的时候，他常常带着我们去他二哥家里。那匹老马慢悠悠地拉着马车，从焦拉桑科到巴利贡吉，要花费很多时间。在二伯父家里，最吸引我爸爸的是奥

---

① 拉斯比哈里·高士（Raasbihaaree ghosh，1845—1921），出生于孟加拉邦的波尔陀曼县，是位富翁和慈善家，曾经向加尔各答大学捐赠过巨额资金。
② 阿侬德莫洪·巴苏（Aanandamohan basu，1847—1906），教育家，政治家，国大党领导人。
③ 阿舒多什·乔杜里（Aashutosh Chaudhuree，1888—1944），孟加拉语诗人，歌曲作家，民歌收集者，出生在吉大港。

寇耶·乔杜里①和洛肯·巴利特②。爸爸那时候写了什么新作品，诗歌或文章，都很愿意读给他们两个人听，并和他们一起讨论作品。洛肯·巴利特当时刚从英国回来，他既善于背诵诗歌，又十分热衷于讨论诗歌。因此，爸爸很快就同洛肯先生建立了友谊。爸爸深信他的文学悟性。奥寇耶·乔杜里先生比他们俩都年长。他学识渊博，很懂艺术情味，爸爸对他十分尊敬。

闲聊着体育运动和社会上的各种传闻，不知不觉已经到了深夜。我们又坐上车，慢悠悠地往家里赶路。加尔各答的大街上当时没有多少人，也没有汽车行驶，我们回家的时候，四周围静悄悄的，街上已经没有行人，也没有车马走动，只有我们那匹老马"吧嗒吧嗒"的马蹄声不时地传到耳朵里。大街上，在嘎斯灯光的照耀下，树叶的长长影子一会儿落在左边，一会儿又落在右边，不断地从身边闪过。在这漆黑的夜里，望着这种光和影无休止的晃动，就回忆起许多鬼怪的故事。后来我就躺在妈妈的怀里睡着了。马车已进入早已熟悉的焦拉桑科胡同，妈妈那温柔的叫声又把我唤醒了。

我在讲述往事的时候，有一件事是值得说一说的。这不是我记忆中的故事，是我长大后听爸爸说的。国大党在加尔各答活动。一些重要的领导人从印度各邦纷纷来到加尔各答。连日来，他们在国大党的讲坛上发表了很多演讲，告诉爱国战士们应该做什么。达罗克纳特·巴利特在集市散场之前准备请国大党的这些领导人到他家吃午饭，目的是相互祝福。巴利特先生邀请我父亲参加，还特别要求说，要为这些领导者唱歌。戈格诺哥哥的三兄弟也受到了邀请。跟他们商量后决定，焦拉桑科的家里四个人去参加午餐会，完全按照孟加拉人的装束，穿围

---

① 奥寇耶琼德罗·乔杜里（Akkhayachandra Chaudhuree，1850—1898），泰戈尔一家的亲密朋友，诗人的五哥久迪林德罗纳特的同学，酷爱音乐的学者，作曲家。
② 洛肯·巴利特（loken paalit，1864—1915），1879—1882年在伦敦大学读书，与泰戈尔相识，并成为诗人的亲密朋友。

裤①，外加披肩。可以预料到，穿围裤参加孟加拉先生们的午餐会，在清一色外国派头的国大党领导人面前，会成为怎样的笑料——在这种充满外国派头的气氛中，父亲他根本不想演唱爱国歌曲。他怀着抑郁不快的心情上了车。

午餐一结束，演讲就开始了，中间安排一个时间让爸爸唱歌。于是爸爸唱道：

你们没有说，没有说让我唱歌。
这难道是开玩笑？娱乐的聚会纯系用假话来骗我。
这泪水，失望的叹息，侮辱性的话语，穷人的希冀，
因撕心裂肺的苦衷在心里将深沉的心痛低低述说。
这难道是开玩笑？娱乐的聚会纯系用假话来骗我。
我来这里难道是为了获得声誉而用祈求和鼓掌取乐？
你们靠说假话而获得虚假殊荣，在虚假做作中度过今夜？
今天谁会觉醒，今天谁会觉醒，谁想消除母亲的羞涩？
谁希望将生命献到母亲的脚下，谁会痛哭哦？
这难道是开玩笑？娱乐的聚会纯系用假话来骗我。

所有人听后都惊呆了。午餐会的气氛被破坏了，大家面色抑郁地纷纷离去了。

二

我们住在焦拉桑科的家里。大哲爷爷有自己的家，就是达罗卡纳特·泰戈尔的内宅。他为自己在院子里另建了一栋楼——那里是他的会

---

① 围裤，印度男人穿的服装，实际上就是一块布，缠在下身，也音译为"拖提"。

客厅。分家产的时候这栋五号楼分给了戈格诺哥哥他们一家了。戈格诺哥哥、绍莫罗①哥哥、奥波恩②哥哥,三兄弟同住在那栋楼里。他们家是孟加拉独特的地主之家,那里不缺少富丽豪华的陈设。但是在那里长大成人的三兄弟,并没有让自己沾染上享乐酗酒的习气。他们的精力都用在了读书学习和研究艺术方面了。常到他们那里去的,既有加尔各答的富人,也有知识渊博的学者。我并不是说,他们家里一点儿病态的心理都没有,但是他们没有任何不正常的怨恨或被扭曲的心态。在"那个"家里比"这个"家里的孩子数量多——我们经常去那里玩耍。但是每当大祭节的时候,或者婚庆等节日,就在花园里搭建彩棚舞台,唱歌,演奏乐器,请专业舞女来跳舞,或者聘请剧团来演出,我们就在家里的凉台上偷偷地观看,想以此来排解自己的遗憾心理。我的大哲祖父禁止这一类的娱乐活动。不过,有一次,我们听说书,满足了我们的愿望。哥哥们请来了一位著名的说书大师,在伯母的三层客厅里连续说讲《罗摩衍那》③达一个月之久。说书人的嗓音很甜美,说讲的方式就是表演,而且也很文雅。每天傍晚,我们家里所有人都一起去聆听《罗摩衍那》。这种高水平的说书人现在再也见不到了。

从童年起,我们这几个孩子是在不同的环境中长大的:这就是大哲爷爷那种笃信宗教的典范,大伯父迪金德罗纳特的博学和朴实,二伯父绍登德罗纳特那种摆脱旧习惯的现代派作风,以及堂哥戈格嫩德罗纳特家里那种研究艺术的气氛。

就在我十岁之前,我们都住在焦拉桑科的家里,但是就在这座住宅里,我们的住处也经常变换。爸爸从来都不会在一个地方住得很久,

---

① 绍莫罗,即绍莫棱德罗纳特(Samarendranath Tagore,1870—1951),诗人的堂侄子,即他的堂哥古嫩德罗纳特的次子。
② 奥波恩,即奥波宁德罗纳特·泰戈尔(Abaneendraanath Tagore,1871—1951),诗人的堂侄子,即他的堂哥古嫩德罗纳特的三子,著名画家。
③ 印度古代一部大史诗(Raamaayana)。

更换环境是他的天生爱好。一段时间住在二层,有一段时间要往三层搬,妈妈就反对,所以爸爸就单独搬进另一个房间里居住。爸爸带着他的桌子、椅子和书籍,随心所欲地变换住所。妈妈带着我们住进了三层的另一个房间。变换房间是爸爸的一种习惯——他还频繁地更换房间里的装饰品。我很小的时候就看到,洁白的墙壁上挂着一幅幅英国画的复制品。一两幅画的名称我还记得:伯恩—琼斯所画的《希望》,米勒所画的《播种》。此后,罗比·波尔马①时代到来了。爸爸摘掉了英国的画儿,在墙上挂满了一幅幅镶有镜框的罗比·波尔马的大型油画儿。这些带有欧洲风格的油画儿在墙上挂了不多日子,他又不喜欢了。有一天,这些画儿被摘掉了,换上了几幅古代故事画儿——有搅海故事、蛇祭故事等奇妙的绘画。直到今天我都不知道,这些画儿是出自哪位艺术家之手。

爸爸在他自己的房间里写东西。在他写作的时候,禁止我们进入他的房间。星期天上午,爸爸把姐姐和我叫到他的房间里。那一天是给钟表上发条的日子。最初,他总是先给一只金壳怀表拧紧发条。那块表是他结婚的时候收到的新婚礼物。怀表的两面都有表盖,打开扣环,表盖里面刻有 R.T. 两个字母。几年之后,爸爸不得不把这块怀表卖掉。当时圣蒂尼克坦的静修书院开张了,手里没有钱,把家里能变卖的东西都一件一件地卖掉了,甚至把妈妈的藏书也卖了,因为在那里已经开始建设学生宿舍了。奥寇耶·乔杜里先生的妻子(我们家里人都叫她拉霍丽妮)买走了爸爸的那块怀表。过了很多年之后,在我结婚的时候,她送给我一个小盒子作为结婚礼物。打开盒盖一看,我惊呆了,盒子里面装着我爸爸的那块怀表!我心里充满了感激之情。这块怀表现在珍藏在泰戈尔纪念馆里。

在给怀表上紧发条之后,又轮到给装在皮箱里的一个挂钟上发条

---

① 罗比·波尔马(Rabi Barmaa,1848—1907),19 世纪印度著名画家。

了。那架挂钟还有一段历史。我的曾祖父达罗卡纳特去英国的时候，在一位名叫麦克凯博的著名钟表制造工匠那里预定一架挂钟。麦克凯博是世界著名的工艺大师，他亲手制作的钟表非常昂贵。购买那架挂钟的款预先支付了。过了几天之后，即1846年8月1日达罗卡纳特在英国突

焦拉桑科—泰戈尔之家：泰戈尔故居东侧临街的标识

焦拉桑科——位于加尔各答的泰戈尔家的宅邸

然病故了。麦克凯博没有得到他病故的消息。那架挂钟做好了，却找不到买主。经过多方努力打听，在东印度公司的帮助下，麦克凯博终于找到了达罗卡纳特财产的继承人，并且把挂钟寄给了我的爷爷——代本德罗纳特大哲。我爷爷对于麦克凯博的这种诚信善举非常感动。我爷爷后来把这架挂钟送给了我爸爸。所以这架挂钟在爸爸那里就显得特别珍贵，他十分精心地保存着，并且亲自定期给它上发条。我和姐姐经常看着爸爸给它上发条，这就像是每周一次聚会一样。

经常有人来看望爸爸，其中大多数为诗人、作家、编辑一类的文学家。在童年，我经常看到，普里耶纳特·森①、绍琼德罗·马宗达②、奥寇耶·乔杜里、比哈里拉尔·丘克罗博尔迪③等先生们常来我家。其中绍琼德罗·马宗达先生就像我们家里人一样，我们就叫他伯父。可是他当上副县长之后，需要常常下乡巡视，就不能常来焦拉桑科了。在我八九岁的时候，我看到吉多龙睿·达什经常来我们家。当时他成为律师后刚从英国回来，开始在加尔各答高等法院图书馆工作。他整天等待着接受"命令"，感到很疲惫，傍晚的时候他匆忙地来到焦拉桑科。他一边沿着楼梯上楼，一边高声说道："婶娘啊，我回来了，有肉饼吃吗？"他很喜欢吃肉，妈妈也总是高兴地让他吃得心满意足。吃过饭之后，他就从衣兜里掏出一个笔记本来，朗读他最近创作的诗歌给爸爸听。当时吉多龙睿的心思不在政治方面，他很想成为一名诗人。爸爸告诉他，哪

---

① 普里耶纳特·森（Priyanaath Sen，1854—1916），诗人泰戈尔特别亲密的朋友和文学伙伴，在很多方面帮助过诗人。他懂英语、法语和意大利语，具有文学才华。
② 绍琼德罗·马宗达（Shreeshacandra Majumadaar，1860—1908），诗人泰戈尔的亲密朋友。他的儿女成为圣蒂尼克坦学校的学生。他由于突发心脏病而去世，诗人将其一家接到圣蒂尼克坦，精心照料，承担起抚养的责任。他的大儿子成为泰戈尔学校的教师，他的女儿玛罗玛（努度）成为诗人最喜爱的吟唱诗人泰戈尔歌曲的歌手。
③ 比哈里拉尔·丘克罗博尔迪（Bihaareelaal Chakrabartee，1835—1894），诗人，也是教授少年泰戈尔诗歌的老师。后来成为诗人泰戈尔的亲家，他的三子绍罗特库马尔与诗人的大女儿玛图莉洛达（贝拉）结婚。

一首诗如何修改好，吉多龙窘·达什先生听了很高兴，然后他才回家。

还有一些人常来爸爸身边，他们的名字现在我已经不记得了，可是我却清楚地记得普里耶纳特·森。他精通法律，与律师事务所保持着联系，但是他很有文学品味，所以他在学者中间也很有名气。他喜爱欧洲文学，在这方面他很有造诣——新书一出版，他就想购买。在他的藏书中收集有无价的图书——那里的每一本书都很珍贵。诗人比哈里拉尔·丘克罗博尔迪是他的邻居。普里耶纳特先生和比哈里拉尔先生这两个人同我爸爸一直保持着坦诚的友谊。

爸爸在他自己的房间里读书写作，妈妈带着我们几个孩子操持家务。因此，当我回忆起童年往事的时候，更多的是回忆起妈妈的故事。她自己有 5 个子女，但是她的家庭生活面更广阔。尽管她是这个大家庭的小儿媳妇，可是她却是焦拉桑科家庭真正的女主人。她的侄女、侄媳妇们都喜欢跑到这位婶母的身边来，讲述她们的悲欢苦乐。她对待所有人都一视同仁，她为大家的痛苦而痛苦，为大家的欢乐而欢乐。她从不发号施令，而是以慈爱赢得了大家的欢心。所以小孩子们尊敬爱戴她，大人们也疼爱她。在所有孩子们中，妈妈特别喜爱波卢[①]哥哥。妈妈从来没有上过学，可她在爸爸身边获得了各种教育。波卢哥哥从很小的年龄起就陶醉在文学的趣味里。他阅读某一本梵文、孟加拉文、英文书的时候，要是不把这些书的内容讲给婶母听一听，他是不会甘心的。由于经常听波卢哥哥的朗读，母亲对这三种语言的文学有了很好的了解。波卢哥哥对我就像对待自己的亲弟弟一样，对我特别疼爱。他是我少年时代的榜样，我总是跟在他身后转来转去。妈妈给我洗澡，但是我总是跑到波卢哥哥那里去梳理头发。如果他在二层他的房间里，我就跑到他那里，让他给我梳头，然后我就用双手紧紧地捂着头跑回三层的房间，为

[①] 波卢，即波棱德罗纳特（Balendranaath，1870—1899）的爱称，他是诗人四哥比棱德罗纳特（Beerendranaath，1845—1915）唯一的孩子。他是诗人最疼爱的三个侄子之一，从小体弱多病，两腿有些弯曲。

的是不让我的头发乱了。在他的房间旁边有一棵梨树,他把手伸出窗外,摘了一些半生不熟的梨子给我吃。我甚至连梨里面的籽儿都没有扔掉,统统吃到肚子里了。当时他吓唬我说:"你吃了梨籽儿,你的肚子里会长出梨树来的。"我真的害怕了,回到家后,跑到屋顶晒台上,多次用手摸着头查看,梨树是否会顶破我的头啊。

爸爸也非常疼爱波卢哥哥。看到他专注文学研究,爸爸非常开心。我还有一位堂哥苏廷德罗纳特①,他也喜欢文学。那时候我们家开始出版《少年》月刊,我的二伯母甘丹诺蒂妮担任这刊物的主编。这个月刊没有坚持太多时日。我认为,这是在孟加拉邦编辑出版适合男女少年阅读的月刊第一次尝试。爸爸鼓励波卢哥哥和苏廷哥哥定期给《少年》月刊写稿。他们为《少年》月刊写了不少作品。后来爸爸在做《婆罗蒂》和《实践》两个月刊的编辑工作方面,这两位堂哥都给予了他相当大的帮助。

波卢哥哥的某一篇文章写好了,他就拿来给我爸爸审查。从思想和语言两个方面认真审读后,爸爸向他讲解应该怎样写。波卢哥哥重新改写后又拿来,爸爸还发现一些缺点,他再进行反复修改。不达到完美的程度,爸爸是不会放过的,波卢哥哥也以无限的耐心一次又一次地修改。通过这样严格的练习,可以看到,在波卢哥哥所写的作品中所表达的思想和所使用的语言,都达到了惊人的精确严谨程度,没有一点儿夸大,也没有一句废话。波卢哥哥年纪轻轻的就死了,他只给孟加拉文学贡献了两本诗集和一本文集。虽然他的贡献不多,但他的作品在文坛上将会永远赢得特殊的尊重。

在我们二层房间的前面,有一个很宽大的屋顶晒台,中间还有一个高高的平台——就像是这座楼房的露天客厅。男女孩子们整天在那里嬉闹玩耍——他们那种铜铃般的悦耳童声在四周回荡。太阳落山之

---

① 苏廷德罗纳特(Sudheendranaath,1869—1929),诗人大哥迪金德罗纳特的四子。

后，仆人们搬来长长的靠枕床垫，将其铺在高台上，姑娘们就在床垫上坐下来。当时还没有饮茶的习惯，妈妈会做各种甜食，那一天她就把在家里做好的东西拿出来，分给大家吃。在夏天，还增添些用芒果制作的饮料。

　　傍晚，夜色渐渐变得浓重了。负责点灯的佣人把一盏盏带有玻璃罩的煤油灯陆续点燃，摆放在一个一个的房间里。姑娘们这时候就聚集在一起，靠着长长的靠枕，坐在屋顶晒台所铺设的床垫上。家里的男人们此时也都奔向那里。来参加屋顶晒台聚会的人很多，唱歌开始了。那个时期我们家里所有时间都能听到唱歌和演奏乐器。迪本德罗纳特[①]堂哥经常带着音乐教师到客厅里来参加音乐聚会。当时一些有名的音乐教师，经常来我们家客厅教唱歌曲。拉提迦·高莎米[②]也来教过我们高雅的歌曲。在客厅里有一台大钢琴，五伯父久迪林德罗纳特白天晚上都在弹奏。有时他离开钢琴，又拿起小提琴。他习惯于一边弹着钢琴一边谱曲。堂姐们几乎都会唱歌。如果说我们家里的内室和外室总是回荡着歌声，那并不是夸张。我们家里的人都喜欢唱歌弹琴。在我们家里的所有角落，所有时间都可以听到甜美的歌声和琴声。

　　傍晚，爸爸有时也来屋顶晒台，与哥哥们一起坐在那里。那时候大家常常聚在一起唱歌。爸爸也会唱歌的——一个小时又一个小时过去了，他不知疲倦地唱着歌。有时他让我的堂姐们唱，其中嗓音最甜美的，是我三伯父的小女儿奥琵姐姐。爸爸热切希望，她长大后能成为一个空前绝后的歌手，但是爸爸的希望未能实现，奥琵[③]姐姐小小的年纪就死了。

---

① 迪本德罗纳特（Dvipendranaath，1862—1922），诗人泰戈尔的大哥迪金德罗纳特（Dvijendranath）的长子，爱称"迪布"。
② 拉提迦·高莎米（Raadhikaa Gosvaamee，1861—1925），著名歌唱家。
③ 奥琵，奥琵甘·丘多巴泰（abhijgaan chattopaadhyaaya，1874—1895）的小名，是诗人三哥海门德罗纳特的三女儿。她结婚几个月后就因患肺结核而死亡。

在屋顶晒台上，还有多少首歌曲没有演唱过啊！在哪里还会有比歌声更适合孩子们成长的环境啊！一株古老的高大乔木将其枝叶伸向屋顶晒台。日终时分，在习习和风的吹拂下，它的嫩叶不停地颤抖着，朦胧的月光将空前的虚幻之网撒在晚间的聚会上。突然诗人吟唱起来：

　　心灵是在渴望
　　赞歌的玉液琼浆。

歌之泉水喷涌出来。有时他就采用优美甜蜜的曲调：

　　你是我的，你是我的；
　　你在我那无限的天宇漫步游荡。

爸爸一首接一首地唱着歌，那歌声在我们焦拉桑科家的屋顶上空回荡。

每一天都进行这种演唱。我们这些孩子们不知道这种歌唱继续到深夜何时，因为在歌唱晚会结束之前，我们就早已入睡了。那时候激励我爸爸谱写新歌曲的，正是奥莫拉姐姐，即吉多龙寡·达什的妹妹。她对我妈妈的感情也很深。妈妈如此地深爱奥莫拉姐姐，有时妈妈竟然把她带到我们家里来，让她住在自己身边。了解到她的唱歌天赋后，爸爸就让她到拉提迦·高沙米那里去学习印地语歌曲。在很短的几天内这位歌手就学会了很多歌曲。奥莫拉姐姐的嗓子既能轻松地演唱严肃的低音歌曲，又能演唱高亢的歌曲，于是爸爸就开始创作适合她演唱的歌曲。当时爸爸为奥莫拉姐姐演唱而谱写了一些歌曲，其中的一两首，我还记得，例如：

　　永恒的朋友，你不要离开我，不要离去；

你是何人啊，滞留在这陌生的住所；

宇宙之主，今天何人滞留在我的心里。

我猜测，爸爸在谱写这些歌曲的时候是从拉提迦先生那里借鉴了一些曲调。奥莫拉姐姐来了之后，在晚上聚会的时候她演唱过很多的歌曲。

有一天，大家在一起聊天，唱歌，不知不觉已经到了深夜，大家都饿了。当时正是夏季的夜里，人们都喜欢吃米饭。妈妈过来做饭了。但是吃什么菜就成为极大的问题，深夜根本搞不到鱼和肉啊。其中一位堂哥说："我提供一个办法，让你们大家都流口水。"靠近伯父的房间有一棵芒果树，因为害怕这位伯父，男孩子们谁都不敢偷摘这树上的芒果。伯母当时已经入睡了，堂哥借此机会从屋顶爬到树上，摘了一兜子芒果来。深夜两点钟的时候，大家就着生芒果的酸味很满意地吃了一顿夜餐。这类新奇的事情经常发生。

玛克月大祭节，是我们家每年最隆重的节日。我爷爷——大哲在世的时候，这个节日过得非常隆重。玛克月大祭节的筹备工作提前一个月就开始了，特别重视歌曲的排练。爸爸每年都要创作新的歌曲。谱写好曲子，爸爸就让拉提迦先生或其他歌手学唱，然后由迪布[①]哥哥负责组织排练。他有一个由三四十人组成的合唱伴奏队。每天晚上，从我们家里都会传出悠扬的歌声。爸爸每一次都坐在祭坛上进行祈祷，他自己什么歌儿都不唱，而是分派一些歌曲让堂姐们演唱。奥莫拉姐姐在的时候，她总是要唱一两首歌曲。迪嫩德罗纳特[②]当时还是个少年，他还没有达到跟大家一起唱歌的年龄，大部分歌曲都是大家一起合唱。在孟加拉邦，当时合唱还没有特别流行——所以人们都非常喜欢来我们家，聆

[①] 迪布（deepu），迪本德罗纳特（Dvipendranaah，1862—1922）爱称，为诗人大哥迪金德罗纳特（dvijendranaate，1840—1926）的长子，是大哲代本德罗纳特的长孙。

[②] 迪嫩德罗纳特（Dinendranaath，1882—1935），是诗人泰戈尔的大哥迪金德罗纳特的孙子，即他长子迪本德罗纳特和苏什拉唯一的儿子，小名迪奴。

听玛克月大祭节的演唱。

一方面进行歌曲的排练,另一方面要大张旗鼓地装饰庭院。负责装饰工作的是尼丁德罗纳特①哥哥。尼杜哥哥在世的时候,他每年都发明一种新方式进行装饰,他从不按老套路进行装饰。有一次,他的装饰非常有趣。那一次尼杜哥哥突发奇想,在建筑物的圆柱上粘贴一层苔藓,在上面再插上各种各样的鲜花。如此之多的苔藓在加尔各答怎么能搞到呢?也不可能从大吉岭运来。不过他是一位不肯轻易罢手的人。他雇请一些渔夫从贝哈拉、迦尸普尔等地池塘里把苔藓一车一车地运来,以此完成了装饰工作。戈格诺哥哥和奥波诺哥哥对尼杜哥哥有点儿反感。装饰工作完成后,尼杜哥哥从凉台上对他们俩招呼道:"我说G.N.T.②,我说A.N.T.③,现在你们俩可以上来了。"堂哥们都是奇思妙想的能手。

他们看到或听说人们经过池塘时什么话都不说,都用手帕捂着鼻子走开了。这是怎么回事呢?原来变质的池塘水中散发着一股鱼腥般的臭味。当时该怎么办呢?尼杜哥哥跑到商店里,买回了薰衣草香水、花露水和玫瑰花水。喷洒三四瓶后,臭味就消失了。

第二天,照例欢度玛克月大祭节,来宾们就不用手帕捂着鼻子了。

在玛克月大祭节的第二天,即玛克月十二号,是我们小孩子们的真正节日。节日一开始,我们家就占据了租来的移动房子,坐在那里吃卢奇甜饼和土豆南瓜菜肴。祭祀用过的简洁食品怎么会不好吃呢!那时候白天没有电力供应。搬运工头上顶着大篮子,里面装有蜡烛和各种颜

---

① 尼丁德罗纳特(Neeteendranaath,1867—1901),小名"尼杜""尼达",诗人大哥的三子。
② G.N.T.——戈格嫩德罗纳特·泰戈尔的英文名字缩写,即Gaganendranaath Tagore的缩写。
③ A.N.T.——奥波宁德罗纳特·泰戈尔英文名字的缩写,即Abaneendranaath Tagore的缩写。

色的灯笼，他们从警察局大楼的仓库走过来。节日结束的时候搬运工们打开这些篮子之前，我们就开始收集点燃过的蜡烛碎块，互相争抢着从一堆堆灯笼上掉下来的玻璃碎片。因为透过灯笼上转动的玻璃片，可以非常有趣地观察五彩缤纷的彩虹。黄昏降临了，模仿节日晚会的演唱会就开始了，大家用各种动听的声音唱起歌来。

在我的伯父们负责筹划晚会的时候，一般都举办"学者聚会"。在我爸爸负责筹划的时候，大祭节就变成了奇妙的"娱乐聚会"。在开始举办"娱乐聚会"时我已经长大了一点儿，所以我清楚地记得这种聚会。这种聚会没有什么固定规矩，就是15—20来个朋友聚在一起。这种聚会是由爸爸和波卢堂哥倡议举办的。虽然对于参加人员没有什么要求，但是与会者大都是作家、诗人、艺术家、歌唱家和演员。参加聚会的人员都因为在某一方面有一定的特长而出名，而我们家里有我爸爸、波卢哥哥、迪布哥哥、戈格诺哥哥、绍莫罗哥哥和奥波诺哥哥参加。还有"戏剧大王"久格丁德罗纳特[①]、久格迪什琼德罗·巴苏[②]、迪金德罗拉尔·拉伊[③]、普里耶纳特·森、大奥寇耶先生、小奥寇耶先生、普罗莫特·乔杜里[④]、快乐的普罗摩特纳特·拉伊乔杜里[⑤]、奥杜洛普罗萨德·森[⑥]，还有几位我现在记不得名字的人。聚会的习惯是这样的：每

[①] 久格丁德罗纳特·拉伊（Jagadindranaath raaya, mahaaraajaa, 1868—1926），曾用名字"布罗久纳特"（Brajanaath），他为人厚道，富有戏剧才华，是诗人的好朋友。

[②] 久格迪什琼德罗·巴苏（Jagadeeshchandra Basu, 1858—1937），世界著名科学家，发明了无线电方面的一些仪器，如 Crescograph。

[③] 迪金德罗拉尔·拉伊（Dvijendralaal Raaya, 1863—1913），诗人，剧作家。

[④] 普罗摩特·乔杜里（Pramath Chaudhuree, 1868—1946），诗人二哥的女婿，即印蒂拉的丈夫。英国和法国文学的著名学者，喜欢歌曲。在文学方面的突出贡献是把孟加拉语的口语引入文学作品。

[⑤] 普罗摩特纳特·拉伊乔杜里（Pramathnaath Raayachaudhuree, 1872—1949），杰出的诗人，剧作家。

[⑥] 奥杜洛普罗萨德·森（Atulaprasaada Sen, 1871—1934），著名的音乐作家，既善于作词，也善于谱曲。

个月轮流由一个人邀请其他人到自己家里来,那一天就在邀请人的家里聚会。尽管准备有丰盛的食品,但是这仅仅是一个目的。朗诵诗歌小说,表演短剧,唱歌和演奏乐器——这才是主要目的。这时候爸爸就在娱乐聚会上朗读他新写的一些诗歌和短篇小说。很多时候,"戏剧大王"久格丁德罗纳特一边朗诵诗歌,一边敲着长筒鼓。他敲打出的鼓声甜美动听:

湿婆的形象在欢乐中呈现
尽管黄昏降临的步履蹒跚
我的心啊
今天仍然舞步翩翩

悠扬的诗歌韵律伴随着浑厚的铿锵鼓声,听起来就觉得非常悦耳。

爸爸为每一次聚会都要创作新的歌曲。处于青春年华的爸爸,用一种甜美高亢的声调唱着歌!没有听过他唱歌的人都很难想象,人们是何等发疯般地涌来听他唱歌啊!当时还没有发明录音机,现在只有几段他的录音,不过那也是到了他的老年才录制的,此时他的声音变得低沉了。那时候圆盘式留声机问世了,可以用蜡盘录音了,也就不需要模仿他的声音了。"昆多林"公司的 H. 波斯从国外带回一台这种机器,他为爸爸做了大量录音。几年前他的儿子把这些录音送给了尼丁。遗憾的是,长久寻找后只得到了几段——这几段当时也已经破损了。

迪金德罗拉尔·拉伊不论哪一天出席娱乐聚会,大家都会请他唱歌。他唱的歌总是引人发笑,大家都会咯咯地笑起来,可是迪金德罗拉尔先生却一脸严肃地弹着风琴。奥杜洛普罗萨德·森当时也开始创作一些歌曲——有时大家也让他演唱。

爸爸为娱乐聚会还创作了一两部短剧。爸爸在写《免费的聚餐》的时候,可能想到了小奥寇耶先生,小奥寇耶先生独自演出了这出戏。

奥寇耶先生表演这类喜剧是独一无二的角色。然后是《拜贡特的书稿本》，第一次演出这部话剧是在戈格诺哥哥家的舞厅里。爸爸扮演奥比纳什，戈格诺哥哥扮演拜贡特，绍莫罗哥哥扮演盖达尔，奥波诺哥哥扮演丁高利，小奥寇耶先生扮演伊善。

这是一部以喜剧为主调的话剧——参加表演的人都是表演喜剧的行家。在表演《拜贡特的书稿本》时所表达的那种痛苦情味方面，戈格诺哥哥的成熟表演精彩极了，整个表演是无可挑剔的。

奥尔滕杜舍科尔·穆斯多费[①]有时独自演出。我记得他表演一出药店的话剧——他的表演非常奇妙。

有一次该轮到爸爸发邀请了，家里开始忙乱起来。爸爸指示妈妈要采用完全新的办法招待客人，不要用传统的旧方法，应该根据每个人的地位特点去招待他们。尽管作了指示，爸爸还是不放心，于是开始讲解应该如何采用新的方法进行烹调。妈妈陷入了困境。她虽然没有反对，但还是按照自己的想法开始做了。爸爸总是认为招待客人吃饭是唯一的目的，即便饭菜都做得很好也不行，餐具、食品摆设、房间的装饰，这一切都应该很讲究。进餐之处的周围环境应该展示出艺术家的手艺。妈妈开始考虑烹调问题，其他人都在关注房间装饰方面的问题。波卢哥哥让人从斋普尔运来了白色大理石碗，尼杜哥哥负责装饰房间。用餐者是坐在地上，但是为了摆放食物，在每个人面前需要放一个用白色大理石做的小方凳，于是定做了很多这样的小方凳，多余的三四个，现在被放置在圣蒂尼克坦的高起斋房间里。这些小矮凳呈四角形，摆设在中间的一个位置，这样就可以营造出孟加拉邦的一种农村的景象。竹林、长满藻类的池塘、茅草房等等，都不能缺少，景观完全像是一个农村。从克里什那城请来了工匠，让他们建起了茅草房，制作了小人、小

---

① 奥尔滕杜舍科尔·穆斯多费（Ardhendushekhar Mustophee，1851—1908），戏剧表演艺术家，生于加尔各答，1872年进入剧院，一生大部分时间都在表演戏剧。

牛、小羊。毋庸赘言，客人们在这种美妙的环境中享用了晚餐。

我在前面已经讲述了一次聚会的情景。在我们家里举行过多次"娱乐聚会"，每一次的装饰和饭食筹备都是有计划的。

爸爸离开加尔各答，不得不前往什莱多赫了，"娱乐聚会"也就自然停止了。

1897年发生了大地震，这样的地震在孟加拉还从来没有发生过。就是在这时候，孟加拉邦国大党在纳多尔召开了该邦的代表会议。作为邀请者——纳多尔的大公，邀请我们家的所有人到他那里去做客，男人们都去纳多尔了。过了两天，就发生了大地震，加尔各答城摇晃得很厉害，很多房子坍塌了，也有人被砸死了。妈妈下楼的时候瓦片从房顶上掉下来，砸在了妈妈的头上。把她搀扶到一楼的一个房间，让她躺下了。她对别人担心的痛苦要比自己的伤痛更厉害。家里一个男人都不在，没有办法知道，他们在纳多尔怎么样。火车停开了，电报也打不过去。妈妈在焦躁不安中度过了三四天。当所有人都回来之后，从他们口中才知道了纳多尔那里的消息。在那里仅仅开了一天的代表会议，北孟加拉的地震比加尔各答严重得多。当大家离开临时搭建的会场，跑到开阔地避难的时候，那里的地上裂开一个大口子，水开始冒出来，根本没有地方可以躲避。大公的王宫被夷为平地，有三四座八角形的草房还没有坍塌，于是大家都挤在那里面，凑合着过了一夜。

只是在第一天举行了代表会议。此事过去了很久之后，我听爸爸讲述了会议上发生的一个故事。在国大党全国性的会议上使用英语，这可以理解，但是在孟加拉邦的会议上也用英语发言，爸爸就表示强烈反对。看到会议主席——二伯父也持同样的观点，我爸爸就说，那就使用孟加拉语吧，会议一开始他就提出了这样的建议。大公也支持这个建议。建议提出之后，大多数成员都热切地表示同意。建议被采纳了，但是国大党的那些真正的领导者很不满意。看到这种情况后，爸爸就安慰他们说：他自己会将他们的英语发言及时翻译成孟加拉语的。他们当时表面上安静下来，但是内心里还是很生气。苏棱德罗纳特·般多巴泰、拉斯比哈里·高士等国大党的伟大战士们纷纷用英语发表演讲，他们如此好地掌握了英语，他们演讲的才华同样也令人惊奇。他们又怎么会用孟加拉语发表演说呢？他们几个用英语讲演，我爸爸就把他们的讲话翻译成孟加拉语。在会议间歇的时候，乌梅什琼德罗·般多巴泰（W.C.Bonnerjee）对我爸爸开玩笑，说："罗比先生，你的孟加拉语太棒了，不过你是否认为，你那些种田的佃农们都会明白，你那流畅的孟加拉语要比我们的英语好啊？"

纳多尔代表会议的前一年（1896），国大党总部迁到了加尔各答。那个时候英国政府不允许在摩耶丹广场的任何地方举行政治性的集会。巧了，国大党恰恰要在比东广场搭建临时会场。比东广场离我们家很近，所以国大党就在我们家里大张旗鼓地做起准备来了。准备歌曲演唱的任务就落在了我爸爸的肩上。排练开始了，爸爸还为般吉姆琼德罗①的《母亲，向您致敬》歌词谱写了曲子。国大党这次会议开幕的时候，爸爸独自唱了这支歌。绍罗拉姐姐为他弹奏了管风琴。当时还没有发明麦克风等扩音设备。没有扩音设备，爸爸的歌声十分清晰地传送到整个彩棚内观众席位的尽头。《母亲，向您致敬》这首歌第一次在1896年国大党召开的会议上演唱。

一两年后，爸爸就去了什莱多赫，一段时间他同加尔各答的密切联系就中断了。

---

① 般吉姆琼德罗·丘多巴泰（1838—1894），近代最杰出的孟加拉语小说家，主要作品有长篇小说《毒树》《克里什那·康托的遗嘱》《月华》《拉吉·辛赫》、中篇小说《印蒂拉》等，详见《般吉姆小说选集》（上下册），社会科学文献出版社2015年版。

回忆什莱多赫

我的曾祖父达罗卡纳特·泰戈尔曾经拥有无数的财产。但是当他突然暴死在英国之后，家里人发现，他在商业方面的欠债也是巨大的。我的祖父大哲当时变卖了家产，甚至卖掉了家里的陈设家具，用以还债。尽管如此，剩下的家产也不是微不足道的。在奥里萨邦拥有三处地产，在巴布纳的萨哈贾德普尔，在拉吉沙希的迦利格拉姆和诺迪亚的比拉希姆普尔——这几处地产，最后还是保留了下来。这些地产都由大哲亲自管理。他在自己身边保留一本关于经营地产的记录本，这本记录本现在保存在泰戈尔纪念馆里。从这本记录本中可以看到，他是如何精细地管理地产的，又是怎样关注不许对佃户做出任何无理的举动，不许欺负压迫佃户。大哲的希望是，等他的儿子们长大以后，在他们中间培养一两个人，让他们去管理地产。他的大儿子醉心于哲学研究，让他负责管理家产不行。具有新思想的二伯父迷恋于唱歌弹琴和文学研究，他的精力根本就不在地产事务的管理方面。没过多久，大哲就意识到了。当时他就把希望寄托在我父亲的身上，应该让他去管理地产，他应该离开加尔各答，前往比拉希姆普尔的什莱多赫地产办事处居住。家里的亲人们听说大哲决定让他的小儿子——具有诗人气质的罗宾德罗纳特去做这项工作，都惊呆了。不过，他们看到，以后几年地产得到了全面发展，才放下心来，并且开始赞美大哲有眼光。

父亲和其他人一样，每月只拿200卢比的报酬，他要用这笔钱养家糊口。在当时这个数目是不多的，而且那时候妈妈除了用这些钱支付家里的生活费用，还要抽出一些来满足爸爸的购书开销。爷爷让爸爸承担管理地产的时候起，就规定每个月给爸爸增加 100 卢比。长期以来，这 300 卢比就是爸爸每月的津贴。

什莱多赫的比拉希姆普尔地产办事处的楼房就坐落在科罗舍德普尔村旁边。尽管这是个农村，这个地方却有着悠久的历史和伟大的辉煌。科罗舍德普尔这名称虽然带有穆斯林的特点，但它却是印度教徒的婆罗门所居住的村庄。村子中间有一座古老的毗湿奴—黑天神庙。这座神庙是婆芭妮女王建造的。在东印度公司时期，这个村庄外边建有一个很大的蓝靛厂。洋大人们后来终止了蓝靛生产，都纷纷走了，就在这个工厂的三层大楼的最下面一层，改做了土地产业管理处。楼上三层用于地主先生们的居住之地。在那个时期，工厂的四周是宽敞而美丽的花园。工厂大楼就建在戈莱河（莫图莫迪河）和帕德玛河附近，这两条河就从花园的两侧流过。站在这座楼房的屋顶上，可以观赏到周围美丽的风景。

爸爸带我们来到什莱多赫的时候，那座蓝靛厂已经不存在了，沿着河边散步的时候可以看到它的废墟。

帕德玛河进入孟加拉邦之后，其性情变得很不安定。有时它逼近村庄，一个接一个地将其毁灭，而在另一个岸边淤积泥土，制造肥沃的土地；根本说不清楚它对谁气恼，对谁满意。它喜欢这种捉迷藏式的戏耍。因此，居住在帕德玛河两岸的人们，总是提心吊胆地生活在恐惧之中。帕德玛河很久没有光顾蓝靛厂了，它突然发起脾气来，开始摧毁这一侧河岸。由于担心帕德玛河会吞噬掉整座大楼，所以就预先把它拆毁了，于是就在离帕德玛河稍远的一处地方建起了另一个经营地产的办事处和一座楼房。我们到达什莱多赫的时候，就住在这座新楼房里。（这座楼房现在还存在，我听说，巴基斯坦政府现在决定把这座楼房作为博物馆保留下来。）不过令人惊奇的是，旧楼房的确毁坏了，但是帕德玛河只流到花园的门口就折回了。我们居住在什莱多赫的时候，那座蓝靛厂的废墟还完整地保留着。

什莱多赫就位于戈莱河与帕德玛河的汇合处。河水在这里旋转，于是就在汇合处形成一个很大的"多赫"——深谷，什莱多赫这名称就是由此而来。即便是在暴风雨的时候飓风也进不到这里来。在这里很适合停泊船只，各种各样的船只都来什莱多赫码头停泊——有西方大商人的轮船，有带圆篷的达卡制造的小艇，还有大大小小的各种渔船。这些渔船白天黑夜都在忙于撒网打鱼——打到鱼就把鱼拉到什莱多赫的码头上，轮船随即把鱼运到库斯迪亚去。渔民们自己不卖鱼，而是批发给穆斯林鱼贩子，所以在渔民的小船后面总是有一群鱼贩子的船游来游去。鱼贩子们把鱼运走，西方人用驳船从他们自己的国家运来小麦，还有豆类、芥末种子、蜜糖、木椅子，等等。在收割稻谷的季节，达卡小艇还可以用来运送稻谷，所以在什莱多赫的码头上有很多大商人的货栈，他们日夜不停地进行交易。因此，什莱多赫就成为帕德玛河岸边一个比较大的港口。

我们在什莱多赫所居住的环境，与加尔各答的家庭生活和社会生活环境完全不同。我们的楼房位于开阔的田野中，距离科罗舍德普尔村、办事处大楼或什莱多赫码头还有很长的一段路程。我爸爸妈妈和我们五个兄弟姐妹都住在这栋楼房里。我的妹妹拉妮和米拉以及小弟弟绍明米[①]当时都还很小。在这种寂静的环境中姐姐和我更加亲近爸爸妈妈。爸爸当时特别用心地教我们两个人读书写字。爸爸自己不曾在中学大学获得过知识学问。他永远不会忘记在加尔各答一两所学校短时间所获得的那种给自己带来如此多痛苦的体验，所以他坚决反对将自己的子女送入学校。

他曾经在焦拉桑科为家里的孩子们开设一个学堂，总共不过十四

[①] 诗人泰戈尔与妻子共生育5个孩子，其中两个男孩三个女孩：长女玛图莉洛达（贝拉、贝莉，1886—1918），长子罗廷德罗纳特（1888—1961），次女蕾努卡（乳名拉妮，1891—1903，），小女米拉（1894—1969），小儿子绍明德罗纳特（小名绍米，1896—1907）。

诗人的三个女儿和小儿子〔右起：绍明德罗纳特、蕾努卡（拉妮）、玛图莉洛达（贝拉、贝莉）、米拉〕

五个学生，开始来教我们的是一位年长的主讲老师和两位教授。关于这几位教授应该说几句。这位主讲教师是永恒不变的教学法方面的专家。爸爸意识到，让他再学习某种新方法是不可能的，所以他又请来了两位年轻的老师。当时幼儿园的教育模式刚刚流行，奥比纳什·巴苏和他的妻子——两个人都十分热心于幼儿园式的教学法。后来他们俩成为幼儿园式的教学法方面的专家，在孟加拉邦获得了很大的声誉。奥比纳什的妻子习惯于坐在课堂上，只说 pindrop silence，please（请不要讲话）。

我们都愿意高声地一遍一遍重复着这个词语。更有趣的是，她编写了各种儿歌，用来解释四边形、圆形等概念。一听到她说足球是圆的，糖球也是圆的，我们都忍不住笑了起来。当时 pindrop silence 再也不存在了。中午时间，这位可爱的主讲教师先生不能保持清醒的头脑，他常常一边吮吸着大拇指一边打瞌睡。我们停止吃东西，也开始一起吮吸起大拇指来。在我们中间，姐姐很顽皮，鬼点子最多。她悄悄地跑到妈妈身边，拿来炸鱼用的紫罗兰等带香味的食品分发给我们，又悄悄地坐在自己的位置。分到手的东西当然是用于行贿的。当主讲教师突然醒来时就

诗人的长女马图莉洛达（贝拉、贝莉）

发现，一侧的所有书桌上的盖子都张开了，在书桌的旁边看不到一个学生。听到一声咳嗽，书桌盖子都放下来了，并且一起动作起来，将炸得半熟的鱼从书桌里拿出来。除了这些吃的东西，姐姐还从妈妈的小盒子里偷来一些蒟酱叶。老师唠唠叨叨说了不少责备的话之后，姐姐把蒟酱叶送给这位可爱的老师，说："老师，我很快跑回家去，为您取来了蒟酱叶。"这位主讲教师再也没有说什么。

在这所家庭学堂里，我们兄弟姐妹只是学习了最初的课程。来到什莱多赫之后，在爸爸亲自关心下，我们开始了正规的读书学习。在我们国家实行的是由英国政府主导的教育体制，爸爸很早就在思考必须彻底改变这种教育体制。他在《教育的改革》一文中表达了自己的思想，此文刊载在1892年的《实践》月刊上。他怎么会容忍让自己的子女们去接受那种他自己不喜欢的教育呢？爸爸亲自教我们学习孟加拉语。姐姐已经学过一点儿孟加拉语，而我当时却是完全无知的。但是爸爸具体的做法是，让我们朗读背诵一些优美的诗歌，不管我们懂不懂。爸爸不喜欢让年纪很小的孩子们用半生不熟的无趣的语言去抄写和阅读儿童教科书。爸爸认为，有趣的课本是真正的文学作品，从一开始就应该教孩子们阅读。最初他们可能不理解，但听着听着，读着读着，孩子们自己就会理解了。当时爸爸的《故事诗》已经出版了，在短短的几天内我们就从头至尾背熟了其中的所有诗。后来，爸爸又教我们阅读比代沙戈尔①、莫图舒顿、松吉波·丘多巴泰②等诗人的作品。在教我们的过程中，爸爸积累了教学法方面的一些经验，这对他在圣蒂尼克坦办学是很

---

① 伊绍罗琼德罗·比代沙戈尔（Eeshvarachandra Bidyaasaagar，1820—1891），深受全民敬仰的孟加拉伟大学者，作家，社会改革家，教育家。其实，他真实的姓氏是般多巴泰，因印度法学委员在对他的褒奖书中授予他"比代沙戈尔"的称号（意为"智慧海"），后来就以此称号为自己的姓氏了。

② 松吉波·丘多巴泰（Sanjeebachandra Chattopaadhyaaya，1836—1899），文学家，著名文学家般吉姆的二哥。

有帮助的。他已经习惯用直观教学法教我们，而且用这种方法教学，我们可以很快地轻松地学会语言。看到这样的效果，他非常满意。

爸爸相信，研究与学习有关的鼻子、耳朵、眼睛以及肢体的功能问题是十分必要的。在自然界的协助下，这一点是容易做到的，再不需要别的什么。他不怕孩子们固执己见，从不强制他们做什么。从很小的年纪起，我就是自由的，想去哪里就可以去哪里转悠。我可以骑马、钓鱼、划船、游泳、投掷标枪等等，参加各种运动。妈妈每个月在我的衣兜里装5个卢比，让我买自己喜欢的东西。我没有买玩具，而是将其积攒起来，几个月后我就买了一艘小船。在船上竖起桅杆，系上绳子，升起风帆，星期六和星期日整天在河里漫游，从此岸游到彼岸。爸爸亲自教我游泳。他的教法很简单。有一天，他把我从船上推入河水中，沉下浮起几次，一天之内我就学会了游泳。爸爸自己很善于游泳。我多次看见，他从戈莱河此岸游到彼岸。

只有一次爸爸制止了我的行动。我做了一个弹弓，第一天打死了一只莎丽克鸟，爸爸很生气。于是他下达了一个指示：在他的地产庄园内禁止打杀鸟类。此事的背后还有一个故事。爸爸当时把船停泊在帕德玛河岸边，一对灰山鹑每天夜里都来船边栖息。一个淘气的船夫一天将其中的一只打死了，后来另一只灰山鹑每天都飞到同伴被杀死的地点哀鸣。无法忍受这只鸟的哀鸣，爸爸就命令将船移到别处停泊，还派人把管事先生叫来，让他去宣布：在泰戈尔先生的领地任何人都不能猎杀成对的灰山鹑、天鹅等鸟类，英国的皇家官员也要遵守这一禁令。

为了教我们梵语和英语，爸爸聘请了两位老师。石博彤·比代尔诺波虽然是斯里侯特县一所梵语学堂的教师，但是他的梵语发音很纯正。爸爸也和爷爷大哲一样，不喜欢孟加拉人式的梵语发音。爸爸发现，石博彤·比代尔诺波也像迦尸梵语教师一样，他的梵语发音纯正，于是就请他来教我们梵语。后来我的爷爷大哲聘请石博彤先生做了原始梵社的导师。

为教我们学习英语，爸爸请到了一位真正的英国人。此人漫游了世界一些地方之后，来到印度住下来。他的名字叫米斯塔尔·洛伦斯。他很善于教学——在他的教育下，我们完全掌握了英语。但是他是个很有趣的人——他具有类似疯人的性格。历史学家奥寇耶·梅特雷先生常常从拉吉沙希到我爸爸这里来。他具有渊博的学识，但是他的学问一点儿也不枯燥。他在讲述孟加拉历史的时候，就像讲故事一样，在我们眼前展现出古老的历史画面。除了历史，他还同爸爸讨论各种问题，从这种讨论中可以了解到他思想的深邃和富有。奥寇耶先生是拉吉沙希城的律师，但是他把自己的很多时间都花费在研究学问和研究历史上了。他在北孟加拉发现了古代钱币、石雕像等很多历史古迹，并且用这些占迹建立了"波棱德罗调查委员"博物馆。

奥寇耶先生还有一个爱好，这与学术界没有任何关系。他对在孟加拉邦如何发展蚕丝业非常着迷。如何培育吐丝的蚕宝宝，给它们吃什么，它们做成蚕茧后如何进行抽丝等等，他将这些养蚕缫丝方面的资料十分热心地向人们传授。有一次，奥寇耶先生来到什莱多赫，收洛伦斯先生做他的徒弟。洛伦斯先生住在一座有八面屋顶的大房子里，这所大房子就做了养蚕宝宝和生产蚕丝的作坊。洛伦斯先生原本是位钓鱼爱好者，当时他忘掉这一切，一心扑在养蚕上了。他家里所有空闲的地方全部被蚕宝宝占领了。礼拜天我们常常看到，他躺在铺有报纸的蚕宝宝中间睡觉，蚕宝宝在他的身上爬来爬去。这些蚕宝宝简直就成为这位无子女先生的子女了。

在早年时代，家里的男女孩子们常常听祖母讲述《罗摩衍那》《摩诃婆罗多》里的故事，从这些故事里他们获得了很多知识，在他们的思想里就形成了很坚实的印度教育和印度文化的基础。那时候，从很小的年龄开始，孩子们就得去上学，在学校里从教科书上可以读到英国历史、英国人的生活故事，但是他们根本没有机会了解印度的历史、印度的思想。爸爸认为，了解《罗摩衍那》《摩诃婆罗多》和《往事书》故事，是儿童教育的一个主要部分，但是当时他们手上却没有这样的书籍。那个时候爸爸心里就萌生了出版《罗摩衍那》和《摩诃婆罗多》简约本的愿望，即对语言进行一定的改写，删除插话和对现实无意义的事件，只保留一些主要的故事。缩写《罗摩衍那》的重任交给了妈妈，而缩写《摩诃婆罗多》的重担交给了苏棱[①]堂哥。爸爸告诉苏棱哥哥，应该依据迦利普罗松诺·辛赫翻译的版本进行改写。关于《罗摩衍那》他对妈妈说，应该根据梵语原本进行压缩性的翻译。在学者赫姆琼德罗·婆达贾尔久的帮助下，妈妈从头至尾阅读了《罗摩衍那》，并且开始翻译起来。爸爸对妈妈的译稿进行了必要的修改。妈妈把译稿写在一个精装的笔记本上——常常朗读其中的一些部分给我们听。在临死之前，妈妈没能完成这项工作，不过只剩下少部分。遗憾的是，爸爸死后，他的所有文件书稿都移送到泰戈尔纪念馆了，当时就没有找到那个笔记本。

苏棱哥哥常常到什莱多赫我们这里来，姐姐和我总是热切地期待着他的到来。我们知道，他一定会带《摩诃婆罗多》的手稿来，他一定会将已经译好的部分读给我们听的。这部作品很晚才完成。当时我们来到圣蒂尼克坦，爸爸习惯于晚上在梵学书院同孩子们做游戏，讲故事，由此晚上这个时间被誉为"快乐节"。1903年冬天，我和我的同学松多什琼德罗·马宗达（爸爸的朋友——作家绍琼德罗·马宗达先生之子）准备参加三月的入学考试，此时爸爸坐在图书馆的凉台上，开始给孩子们朗读苏棱哥哥改写的《摩诃婆罗多》。我们两人放下学习，也坐下来聆听《摩诃婆罗多》故事。教师们来到爸爸身边表示很不满意。霍里先生（霍里琼龙·般多巴泰）说，这几个孩子在梵语方面很稚嫩，晚上如果不学习一点儿梵语，他们就不可通过考试。于是爸爸就做出了决定：让老师在图书馆旁边的一个房间里教我们。在凉台上，俱卢族人和般度

[①] 苏棱，即苏棱德罗纳特（Surendranaath，1872—1940），诗人二哥绍登德罗纳特长子。他是诗人最喜欢的三个侄子（波卢、尼杜、苏棱）之一。

族人在进行一场大战，而我们两个人却要在房间里背诵枯燥乏味的梵语诗句——这怎么可能呢？虽然在阅读，可是心不在焉；目光停留在书上，可是耳朵却在聆听着般度人神弓的砰砰响声。霍里先生明白了，他为教我们付出的努力是无效的，没有收获。爸爸安慰他说，即使孩子们的梵语考试没有通过，还可以让他们继续学习，至少他们很好地了解了《摩诃婆罗多》。《摩诃婆罗多》的故事也聆听了，最后考试也通过了。苏棱哥哥所改写的《摩诃婆罗多》版本全部印刷出版了。后来根据这个版本又推出了一个缩写本，那是由爸爸编辑的，以《俱卢人般度人》的书名出版了。

住在什莱多赫，爸爸关注我们的读书学习方面，在其他方面，妈妈尽力教我们学习做各种家务。她的方法很新颖。星期天，她给所有婆罗门仆人们放假，家庭生活中的所有劳作都由我们来承担。我对于烹调工作很感兴趣——为了讲解如何烹调，妈妈——女厨师的目光常常有独到之处，别人谁都不能干涉！

就这样，在远离城市的繁华和喧嚣的环境中，在与大自然的亲密接触和父母的关爱下，我们几个兄弟姐妹渐渐长大了。

在我们什莱多赫的家里是不乏客人的，爸爸的朋友们经常来我们家。迪金德罗拉尔·拉伊一旦获得假期，就来什莱多赫。那时候他那令人发笑的歌曲特别好听。在听他唱歌的时候，我们都笑得前仰后合，但是他却一边弹着管风琴，一边严肃地唱着歌，脸上不见一丝笑容。有时他还带领迪利波来。当时迪利波还小，尽管他没有那么多恶作剧，却很"固执调皮"。他只是在他爸爸跟前有些固执。他爸爸并不讨厌，总是面带笑容忍受他的这种无理的固执。迪金德罗拉尔一再对我爸爸说，他不想让迪利波接受现在流行的教育。他希望，不通过任何正规教育也能让迪利波通过考试，不想对他实行任何强制性的教育，让他自己的自由本性能够获得发展。

在我们国家，那时候普通人民群众还没有吃马铃薯的习惯。农民不晓得栽种马铃薯。迪金德罗拉尔是农业专家，有一次来鼓励我父亲种植马铃薯。在花园的一侧准备好了一块土地，这块地就成为栽种马铃薯的实验田。迪金先生说，他会寄送种子来，他还要向工人讲解如何平整土地，如何施肥。土地准备好了，适时地（不能说，是地主的责任，没有在合适的时间下种，而是在不合适的时间栽种的）下种了，按照要求培了土。遗憾的是，在收获的时候发现，起出来的马铃薯数量还没有栽种的数量多。从此之后，迪金先生再来的时候，爸爸就只同他讨论文学问题了。

久格迪什琼德罗·巴苏教授常来什莱多赫。大概，在1897年久格迪什琼德罗第一次认识了爸爸——在很短的几天内，这种结识就发展成为亲密友好的关系。久格迪什琼德罗非常喜欢帕德玛河边的沙滩。冬季一到，帕德玛河的水位变浅，两岸的沙滩就显露出来。沙滩被晒干之后，我们离开住宅楼，来到河边住下来。我们有两艘达卡制造的大型平底船——两艘大船就像房屋一样，住在上面很舒适，里面有居住的各种设施。此外，码头上还停泊着几艘小艇、红色快艇、渔船等各种用途的船只。在沙滩上用树枝茅草搭建起几座临时性的房子——厨房和仆人们住的房舍。我们最喜欢在河上搭建的洗澡间，在陆地的部分作为更衣室，而在水上被围栏围起来的部分用来洗澡。因为那里边的水都不深，所以我们就可以无忧无虑地游泳了，鳄鱼也没有办法进来。这也是我们的游戏室。就这样，整个冬季我们都生活在帕德玛河的怀抱里，在静静的沙滩一侧——在那里没有人们的喧嚣——只有成双结对的一群一群野鸭在戏游。

久格迪什琼德罗每个星期天都来这里，一直待到夜里两点，星期一要返回大学去工作。从第一次会见爸爸的时候起，他就提出了要求——要爸爸写短篇小说。每个星期都要给他朗读一篇新写的短篇小说，这仿佛已经成为惯例。作品一写完，爸爸就读给久格迪什琼德罗听，然后再发表。对于朋友的这种友善的要求，爸爸是没有办法拒绝的。

爸爸热切地等待着久格迪什琼德罗的到来，我对他的期待热望也不小。他给我讲故事，教我做各种游戏——从不因为我年纪小而轻视我。我为能够成为他疼爱的对象而感到骄傲。我总是在内心里萌生幻想，长大后我也要成为像久格迪什琼德罗那样的科学家。

雨季过后，河水水位降低了，甲鱼就爬到沙滩上产蛋。久格迪什琼德罗非常喜欢吃甲鱼蛋。他教我怎样寻找和挖掘甲鱼蛋。在干燥的沙子上可以很清楚地看到甲鱼的脚印，这种细长的脚印可以弯弯曲曲地伸延到很远。如果得不到夏季阳光的热量，甲鱼蛋就孵化不出来，所以甲鱼就离开河流，尽可能到高处的陆地上去产蛋。甲鱼钻到沙子里产蛋后再把沙子抚平，这样胡狼就找不到了。甲鱼虽然做了如此的努力，还是不能完全骗过狡猾的胡狼。久格迪什琼德罗教我如何根据甲鱼足迹找到小洞，从中挖出甲鱼蛋来。在寻找甲鱼蛋的过程中，有时我也遇到过胡狼。很多时候也会找到雌甲鱼，它们在陆地上没有办法逃走，很容易把它们翻过来。久格迪什琼德罗非常喜欢吃甲鱼肉。

久格迪什琼德罗很喜欢住在帕德玛河的沙滩上。他曾经游历过国内外很多美丽的地方，可是他常常对我们说，像帕德玛河岸边沙滩这样有利于身心健康的地方，在世界上任何地方都是找不到的。在沐浴之前，他让我在沙滩上挖几个坑，让每个人都躺在坑里，用沙子覆盖上。当全身都热起来甚至发烫的时候，就跳入帕德玛河的凉水里。他说，这样做特别有益于健康。

久格迪什琼德罗是一个永远都掏不尽的故事宝库，他的表情也非常优美和有趣。在他讲故事的过程中总是妙语横生，所以我们都喜欢听他讲故事，而且他总是精神饱满，神采奕奕，从来不会感到疲倦。白天他就在讲故事和讨论各种问题中度过，一到晚上，他就抓住爸爸，让他朗读他的作品。诗歌、散文，什么作品他都不肯放过，但是久格迪什琼德罗特别喜欢听爸爸的短篇小说。吃过晚饭之后，就开始唱歌。有几首歌他特别喜爱。他请爸爸一遍一遍吟唱那首歌：

> 回来吧，媳妇呀，回来吧……

每个星期六和星期天，都是在这种纯洁无瑕的欢乐中度过的。在返回加尔各答之前，久格迪什琼德罗提醒他的朋友说，下一个星期他还要聆听一篇新的短篇小说。

一位是学者，另一位是诗人，如果说他们之间的那种吸引力只是友谊，这样说是不全面的。两个人彼此之间存在着一种深厚的友爱，在交谈、朗读小说的过程中，仿佛总是互相交流着情感。爸爸讲述他新创作的短篇小说的情节或者文章的内容，久格迪什琼德罗讲述着他所发明的新机器，或者讲述他借助机器发现了物质和生命之间所有那种惊人的契合。尽管两个人的思想行进在完全不同的轨道上，但是他们两个人仿佛又从相互交谈讨论中获得了足够的精神食粮。在写作间隙，爸爸常常聆听别人唱歌——他从加尔各答把奥莫拉姐姐带过来。白天，奥莫拉姐姐和妈妈一起在厨房里做饭做菜，她是制作达卡各种美味菜肴的能手——妈妈跟她学会了所有这些菜肴的做法，并教她制作杰索尔地区各种素菜的方法。一到晚上，大家都放下一切工作，聚在一起听她唱歌。船夫们把一艘小船系在大型平底船上。我们匆匆吃过饭，就经过窗子爬到那艘大船上，坐下来。苏棱哥哥手里拿着一把诗琴。一艘小船的缆绳被解开并且将其划至河中央，抛锚停下来。随后，演唱开始——轮到爸爸和奥莫拉姐姐演唱的时候，他们就一首接一首地唱起来。开阔的水域一望无际，一直伸展到大边，萦绕的歌声伴随着水流的波涛，仿佛传播到很遥远的某个地方，二者在那里融为一体了。那歌声受到大河对岸树木的阻挡，其微弱的回声又传回到我们的身边来。夜渐渐深了，四周一片寂静。此时船只已经停止航行，波浪撞击着大船船身，并且伴随着水流不断地发出唰唰声。月光洒落下来，河水熠熠闪烁着微光。有时一两艘渔船划过来，船夫们一边摇着橹，一边哼唱着帕提亚利曲调的歌谣。在歌会结束之前，我已经在妈妈的怀里睡着了。今天我觉得那些夜晚就像梦境一般，可是今天当我听到下面这几首歌曲的时候，我就回忆起了那些夜晚。

    时光流逝，望着你走出走的那条路。
    你是黄昏的彩云，你是我理想的实践……

  那些夜晚的歌声伴随着潺潺流水和习习南风一起流走了，那种夜晚的月光在猛涨的河水里及河岸的沙滩上洒下了一张空前的魔幻之网。在何处还能找到这样的赏心悦目的环境呢？

  洛肯·巴利特当时在拉吉沙希区当法官。他有时放下法院的工作，也跑到什莱多赫——爸爸的身边来，两个人在讨论文学中度过快乐的时光。洛肯先生吸烟很厉害。有一天吃完饭后，爸爸听他朗诵诗歌直到深夜，于是就让他去睡觉了。爸爸也回到自己的房间躺下了，当时爸爸还没有入睡，这时候他闻到了一股烟雾的气味。他起来去查看，是否什么地方着火了，结果爸爸发现，洛肯先生躺着睡觉的那张床上的蚊帐在呼呼燃烧，而他却在火的包围中睡得很香甜。原来他吸着香烟就睡着了，蚊帐落在烟卷的火上，于是就燃烧起来。

  纳多尔的大公久格丁德罗纳特来旅游了，在帕德玛河岸的船上住了几天。大家都知道，他对文学和诗歌很感兴趣，当时那些没有同他交往的人并不知道，他的为人是何等的朴实，他是如何不分贵贱贫富、一律平等地待人。他的主要优点是合群。在当时的人们中间，这种优点是很常见的。遗憾的是，现在这种合群的品格很少见了，因为缺少合群的人呐。

  大公一到来，帕德玛河岸边沙滩上的寂静仿佛立即消失了。几天来，大家聚在一起，欢声笑语、讲故事的声音不绝于耳。我们很喜欢聚集在他身边，听他讲述，为了获得大公的称号他付出了怎样的艰辛。无后嗣的寡妇王后从穷亲戚家里把他接来，让他坐在大公的宝座上，当时他还是个小孩子。不过从那时候起，他就不得不学习王室的礼仪规矩。王宫里整天歌舞升平，乐器声不绝于耳，他必须莅临。黄昏降临了，他很疲倦，也感到很饥饿，这时候王后走过来，打破他的睡意，说："你已经是大公了，黄昏才刚刚降临，现在你就想吃东西了，王公贵族们夜里三点才进食、睡觉呢。"他常常开玩笑，对我说："罗廷呀，你可永远不要成为大公啊。"

研究生平的作者们能够提供确切的信息，可是我总的印象是，爸爸的散文和诗歌这两类作品的源泉是在什莱多赫，而不是在别的什么地方。这个时期他创作了数不清的诗歌、散文和短篇小说——他的文笔一天也没有停过。他在什莱多赫那种独特的灵感中获得了无穷尽的写作灵感。在河岸上有广阔的碧绿的草地，在其尽头的竹林背后隐藏着一个个小村庄。秋天的阳光挥洒在长满成熟稻谷的田野上。冬季的习习和风吹拂着金黄色的芥末花。我们在他的很多作品里都可以看到他对大自然美景的描写。

爸爸整天在他自己的房间里写作——妈妈禁止我们到他那里去。每当他写作的兴致高涨的时候，他连吃饭都顾不上了。妈妈很生气，但是生气也没有用。我想起了一件事：爸爸把编辑《婆罗蒂》的重担放在绍罗拉姐姐的肩上了。可是即便这样，他的责任也根本没有减轻，要求写东西同样压在他的身上。每个月绍罗拉姐姐都会写信来，提出要求。绍罗拉姐姐要求爸爸为《婆罗蒂》写一部喜剧，可是爸爸没有时间。对于绍罗拉姐姐来说，没有长篇作品是不行的，所以她实在没有办法，于是就在报纸上发表声明说，从下个月起《婆罗蒂》杂志开始连载罗宾德罗纳特的一部喜剧作品。小说家普罗帕特库马尔·穆科巴泰代表《婆罗蒂》给爸爸写了一封信，将此声明告诉了他。接到信后，爸爸最初有些生气，但是他又不能让绍罗拉姐姐陷入困境，于是就立即着手写起来。

"我去写东西了，吃饭的时候你不要叫我。"对妈妈说完，他就坐下来写作了。因为吃饭要花费很多时间，所以他就不吃不喝，整天都在写作。妈妈有时把饮料放在他的书桌上。当每个月连载部分寄稿的时间快到了，爸爸就不吃不喝，沉浸在写作之中。有一次，那个月的连载部分刚写好，爸爸就对妈妈说："我的这篇东西已经写好了。我马上去加尔各答。"听了这话，妈妈一点儿都不感到惊奇。她知道，他的某一部作品一写完，他都要读给他的文学朋友们听的，否则，爸爸是不会安心的。他的这种习惯一直坚持着。这部小说当时的名称是《独身者协会》，后来出版单行本时采用的名称是《天定情缘》。看来，这个名称爸爸不特别喜欢，于是就将这部长篇小说定名为《独身者协会》了。

爸爸带着写有这部作品的笔记本去了加尔各答。由于吃饭不规律和超强度的脑力劳动，这一次他变得如此的虚弱了，在上第三层楼的房间时摔倒在楼梯上，失去了知觉。这件事发生之后，关于他吃饭的时间就不自由了，他必须听从妈妈的安排。

爸爸住在什莱多赫这段日子里，写了上千首诗歌、大量短篇小说和文章。上面我提到了《独身者协会》，可以说，属于同一时期的作品——还有在《微思集》《幻想集》《叙事诗》《故事诗》等诗集里发表的诗歌和中长篇小说中的《眼中沙》以及大量文章。有时爸爸前往加尔各答，去查看甘蔗压榨机工厂，处理地产办公室的工作，听取和处理佃农们的控诉，接待客人们——即便是在处理所有这些事务的期间，爸爸仍然没有停止写作。

爸爸很会管理地产。他住在办公大楼的时候，每天上午政府管理人都带着账本文书来到爸爸身边，爸爸就详细地说明收入、支出、拖欠等地产方面的复杂账目。后来他把照看地产的任务交给我的时候，我已经能够理解这一切了。他亲自教我管理地产账目的所有方法。爸爸从来都不闭着眼睛按照官员的指示在任何书信或文件上签字，因此工作人员都很尊敬我爸爸。上午查看账目、签署信函文件之后，他就接见佃户。

来见爸爸的大门总是敞开着，任何工作人员都不敢剥夺佃户来会见爸爸的权利。佃户们到爸爸身边来，也不总是为了诉苦控告，他们常常向爸爸讲述自己的家事，表达他们的痛苦与欢乐。他们手里当然会有申诉书，很多时候这是他们来见爸爸的唯一目的。来见"正法化身的父亲"，他们怎么会不带控诉书呢？如果真是拿着请愿书或控诉书来了，爸爸就不得不充当"法官"了。在我们管辖的地产范围内发生任何矛盾，佃农们从来都不去法院控告。爸爸采用一种调节佃农们之间矛盾的方法，在每一个村庄由居民们推选出一名长者，各个村子的长者们选出该地区的五位长者组成五老会，一些小的矛盾纠纷就由这些长者们进行调节。打架斗殴和土地方面的纠纷由五老会来裁决，最终的申诉书送到爸爸这位地主的手里，手下的工作人员没有任何审判权。爸爸推行这种办法之后，坚持实行了很长时间——佃农们也都很乐意遵循。他们不相信，正规的法院会作出比此种办法更公正的判决。如果某一方对裁决不满意而向法院提起申诉，那么村民们就会因为他背离村社规矩对其进行惩罚。佃农们对于这种裁决方法之所以感到满意，其中还有一个原因，那就是他们不用支付诉讼费用。

在讲到裁决制度的时候，我想起了很多事情，当然那都是很多年以前发生的事情，那时我已经长大，去外国留学了。1905年斯瓦代什运动开始了，国家的领袖们都热衷于在加尔各答和一些大城市搞这种运动，可是当时爸爸却更多地关心孟加拉邦农民的问题。他感悟到，只搞运动是不行的，做那种脱离基层群众的事情，是浪费时间。那个时候请他参加巴布纳的会议，他在会议上做了发言，向国民讲述了他的建议。那时候没有人肯为农民做事情，爸爸尽自己的能力开始做起了这种工作。比拉希姆普尔和迦利格拉姆——这两个区都在他的掌控之中。为了消除村民的贫困，他制定了一个计划。早在实施裁决制度之前，这项工作就已经开始了。其目标就是，让他们摆脱高利贷者的盘剥，发展农业，让每家每户都能经营一种小型的手工业。总之，努力从各个方面让农村发展起来——为此爸爸制订了一个全面的计划，不指望从外部注入大量的资金，而是依靠村民们自己的努力来改善他们的境况，这就是爸爸的目标。他把迦利莫洪·高士等人从加尔各答请到波迪绍尔来。起初爸爸发现，可以在波迪绍尔选择一个适合的地方开始做起来——什莱多赫附近的佃农们不如波迪绍尔地区那么团结。后来由于圣蒂尼克坦特别需要迦利莫洪先生，所以他就回去了，但是其他几个人却长期参与了波迪绍尔农村的发展工作。

为了便于工作，把迦利格拉姆地区划分成三个部分。农村的组织工作由一个总会来负责。佃农们都同意志愿缴纳一定数额的税。在缴纳税的时候所有佃农再多缴纳每一笔税款的十六分之一，将多交的这笔钱存入总基金会。用这种方法收入的款项，由总基金会决定如何支配花销。在每一个村子都开设免费的学堂，而在波迪绍尔建立了一所中学，后来这所学校发展成为一所设有高中部的学校。为了给成年人治疗疾病，在波迪绍尔建立一所医院，该医院三个科室有三名大夫坐诊。对农村的道路和河流渡口进行了修整，并且建起了饮水设施。为了传授编织手艺，从斯里拉姆普尔请来了一位很优秀的编织师傅。由于佃农们的积极性十分高涨，所有这些事业都很快地发展起来了。过了一些日子，爸爸发现，还有一项工作，佃农总会是无能为力的，那就是免除佃农们欠高利贷者的债务。如果不能免除他们的债务，那么他们什么事情也做不成。因为他们手里没有为发展农业和工业所需要的资本，所以爸爸就在波迪绍尔开设了一家银行，从几个人那里借了一些钱，银行就开张了。后来爸爸获得了诺贝尔奖，就把那笔超过10万卢比的奖金投入到农业银行里了。银行支付的利息多年来就成为圣蒂尼克坦学校经费的主要来源。农业银行对佃农们有过很大的帮助，几年间他们就还清了欠高利贷者的债务。那些高利贷者就不得不将他们经营的公司从迦利格拉姆地区转移到别的地方去了。

爸爸在波迪绍尔进行农村建设实验，几年间就取得了他所期待的结果，不幸的是，我们的国人并没有关注到这一方面的成绩。1900年爸爸着手这项工作，1910年我从美国回来的时候，看到了迦利格拉姆总会正在顺利地工作着。可是那时候印度的政治界有谁会考虑农民的问题呢？农村的建设又怎么会纳入他们的政治纲领呢？过了很久之后，圣雄甘地把国人的目光吸引到这个问题上来。看到波迪绍尔的农村发展事业所取得的成绩，爸爸很受鼓舞。他心里毫不怀疑，沿着这条道路前进，国家就会重新取得辉煌的成绩。根据当时的经验，1922年他在斯里尼克坦建立了国际大学的农村发展部。

为了视察地产，爸爸总是四处漫游。我家的这些地产是分散的，除了诺迪亚、巴布纳、拉吉沙希——孟加拉邦的这三个县，奥里萨邦的几个县也有一些地产。那些地产之间都是通过水路联系的，大多数时间，爸爸都是乘船从什莱多赫前往沙哈贾德普尔和波迪绍尔去视察。要去帕德玛河对岸的北部孟加拉，就要穿过巴布纳，进入伊恰莫迪河，然后经过许多小河，才能到达北方。孟加拉地区的这些小河水路，宛如牛车行走的小路一样，弯弯曲曲，迤逦前行，仿佛没有目标似的。我们的船在乡村里拐弯抹角地行进，就像是在隐蔽处捉迷藏一样，突然走出来，发现自己进入某个池塘的宽阔的水域。我们的船就这样经过无数的小河，以缓慢的速度行驶着。在村子旁边可以看到，河岸边聚集着一群女人——有的腰里夹着水罐，有的怀里抱着孩子，有的坐在岸边擦拭着铜盘铜碗等餐具，大家不停地开着玩笑，讲述着有趣的事情。一群小伙子下到河里，潜水，游泳，撩水。河两岸有多少种捕鱼的蓄笼，有多少种渔网啊！在河对岸的田野里，是一片片金黄色的成熟的水稻，农民们正在忙着收割。割下来的稻子一捆捆地装到船上，运回家里去。竹枝在河上面轻轻摇曳，在一支干枯的竹竿上停落着一只鱼鹰，它的目光注视着水面，等待鱼儿的出现。这就是乡村的景象啊！世世代代都没有什么变化——爸爸坐在船上，一边漫游，一边欣赏着这种毫无变化的、平静的、沉寂而又繁忙的乡村景象。爸爸非常喜欢走水路，他多次从加尔各答乘船前往卡达克。在没有铁路之前，这条水路就是朝圣者们前往普里瞻仰贾甘纳特女神像而经常走的路线。距离什莱多赫不远的库斯迪亚城，就位于戈莱河岸边。库斯迪亚是一座以商业为主的城市，离火车站不远有我家的几块土地，在那里也建有一栋房子。看到经商是个赚钱的领域，波卢哥哥和苏棱哥哥就萌生了经商的欲望，于是他们在那里开设了一个商行。他们也吸收爸爸参加了。他们注册了一个公司，名为 Tagore B.co。起初建设了黄麻仓库，购买了打包机，这样，黄麻经过打包之后，就可以从加尔各答出口了。看到赚钱了，于是就想再扩大贸易。当时压榨甘蔗的机器刚刚发明出来，一个英国人就从加尔各答买来了这种机器，并且运到了农民的身边，雇请工人开始压榨甘蔗了。在库斯迪亚，这种生意快速发展起来。不只是英国人开办了这种赚钱的生意，爸爸和哥哥们也想啊，于是乎他们也买来了甘蔗压榨机。在诺迪亚附近的法迪德普尔等县种植甘蔗相当多，但是没有压榨甘蔗的良好设备。铁制的压榨机发明之后，农民们就感到方便多了。如果不是经理盗窃大量资金逃走的话，泰戈尔公司的这种生意一定会是很兴旺的。资金被盗走了，生意不得不收缩，大量债务最后压在爸爸的肩上。这是爸爸第一次，也是最后一次尝试经商。

　　童年时代，有一次我同爸爸前往什莱多赫。那一次发生的一件事情，深深地留在了我的记忆里。这个事件很像是所写的一篇小说。大祭节过后，爸爸乘船前往什莱多赫，而且就住在河上面。可是那时候河水位还没有下降，沙滩就没有显露出来。为了寻找干爽的沙滩，船就不得不在河的左岸和右岸附近来回游荡。这时候，暴风雨的征兆出现了，爸爸对船夫们说，把船开进一个避风处停泊。多么幸运呐，我们的大船及时开进了一个避风处，否则就会发生危险了。缆绳把船刚刚系牢，强烈的暴风雨就降临了，三天三夜瓢泼般的暴雨下个不停。我们躲在那个避风处望着，四周各种大大小小的船只都来此处躲避暴风雨。河湾里没有波涛——我们躲在很安全的河湾里，做好应对风险的准备。透过船舱的窗子我看到，一座座被毁坏的房屋，被毁坏船舶的木板随着激流在水上漂浮着。我明白了，河岸上的很多村庄被冲毁了，有多少船只沉没在不可遏制的激流中。第三天下午，暴风雨的势头减弱了，爸爸带我到大船的甲板上坐下来。突然，他对一个船夫喊道："你看，河中间好像漂浮着什么吧？好像是头发，一定是女人的头发。去，赶快把小艇划过去。"望着风暴，那个船夫不敢下去。爸爸当时准备自己下去——正在这时候从后面跑过来我们的大胡子穆斯林厨师，他把爸爸推到旁边，跳到小船上，并且一边很生气地骂着那个船夫，一边拉着其中的几个人一起划船过去。我们很担心地注视着，小船能否及时地赶到那个正在下沉的女人身边。船夫们离开甲板，频频地划着桨——小船上下起伏，快速行驶着，可是仿佛无法靠近那个女人。天色暗下来，什么都看不见了，只有那位大胡子厨师的高声呼喊不时地传到我们的耳朵里。过了好一会儿，小船回来了，穆斯林厨师当时是何等高兴啊："成功了，老爷，成功了！"听说，那个女人根本不想上船，是他抓住她的头发将她强行拉到船上的。爸爸看到，这是一位年轻的女人，她的相貌很美，她蜷曲着坐在船上的一个角落里。爸爸费了很多周折，才从她那里获悉一些情况。她的家就在什莱多赫的附近，因为和丈夫吵架，就跳入河水里，但是她会游泳，所以就没有沉入水中。

爸爸认识她的公公，于是就派人通知他，请他将儿媳妇接回去。爸爸请他管束自己的儿子，希望以后不要再发生这样的事情了。后来我听说，夫妻俩再也没有吵过架，他们生活得很幸福。

帕德玛河与"帕德玛号"船

什莱多赫就位于帕德玛河—戈莱河的汇合处，帕德玛号船与什莱多赫有着密切的关系，这艘船就是由爸爸命名的。帕德玛河是爸爸很喜欢的一条河，所以他就给这艘船命名为"帕德玛号"。

我们家与帕德玛号船也有着不少的关系，同爸爸的关系又很特殊。所以不讲讲这艘船，我的讲述就会不够全面。

这艘船是有历史的。我的曾祖父达罗卡纳特·泰戈尔建造了这艘船。可能是在达卡建造的——因为它的造型类似达卡的大型游艇，只是它比一般游艇大很多，十二只大桨可以一起划行。几个舱室很宽敞，住在里面就像住在房屋一样，很舒服。这艘船当时停在加尔各答的恒河里，我的祖父大哲常常乘坐这艘船向西部漫游。在他的自传里曾经提到，1846年他乘坐这艘船前往瓦拉纳西的时候，获得消息，他父亲在伦敦病故。获得这个消息后，他掉转船头返回加尔各答。大哲爷爷不再使用这艘船了，于是爸爸就将该船开往什莱多赫停泊。

在铁路开通之前，人们都把船作为交通工具。在孟加拉地区不乏河流湖泊，地主和有钱的商人当时都拥有各种船只，否则就无法行动。为了方便自己使用，他们都有游艇。孟加拉的河流不是所有时间都保持有很深的水位，游艇船体即使太宽，船体的底部同样也是平形的，都可以穿过很浅的水位，容易通行。在一般的游艇上都有两个大的舱室，就像房间一样，里面摆设有桌子、椅子、床铺等家具。达卡的米斯特拉家族的人是制造游艇的工匠——因此在他们那里订购游艇已成为风气。谁有一艘漂亮的游船，在地主们之间是存在妒忌心理的。我听说，在那个时代迪卡波迪亚的王公有一艘用大理石铺设舱室地板的大型游艇；还有，加尔各答有钱的大人物同样对好车好马也是妒忌的。有了铁路之后，使用水路就减少了，对船舶的需要也减少了。今天即便去寻找，在河上也看不到一艘游船了。爸爸很喜欢住在帕德玛号船上。一有机会，他就乘坐自己喜欢的帕德玛号船出游。与住在房子里相比，他更喜欢住在船上。究其原因，可能是住在船上，他能够获得宁静，在任何别的地方他都得不到这样的有利于思考和写作的机会。除此之外，他还可以随心所欲地四处漫游。每天变化的环境可以为他那喜欢幻想的思维提供精神食粮。每当他需要完全宁静的时候，他就命令什莱多赫的工作人员，任何人都不要到他那里去。

很多时候他乘船漫无目的地飘游，到达这样的一个谁都不会轻易地抵达的寂静之处。这样一个与外界没有联系的寂静的居所，对他来说是非常需要的。一方面是水流湍急的帕德玛河，另一方面是宽阔悠远的白沙滩，越过河流的界线，在十分遥远之处是绵亘的碧绿森林，大船就俯身融入大地的怀抱。唯一的伙伴是水鸟的啁啾声，这是另一种平和而宁静的环境。

帕德玛号船对爸爸文学创作的贡献是巨大的，喜欢泰戈尔文学的人们当然是会承认这一点的。

爸爸最初生活的一部分是在什莱多赫寂静的环境中度过的，他最后生活的一部分是在圣蒂尼克坦的人群中度过的。什莱多赫的碧绿和圣蒂尼克坦的灰暗——这两种环境是完全不同的。什莱多赫的帕德玛河那延伸到地平线的沙滩，那欢快的大自然永远充满青春活力的新颖感——在这种环境中间诗人选择了他自己的静思之地。另一方面，他长期工作生活的处所是在圣蒂尼克坦和加尔各答的人们中间。但是到了晚年，他的思想怎么又没有被吸引到孟加拉地区的这种内部环境中来呢？在那里可以看到白云下的帕德玛河岸边的绿色森林，在那里有半浸没在水中的寂静无人的沙滩，在大河的两岸有欢快水流灌溉的稻田，在那里大自然获得自己最终的成果——在这样一个梦想的世界里，他的思维怎么会枯竭呢？！

尽管妈妈不愿意，可是爸爸还是从我很小的年纪起就带着我乘船同他一起四处漫游。因此，爸爸在船上如何生活，在船上怎样打发时光，我还是多少了解一点儿的。同他一起乘船出去漫游，有几次也曾经遇到过危险。

与此相关，我还记得一件非常有趣的事。第一次我与爸爸乘船出游，就是那一次或者后来的某一次，我记不太清了。事情是这样的：白日将近，面临黄昏的时候，爸爸和我坐在甲板的安乐椅上。爸爸的椅子靠近甲板边缘，放在离水面很近的地方。他就这样默默地坐在椅子上，两只脚就像舞蹈似的慢悠悠地晃动着。

太阳正在徐徐落山，金光洒在帕德玛河的水面上——四周展现出一种宁静的美景。我突然听到了一种响声，好像是一件小东西掉在了水里。我朝爸爸那边一看，发现他脚上穿的他很喜欢的卡达克生产的一只旧拖鞋掉在了水里。"扑通"，又一次落水的声音，我一看，爸爸已经不在甲板上，他跳入河水里去捞那只拖鞋了。那只拖鞋随着流水漂得很远了——爸爸会游泳，就努力去捞它。过了好一会儿，爸爸从水里上来了——他脸上挂着满意的微笑，手里拿着那只拖鞋。爸爸把拖鞋放在甲板上，走进船舱里换衣服去了。

一想起童年的往事，这件事就映入我的脑海里。我还想起了爸爸那种忘我的精神。

爸爸第一次带我出游的时候，我们是乘船在库斯迪亚城下的戈莱河航行。到停泊站下来的时候，一位英国人前来迎接爸爸。此人只有一条腿。后来我才知道，他是停泊站的站长，长期以来一直在库斯迪亚停泊站工作。因为他为人善良，所以大家都尊敬他。看见他用一条腿走

帕德玛号船

路，童年时代的我心里就感到有些害怕。我总觉得，库斯迪亚城仿佛就悬挂在高高的河岸上。河岸上的房子大多数都已经破乱不堪，一排排破旧的房屋就像是一排排骷髅伫立在河岸上。人们居住的房屋竟然如此狭窄低矮，只能缩着头住在里面。

为了保护停泊站，在河岸上建起了砖房——乘船进入到它的里面需要小心。对我来说一切都感到很新奇，此前我从来都没有乘坐过船，我战战兢兢地迈步上了船，可是一进入船舱，我的恐惧感就消失了，我觉得舱室就像家里的房间一样。饭菜已经做好了——人米饭和红烧石斑鱼。吃完饭，爸爸就坐下来写作了。我就坐在隔壁的舱室里，透过窗子，开始饶有兴趣地观看在河里航行的各种船只和码头上的人群。

爸爸来这里是为了视察"泰戈尔公司"的工作。为视察工作，爸爸花费的时间不太多。乘船一回来，他又坐下来开始写作。

整个白天都在写作，黄昏降临了，爸爸就登上甲板，坐在安乐椅上。我已经不记得他和我说了一些什么话，讲述过一些什么故事。更多的时间我们就默默地坐着，陶醉在黄昏晚霞的光影中，欣赏着河上的美景。

太阳落山的时候，霞光映红了西面的天宇。一些小渔船一边下网，一边随着水流漂游，仿佛他们无所事事，悠闲自得。有时一两艘小船上的水手们划着桨，让船逆流而行。伴随着划桨的节奏，他们哼唱着摇桨小调儿。

夜色渐渐变得浓重了，摇桨小调儿传到了很遥远的地方。天体上一两颗星星熠熠闪烁着，仿佛有人在一个一个点亮天上的灯盏。对岸的神庙里传出了钟声，那声波沿着水面开始飘荡到这边来。

天色完全黑了下来，一位老仆人打破了宁静，他捻着自己的白胡须，说："少爷，我把饭菜放在桌子上了。"我简单吃了一点儿，就去睡觉了。爸爸点亮灯盏，带着他的书籍和记录本又坐了下来。

这一堆书爸爸总是随身带着——不管去哪里，他都带着这个小书箱。其中有歌德、屠格涅夫、巴尔扎克、莫泊桑、瓦尔特·惠特曼等外国文学家的作品，阿莫尔梵语词典和几本梵文书。除了文学作品，爸爸还喜欢阅读天文学、人类学、语言学等方面的很难懂的大厚本书籍。

从青年时代起，爸爸就同帕德玛号船有着紧密的联系。那个时期他的大部分诗歌、短篇小说、文章，都是在这艘船的舱室里写成的。与人们的交往、家庭生活的繁杂给他带来了很多烦恼，他来到帕德玛河中帕德玛号船上这个寂静的处所，获得了异常的宁静。乘坐着这艘船，他就可以在孟加拉地区四处漫游，深入到乡村的生活之中。帕德玛号给他提供了如此舒适安逸的处所，爸爸很喜爱这艘船，并且在他的文学创作中赋予了这艘船一个应有的位置。

我在爸爸的著作中读到这样的描写："在这里我是唯一的主人。在这里，对我对我的时间，谁都没有任何权利剥夺。……我可以随心所思，随心所想，我对什么感兴趣，我就写什么；只要我高兴，我就可以把脚放在桌子上，凝视着帕德玛河，全身心地沉湎在这阳光灿烂的慵懒的白日里。……确实，我非常热爱帕德玛河。因陀罗有大白象，我有帕德玛河，它是我的真正坐骑。……看来……我仿佛是属于这个蓝天，这条大河，这古老而碧绿的大地。我的时光就是这样在船上度过的。通过阅读，我看到所熟悉的大自然有多少情感的变化，简直无法确定。"

喜马拉雅山之行

波卢哥哥的死亡给妈妈以沉重的打击，从此后她再也不想住在什莱多赫了。在什莱多赫两三年的最初学习之后，我们不得不回到加尔各答。此外，妈妈为准备姐姐结婚而着急。经普里耶纳特·森介绍，姐姐与诗人比哈里拉尔的三公子绍罗特先生订了婚，不久就举办了婚礼。绍罗特先生当时在马贾法拉普尔做律师，姐姐跟随丈夫去了那里。爸爸在他的几个儿女中最疼爱姐姐，所以姐姐走了之后，爸爸很忧伤。可是还有一个女儿也要结婚，妈妈提醒爸爸不要忘了此事。几个月之后，我的妹妹拉妮与绍登德罗纳特·婆达恰尔久医生举行了婚礼。绍登先生后来放弃医生职业，参加了圣蒂尼克坦学校的工作。尽管爸爸很不情愿，但还是要操办两个姐妹的婚事，我们不得不在加尔各答住了很多天。

从居住在什莱多赫的时候起，爸爸头脑里就在考虑在什么地方建立一所理想的学校。为了让我们兄弟姐妹接受教育，如何改变现行的教育方法，关于这个问题他头脑里曾经出现过各种想法。这些想法最后定型了，他就觉得应该建立一所学校。爸爸认为，对于他想建立的那种学校来说，最合适的地方就是圣蒂尼克坦。回到加尔各答后，爸爸就向我的爷爷大哲尊者讲述了他的计划。大哲爷爷听了他的讲述很高兴，并且表示同意，这所学校将作为圣蒂尼克坦静修院的一部分。为筹办学校，爸爸准备带领我们所有人前往圣蒂尼克坦，就在这个时候，有一天爸爸在久格迪什琼德罗教授的家里见到了妮贝蒂达①师妹。妮贝蒂达当时正在思考印度诸圣地的伟大精神，她非常希望我们国家的男孩子们能够一批一批地徒步前往喜马拉雅山旅行，看一看那些特殊的圣地。妮贝蒂达不是一个喜欢静默呆坐的女人，一旦想到什么她就会努力将其变成行动。她动员贝卢尔寺庙的几位苦行僧大师，组成了喜马拉雅山旅行团。爸爸从妮贝蒂达那里听说，最近几天内绍达侬德大师将带领第一个朝觐团动身前往凯达罗—波多里圣地，当时爸爸很想让我也同他们一起去。在圣蒂尼克坦学校，我应该完成梵修学业，如果同苦行者大师徒步朝觐回来，我就必须做好在梵学书院过艰苦生活的准备。身穿棕色僧衣，肩披毛毯，脚穿军靴——我们身着这种奇怪的装束上了火车，两天后我们在卡托古达姆下了车。前往圣地的朝觐者通常都是沿着霍里达尔的道路去凯达罗纳特的，但是这条路上人太多，所以苦行者大师决定，我们要沿着阿尔莫拉的山路前行。

我们这个团共有十五六人，除了苦行者大师，他们都是年轻人。在这个团里面，我是年纪最小的。起初，在这些陌生人中间我感到很不自在，特别是加尔各答商人家的几个男孩子，他们的谈话一点儿意思都没有，我不喜欢他们。绍达侬德大师大概意识到了我的情绪，所以他就把我带在他的身边。在他的内心里蕴含着如此的厚爱，可是从外表上却感觉不到。我对他很是崇敬。得到一个少年的崇敬，他当然也很高兴。我与同来的旅游者逐渐熟悉起来。这些人中间有一个非常有趣的大公，我很喜欢他。他也很喜欢同我聊天，对我也很好。这位有趣的大公后来成为罗摩黑天教会的会长——松科拉侬德大师。寺庙里还有两位出家苦修者，其中一位我还记得，他是莫亨德罗先生之子。

早晨，我们在卡托古达姆站下了火车，就开始徒步前进。苦行者

---

① 妮贝蒂达（Nibeditaa, Bhaginee, 1867.10.26—1911.10.13），罗摩黑天、辨喜的忠诚弟子。出生在英国，原名为玛格瓦特·伊丽莎白·诺布尔。1896年辨喜去伦敦时，她成为辨喜大师的女弟子，病逝于大吉岭久戈迪什琼德罗的家里。

大师说，无论如何在黄昏之前必须到达乃尼达尔。不习惯爬山的人，攀登几英里就要停下来休息。大家都拼命地向上攀登，四周都是不曾见过的美景，但是当时谁都没有心思去欣赏。当时大家都全身心地想着什么时候到达乃尼达尔，因为到达那里就可以休息了。日落前我们到达了那里，在一个大湖的岸边——苦行者大师所熟习的一位有身份的人——库马由尼的家里安顿下来。夜里和次日早晨我们受到了热情的款待，得到了充分的休息。

上午苦行者大师对我们说："你们还不习惯爬山，一开始你们步行，我不让你们超过五六英里。习惯了之后，我再让你们慢慢增加。攀登乃尼达尔山是登山领导小组做出的第三个决定，你们已经通过考试，现在就不必再害怕了。"

可是加尔各答的几个纨绔子弟却失去了信心，他们组织一个小组，当天就返回家了。

尽管我们的团里只剩下七八个人，但是对此我们都感到高兴。

离开乃尼达尔，下到了婆洼利，一点儿都没费劲——绍何鸿大师在附近建有静修院，我们被邀请去那里做客。一见到他，我就觉得他不是一位性格平静的人。他体型健美，皮肤黝黑——他常常赤手空拳毫无畏惧地闯入虎穴，老虎见到他都害怕。在孟加拉地区，他是我们所有人的榜样。看到他身穿苦行者的服装，我就感到非常惊讶。

用过餐后，不等我们请求，他就讲起了关于老虎的一两个故事。我明白了他所讲述的经历核心：人如果不怕老虎，那么老虎看到人就会害怕。如果在你心的一个角落里存在恐惧，那么老虎是会确切知道的。

当我们离开他的静修院，沿着通向拉姆戈尔的道路开始向上攀登的时候，绍何鸿大师陪着我们走了一小段路，然后说："现在我再向上爬，也不会感到累的。好，我就此告辞了。"听了他的这句话，我的内心突然受到了触动——我们孟加拉的"英雄"已经下山了，消失在悠远的乃尼达尔林间小路的拐弯处了。我们走进拉姆戈尔一家穆斯林客栈，客栈主人也是绍达侬德苦行者大师的崇拜者,他把我们看作尊贵的客人予以接待。与客栈相邻的是一个很大的果园。两天来,我们品尝了果园里的各种西洋水果和果酱。拉姆戈尔是这个地区一座最美丽的山——四周围长满了大量的树木蒿草——这里蔓藤似的野生玫瑰很迷人,花朵是白色的,小小的,一串串的,但是特别芳香。某处只要有一株,几英里远的地方都可以闻到花的芬芳。我虽然年少,可是看到这种鲜花之后,拉姆戈尔山的美景就一直留在我的记忆里。

多年之后,我从报纸上看到一个卖房子的广告,毫不犹豫地就将其买了下来。稍后我还要再讲一讲拉姆戈尔。

离开拉姆戈尔,在两天内我们步行了22英里,抵达阿尔莫拉。我记得,在阿尔莫拉最后爬山时我们吃了不少苦头。5英里是垂直向上攀登。中午阳光热辣辣的,哪里都找不到一滴水。我第一次感受到在山上竟然会如此的闷热。看到我们的痛苦境况,奥穆洛大公让我们在一棵大树的树荫下坐下休息,他自己到阿尔莫拉去取水了。他从那里取来水,消除了那一天我们的干渴,否则的话,我们谁都走不到阿尔莫拉。我们的身体如此的疲惫,就连向前迈一步的力气都没有了。

在阿尔莫拉也有苦行者大师的崇拜者——一个库马雍姓氏的富有人家接待了我们。此人虽然名叫沙哈,但是他们一家都是婆罗门。在库马雍村,所有人都是婆罗门。我们在阿尔莫拉雇用了10个苦力,我发现他们都是佩戴圣线的婆罗门。在阿尔莫拉沙哈一家很受尊敬,短短几天内与他们结下了深厚的友谊。我注意观察他们的生活习惯,因为这里是个寒冷的山区,他们总是穿着裤子和外衣,可是在吃饭的时候,他们却缠着围裤坐下进餐。

由于在乃尼达尔爬过山,在阿尔莫拉徒步上山下山我们就很习惯了。这一次按照惯例,苦行者大师开始准备朝觐旅行了。他准备了一顶轻型帐篷和一些食物,雇用了一匹马和10个苦力,为期一个月。一路上设有驿站,可以在那里歇脚住宿,但是这些驿站都很脏,所以苦行者大师不喜欢在那里落脚。在离驿站稍远一点儿的一个地方架设了帐篷，他就安排我们住在帐篷里，次日我们就出发了。

首先决定前往凯达罗纳特。喜马拉雅山有多少难以攀登的山峰啊，有多少长满核桃树、杏树和石榴树的平坦的山谷啊，我们越过很多条弯弯曲曲欢快流淌的小溪，沿着那条山路前行。喜马拉雅山的各种美景，就像图画一样展现在我们的眼前。我们的双眼一直沉浸在这种美景里，我们时时刻刻都沐浴在这美丽的海洋中，心里溢满了喜悦，但是苦难也是无尽头的。我们满身流着汗水，拄着镶有铁头的登山拐杖，一步一步地向山上攀登。道路没有尽头啊，下面的路，都横卧着大块大块的石头，必须跳过去。在有些地方要越过积水，有的地方长着三四棵树，都必须从这些地方小心翼翼地通过——脚一滑，就会从一两千英尺高的山上跌入下面的河里。

几天后，我们抵达鲁德罗普罗雅格。在这里，看到了河水清澈而河床狭小的曼达基尼河，还有水流湍急而浑浊的奥络迦依达河。从凯达罗纳特的一个圣地下来——又到了另一个圣地波多里纳特。这种两河相汇合之处的美景，我是从未见过的——曼达基尼河从难以通行的山脉的昏暗内部流出来，看见奥络迦依达河，就仿佛感到非常恐惧似的。它那水晶般的清澈的流水，仿佛很不情愿与奥络迦依达河的污浊水流汇合似的。两河汇合后的河水已经流出很远，可是两条河都各自保持着自己水流的颜色。

来到鲁德罗普罗雅格之后，就遇到很多朝觐者。他们成群结队地前行，他们何等的虔诚，何等的激动啊！有的来自旁遮普—拉贾斯坦沙漠的灰土乡村，有的来自马拉巴尔的椰林之乡，有的来自孟加拉碧绿的稻田之乡。他们成群结队地赶路，其中有少年，有刚刚结婚的伉俪，有脱离红尘的老人，有瘦弱的寡妇、大人、小孩、老人等各种人，他们沿着难走的山路迤逦前行。

他们有多少种肤色，多少种服饰啊！拉吉普特的彩裙，旁遮人长长的缠头巾，出家人那灰色身体上披着棕色的袈裟，孟加拉女人按照自己的方式在身上缠绕着一件白色纱丽。为了前往凯达罗朝圣，这些不同地区穿着不同服装的男女朝觐者向着喜马拉雅山上攀登。大家的脸上都挂着微笑。穿过河两岸夹着的美丽的谷地，道路逐渐升始升高，布满森林的大山被分为两部分。曼达基尼河两岸宛如墙一样的陡峭山崖，上面看不到别的树木，只有稠密的罗多登德罗树和代博达鲁树。弯弯曲曲的小路一直迤逦向上，曼达基尼河这时轰然跌下，宛如一条银白色的细线。水流穿过碎石发出微弱的潺潺声——我仿佛觉得，大山的脚上佩戴着几只银脚镯，并且发出窸窣的响声。旅行者的队伍还在向上攀登，小路更加难行。森林的昏暗更加凝重，冻得我浑身瑟瑟发抖。

爬过大山，大家又下到河岸边。黄昏降临了，姑娘们在一棵树下点燃了干树枝，围坐在一起，制作烙饼。大家一边拍着手，一边唱起歌来：

> 凯达罗纳特啊，在你那莲花般的玉足下，
> 难道我们的生命就要受到阻隔吗？

次日，天还没有亮，旅游者们收拾起行装，开始向另一座高山攀登。山体上被凿开石壁，开辟出了一条两肘宽的小路。腿脚常常被锋利的石头划破，大家气喘吁吁地走着，需要频繁的休息。大家都不说话，口干舌燥，然而旅行者的队伍仍然继续前行。

听到身后"扑通"一声响，我吃了一惊。回头一望，我看见，一位十分疲惫的老人坐在路边瞧着他的脚。他的脚上缠着布，勉强走了这么远，就再也走不动了。他的脚不停地滴着血，他的身上再也没有可以撕下的衣服了。他发现我用怜悯的目光望着他，于是就说道："先生，请您不要用可怜的眼光看着我！痛苦肯定存在啊，这痛苦绝不会妨碍我。凯达罗纳特在召唤我，谁会阻拦我呢，谁会妨碍我呢？说吧，兄弟：'胜利，凯达罗纳特，胜利！'"

圣蒂尼克坦梵学书院

1901年爸爸在圣蒂尼克坦建立了梵学书院。在这所学校建立之前，我多次去过那里。我还清楚地记得有一次去那里的情况，当时我9岁。

波卢哥哥当时在考虑，怎么样把孟加拉梵社的各个分支、孟买的祈祷社和旁遮普的雅利安社等组织联合起来，成立一个印度一神教社。他向我爷爷大哲报告了此事，并且建议将这些不同社团组织的著名人物请到圣蒂尼克坦来，于是决定：借助为我举行佩戴圣线仪式的机会，邀请所有人到那里去。波卢哥哥带着大哲的邀请函前往拉合尔、孟买、迦尸（瓦拉纳西）等城市，去会见一神教社团组织的领导人。

这期间已经着手准备为我佩戴圣线的仪式。我爷爷大哲指示，聘请学者石博彤·比代尔诺波先生来教我学习《奥义书》经咒。我应该从头至尾背熟梵教的那些经咒，以便我在被邀请的外邦学者们面前能够用纯正的发音背诵那些诗文。听到这个要求，学生和老师两个人都觉得头像被雷击了一样！时间太少了，行走坐卧的时候，都必须用心学习背诵吠陀梵语经咒。

有一天，在学习结束的时候，我怀着忐忑不安的心情来到爷爷大哲的身边接受检查考试。听了我的背诵，爷爷很高兴。这种艰难的考试，我通过了，但是很可惜，那位学者先生只是得到了很少的一笔酬金，作为奖励。

圣蒂尼克坦开始忙碌起来。从各个邦来了一些著名的学者，为了款待他们，从加尔各答运来了大量的黄油、糖果、开心果、杏仁，还有很多别的食品。

在规定的时间，我被剃光了头，手持权杖，在来自邦内外的著名学者的见证下，完美地完成了佩戴圣线的仪式。仪式结束后，我就去了什莱多赫。在那里住了三年，然后我回到圣蒂尼克坦，那时候爸爸正在那里准备开办学校。爸爸从什莱多赫请来了久格达依德·拉伊和那里的一位顺势疗法医生，以便帮助他办学。因为在圣蒂尼克坦不特别需要医疗治病，爸爸就让那位大夫参与建设和管理房舍的工作。

在花园的一个角落，有一栋一层的房子。爸爸从爷爷手里接收了这栋唯一的砖房，作为学校的校舍。爸爸将他自己的所有藏书全部从加尔各答运来了，并将这些书摆放到那栋房子里的一个大房间里，建起了图书室。爸爸的书并不少，除了文学，还有科学、旅游等方面的大量孟加拉文、英文、梵文书籍。因此，从一开始就建起了一个很好的图书馆。

没有学生，没有学生宿舍——学校就以这个图书馆作为基础，此后就请那位医生先生负责建起一栋学生宿舍和一个食堂。学生宿舍就建在图书馆旁边。用泥土打造墙壁，建起一长排简陋的平房，用瓦代替稻草做屋顶。这排房子的一小部分如今还存在，那是以原始土屋或以前的土屋而著称的建筑。我已经不记得，我们那个时候给那排房屋起了什么名字。

招收学生，成为我爸爸的一个难题。谁愿意把孩子送进一所新型的没有名气的学校呢？特别是，当时国人还不习惯把孩子送进寄宿学校。爸爸前往加尔各答，请布拉赫摩般陀波·乌巴泰先生帮助他招收学生。他送来他熟人家庭的4个男孩子。我只记得，他们当中有两个人是加尔各答商人家庭的孩子，算我一共5个男孩子。在20世纪的第一年，只有5个学生的这所学校开学了。

布拉赫摩般陀波是一位非凡的人，在小小的年龄他就积累了各种生活经验。一步入青春期，他就被凯绍波·森所吸引并且离开了印度教，加入了新梵社。为了宣传梵社的宗教信仰，他前往印度河流域。在那里，一位名叫雷巴羌德的青年成为他的特殊崇拜者。他带着这位门徒回到了孟加拉邦，但是这期间他却接受了罗马天主教。我听他说过，他读了卡迪拉尔·牛虻的书，他的思想观点就变了，这时候他就取名为"布拉赫摩般陀波"①。他的真实名字是婆巴诺丘龙·般多巴泰。他改了名字后，就脱掉家庭服装，穿上了红棕色的袈裟。来到圣蒂尼克坦的时候，他并没有放弃对基督的信仰，当时他对永恒的印度教已经萌生无限的尊敬。获得在圣蒂尼克坦按照梵学书院的模式建设导师之家的机会，他的热情十分高。爸爸的注意力被他吸引到印度梵修信仰的精神方面来，在他的心中同时萌生了对印度教的忠诚和真正的爱国主义情怀。他同爸爸逐渐产生了思想分歧。布拉赫摩般陀波离开了圣蒂尼克坦，前往加尔各答，办起了刊物《黄昏》。他主编过一种天主教的周报，名为"Sophia"。他在周报上发表了一些东西，其语言既凝练典雅，又有理有据——但是《黄昏》的语言却相反，赋予孟加拉语一种冗长、激愤、尖刻的新风格。主编"Sophia"的布拉赫摩般陀波和《黄昏》的作者，从外表上看是自我矛盾的，但是他真是一位具有多方面才能的人。因此我觉得，对于任何一种宗教信仰，他都坚持不了很多时日。

有一天，一个旁遮普的摔跤手不知怎么突然来到圣蒂尼克坦。为了学习摔跤，我们修建了一个场地。看到这场地，这位摔跤手萌生了极大的积极性，他脱掉衣服，站在那里开始邀请比赛。看到他那强壮的身体，我们都惊呆了，谁也没有足够的勇气接受他的挑战——下场跟他搏斗。大家都站在周围不知该怎么做。我突然看见，乌巴泰先生围着缠腰布来到这里，他来应战摔跤手。最后，旁遮普摔跤手败在了孟加拉苦行者的面前，当时我们何等的高兴啊！

---

① 孟加拉语的意思为"梵社之友·精神导师"。

几天之内，陆续来了几位教授。乌巴泰先生从信德邦请来一位名叫雷巴羌德的好人，教我们英语。爸爸把他的朋友绍琼德罗·马宗达先生的堂弟苏波陀琼德罗·马宗达请来教孟加拉语。爸爸不再让霍里琼龙·般多巴泰先生管理地产，把他从波迪绍尔带来，请他做梵语教授。第二年，又有十至十五个学生入学，同时又有几位新教授来了。

到了第三年，绍迪什琼德罗·拉伊来了。他是奥吉多库马尔·丘克罗博尔迪的朋友，跟他一起来到了爸爸身边。听了他的讲述和几首诗的朗读，爸爸被他吸引住了。爸爸向他讲述了圣蒂尼克坦的情况，他决定留在学院读书。他还没有结束学习，就怀着对未来发展的理想，参加了圣蒂尼克坦的工作。绍迪什琼德罗死后，奥吉多库马尔就参加了圣蒂尼克坦的工作。

爸爸的好朋友绍琼德罗·马宗达先生的大儿子松多什，作为我的同学，也入学了。当时我们两人在大学班学习。那时候还没有主讲教师，值得尊敬的迦利丘龙·般多巴泰先生的侄子莫罗龙窘·般多巴泰被任命为主讲教师，后来从迦尸请来了学者比图舍科尔·婆达恰尔久。

学生数量开始增多了，书院的管理工作也随之加强了，可是没有专人做这项工作，主讲教师先生应该负责全面工作。湿婆纳特·夏斯特里先生的一个女婿昆久拉尔·高士做了学校的总管。后来比图舍科尔·夏斯特里先生把普本德罗·萨内尔先生带来了。此后的一个时期，奥波诺哥哥从艺术学校把松多什·米特罗派来教授素描画。很快，书院里就集聚了一大批大师级的先生。

有人可能会觉得，为教少量的学生是否需要这么多教授吗？但是爸爸认为，一个班里如果学生过多，教学效果就不会好，学生与教师也不可建立起密切的关系。他希望在课堂上这样施教，让每一个学生回家后都不需要再学习。在那些日子里，爸爸亲自领导着学校，他不让任何一个班超过十个学生。有人也会提出这样的问题，为什么要让像夏斯特里先生这样的杰出专家去做小学教师呢？爸爸认为，教育小孩子是最困难的，应该让合适的人把孩子们培养成人。因此，他到处寻找优秀人才，并且按照自己的理想，将那些合适的人培养成为优秀的教师。那些不理解或者反对这一理想的人，就不得不离去。雷巴羌德老师是一位性格淳朴的人，他教授英文很出色，但是他坚持实行严格的规则。他是一位优秀的板球运动员，他想在所有的工作中都严格执行板球运动的规则。爸爸不喜欢这种生硬的做法，几天之后，雷巴羌德就离开书院走了。后来他创办了一所学校，他自己也改名为奥尼玛侬德。

住在原始土屋里，我们只有30来个学生。我们每天的生活非常简单。当时学生们的监护人不需要为其支付学费，也不用支付薪酬——一切花销都由我爸爸承担。我们的财产中有几件衣服和两条毛毯。一件棕色外衣总是穿在身上，对此我们就很满意了——外衣里面不管是破衣服还是脏衣服，从外面是看不到的。原始土屋长方形房间里也没有任何家具摆设，只是并排放着几张床铺，还为每个人准备了一个墙壁挂衣架。凌晨四点钟，普本先生把大家叫醒，并且带着我们到土水坝上去洗澡。冬天水库里的水很凉，老师让我们下到冷水里，我们也不生他的气。在洗澡之前，我们要打扫房间，整理衣物。洗过澡回来后，在树下铺上坐垫，坐下来进行祈祷。钟声一响，大家齐声念诵咒语"你是我的父亲"，然后我们跑进厨房领取食物。食物也没有什么特别的东西，水煮豌豆、油炒米饭、糖蜜——这就是早餐的食物。首先要把食物装在盘子里，摆放在老师们的房间里，然后我们再自己进食。星期三那一天，除了这些东西，还加有烙饼和糖果。我们为得到这些食品而感到很快乐。

要我住在学校里——妈妈不喜欢。她认为，学校食堂的婆罗门厨师竟给我们吃些不洁净的食品，所以她很反感。但是爸爸特别希望我和其他同学一样，住在学校的宿舍里，所以妈妈就再也没有表示反对。星期三是休息的假日，妈妈尽力弥补内心的遗憾。那一天，她在家里亲自做好饭菜，和我一起去宿舍招待所有住校的孩子们。虽然妈妈这样定期给我们做好吃的，但是我们还是不满足——我们更喜欢成群结队去妈妈的库房里偷偷地拿东西吃。妈妈后来虽然知道了，也不说我们。上午学习结束了，下午我们要学习素描、唱歌、弹琴、手工等。我们最喜欢久格达依德先生给我们上科学课。带有旋梯的学院楼建成后，特里普拉的大公送给爸爸的学校几套实验设备，这些设备曾经存放在原始土屋的一个房间里。久格达依德先生具有惊人的授课能力，他用讲故事的方式很有趣味地讲授科学知识。后来当他借助仪器来做某种试验的时候，我们都陶醉地注视着他的试验。我们向他提出一个又一个的问题，我们的好奇心与科学毫不相关，可他从来都不厌烦，总是满面笑容地回答我们提出的所有问题。胡格利地区一位有身份的人自己做了一部望远镜，爸爸听说此事后就去找他，并且用300卢比买回来这部三英寸的望远镜，交给了久格达依德先生。这部望远镜成为他观察天体的工具。一到夜晚，他就拿着望远镜坐下来，如果看到了某个星座，他就叫我们来观看。

当时在书院不吃鱼肉，只吃素食，由学生们亲自管理厨房。每周我们选出两个管理员。开集市的那一天，他们去赶集采购，通知厨师们该做什么饭菜，协助厨师保持厨房卫生，分派哪些学生去摆设食物。我们的规矩是，吃饭的时候不准高声说话，谁都不能抱怨伙食不好。我们每个人都有自己的盘碗，吃完饭自己洗净，将其放在固定的位置。

下午是体育运动的时间，去运动场锻炼不需要别人去叫。足球运动花费最少，不需要其他运动器材。我们十分陶醉于足球运动。有一次，纳多尔的大公来书院，给我们送来了各种运动器材。可是尽管有了各种器材，谁都不想放弃足球运动。学校培养出几位优秀的运动员。我们当时感到骄傲的是，我们在同周围的任何球队比赛时都没有输过。迪内什·森先生的儿子奥伦、久格达依德先生的侄子提拉依德、丘东诺戈尔城的高乌罗戈巴尔，后来还有苏尔久·丘克罗博尔迪、绍罗久龙窘·乔杜里、比棱·森等人，都是我们队健将级的运动员。长大后，他们中的很多人在莫洪花园、东孟加拉、印度铁路等足球队里参加过比赛，获得过非常好的声誉。老师中的很多人也同我们踢过球。

洗过脸和手就参加祈祷，然后我们一起坐在图书馆的凉台上。爸爸在场的时候，有时候让学生们朗读诗歌，有时候讲故事，有时候做游戏。他教我们做几种游戏，来锻炼我们的鼻子、眼睛、耳朵等感觉器官。我们如此地喜欢这种游戏，甚至都不知道，这是训练感官。那时候还没有表演训练。

星期三是原始梵社的祈祷日，星期天是基督教徒的安息日，所以都放假。我的爷爷大哲不喜欢我们在印度的社会组织里过外国式的假日，所以他规定：星期三是原始梵社的祈祷日。根据大哲的意愿，在圣蒂尼克坦的学校里星期三放假，那一天首先在庙堂里进行祈祷。在敲响钟声之前，我们要进行沐浴，穿好围裤，披好披肩，做好准备，然后排队进入庙里。爸爸很早——在天还没有亮的时候就坐在庙门外边，等待太阳的升起。太阳在东方地平线上冉冉升起，它那微红的霞光越过大地，照亮了天宇，这时候爸爸就站起身来，亲自敲响了庙宇的晨钟。

爸爸总是努力让学生们摆脱孩子的状态，学会自己做事。学生们的日常活动，都由他们自己来管理。在学校的管理方面，他也实行完全的自治制度。管理的责任掌握在教授们的手里——年终教授们选出一个委员会，再由该委员会选出一个委员长。一直到1922年，学校的工作都在这种制度下运行，而且应该说，学校的工作做得很出色。在学生们中间也有一个委员会——该委员会制定守则规矩，并且选出一个领导者或首领。如果某个学生做出了无理的事情或者违背了守则，就把他送到学生们尊重的审判委员会。审判委员会给予他应得的惩罚，学生们就把他们委员会的报告仔细地记录下来。通过这种办法，他们从孩提时代起就获得了接受自治教育的机会。

爸爸通常也在上课，他喜欢给小孩子们上课。他是这样来授课的：他让孩子们觉得他们不是在课堂上课——他们在学习中得到了很多快乐。老师们都在努力学习爸爸的教学方法。很多时候爸爸在书院内散步，走到某一个上课的址，就开始讲起课来。这个班的老师很高兴，因为他认为，自己获得了一个学习如何上好课的机会。

对于建设学校的工作，爸爸从来都是满怀热情的，但是在最初的几年，他不得不去做那些与自己性格相违背的各种事情，每一件琐碎的小事，他都不得不亲自去过问。读书学习、锻炼运动、消遣娱乐——所有这一切他都亲自参与，这一点大家都感受到了。有一件谁都不知道的事情，那就是他经常思考学校的经费问题。

老师们没有单独的住所，他们都与学生们一起住在学生宿舍里，因此，他们就可以很密切地接触我们。老师和学生之间存在着正当的亲密关系，我们既怕他们，又爱他们。我们最怕久格达依德先生，可是又不想放弃对他的嘲弄。有一次，欢度洒红节，尽管抛洒红粉的活动已经结束了，可是我们的兴致未尽，正在考虑应该做什么。就在这时候，我们看到老师洗过澡后，穿了一件干净的衣服，躺在凉台上一个长沙发上休息。没有说话，我们几个大孩子就抬起长沙发，口里念诵"霍里，霍里"，将其扔到池塘里。他坐起来，开始严厉地谴责我们，这是我们没有想到的，当时看到在他嘴角上露出了一点儿笑容，我们就觉得，他仿佛也对于我们这种小孩子气感到有趣。他发现我们把他置于这种状态后正准备离开的时候，就开始责备我们，说："下不为例！应该把我放回原来的位置。我说，你们把长沙发抬起来！"我们又扛起了长沙发，将他抬到书院原来的位置。

学生和老师之间就是这样亲密——对于这种无恶意的玩笑，他们并不反感。

当时在我们的命运中好学生是不多的。直到很多年之后，在一般人看来，圣蒂尼克坦的学校就是一个管教所式的学校，监护人把一些调皮捣蛋的孩子送到那里去。但是书院当时的气氛是这样的，傲慢无礼的孩子在短短的几天内也容易变得自卑。新生一入学，大家就会一起努力让他适应书院的环境。对于那些不肯轻易接受监督的人，我们就得寻找新方法。

在书院里聚集了各种不同性格的孩子们。我们有一瓶经常使用的P.M. 巴格吉牌墨水放在房间里。与此相关，我想起了一个男孩子的故事，他对读书学习很厌倦，不愿意做书写练习。有一天，他竟然把那瓶墨水咕嘟咕嘟喝了，把空瓶子放在墙壁的隔板上。

学校开办的最初几年，松多什和我都住在学生宿舍里——当时学生的人数不足30个。老师当中只有携带家眷的一两个人具有单独住房，其他所有人都和学生们一起居住，一起吃饭。学生和老师都住在学生宿舍里，仿佛就像一个大家庭。

学校的资金很少——房屋里的设备不是很多，或者说，根本不富裕。我们过着十分贫困的日常生活，甚至，我们已经很习惯于这种相当艰苦的生活。尽管如此，我们还是很快乐。我们不怕上课，我们在课堂上获得了欢乐。通过唱歌、弹琴、表演、讲故事，爸爸让快乐之风吹进书院里，老师们运用新的教学方法教我们，我们都陶醉在这种快乐中，大家都受到了这种气氛的影响。在书院日常生活中，快乐的气氛也是每个人所追求的。教育不仅仅是读书学习，而且还要以情味激发人的智慧。爸爸在圣蒂尼克坦的学校里树立了这种教育的榜样。正是在这个时期展现出学校的完美形象，后来再也不可能了。唯一的原因就是爸爸参与了学校的所有事务，他将自己全部融入他所创建的这所教育机构的繁杂事务里。

他开始建立学校，同时也开始塑造自己。他一直在进行各种实验。如果在某件事情上实验没有成功，那么，他就会毫不动摇地放弃。可以说，他整个一生都在进行实验，探索真理。圣蒂尼克坦就是一个大型试验中心。看到爸爸努力探索各种事业的新方法，教授们也受到了鼓舞。一旦对某项工作有了积极性,一旦萌生了新的梦想,就将其付诸实践——这就是当时圣蒂尼克坦的一个特点。在欢乐中,在有利于激发新的主动性的环境中,学生们被培养成人。学子们带着形形色色的性格,从各种不同的环境中来到圣蒂尼克坦,但是离开的时候,大家都带着同一个特别的烙印走了。这就是圣蒂尼克坦为国家做出的一个不同寻常的贡献。

在圣蒂尼克坦度过的一个暑假

1903年，我通过了升入大学的考试。爸爸不想送我去加尔各答大学读书，所以我就留在了圣蒂尼克坦的书院里。我跟随摩希多琼德罗·森学习弥尔顿和莎士比亚的文学，跟久格达依德先生学习科学和人体学，而比图舍科尔·夏斯特里先生教我巴利文和梵文。

这期间，死亡袭击了我们的家庭。1902年我失去了母亲。我们在圣蒂尼克坦的那个不完整的家，开始由母亲的干姑妈——拉吉洛姬姑姥姥管理。爸爸住在"外室"，我们几个兄弟姐妹就住在与外室相连的几间小土屋里，在姑姥姥拉吉洛姬的关爱和照顾下逐渐长大成人。

暑假到了，同学们都回家去了。孩子们的喧哗声突然停止了，书院里显得沉寂而冷清，只有我的侄子迪嫩德罗纳特、我的朋友松多什·马宗达和我留在这种凄凉的环境中。我当时在思考怎样度过这个漫长的暑假。一想到拜沙克—杰斯塔月闷热的日子，我就开始感到心情沮丧。但是几天来，书院的寂静并没有使我感到压抑，缺少同伴也再不觉得苦恼。在嘈杂喧嚣声中一切小事都被我忽略了，一切东西都没有机会仔细地去观看，现在看到这一切，心里倒感到很震撼，于是就想再次好好地观察，好好地加以理解。

每天早晨钟声把我唤醒，在东方田野的尽头，透过一排排棕榈树的缝隙，可以看到当时天空刚刚被染上一点点微红。夜色渐渐散去，太阳冉冉升起，每天朝阳都带着一种希望降临到我们面前——这一切，难道我们接受了吗？清晨的那种温馨、平静，难道我们内心里感受到了吗？在人们的喧嚣声中大自然的那种美景，我们却视而不见。

现在再也听不到钟声了，但是在天亮之前我就起床，为的是不错过观看每一天朝霞新颖红光的变化。白天的时光在缓慢地流逝，但是我已经不再感到疲惫。每一秒钟书院里某一种新颖的未知形象都映入我的眼帘，那里的树木花草鸟兽都给予我一种新颖的奇妙感。我的同学们走了，但是芒果园、杪椤树下的小径、沙丽克鸟、松鼠——很多生灵都在我的周围，白天我就和他们一起度过，夜里我走进田野，躺在地上，聆听昆虫的啼鸣。

有一天，中午过后，我伫立在图书馆的凉台上。拜沙克月的阳光火辣辣地照着大地，滚热的气流从炽热的土地上颤抖着向上升腾。空旷的大地不见一物，偶尔突然刮起一阵旋风，卷起田地上的枯枝败叶，向高空逝去。广袤辽阔的田野，到处不见人影，只有稻田里几只毫无生气的山羊，到处无奈地寻找着绿草。我在凝视着夏天这种炎热的景象，这时候一对青蛙毫不犹豫地来到我的面前，从一只小羊羔背上跳过去，瞬间就不见了。当时我觉得，大自然并不只有温馨的一面。我想起了罗库波迪[①]的话——"这个世界是杀戮场……它存在于杀戮的森林中、残杀的人世间"。

这个假期之所以很值得我回忆，还有一个特别的原因。这两个月来，我近距离地接触到了绍迪什琼德罗·拉伊。年龄上的差别并没有妨碍我们心灵上的亲近，他就像同龄人一样吸引了我。没过多久，绍迪什先生就因为染上天花而病故了。我接触他的时间很短，但是我从他身上学到的东西永远都不会忘记。绍迪什不仅是一位诗人，而且他具有一种与生俱来的非凡天才。他只有21岁，尽管他这么年轻，但是他在孟加拉语、梵语和英语文学上却占有不小的位置。在英国诗人当中，勃朗宁

[①] 泰戈尔的戏剧《贤哲王》中人物。

是他最喜爱的诗人。他能流利地背诵瓦尔吉尔、但丁、歌德、莎士比亚和迦梨陀娑的大量诗句。他对于我爸爸的文学作品全都记得。绍迪什琼德罗·拉伊是位宽厚善良的人，他从不歧视别人的意见。不仅在年龄上，而且在学识上，与他相比我都显得很稚嫩。尽管如此，他待我像同龄的朋友一样，他的知识宝库总是向我敞开着。白天的时候在图书馆一个角落的房间里，他把窗户和门都关上，向我和松多什讲授迦梨陀娑和莎士比亚。他讲授的方法给人的感觉是这样的——我们并不觉得是在学习很难懂的文学作品。像绍迪什先生这样的教师是很少见的。暑假里，我们在开阔的草地山散步，有多少个夜晚躺在草地上，聆听绍迪什先生讲解孟加拉的叙事诗。天上的星座黯淡下来，一个一个地消逝在西部田野尽头的地平线下面了，绍迪什琼德罗·拉伊的兴致却没有减少，也不觉疲倦，一首接一首快乐地背诵着诗歌。受到他这种兴致的感染，我也没有睡意，陶醉地聆听着。他如此忘我地，如此兴致勃勃地背诵着，将诗歌里的内在奥秘清晰地向我表达出来，不管作品多么难懂，理解其含义，我就不再感到困难了。富有创造性的诗人以何种情感创作诗歌，绍迪什先生将这种情感形象地向我揭示出来。在这个时期，我聆听他朗诵过很多首诗，他用诗歌的情味滋润了我的心田。

  我永远都不会忘记那一天的情景。那天我聆听了他以此种清脆嗓音满足人们希冀的朗诵，我就再也没有兴趣去聆听用别的声音朗诵诗歌了。那一天正值恰特拉月，整个白天都感到无法忍受的炎热。中午关闭房间的门窗，我们几个人想在昏黑中休息一会儿，可是我们并没有休息。在关闭的房间里没法待下去，于是我们就走到外面，当时我们看见西部天宇彤云密布，拜沙克月的暴风雨即将来临，我们的心情高兴起来。我们站在凉台上期待着暴风雨的到来。被烈日炙烤的树木，干旱得寸草不长的广袤田野，仿佛都在满怀着渴望，焦急地期待着一场即将来临的大自然的革命。四周围是一片令人恐惧的黑暗和平静，只是在天宇的东北角出现了暴风雨降临的诸多迹象。一小块乌云很快膨胀起来，就像深蓝色的魔鬼一样，开始卷起尘埃，疾驰而至，仿佛要将大地吞噬似的。我们静静地观看它那恐怖的形象和飞快的速度，就在这时候绍迪什琼德罗·拉伊那高亢的声音传入我们的耳朵里：

> 东北的乌云以疯狂的速度疾驰下凡，
> 没有障碍没有阻拦。
> 村边竹林里昏暗的阴影已经消失，
> 长长激流将其驱赶。

在朗读这几行诗的过程中，暴风雨伴随着频繁的雷鸣降临了，四周一片漆黑，一阵狂风袭来，多少棵树木被刮倒。暴风雨的肆虐更加强烈了，雷鸣盖过了绍迪什·拉伊的嗓音。他的朗诵声伴随着暴风雨的节奏传播着。这是何等样的嗓音？何等美妙啊！这是何等令人如痴如醉的、惊奇的诗歌朗诵啊！这仿佛就是语言之泉从他口里喷射出来，他全身颤抖着，眼睛里闪烁着光芒。我们是在聆听他朗读，还是向他凝视呢？伴随着《年终》的祝词、韵律、情感，大自然的狂风暴雨仿佛与绍迪什·拉伊的朗诵声融为一体了。

朗诵结束了，突然一道闪电和巨大的一声雷鸣，使我们的心灵瞬间受到了震撼，随后我一看，绍迪什·拉伊不见了。他跑入了暴风雨中，到处都没有看到他。经过很长时间的寻找，在远处的一棵树下找到了。他当时处于半死的状态，我们把他抬了回来。

我与绍迪什琼德罗和迪嫩德罗纳特在一起度过的暑假，充满了文学和诗歌的情味。再也不需要任何别的娱乐了。我们在阅读文学作品、讨论诗歌和各种内容的小说中获得了极大的快乐，就这样度过了暑假的时光。随口即兴编唱儿歌是一种游戏。一个人突然起兴说出了两行，其他所有人就应该一个一个地轮流补充完善这首儿歌。我收集了其中一首儿歌，可是究竟是谁创作了哪一部分，现在我已经说不清楚了。

>　　埃斯拉吉琴，甜蜜的曲调，今天请你聆听，
>　　就让悦耳的歌声充满生命。
>　　埃斯拉吉琴说："今天我就竖起耳朵聆听
>　　炎热时节唱什么歌啊，美女早已无影无踪。
>　　莎莉、波莉、莫莉，如果你们都竖起耳朵，
>　　你们就能够听到三四首歌谣之声。"

　　在这伙人中大家都是迷恋情味的年轻人，只有一个白胡子年迈的好人，偶然走进我们这个无美女的群体中——他总是担心这群孩子会做出违反道德的事情。他总认为，绍迪什先生在教孩子们学坏。为了气他，当看见他走进图书馆的时候，绍迪什先生就高声朗读迦梨陀娑或莎士比亚那些充满情味的诗句。这位老好人听了后就用手指捂住耳朵，晃动着胡子，逃离了图书馆，于是我们都笑起来。

　　在暑假的几天之内，绍迪什琼德罗·拉伊就给我们提供了充满文学情味的精神食粮，当我们感到心灵受到压抑的时候，他就来唤醒我们的心智。通过短短几天的接触，这样一位具有美好诗情的年轻人，让我终生对他充满感激之情。他活着的时候，孟加拉邦曾经为有这个天才而感到骄傲，但是几个月之后，即在冬天的时候，21岁的绍迪什琼德罗·拉伊就过早地离开了人世。我们的天空中一颗闪闪发光的明星突然熄灭了。

　　这个时候，苏棱德罗纳特·迈特罗先生来这里旅游，住了三四天。他很喜欢同我们聊天，喜欢聆听迪嫩德罗纳特唱歌，参与对绍迪什琼德罗·拉伊诗歌的讨论。我们都晓得他是位科学家，我们不知道他也在写诗。通过他的科学活动，我们了解到他的诗人情怀。看到实验室里堆放几件破损的仪器设备，苏棱德罗纳特先生萌发了教我们化学的积极性。为了讲解化学元素的相互作用，他用男神女神来做比喻，有的呈现四边形，有的长着十颗头，他们之中谁在爱谁，谁也不能看见谁，他说，我

们应该记住这些。短短的几天内，他用轻松的讲解在我们的心里编织了这样的化学神咒之网，后来我在大学里学习化学的时候，不论化学分子式多么艰深，在理解或分析方面都没有遇到什么困难。

大概，苏棱德罗纳特·迈特罗先生当时还没有开始写诗，至少他当时没有给我们朗读过他写的诗。但是一到晚上，他就喜欢朗诵诗歌。他从迪嫩德罗纳特那里学会了爸爸写的很多首歌。

这个暑假爸爸没有在圣蒂尼克坦。为了给我的妹妹拉妮治病，爸爸带着她第一次去了哈贾里巴格，然后又去了阿尔莫拉。

夏季的两个月住在圣蒂尼克坦，对很多人来说，是可怕的。虽然非常炎热，但在位于炙热的田野中间的书院里的几棵树荫下，我们几个人这一次却享受到了极大的欢乐。桫椤树干枯的叶子纷纷落下，覆盖了静修书院的土地，外面田野的草被烤焦了，与红色的土壤融为一体了，某些地方有红色沙石裸露出来，这些破碎的石头仿佛都被烧红了。有时一阵风刮来，红色尘土就飞扬起来。一到下午，拜沙克月就跳起了毁灭性的狂暴的时令之舞，它是多么可怕呀，又展现出多么令人惊奇的美妙呀！圣蒂尼克坦夏天这种非常炎热的恐怖之美，不可能不令人陶醉。后来，当树木、蒿草的枝叶仿佛都被烧成了灰烬的时候，突然有一天雨水降临了。就在这一刻，仿佛是魔术师用他那碧绿彩笔触碰到了大自然，立即树叶上就呈现出嫩绿的颜色，大地上仿佛铺上了绿色地毯，鸟儿唱起欢快的歌儿。那片灰蒙蒙的沙漠变成了一座碧绿色的花园。

暑假结束了，学生们都回到了校园。书院里又响起他们的欢声笑语。但是这一次我没能加入到他们的欢乐之中。我满怀着悲伤的心情走进了课堂。

一个仲夏之夜的梦

我在前面已经说过，高考入学考试通过之后，我继续留在了圣蒂尼克坦。那时候学生的人数增加到50人左右。作为一个不幸的班长，我的工作就是关心所有学生的学习情况，抽空也从老师们那里搜集一些信息。

那时候比图舍科尔·森刚从瓦拉纳西来到这里。在教授梵语和巴利语方面，当时没有再比他更称职的教师了。梵语作为口头语言早已不再流行——他好像不愿意承认这一点。他不仅让我们背熟波你尼的语法，让我们学习研究迦梨陀娑、伐致呵利等名家那些艰涩的诗歌中的语法关系，而且他还让我们能够用梵语进行流利的会话——这是他在这方面独特的观点。

在梵语学习方面如此，在英语文学学习领域也是如此，我得到了像摩希多琼德罗·森这样的优秀老师。我们阅读过莎士比亚的剧本Midsummer Night's Dream之后，摩希多先生希望我们演出这部话剧，可是我们谁都没有这方面的才能，但是我们却凭借着冒险立即干起来。当时做了个决定：大家都参加这出话剧的演出。让我们的数学老师久格达侬德先生扮演Wall这个角色——因为这个角色没有讲话的部分，若讲话也可以。

In this same internlude it doth befall that I……刚说了这些，久格达依德先生就用疑虑的目光望着舞台上的其他演员，如果他们中有谁会让别人来扮演这个角色，又会怎么样呢？

过了一会儿，他又想起了最后的几句：

And thus have I, Wall, my

Part discharged so……

这句话还没有说完，他就匆匆走下舞台，于是观众们都大笑起来。

久格达侬德先生参加第一次演出时就出现了这种极为尴尬的局面，但是爸爸并没有让别人来替换这个角色。后来久格达侬德先生又参加过几次演出。书院的剧团后来去了加尔各答演出，在演出爸爸的一部戏剧中，他作为一位有能力的演员，获得了很好的声誉。特别是在《秋天的节日》的演出中他扮演了守财奴洛克索尔的角色，他所展现出的才能真是非凡的和毫无瑕疵的。我觉得，洛克索尔这个角色仿佛是专为久格达侬德先生写的。

痛苦的打击

那时候我在圣蒂尼克坦读二年级，我的年龄只有13岁。姐姐和拉妮刚结婚。这个时候死亡的阴影笼罩着我们的家庭。那是我在个人生活中第一次感受到悲痛。

当时，我们在圣蒂尼克坦还没有单独的住房，我们就住在书院客舍的第二层楼。厨房在远处。妈妈很喜欢做菜做饭，所以她就在二层走廊的一个角落里安放了一个炉子。假日她亲手做些好吃的，招待我们大家。妈妈会做各种各样的甜食。我们知道，在妈妈那五斗柜里总是储存有相当多的诱人的东西。我时不时地带领同学们来这个取之不尽的宝库里偷吃东西，从来没有被捉住过。妈妈几乎总要试做爸爸提出的各种新的甜食。有一次，妈妈做了一种新型的甜饼干，名称叫作"波里般陀"。这种甜食既好吃，又好看。那时候这种食品传到了很多人的家里，于是就开始流行起来。不过，有一天，当爸爸对妈妈说要做马诺科丘甜圈的时候，妈妈却面带微笑地表示反对，但是妈妈还是做了。做好了之后一看，这种食品好极了，比一般的甜环饼更好吃。爸爸经常提出这种新颖的要求，妈妈也总是积极地尽力按照爸爸的要求去做。

在加尔各答，妈妈生活在亲人们的关爱包围之中，处在一个大家庭的环境里。所有人都喜欢妈妈，她是焦拉桑科家里的真正女主人。因此，离开加尔各答，来到圣蒂尼克坦住下来，对她来说，并不是很快乐的。临时性住在客舍的几个房间里，没有办法井然有序地安排家庭生活。不过，对她来说，不管有多少困难，她都是面带微笑地接受了所有这些不便，开心地支持爸爸做好学校的工作，为此她个人做出了不少牺牲。每当出现特别需要的时候，她就一件件卖掉自己的首饰，把钱交给爸爸。到了最后，除了手腕上的几只手镯和一条项链，再也没有剩下任何首饰了。妈妈曾经拥有大量的首饰，除了结婚时买的首饰，还有她婆婆送给她很多旧时代沉甸甸的首饰。为了供给圣蒂尼克坦学校的开销，她把这些首饰全都卖掉了。爸爸自己一些有价值的东西，也早就卖掉了。他建立的这所学校，并不是他一时心血来潮的产物。长期以来形成的教育理想在他内心里就以梦想的形式呈现出来，他想通过建立学校将其变为现实。他不仅仅是位理想主义者，而且还是位实践者，不把自己的这种理想变成实践，他是不会满意的。为此就要做出牺牲，还会遇到许多困难，爸爸对这一切都没有充分的思想准备。妈妈志愿地承受了这种牺牲的一部分。我们的亲人们为此责怪过妈妈，并且认为爸爸缺乏一般的常识和做事欠考虑。长期以来，爸爸、妈妈（她活着的时候）都不得不忍受家里人对这所学校的非议和反对。

  在圣蒂尼克坦住了几个月后，妈妈就觉得自己的身体不好。当她完全病倒的时候，就安排把她接回加尔各答去治疗。爸爸当时在加尔各答，他给我的堂哥迪本德罗纳特写了一封信，让他把我妈妈送回加尔各答。从波尔普尔①将妈妈送回加尔各答的全过程——由于一个小小的原因，我长期难以忘怀。妈妈躺在车厢里，我靠近窗户坐在她的身边，凝视着窗外——有多少一排排棕榈树，有多少野生的灌木丛，有多少竹林围绕的一个个村庄，从眼前迅速闪过，有时映入眼帘的是，一个牧童无忧无虑地坐在一个大水牛的背上——所有乡村的美景，在我眼前就像电影的画面一样，一一闪过。短暂时间内映入眼帘的是寂静的原野中间一个破败的只有一半水的池塘——水不多，上面却覆盖着无数的白莲花。

---

① 波尔普尔（Bolpur）是位于圣蒂尼克坦国际大学南面的一个小镇，也是火车站所在地。

看见这一切景象后,我如此地喜欢,于是我就叫妈妈观看。此后多少年过去了,可是每一次从波尔普尔前往加尔各答的时候,我都要观看那个长满莲花的池塘。如今我只看到,池塘里已经没有水了,池塘已被泥土淤积,它与田地已经持平了,在那里再也没有莲花绽放了。

一到加尔各答,妈妈的病情就更加重了。大夫们不能诊断出妈妈得的是什么病,于是爸爸就开始用顺势疗法为妈妈治疗。那时候著名的医生——普罗达波·马宗达、D. N. 拉伊等人不断地来我们家。他们都很尊重我爸爸,甚至他们认为,爸爸同样会用顺势疗法进行治疗。在与爸爸商量后,他们为妈妈制订了治疗方案,于是就采用了他们的治疗方案,爸爸不知疲倦地进行护理,可是妈妈的病还是不见好转。我现在怀疑,妈妈患的是阑尾炎。当时,对于这种病一点儿都不了解,也没有发

罗廷德罗纳特的母亲穆里纳莉妮

明用手术的方法予以治疗。

在妈妈去世的前一天,爸爸把我带到妈妈的房间,让我坐在她的床边。当时妈妈已经不能说话了,我们只是望着她,两眼不停地流眼泪。那是我和妈妈最后一次见面。那天夜里,爸爸就让我们兄弟姐妹都到旧楼的三层去睡觉了。我们彻夜都没有入睡,大家都是在忧虑担心中度过的。凌晨的时候,天还没有亮,我走上凉台,凝望着红楼方向,整座楼都被黑暗所笼罩,沉寂而宁静。那里一点儿响声都没有,我们立刻明白了,我们的母亲不在了,她已经被运走了。

那一天直到夜里,为表达哀悼,来这里的人们络绎不绝。因为爸爸无法平静地与所有人交谈,所以他离开了,可是他以何等痛苦的心态克制着自己,我们是能理解的。一个月来,他昼夜都在护理母亲,不让雇请护理员,他疲惫得身心憔悴。接踵而至的是悲痛。大家都散去的时候,爸爸把我叫去,将妈妈经常穿的一双拖鞋交给我,并且说道:"这鞋我交给你,由你来保存吧。"说完这两句话,他就默默地走进了他的房间。妈妈的这双拖鞋现在被精心地保存在泰戈尔纪念馆里。

母亲过世几天之后,我们就去了圣蒂尼克坦。爸爸在工作的间歇时间,坐在无人处写了几十首诗,来表达自己悲伤的心境。后来这些诗稿出版了,书名为《怀念集》。

回到圣蒂尼克坦后,继续住在客舍里,爸爸会很痛苦的。于是他就在书院的外边不远处选择了一块地,在那里建起了几间土坯房,我们就搬到那里居住了。书院里的人们称这些房子为"新屋"。后来爸爸让人在这些土坯房旁边为自己建设了一栋小砖房,爸爸给它取名为"前门房"。妈妈家乡的一位她称为姑妈的拉吉洛姬女士开始管理我们这个破碎的家了。

妈妈病逝几天之后,我的妹妹拉妮也病倒了。当时她已经结婚,妈妈活着的时候就给她订了婚,但是我的这位妹夫绍登德罗纳特·婆达贾尔久当时在英国留学,是爸爸把他派往英国学习医学的。爸爸承担起对拉妮的治疗和护理的重任。大夫们怀疑妹妹患的是肺结核,并且建议赶快带领拉妮妹妹到一个有益于健康的地方去疗养。圣蒂尼克坦的学校刚建立不久,离开学校很多天,对爸爸来说是件困难的事情。他还没有建立起管理学校的良好制度。此前曾经带领拉妮去过哈贾里巴格。陪同拉妮的还有拉吉洛姬姑姥姥、我的舅舅和米拉妹妹。我和弟弟绍米留在了书院里。

住在哈贾里巴格,拉妮的健康状况也不见好转,于是爸爸决定带她去山区疗养,在阿尔莫拉租到了一栋房子。但是通往阿尔莫拉的道路非常难走,只好骑马或坐滑竿,到达卡托古达姆后,还要步行六七十英里。克服了很多障碍、危险,爸爸带着拉妮爬到阿尔莫拉山上,只为拉妮租到了一个滑竿椅子。从卡托古达姆到阿尔莫拉,爸爸自己一直沿着崎岖的山路向上攀登。为了照顾拉妮,后来他就把我的舅舅和拉吉洛姬姑姥姥带去了。

摩希多琼德罗·森先生那时候在编辑爸爸的《诗书》。因为特别需要同他讨论这部诗歌集,爸爸就邀请摩希多先生来阿尔莫拉。爸爸知道,摩希多先生对他所建立的这所理想学校表示忠心的拥护并且具有很高的积极性,当时爸爸就请求摩希多先生承担起管理学校的重任。他愉快地同意了,并且向爸爸承诺,他将尽快离开阿尔莫拉,接受这项工作重担。爸爸的一个很大忧虑消除了。爸爸不必再为学校担心了,现在只为拉妮担心。来到阿尔莫拉之后,拉妮的病情也不见有好转的迹象,相反更加严重了。

在拉妮生病之前,我前往加尔各答参加高校的入学考试。考试结果很晚才公布。我觉得,这两三个月默默地待在书院里,是会很无聊的,心思飞往什莱多赫方向。我开始回忆起我们几个孩子和爸爸妈妈快乐地在一起度过的那些童年岁月——宽阔的帕德玛河,河岸的沙滩,野鸭的呱呱叫声,帕德玛号木船及其船夫,玫瑰花园环绕的办事处大楼,四周油菜花田里的那一片金黄。很多天我都没有去过了,我很想去那里啊。可是我又不敢开口对爸爸说，于是我抓住了苏棱哥哥。他带着这个建议去见我爸爸，我站在房间外面听到爸爸说："苏棱，我手里没有钱，用什么给罗廷买火车票啊？"听了这话后，我觉得很羞愧，也很难过，我根本就不应该提出这样一个建议。我下定决心，准备在书院里待下去。暑假一到，大家都走了，我留在了书院，绍米也留在了我的身边。

有一天，我看见在爸爸的书桌上放着一个皮封皮的笔记本，打开一看，是爸爸写给碧碧姐姐①的信件复制稿。笔记本里面还有姐姐亲笔写的信件的复制稿。于是我就萌生了阅读的好奇心，吃过午饭之后，我就拿着那个笔记本走了出去，想找一个安静的地方。以前的一个时期，企图在神庙的旁边挖一个池塘，没有挖成。被挖出来的泥土在一侧堆起了三个大大的土丘，我们把这些土丘称作小山。在中间的那座小山上有棵很大的榕树，在那棵树下有一个洞穴，洞穴前面装有一个白石小门。看到这个地方非常幽静，我就搬过来一把椅子，坐下来开始阅读爸爸写的那些信件。当时正值拜沙克月，中午的时候坐在那里，感到太阳热辣辣的，前面田野上那种颤抖的热气突突向天空升腾，到处都不见人影，有时只有一两辆牛车沿着乡村土路行进。在西部芒果园里，一只杜鹃鸟在不停地鸣叫。我开始读起这些信来，其中大部分是在什莱多赫或波迪绍尔写的，每一封信里都有对那个地区的描写：

  白沙滩一直延伸到地平线的尽头。那里有蒿草，没有树木，没有房屋，什么都没有……帕德玛河在一侧潺潺流淌，对岸的码头上没有船只停泊，人们在洗澡，那里有椰子树和芒果园——黄昏时分，从河边集市上传来了嘈杂声，在很远处是巴布纳边界的一排树木，看上去就像一条碧绿的线条一样。有的地方呈现出深

---

① 碧碧姐姐，这里指印蒂拉·乔杜拉妮（Indiraa Chaudhuraaniee，1873—1960），诗人二哥绍登德罗纳特和二嫂甘丹依蒂妮的女儿，也是诗人的侄女，爱称"碧碧"。

蓝色，有的地方呈现出蓝浅色，有的地方呈现出绿色，而在中间是一片无血色的犹如死人般的惨白。

沙滩仿佛在水中浮动——船在一人高的蒿草和芦苇丛中嗖嗖穿行。行到稍远一点儿，就遇到了顺风。我吩咐升起船帆，船帆升起来了。船开始快速前进，两侧扬起波浪，响起哗哗的波涛声。我把椅子搬到外面，坐下来。透过那稠密的乌云缝隙，看到那寂静的半沉没的沙滩和延伸到远处地平线的大河之间那落日的美景，是何等的美妙啊，我简直无法描写。

如此美丽的秋季早晨啊！落入眼帘的是什么样的玉液琼浆啊，我还能说什么呢！如此美妙的和风习习地吹拂着，鸟儿在啼鸣。在这水流丰满的大河岸边，看到那由雨季之水滋润的清新大地上秋天的金色阳光，就仿佛觉得，一位光明之神的可爱的居所在与我们这个充满青春活力的大地美女一起前行——这阳光，这和风，这半郁闷半快乐的情感，在树木枝叶和稻田之间不停地波动——河水如此的丰满，陆地如此的碧绿，天空如此的清澈蔚蓝。

一页又一页地翻阅着，我非常熟悉的什莱多赫、沙贾德普尔、波迪绍尔的大自然美景呈现在我的眼前。读着读着，我竟然忘了，我是坐在被阳光炙烤的比尔普姆的红土堆上的一棵大树的下面——我仿佛觉得，在我的眼前呈现出水流丰满的大河岸边被雨水滋润的清新的大地，什莱多赫的河边那个码头，那排椰子树和那个芒果园，河对岸那排树林碧绿的线条。我没有再去那里，读着这些信件，我内心里原来集聚的那些遗憾就完全消逝了。每日白天中午，我就带着那个笔记本坐在榕树下，一边翻阅那些信件，一边回忆着我的往事。

我完全沉浸在这种梦幻里，就在这时候传来了一个不幸的消息——绍多堂哥发来了电报说，拉妮死了。在阿尔莫拉她病情不见好转，爸爸就把她带回了加尔各答。医生们说，这种病晒太阳好，所以一回到加尔各答，爸爸就让她躺在"缤纷"楼房的晒台上，并且让人在四周垒起了围墙，为拉妮建起了一间小屋。一切努力都是徒劳，拉妮的病没有治好，恰恰在母亲病逝九个月后，拉妮也走了。我听说，她在临走之前说："一切都变得黑暗了，什么我都看不见了。爸爸，你就念诵经咒'啊，父亲'让我听听吧。"

我爷爷大哲在花园街三角台（现在改名为沿街花园）附近租了一栋两层的楼房，他就住在那里。在我出生之前很久，他就离开焦拉桑科的宅第，搬到那里居住了。在焦拉桑科和石码头村①的泰戈尔庞大家族占据了这座城市的一部分——我们的宅第是这个城市的中心。如果住在那里，他就会受到来自亲戚和社会方面各种诉求的干扰，所以居住在远离家人和亲戚的花园街那处比较寂静的地方，他就可以半静地生活了。虽然没有完全摆脱家庭生活，但是他却可以摆脱家庭生活中很多繁杂的琐事。

花园街的那栋楼房的主人是个犹太人。多年的友好相处之后，他突然同大哲爷爷翻脸了。由于他的某些言辞大哲生气了，所以他就决定让大哲爷爷立即离开那栋楼房。为了让大哲爷爷居住，对焦拉桑科宅第的几个房间进行了重新装修。当一切准备就绪的时候，开始商量如何接大哲爷爷回来。纳多尔的大公决定，用双马拉的马车去接他。过了多年之后，大哲爷爷要回到他祖传的宅第——何等气派呀！大哲爷爷坐在大公的马车上，后面跟随着一长串的马车。人们简直就像迎接新郎来参加婚礼一样，在门廊前扶着大哲爷爷下了马车，送他进入他的房间。他的回归仿佛使焦拉桑科的宅第焕发出新的生命力。

就在这个时候，一位名叫绍什·赫斯的画家从英国回来了。多年来他一直在巴黎研究绘画艺术，如今带着巴黎的妻子回国了，他们就住在巴利贡吉街区。不过，他画的画儿在我们国内还不受欢迎。此人很朴

---

① 位于加尔各答城内的 B.T. 大街东侧，现在是泰戈尔印度大学。

实又很真诚,他画的画儿,看上去很好看。我爸爸、我二伯父等我们家里很多人开始订购他画的画儿,以此来帮助他。大哲爷爷回到焦拉桑科之后,大家决定给他画一幅大型的油画。每天白天,绍什·赫斯都来我们家里画画儿,奥波诺堂哥也来这里观看他画画儿。大哲爷爷有一个习惯:每天上午他都静坐在三层西部凉台上的那把安乐椅上。他坐在那里微微向左边倾斜,绍什·赫斯就给他画了一幅这样的画像。这幅画像画得非常好,大哲那种平静的神态非常巧妙地展现出来。可以说,绍什·赫斯所画的这幅画像,是他诸多画像中最好的一幅。这幅画像现如今保存在泰戈尔纪念馆里。

大哲爷爷的视力当时已经很弱了,耳朵也听不清楚了。我们每天都去向他请安。如果不大声报告自己的名字,他就谁都不认识了。即便是处于这种状态,他的很多哲学爱好者都来拜访他。普里耶纳特·夏斯特里把他们带到大哲的身边,并且通过他转达他们的问候。

1905年巴乌沙月,爸爸当时在什莱多赫。听说大哲爷爷病了,他匆匆赶回加尔各答,在外地的亲人们也都纷纷回到焦拉桑科的老宅。大家不知疲倦地对大哲爷爷进行护理。一开始让女眷中最亲近的一些人来照顾护理大哲爷爷,后来就让在思想上更贴近他的人去护理。大哲爷爷身体的疼痛并没有缓解。洋大夫来了,给他做了手术。此举也没有什么帮助。就是处于这种虚弱的状态,大哲爷爷还是强忍着疼痛,每天仍然走到南面的凉台上,进行他长期习惯的祈祷,然后长时间坐在那里沉思。玛克月初六上午,他再也站不起来了,一直躺在房间里的床上。爸爸把嘴靠近他的耳边,开始诵念奥义书中的经咒"asato maa sangamaya, tamaso maa jyotirgamaya, mrityoymaahamritang gamaya"(从虚空走向真实,从黑暗走向光明)——听着听着,在中午的时候,他最终合上了眼睛。在他的脸上,呈现着一种安乐和吉祥——他在宇宙之父的怀里找到了归宿,仿佛获得了无限的满足。

大哲爷爷逝世几天之后,爸爸就返回了圣蒂尼克坦。他带着大哲的祝福并且获得了他的鼓励。爸爸在圣蒂尼克坦的静修院里建立一所学校，现在他把自己的全部心思用在建设这所学校的事业上了。从童年起，爸爸就获得了爷爷无限的疼爱。爸爸还是个少年的时候，爷爷就带他进行一次长时间的旅游。从加尔各答到波尔普尔，还攀登了达尔侯希山。他从爷爷那里接受最初的启蒙教育，从他那里获得了宗教经典方面的知识。

爷爷的死亡对爸爸是一次沉重的打击。但是从他的性格上看，他不是那种容易陷入悲痛而不能自拔的人。由于理解爷爷的希望，所以他就以双倍的努力开始关心学校的工作。

这个时期爸爸住在"门房"的楼里。米拉、绍米和我——我们三个兄妹住在与门房相连的"新屋"里，在姑姥姥拉吉洛姬的关爱和照顾下，我们开始了读书学习。就这样，还没有过去一年，爸爸就决定派我去美国学习农业科学。我的同学松多什·马宗达同我一起去，1906年4月我们两个人出发了。

我们进入美国的一所著名的大学，开始学习。离开圣蒂尼克坦，我们进入了一个完全不同的新环境，同祖国同家庭的唯一联系是每周一次邮差送来的信。我总是焦急地等待着邮差的到来，在姑姥姥的信里讲述着"新屋"中家庭生活的真实消息。那时候的大学课程、实验室的作业都会被我忘记——我觉得，我是跟在姑姥姥的身后，在"新屋"各个房间转悠，我在帮助她做家务事。在绍米弟弟的信里我得到了书院的各种消息：他的朋友中谁在做什么，他自己学习如何——此外，哪棵树上什么时候结了什么果子，月光明媚的夜晚他们去哪里散步了，在学生们的聚会上他朗诵了什么诗，等等，各种各样的消息，他都写信告诉我。

有一天，从爸爸的一封来信里得知，绍米没了，我简直像突然遭到雷击一样。我当时只有17岁，住在离家很远的外国——获得这个令人震惊的消息，我就想跑到爸爸的身边。一想他的情况，我就感到非常不安。我无法让我的心灵明白，绍米怎么会没了呢？我动身去美国之前的那个假日，他一直没有离开过我，中午的时候我们两个人一起躺在床上聊过多少话题，讲过多少故事啊！他仿佛意识到了，我们再也不会见面了。他那么小的年纪，具有聪慧的睿智。了解到他那充满情味的心灵，我有时就感到十分惊讶。我毫不怀疑，长大后他一定会成为一个诗人，在他身上一定会展现出像爸爸那样的天赋。

不论内心遭受多少打击，爸爸从不在外表上表现出来。绍米死亡的时候，所有在场的人都感到很惊奇，爸爸何等平静地抑制着他个人的那种巨大的悲痛啊！对于这种悲痛事件，爸爸同爷爷一样具有很强的自我控制力。在几年之内，他的几位最亲的人都一个一个地离去了。

尽管他整个生活一直处在这种痛苦的感受之中，但他还是对造物主所赐予的幸福坚信不疑，生活中各种打击都没能使他消沉沮丧。

三个亲人接连地亡故了，爸爸的悲痛并没有结束。绍米死亡后，又是几年过去了，我们的家庭生活依然在苦乐悲欢中度过——我们无法知道，当时死神又在悄悄地逼近我们的身边。打击从毫无征兆之时突然降临了。我的姐姐当时住在加尔各答，她有几天感到不舒服，我们就意识到，她患上了肺结核病。1918年5月，姐姐去世了。这一次残酷的打击，爸爸也默默地忍受了。

姐姐比我们几个孩子都年长。不过我们俩是比肩出生的，所以我总认为她和我同龄，并且直呼她的小名"贝拉"。她结婚的时候，妈妈警告我说："从现在起你不能直呼她名字啦，你要叫她'姐姐'。"尽管从那时候起我开始叫她姐姐，可是我们俩谁都不喜欢这种称呼——仿佛一条友爱的绳索把我们俩捆在了一起。在爸爸妈妈看不到的时候，我还是直呼姐姐小名"贝拉"。姐姐也随之嘲笑似的回答——随后两个人都笑了起来。

在所有男女孩子中，爸爸最疼爱姐姐。这一点我们都很清楚，但是我们对此一点儿都不嫉妒。因为我们大家也都特别爱姐姐，而且也都认可爸爸的那种疼爱。姐姐的智慧比我们都高，这一点我们都承认，而且并不感到难为情。姐姐长得特别的美，从童年起她就得到家里所有人的关爱，成为大家最喜爱的女孩。在什莱多赫，当我们开始学习的时候，姐姐进步最快，她学到的东西超过我们很多。爸爸开始单独地教她。从那时候起，爸爸就意识到，姐姐具有很强的写作能力。在爸爸的鼓励下，后来她还写了几篇短篇小说。

大家都爱姐姐，还有一个原因，她的性格特别善良。说到她的这种朴实善良的性格，爸爸那时候给碧碧姐姐写过一封信，其中提到了童年时代的一件事：

> 昨天贝拉特别痛苦。事情是这样的，昨天邵雍普罗帕拉在小平房做鱼和蔬菜。一个疯子带着几个芒果闯进来——小媳妇邵雍普罗帕拉因为害怕就把他赶走了。我当时静静地躺在二层的一个房间里。贝拉从小平房回来，忧伤地说："爸爸，有一个很穷的人，这个可怜的人饿了，所以他带着芒果坐在下面的平房里，仆人拿着棍棒把他赶走了！"她一遍一遍地说："那个可怜的人很穷，他什么都没有，穿的衣服很少，大概，冬天没有什么衣服穿，他会受冻的。他没有什么错啊。询问他的名字，他告诉我了。他说他住在天堂。赶他走的时候，他什么也没有说，就这样走了！"——我感到很温馨！贝拉这孩子确实很善良。昨天她真的很忧伤地述说着——她觉得如此无缘无故地残酷对待他是毫无道理的！听了后，我的心十分感动。贝拉这孩子长大后，一定会成为一个非常善良的、性格朴实的吉祥美女。

我的姐夫，是诗人比哈里拉尔之子——绍罗特琼德罗·丘克罗博尔迪，他在马贾法尔普尔做律师。姐姐结婚后，爸爸就把她送到了她丈夫的家里。很好地了解了女婿之后，爸爸很喜欢他。爸爸给妈妈写信说："像这样完全能够自力更生的好女婿，真是难寻找啊！"爸爸把女儿交给这样的女婿,是很放心的。他毫不怀疑,我姐姐跟她的女婿在一起生活,一定会很幸福的。但是爸爸内心是怎么想的呢?回到圣蒂尼克坦后,我开始回忆爸爸仅有的那篇关于贝拉的《回忆童年》:

> 我是何等细心地亲手把她抚养成人。当时她被放在长长的靠枕之间,她就感到很受压抑——如果遇到同龄的小孩子,她会怎样大声吼叫着压倒他的身上——她有那么强烈的欲望啊,可是她是个好孩子呐——我把她带到花园街的家里,给她洗澡,住在大吉岭的时候,我夜里起来给她热牛奶吃——我一次又一次回忆那时候对她最初疼爱的种种往事。

在马贾法尔普尔,绍罗特先生成功地结束了实习。爸爸觉得,如此聪明的小伙子如果能够进入加尔各答的高等法院,一定会有更大的进步,所以就让他去英国攻读硕士学位。或许爸爸心里有这样的愿望:如果姐姐能住在加尔各答,她就能经常与爸爸见面。妈妈去世之后,爸爸有这种愿望是很自然的。绍罗特先生来到加尔各答,开始实习的时候,爸爸就为姐姐在焦拉桑科居住做好了准备。

绍罗特先生在高等法院的实习结束的时候,他们就住进了迪希—斯里拉姆普尔大街的一栋楼房里。搬到那里几天之后,姐姐就生病了。爸爸离开圣蒂尼克坦,回到了加尔各答。爸爸每天都到姐姐那里去,整个中午都和她谈论小说,给她讲解新小说的情节,结合病情查看顺势疗法的书籍,叫她调换药物。他的心思时时刻刻都在挂念着姐姐。可是一回到家里,当他投入到工作中或者和几个人商量什么事情的时候,他就不会让任何人洞察到他的心境。当时正值《缤纷》和《绿叶》杂志盛行的时代。每天傍晚家里都有人来——讨论文学问题,唱歌弹琴,每天都有多少活动啊!在位于巴利贡吉街区的普罗摩特·乔杜里的家里举行的《绿叶》编辑会议,爸爸每次都参加,谁都没见过他对某些事情表现出消极的态度。

姐姐的病情逐渐加重了，医生的治疗，顺势疗法，一点儿都不起作用。

就在这个时候，为了处理一件事情，爸爸不得不前往圣蒂尼克坦。有一天他从那里给我写了下面这封信：

> 从昨天起我的思想一直在犹豫，我是否要去加尔各答。但是今天我的心脏非常虚弱。我知道，贝拉离去的时间到了。我已经没有力气去她身边瞧看她的脸。在这里我可以将思绪置于生死度外，但是在加尔各答却没有它的位置。我只能在这里希望贝拉平静地离去。我知道，我再也没有什么可做的了。

然而，爸爸又不能不回加尔各答。直到一天中午的时候，爸爸来到了姐姐的身边。那一天是杰斯塔月初二——当他来到迪希—斯里拉姆普尔大街他们家的时候，他就明白了，该发生的一切都发生了，于是他围绕姐姐住过的那栋楼转了一周，就返回家去了。

那一天的晚上，《缤纷》杂志召开编辑会议。爸爸像往常一样，面带微笑地同所有人进行交谈。同他谈话的任何一个人都根本无法知道，他内心里承受着何等不幸的事件，爸爸是以什么样心境在同他们交谈！

尼杜是我妹妹米拉唯一的儿子。他去德国学习印刷技术，1932年他死在了那里。他死后爸爸给米拉写过一封信，现将这封信的有关部分摘录如下。读了之后，就可以明白，他以怎样的忍耐之心承受着痛苦、悲伤和所有打击，是怎样承受亲人死亡的。他在信中对米拉写道：

> 我走进了并且融入了家庭生活，然后随着时光的流逝，家里人也在离去，这样的情况发生过多次，还会一次次发生——有幸福有痛苦的家庭生活才算完整。我们的家庭不管有过多少次分

歧，它还是个大家庭，还在前进。我坚信，我的生活进程是会与这个家的生活进程相融合的。如果我带着悲伤而离开这个家庭所有人，由于自己的痛苦而把这副轻微的担子压在整个家庭行进的车轮上，那么我会感到羞愧的。家家都会有很多难以忍受的痛苦和悲伤，每一天的时光都会一点儿一点儿地将其抹去。这种遍布世界的时光之手也在我的生活上面发挥作用。对于治疗这两种世界性的疾病，我仿佛一点儿也不觉得困难——就让痛苦和悲伤轻松地消失吧，不要让它妨碍每天的生活进程。我非常爱尼杜，除此之外，一想到你，一块巨大的痛苦的重石就压在我的心上。但是一想到自己最深重的痛苦在全人类面前都是渺小的，我就会觉得羞愧。当这种渺小的痛苦轻易地掀翻生活进程的时候，就会吸引大家的目光。我对谁都没有这样说，请给我让路，让大家该怎么走路就怎么走吧，而且我也会和大家一起走的。……在绍米走的那天夜里，我用全部心力说，在宏大的宇宙中就让他顺利地走吧，我的悲痛也绝不会把他感召回来。同样，当我听说尼杜走的消息，很多天来我一再地说，我再也没有什么可做的了，我只能希望，此后他在宏大的宇宙中能够幸福。我们的关照抵达不到他那里，不过，也许，我们的爱会抵达他的身边——否则，对他的爱为什么现在还存在呢？在绍米离去的那天夜晚之后的每个夜里，我都出去观看天象，我看到明月在天空熠熠闪烁，根本没有一点儿减少的迹象。我的心在说，没有减少啊——一切都在整体之中，我也在其中。我的工作也是为了大家。不管我活多久，这种工作都会继续下去。仿佛我太大胆，仿佛我不知疲倦，在任何部位的工作仿佛都没有断线。对所发生的一切，我仿佛都容易承受，对于留下来一些东西，认为都是圆满的，没有瑕疵。

斯瓦代什运动

孟加拉邦的斯瓦代什运动始于1905年。但是在此很久以前，一想到这个地区的贫穷状况，孟加拉人的思想就会激愤起来。因为找不到改善的办法，这个邦内的不满情绪就高涨起来。1905年，这种不满发展成为大规模的政治运动，这场运动的火焰很快蔓延到了全国。

热爱祖国，在我们家里不是什么新鲜现象。我的曾祖父达罗卡纳特·泰戈尔虽然与英国的商业人士和东印度公司的工作人员保持过密切的联系，常常邀请他们来花园别墅聚餐，与英国的富有家庭有过友好的交往，但是他从来都没有脱掉过印度服装，从来都没有改变自己印度人的生活习惯。达罗卡纳特在印度建立了第一家银行，并且创建了很多公司，同外国人做生意。甚至，他曾经有过不合时宜的愿望：搞垮东印度公司，让孟加拉—比哈尔—杰索尔联合起来，摆脱维多利亚女王的统治，实行国人自己管理的制度。

在我爷爷大哲的时代，任何外国的情感、习俗、仪式都没能进入我们的家庭。当基督教传教士的影响迅速传入孟加拉邦知识界的时候，我爷爷大哲作为拉姆莫洪·拉伊的追随者，是反对这种潮流的。我大伯父的一家人都是虔诚的爱国者。他们通过组织各种集会，借助孟加拉文学、歌曲、教育，竭力激发人们的爱国热情。在那些日子里，一些印度国大党激进的先生们常常走进丛林。我二伯父绍登德罗纳特就是他们中的佼佼者，不过在他身上没有一点儿洋人的作风。他写出了印度第一个国歌"印度的子孙,联合起来"。这首歌曲成为印度教庙会的第一支歌曲,受到了般吉姆琼德罗的高度赞美。

爸爸在他的《生活的回忆》中就描写过,在他还是个少年的时候热爱祖国的风气是怎样进入我们家里的。在该书中还描述过,我的五伯父企图通过生产火柴来发展本国工业,以及为了使用本国的船只开展运输,怎样陷入了债务之中。热爱祖国的意识在我们家里所有人身上都是根深蒂固的。所以,斯瓦代什运动在孟加拉邦兴起的时候,在我们焦拉桑科的家里毫无障碍地引起了反响,所有人都全身心地参加了这一运动。斯瓦代什运动如果仅仅是一场政治运动,那么,我的伯父们和我父亲都会积极参加的,这是毫无疑问的。孟加拉人内心里的爱国主义情怀被激发出来,为国家服务的强烈欲望迸发出来,其中以感情为主的理想主义的种种迹象也出现了,因此孟加拉人都被吸引到运动中来了。他们同国人一起全身心地参加了斯瓦代什运动。

斯瓦代什运动的浪潮很快涌进了圣蒂尼克坦校园。松多什琼德罗和我在同学中是年龄比较大的,其他同学都是少年。我们也都行动起来。迪嫩德罗纳特和奥吉多·丘克罗博尔迪等几位教授带领学生们,每天清晨都到村子里去诵唱基尔佃晨曲。爸爸在创作赞美祖国的歌词,为一两首歌词谱写了曲子;迪嫩德罗纳特和奥吉多·丘克罗博尔迪跟爸爸学习了这些歌曲,在向全国传播之前,首先将这些歌曲传播到圣蒂尼克坦周围的村庄里。我们两个人也跟在他们的后面。这些歌曲用的都是巴乌尔曲调,所以比尔普姆地区的村民们很容易接受。他们也参加到我们的行列之中,游行的队伍逐渐扩大了。我们带着募捐的篮子,一般都不会空手而归。

正在这个时候,因为一个事件使我们的热情成倍地高涨了。我们当时怀着极大的兴趣在报纸上读到了关于日俄战争的消息,我还用粗铅笔在这个消息上面画了一道线。那一天的消息说,日本人缴获了在旅顺港停泊的俄国海军的所有战舰。后来,我们还了解到,已经停战,俄国承认了彻底失败，并且同日本签订了一个条约。那一天，我们是何等快乐，何等兴奋啊！亚洲一个新兴的小国居然粉碎了欧洲强大俄国的傲慢，这是多么稀罕的事情啊！因为我们觉得日本的胜利是东方大陆的胜利，所以我们的心情很激动。那一天学校停课，我们全天都在搜集木棒，将搜集到的木棒堆积在运动场上，再将其做成上百支火炬。黄昏刚刚一降临，我们就点燃篝火，手持火炬，围着篝火跳起舞来。频频的欢呼声响彻圣蒂尼克坦的夜空，人们从周围的村子里赶过来参加我们这场庆祝胜利的聚会。

日本取得了战争胜利，极大地触动了我们国人的思想。自己失去自由的屈辱地位，使我们感到压抑。斯瓦代什运动尽管不是起源于此，但是俄国的失败却有助于激发我们内心争取独立的渴望，这是毫无疑义的。

随着事态的发展，这时候日本与圣蒂尼克坦建立起密切的联系。1901年梵学书院成立，几天之后一个名叫堀井的日本青年来这里住了下来。他是位虔诚的佛教徒，来圣蒂尼克坦学习梵语和巴利语。他那种平和而谦恭的性格，令我们所有人都着迷。他在书院里只住了几个月，然后去旁遮普旅游了，不幸的是，他死在那里。结识了他之后，我们对日本人民萌生了尊敬之情。

后来，在冈仓天心①先生的帮助下，爸爸从日本请来了一位拳击教师，他的名字叫佐之先生，我和松多什开始跟他学习拳击。佐之先生十分细心地教我们，我们也很愿意成为他的好徒弟。如果同英国人打架，拳击就会起作用的，因此我们很有信心。

那时候正在修建主干线铁路。松多什琼德罗的父亲绍琼德罗·马宗达先生作为土地征收处的办事员，负责为铁路公司征收土地工作，他

---

① 冈仓天心（1863年2月14日—1913年9月2日），日本明治时期著名的美术家、美术评论家、美术教育家和思想家。

的主要办事处设在吉里迪。学校一放假，我们就到巴尔甘达——他的家里去。

吉里迪是个很发达的商贸城市，我们从孟加拉邦去了那里。在那里，看不到一点儿斯瓦代什运动的迹象，因此我们感到很失望。在巴尔甘达有几个孟加拉人，为了激发他们对运动的兴趣，松多什和我就开始积极地做起他们的工作来。幸运的是，我们遇到了两个人，对他们根本不需要鼓励，他们就醉心于我们国家的事业。在莫诺龙窘·古赫等人的领导下，我们短短几天内就在吉里迪成立了一支队伍。每天上午我们排着队，唱着爱国歌曲上街去游行，下午我们就前往有服装店的市场去。我们通过几句恳求，更多的是通过威胁，从他们的商店里把英国生产的服装拿出来，放在大街上，然后将其点燃烧掉。马尔瓦尔人商店的老板们明白了，斯瓦代什运动意味着什么。过了几天，他们一看见我们，就拿起棒子驱赶我们。

就这样，我们企图在吉里迪城煽动"抵制外国货"的情绪，就在这时候 P. 米特罗先生来了。我们不知道，他从何人那里获得了有关我们的消息。有一天，他把我们两个人叫到一家客栈里见面。当时我们对他一点儿都不了解。后来我们听说，他是加尔各答高等法院的律师，但是他根本不受法律的约束，他是孟加拉革命的一位领导人，是"文化协会"的支持者。从第一天谈话中我们就知道了，他是仇视英国的激进分子。我们以前从来没有听到过如此尖锐地批评英国人、英国文明、英国在印度的统治。他对英国人进行抨击的时候，就像从他口中喷射火焰一样。米特罗先生向我们解释说，只焚烧曼彻斯特的服装，还不能获得国家的独立，应该把英国人从这里赶出去，我们应该为此做好准备。当时他讲到了文化协会，那里有一群小伙子发誓为国家独立在如何锻炼自己。他说我们两个人应该加入文化协会，说完他就前往加尔各答了。过了几天，我们俩也回加尔各答了。当时斯瓦代什运动在那里正进入高潮。在迪嫩德罗纳特的领导下，我们成立了一个歌咏队，每天上午唱着爱国歌曲，上街去为民族基金募捐。街上一些咀嚼蒟酱叶的人或赶路回家的人往我们的篮子里抛撒一些零钱，那时候我们非常开心。有一天，我们一边唱着歌，一边沿着穆克达拉姆胡同走着，从一栋楼房里走出一个少年，把我们叫进楼房里。这是一栋旧时代的贵族楼房，里面有一个很大的院子，一位中年女人正站在那里唱歌，看来，她是这家庭的女主人。一看见我们，她就说："哎呀，孩子们，你们是谁家的孩子呀？你们的妈妈怎么会在这么热的太阳光下放你们出来呀？柔软的嘴唇都晒干了。这就是母亲的家，进去喝一点饮料，怎么样？"说完她就走进内室了。

走出来的时候，她带来了很多水果、甜食、饮料。我们美美地吃了一顿。我们要离开的时候，她眼泪汪汪地说："孩子们，请你们再一次回到这个家里来吧。"由于拘谨，我们没有提募捐之事，回到家里我们感到很后悔，因为没有募集到钱款，可是当我们掀开篮子的时候，就看到里面有一张十卢比的钞票。在孟加拉邦，母亲们都站在道路的拐弯处，走路无法避开她们的疼爱。如果没有她们，我们这些离开吉祥天女的篮子就会是空的，在炙热阳光的熏烤下干渴之口就得不到水喝。那一天得到出乎意料的关爱和赐予，我们的心里充满了感激，我们向那位陌生的母亲致敬。

我向米特罗先生建议，我们要与文化协会建立联系。回到加尔各答后，我们每天晚上都去他们那里，在苏吉雅大街的后面就是他们的俱乐部。他对我们的要求是，凡是去那里进行体育锻炼的人，都应该学习拳击。我们跟随日本老师佐之先生学习过一些，我们还教过很多人学习拳击，而且我们教得很好。但是遗憾的是，我们从来都没有机会使用过拳击。我们一直期待着什么时候跟某个英国人打一架，如果同英国人厮打，我们一定会打得他晕头转向、嗷嗷直叫。

有一次，在波尔陀曼火车站遇到了这样的机会，我特别高兴。凌晨夜里需要换乘火车，我敲了敲一个包厢的门，一个白肤色的人打开门打了我一拳；我正准备反击，这时候他恳求我饶恕，并且把我让进了包厢。他认为我是强盗，所以害怕了。那一次出行没有用上拳击，以后也就再没有遇到使用拳击的机会。

我们每天都去"文化协会"的俱乐部，同几个男生建立了友谊。就在这个时期，有一天我们被叫到位于角落大街的一栋楼房里，同我们一起被叫到那里去的还有四个青年人。我们被关在一个房间里，一个人对我们说，如果要想从事"文化协会"的工作，就必须宣誓。对于宣誓，我们都不喜欢，松多什和我都表示，我们需要考虑考虑。其他四个人当时就宣誓了。后来我们了解到，那四个人被派往阿萨姆边界的丛林里去做特殊的工作，再也没有回来。

假期结束了，我们必须返回到圣蒂尼克坦。一回到那里，由于学习的压力，我们就把"文化协会"的事忘掉了。

即使1905年的政治运动在孟加拉邦显得很辉煌，但它的分裂很早以前就显露出端倪。国大党从外表看，有时提出很可怜的恳求，有时红着眼睛祈求自治，从讲台上用英语高声向政府发表恐怖威胁，但是却不去激发国人心中的种种热爱国家或服务于国家的渴望。在与政党有关系的一些人的鼓励和一些惊心动人事件的激励下，人民群众内心中的爱国激情被唤醒了。他们不希望在讲台上获得掌声，而是通过朗诵诗歌，高唱歌曲，书写散文，发布宗教意旨，与人们进行交谈，去激发人们内心的爱国情怀，培养他们为国家服务的意识。一想到这些人，首先就特别回忆起两个人——他们俩是外国人——冈仓天心和玛格丽特·诺布尔——一位著名的女士，后改名为妮贝蒂达。

冈仓天心是一位有情味的艺术家。他发现，在西方文明的打击下日本人已经失去自己的传统，于是他就在东京建立了一所艺术学校。对于日本来说，这是一个很重大的事件。横山大观[①]、下村观山、菱田春

[①] 横山大观（Yokoyama Taikan，1868—1958），日本著名画家。

草等20世纪著名艺术家都是这所学校培养出来的。后来冈仓天心为什么来到印度，怀有什么目的，并且游历了很多地方之后在孟加拉邦的加尔各答住留下来——其奥秘有些令人惊奇。最初，他在高等法院附近庙堂似的法官大楼租了一套房子。他结识了苏棱哥哥后，就搬到位于斯托尔街他的家里。在那里，他与孟加拉知识界人士交往很方便。苏棱哥哥在这方面给予他很多帮助，两个人非常友好。妮贝蒂达、久格什琼德罗·巴苏、我堂哥哥戈格嫩德罗纳特与冈仓天心都保持有特别密切的关系。冈仓天心的讲话和思想很有吸引力，一批青年开始与他交往。几个月来，他就在这些人的心中播撒下理想的种子，这些种子慢慢发芽，后来就在孟加拉邦孕育了革命。在激励孟加拉重新觉醒的事业中，我们对冈仓天心和妮贝蒂达的贡献怀有多少感激之情，是难以估量的。其原因就在于，他们用自己的谈话、评论启迪了人们的智慧、心灵和思想。在妮贝蒂达师妹的帮助下，冈仓天心在加尔各答写了《东方的理想》(Ideal of the East)。这本书很受大家的欢迎。我还记得这本书的第一行："Asia is one. The Himalayas divide only to accenturate two mighty civilization……"（亚洲是一体。喜马拉雅山只是把两大文明分割开了。……）——读了之后，我浑身的毛发都竖了起来。

冈仓天心是在一个关键时刻来到我们国家的。当时我们才刚刚开始企图摆脱西方的影响，正是在这个时候他来了。通过他的谈话和所写的作品，我们认识到东方文明的伟大。他曾经骄傲地说，现在欧洲应该来向亚洲学习文明。他教会了我们认识自己。

辨喜大师的学生妮贝蒂达师妹虽然是个外国人，但是她把印度当作自己的国家。她对印度的风俗习惯、思想、宗教——她对所有这一切都怀有无限的崇敬和热爱。她对印度处于被奴役的地位是无法容忍的。在她性格中有一种常人没有的工作渴望，如果不能把她想要做的事情立即付诸实践，她就会感到不舒服。在贝卢尔寺院她有机会接触到很多人，她以热爱祖国的精神去感化他们，在他们心中燃起渴望独立的火焰，这已经成为她每天的工作。

20世纪之初，正值我们国家处在争取民族独立的晨梦之时。日本在同俄国的战争中赢得了胜利，这给予我们的思想第一次带来了自信。冈仓天心和妮贝蒂达师妹——这两个外国人熠熠闪光的谈话和评论给我们的心灵带来了勇气。由于辨喜大师、奥罗宾多等本国几位贤哲的不懈努力，我们受到了真正爱国情感的鼓舞。长期以来集聚在我们心中的激愤火焰，在1905年仿佛突然喷发出来，这种爱国主义的烈火逐渐从孟加拉邦的一个地方向另一个地方蔓延开来。

在某一个国家或某一个民族的生活中，这种鼓励以及在国家事务中这种突然降临的强烈的渴望，如果已遍布所有角落，在这种时候在爱国激情的感召下，领导者的头脑里每天都会涌现出解放国家的新计划。为了把这种空想变成现实，年轻的志愿者们也在成群结队地奔波。我总觉得，为了参加爸爸和戈格诺哥哥召集的秘密会议，比平琼德罗·巴尔、绍卡拉姆·戈内什·代乌斯科尔、拉门德罗逊多尔·特里贝迪、赫姆琼德罗·巴苏·莫利克、绍迪什琼德罗·穆科巴泰等很多人，时不时地来往走动。有多少幻想、多少谣言，当时都在四处传播，一想起来，就觉得很奇怪。

毫无疑义，可以这样说，爸爸企图通过演讲、发表作品、演唱爱国歌曲来拓宽这场全国运动的道路。不过，实际上，他的目标是想把这种全国性的热情引导到国家的建设方面来。这个时候在米纳尔帕剧场举行的一次群众聚会上，爸爸宣读了《本国社会》的文章。这篇文章的主旨就是，如何依靠自力更生的精神在新的根基上重新建设国家。

与此相关，我想起了在吉里迪发生的一件事。冬季的一天早晨，我们在桫椤树林里散步，晨光斜照射在沾满露珠的、熠熠地闪烁着光泽的青草上。爸爸心里高兴，于是就哼起了一支曲子——我不晓得突然出了什么事，爸爸停止哼唱，好像心里开始想起了什么事情。沉默了一会儿，爸爸说，国家的真正问题是本国教育问题。奥寇耶·乔杜里的女婿焦丁·巴苏同我们一起散步，爸爸望着他说："国内的青年们需要一种加尔各答大学不能给予的教育。"回到住所后，坐在餐桌旁，又谈论起同一个话题。爸爸突然说道："解决国家教育问题的唯一出路，就是建立本国的大学。"他一直在思考着这个问题，因此他有些焦躁不安。到了晚上，他就再也不想住下去了——那一天，他就离开吉里迪，返回加尔各答了，目的就是与当时国内运动的领导者们商讨建立本国大学的事宜。他们与爸爸的观点一致，几周后国民教育委员会（National council of education）就诞生了。委员会要建立怎样的教育设施，如何立法，制订什么样的教学大纲等等问题，爸爸说，他来就这些问题起草计划。就这样，如今的贾德普尔大学奠基了。参加了三四次委员会的会议之后，爸爸明白了，大多数倡议者都希望建立一所能够与加尔各答大学竞争的大学。区别就在于，他们可能在技术方面想保持一些特殊的设施。但是，要打破大不列颠主人们所引进的那种外国体系，创建具有印度传统的而且符合现代要求的一所新型教育机构，他们却没有这样的勇气。爸爸意识到，他设计的本国教育体制依靠他们是不可实现的，当时爸爸就与该委员会彻底脱离了关系。

尽管如此，在孟加拉那个火热的年代，爸爸一直站在反对分裂孟加拉运动的前列。在歌曲、诗歌和火一般的演讲中，他坚决反对分裂孟加拉的政策。一方面，他以国家一体意识来武装国人；另一方面，他又一再地说明，兄弟不能离开兄弟，为了保持自尊，他们应该彼此携手并肩前进。他赋予孟加拉邦的系红线节一种新的意义。为让兄弟消灾免祸，兄弟之间互相在手腕上系上红线——我们要保持这种象征。在系红线节的那一天举行了一次吉祥大巡游，爸爸走在队伍的最前面。他和上千人一起唱着他刚刚创作的一首歌曲，在加尔各答大街上游行。他唱道：

打破各种枷锁，你就会拥有无限的力量。

> 孟加拉家庭中所有兄弟姐妹啊，
> 团结起来，团结起来，团结起来吧，
> 啊，薄伽梵！

那一天，我看到了满怀激情的孟加拉人是如何表达自己内心里的爱国情感的——简直无法比喻。

此后，当斯瓦代什运动逐渐向恐怖主义方向发展的时候，爸爸就意识到，这种运动与他的道路是不同的。从斯瓦代什运动时期开始直到不合作运动时期，我看到，爸爸不止一次地强调国家的建设，而不是破坏。很多人误解他，谴责他，但是他始终都没有离开自己的道路。实际上，他那种主张创作的思想是绝不会支持破坏性的疯狂举动的。

1921年，当不合作运动的浪潮席卷全国的时候，爸爸在写给安德鲁斯的一封信里谈到斯瓦代什运动时期发生的一起特别事件，当时他写道：

> 我记得，孟加拉斯瓦代什运动时期，有一天一伙青年学生来到我们的缤纷楼二层同我见面。他们所表达的意思是：如果我对他们说可以离开学校，到外面去参加运动，那么，他们就会毫无条件地遵循我的指示。对此我表示坚决反对，这群年轻人气呼呼地走了。可以理解，他们非常怀疑，我对于祖国是否真的怀有同情。可是，在出现所有这种迷惑和激动之前，我就用自己的一千卢比开设了一个祖国的钱庄，因此我遭到很多人的嘲笑。当时我处于破产的状态，口袋里是否有卢比，都是值得怀疑的。当时我没有对这群年轻学生说，他们可以离开学校出去参加活动，其原因就在于，我根本不相信这种毫无意义的无法无天的行为——不论它一时觉得多么痛快。我不想让这样一种毫无人性的政策进入到活生生的现实生活中来。我知道，这些学生都是活生生的血肉之躯，

并非是无形的虚幻之影。

因此，爸爸把不合作运动称作是"政治性的无法无天"，所以他不支持1920—1921年的不合作运动。在上面所引用的那封写给安德鲁斯的信的一处地方，他还写道："我国的学生们将他们自己的利益奉献给了哪个祭坛呢？是奉献给无知的庙堂了。"

在一年之前（1920年），爸爸写的一封信里也有值得我们注意的清楚的表述：

> 我听说，国人对于不合作运动都广为认同。我担心，这一运动也会像孟加拉邦的斯瓦代什运动那样而告终。应该借助于这种群情激愤的机会，在全国范围内建立不依靠政府的、独立的、为祖国服务的机构。……
>
> 真正能够领导这项工作的是圣雄甘地。他呼吁所有人都来参加这项服务国家的工作。请告诉大家，为了重新建设国家而牺牲自己的利益吧。如果他呼吁我在服务国家和关心国家的基础上来与大家合作，我就会同意在他的领导下按着他的指示工作。对于家家户户燃起暴力火焰，吹嘘男子汉气概，我的本性是反对的。

值得提及的是写给安德鲁斯的另一封信。爸爸在纽约于1921年1月写了这封信：

> 如果谈到本国和本邦的话题，大多数国民心里都会激起很多炽热的感情，其原因就在于本民族处于这样一种屈辱的地位，因此很生气。我完全没有这种气愤和屈辱的心态——我不想谈论所有这些话题。然而，我的诗人本性是否就不想承认爱国和爱邦一直是人类生活的极终目的呢？我的思想观念就是，我们对于所有

这一切都非常重视。我同意和我的本国人一起走得更远一些，然后走到一个地方，不得不选择我的另一条道路。我的整个心灵都在叛逆地说：在仅仅几个忠于国家的、善于宣讲政策的人面前牺牲整个人类，那是犯罪。在我看来，人性是各种各样的，是巨大的和多面的。

在印度的民族品格中蕴含着创造性的理想，爸爸的目光一直关注着这一方面。他全心全意地相信，印度是伟大人性聚合的圣地。从他这种观念出发，诞生了国际大学，作为东方文化贡献的一种形式。所以，我看到，在1921年爸爸从欧洲回来的时候，尽管不合作运动正进入高潮，爸爸回来后自己完全沉浸在圣蒂尼克坦和斯里尼克坦的各项工作之中。甘地先生最后一次会见爸爸的时候（1940年）说，国际大学因为是"国际的"，所以它是印度的另一种"民族的"贡献。

这中间我讲述了很多不相关的话题，现在让我们回到主题叙述中来吧。

爸爸义无反顾地离开了斯瓦代什运动的街上活动，自己默默地从政治聚会场所抽出身来，人们都不知道。看来，只有在《渡口集》的几首诗里透露出爸爸当时心境的一点儿影子。爸爸离开政治运动，获得了闲暇时间，可是工作的积极性一点儿都没有减少。斯里尼克坦的所有建设性的工作，在很多年之后，都获得了成果，那些工作的开始恰恰是在这时期。他又开始让自己的人前往地产去视察工作。他委派一些工作人员到波迪绍尔、什莱多赫地区，按照自己的计划去农村开展建设工作。他的观念是，作为农村经济生活的支柱——农业如果不能发展，国家就不可发展。因此，爸爸决定，让松多什和我去外国学习，如果我们能够很好地掌握农业和畜牧业科学，那么回国后，我们就会成为他乡村振兴事业的帮手。

外 国 之 行

一种联系渠道建立了。爸爸获悉，最近几天内一个旨在派孟加拉学生去外国学习科学和工程技术的机构要派一队学子动身去日本和美国。爸爸让松多什和我跟随这群人一起去，我们的目的地是美国的某一所拥有农业和畜牧业学科教学设施的大学。

1906年4月，我们一行16人，乘坐开往日本的一艘货船，从加尔各答出发了。我们是去遥远的外国接受高等教育，用这个机构的基金给我们买了日本货船比较便宜的船票和一堆介绍资料。但是刚刚离开斯瓦代什运动战场的这群年轻人个个都满怀激情。他们带的钱不多，可是谁又能阻挡住他们那无忧无虑的热情呢？可以说，他们所带的钱是不充足的，对于学习的内容也没有什么准备，也缺乏对外国的了解。然而，他们毫不怀疑，学成归国后他们一定能够重新建立起祖国的工商业。后来这群人中某些人的确建立了一些大的工商业。这些人与那些同我在圣蒂尼克坦一起学习的所有同学完全不同。不过，松多什和我同他们相处得很融洽。当然，当时我们的年龄都是18岁，我们又都是年轻的孟加拉人。

我们的轮船在马来亚和中国的一些港口装货卸货，一个多月后才到达日本。当时我们对日本怀着无限尊敬的心情，每个日本人在我们眼里都是亚洲英雄的后代。他们在战争中打败了俄国，以此证明，西方的军队并不是不可战胜的。我们到达日本的时候，正值他们欢度胜利节。

几个星期前，我们在圣蒂尼克坦也庆祝过这种节日——对它的回忆当时还在我们的头脑里熠熠闪烁。对日本来说，俄罗斯的失败是个划时代的事件，这种观念在我们的心里是很清晰的，于是我们又以极大的热情参加了东京城的这个节日。在每个公园、每个广场，都整整齐齐地摆放着从敌人手中缴获来的大炮、步枪、子弹等。当我们四处转悠时，到处可以看到这一切，我们那种尊敬和景仰日本的情感就越发增强了。当我们登上电车或公共汽车，日本人——特别是成年人和女人都给我们让座的时候，这种尊敬就更加强烈了。我们可是来自日本人所信仰的宗教导师佛祖故乡的人呐！取得军事胜利的日本人在为胜利而骄傲的日子里，对宗教信仰更加虔诚，看到这种情景，我一次又一次地回忆起冈仓天心的话："亚洲是一体，是不可分开的。"

和我同行者中的大部分人都在想，既然已经离开家到很远的地方来了，索性就留在日本吧。只有来自圣蒂尼克坦的我们两个人要去美国。经过与驻日本的美国当局多次交涉之后，我们作为开往太平洋的一艘轮船上的乘客终于动身了。当时按照美国的法律只批准极少数亚洲人在西海岸登陆。美国医生的工作极差，在体检的时候对于超出一定数量的人就以某种理由加以拒绝。我的眼睛不好，是指出的一个理由。我有些失望，于是我就去找一位日本专家咨询。听了我的全部叙述后，他笑了一下说，没有必要治疗。他教我一个策略，可以蒙住美国医生的眼睛。做法并不复杂——就像耍几个手指头一样。日本大夫的建议是这样的：他叫我每天都同数千名应检者去美国医生那里参加体检。在如此多的人员中要记住每个人的面孔是很困难的——如果运气好，说不定哪一天在所控制的百分之十的人数中就可能会有我。情况真是这样，第三天检查单的结果是，我的身体很好。

我作为三等舱的乘客远渡大洋——这是一场惊险的经历。在一个不是很宽的舱室内从地板到屋顶共有五层睡铺——在这样狭小的空间里住着我们28个乘客，吃饭睡觉都在这一个地方，吃的东西也不干净。

舱室既不卫生，又拥挤。感到最糟糕的是同行的美国男女的不雅行为（在这个舱室里有为大家准备的共用设施）。他们中间的大多数都是那个国家的底层人。同行者中有些日本人。有一天，一个日本人错误地坐在餐桌旁美国人的位置上，那个身材高大的美国人对那位身材矮小的温顺的日本人大吼一声——左一下右一下打了他，并用污秽不堪语言辱骂他，最后竟然掏出一把锋利的刀子来相威胁。那位日本人什么也没说，就离开座位走了，我们心里非常不满。过了一会儿，他带着一伙自己的同乡人回来了。他说，美国佬们以为他们人多势重，他当时什么也没说。现在两伙人数量相当，如果美国佬想打架，日本人也做好了准备。事态到这里就停止了，亚洲人的尊严丝毫无损。

第一次观察美国

在登上轮船的第二天，为了呼吸一点儿新鲜空气，我们登上甲板，在一个长条的空间散了一会儿步。走到那里，我们看到，住在上面的一等舱的一群旅客以极其蔑视的态度注视着住在下层的人们。在他们的目光里，仿佛在我们两个人身上存在着无法容忍的脏东西。我们立即离开甲板，回到我们黑暗的舱室里。此后在轮船上住了这么多天，即便有可能，我们再也没有踏上甲板半步。幸运的是，我身边有一本由摩希多琼德罗·森教授编辑的爸爸的《诗书》。轮船在码头上停靠这么多天来，我几乎背熟了爸爸的每一首诗。轮船何时抵达檀香山的，可以说，我们一点儿都没有感觉到。在这个群岛上正在流行瘟疫，所以不让任何乘客下船。

此后又过了几天，看到同行旅客的表情，我就猜测到，我们已经接近目的地了。傍晚，我们收拾好行李，就躺下了，但是却毫无困意。第二天上午，轮船要停靠旧金山码头———听到这个消息，我们的睡意仿佛一下子跑得无影无踪了。夜幕降临，我们默默地走上甲板，眼睛注视着船头的方向。清晨来临了，我看到，那一天的朝霞在太平洋的怀抱里熠熠闪烁着光芒。我不记得这样的美景在什么地方见过。

可以看到，轮船上每个官员的眼睛上都架着望远镜，望着海岸的方向。四周围的空气仿佛凝固了似的。官员们压低声音，简短地交谈着什么，随后又摇了摇头，不断地用望远镜瞧看，接着又是沉默。

我们三等舱的很多乘客都习惯性地感到恐惧了。船头仿佛突然受到了冲击，开始转向了。轮船向着岸边漂游，现在我们明白了真正的奥秘是什么。东部天空在朝霞的映照下一片殷红。在这种霞光的映照下，可以看到被焚毁的高高宫殿的残迹，就像三四具骷髅似的伫立着，一圈一圈的浓雾升腾起来。轮船驶进了防波堤内一处地方，它的名字叫作"金门"（golden gate）。以前的一个时期这个金门是传统的旧金山城的金色狮子大门。今天，就觉得这条进门通道仿佛是一座进入地狱的大门——四周都是废墟，被焚烧一半的尸体、垃圾；被火烧过的东西，连灰尘都没有留下——一切都显得很萧条。在肮脏的大街上三五成群的乞讨者，就像幽灵一样，毫无目的地四处游荡。就这样，我们目睹了旧金山的地震和火灾的后果——听到看到这一切，乘客的心灵受到了震撼。那时候还没有广播，所以这些不幸事件以前谁都不知道。这是我们第一次了解美国。来自遥远印度的两个青年，带着他们的行李和一包简介资料，来到伯尔克城，其目的仿佛要给什么人写信似的。他们当时一点儿也不知道，前一天夜里伯尔克城发生了地震。当时成千上万寻求避难的人们，离开被损坏的建筑物，开始逃往比较安全的地方。铁路当局正忙着运送他们，所以我们的船长三天来都让大家待在船上。后来我们两个人就一个小时又一个小时地站在长长的队伍里，最后终于买到了开往芝加哥的一列火车的两张票。我们听说，伊利诺伊大学下属有一所很好的农学院。芝加哥位于伊利诺伊地区，所以一开始我们以为，从芝加哥到大学不会很远。

不管怎么样，火车终于开动了。在我们包厢的上铺躺着一位女士，地震的时候她受了重伤。那天夜里她就死了，她的尸体在中间一个站被抬下去了。黑夜结束了，我们的火车进入了山区。突然下起了大暴雪——三英尺厚的积雪覆盖在铁路上，火车无法前进。很多旅客走出车厢，玩起了滚雪球的游戏。几个小时之后，司机敲打车铃，招呼大家回来。推雪的机车开来了，清理了铁轨上的积雪。

到了芝加哥，找到了伊利诺伊国立大学，我们给那里的一个名叫 wai.m.c.e 的秘书发了电报，请求他到车站把两名印度学生接到学生宿舍里。头脑里居然想出这样一个明智的念头——为此松多什和我还高兴得相互捶打着后背。这个想法就是，既然有固定的地点，当然就会有 wai.m.c.e 秘书，而且既然有这个机构存在，它的秘书这样一个人也一定存在。到了善彭城，下了火车一看，站台上一个人也没有，想跟那个 wai.m.c.e 秘书联系，只不过是个梦想。几天后，我们与那位秘书见面的时候，他说那封电报及时送到了他的手里，但是那上面写的是两个学生来自"印第安纳"，而不是来自"印度"。电报收发室的一位姑娘认为，没有"印度"这样的国家存在，所以就将"印度"一词修改为"印第安纳"了。因为印第安纳州就是相邻的一个州，来自那个州的两个学生到了车站，再要求接他们回学生宿舍是没有必要的，秘书认为这个要求太过分了。

世界学生俱乐部

1906年，美国在对外部世界关系方面头疼的事情并不是很多的。我们大学外国学生的数量很少——大部分又是来自菲律宾和墨西哥。美国同学对他们都怀有一种好奇感，绝对没有歧视的态度，因此，只有外国学生觉得很不自由。我和几个外国学生一起开始筹划在伊利诺伊大学建立世界学生俱乐部。幸运的是，这项工作从一开始就得到了几位教授的支持，否则的话，在美国大学建立这样一个俱乐部是很困难的。对于这项工作最热心的是阿尔塔尔·阿尔·希姆尔博士，他是拉丁语言文学教授。在他的努力和关心下，俱乐部一直很健康地存在着。他是真正不分民族的所有外国学生的真诚朋友。他的位于内瓦达大街的住所，我总觉是我自己的家。在美国中西部地区的这所大学，我度过了三年的学生生活，这期间希姆尔女士给予我母亲般的关爱，至今在我的记忆里仍然熠熠闪烁着光芒。这种关爱对我来说是特别需要的，如果没有这种关爱，那三年的国外生活是会很艰难的。每次饭后我都和她一起洗刷盘碗杯子，这时间我就和她谈论各种问题，她总是面带微笑地回答我的问题。她有时提醒我说，玻璃制品和陶瓷杯碗等餐具很容易破碎——稍不留神，就会打破。在闲暇的时候，我把梵文书译成英文，读给她听。她也把她写的诗歌读给我听，使我很开心。几年之后，爸爸来到阿尔巴纳居住了几个月，我正在攻读博士学位，那个时候爸爸几乎每天晚上都去希姆尔夫妇的家里，并且把刚写好的《实践》一书中几篇文章读给他们听。离开伊利诺伊之后，我与希姆尔夫妇的关系并没有终止。50年来，她对我的关爱并没有减弱——她的鼓励疼爱是我生命中的一笔最大的财富。

过了很多年之后（1956年7月8日），希姆尔女士所写的一封信提及"世界学生俱乐部"：

> 1909年年末的年终聚餐会上世界学生俱乐部的一位年轻的印度成员用德语讲了再见（Auf Wiedersehen），就告别离开了——你是否还记得他呢？在希姆尔先生的记录和资料夹里可以获得很多书信和聚会节目目录等材料——从那些材料里可以看到很多有关伊利诺伊大学世界学生俱乐部最初的历史事实，在所有报纸上刊登的那次聚餐的一个仪式的节目单。由于你对俱乐部的积极性，俱乐部才得以很好地运行——你为俱乐部不知疲倦地积极工作——这一切我都记得。当然，你会记得，为布置俱乐部自己的房间和保持高水平的俱乐部理想你付出了怎样的精力。然而，你可能不知道，你走了之后为使俱乐部生存下去，俱乐部的委员们什么精力没投入啊？

让我们回到前面的话题吧。在几年内参加世界学生俱乐部的成员人数增加了，我被选为俱乐部的主任。在美国所有的大学，出现了一种建立这种国际组织的倾向。为了保持这些俱乐部之间的联系，我计划成立一个委员会，后来这个委员会的名称就定为"国际俱乐部协会"（Association of international clubs）。在离开美国的时候，我们与欧洲一个类似的组织——Corda Fraters 建立了联系。如今，这类世界学生国际俱乐部已经成为多数美国大学不可或缺的一部分。我的朋友雷纳德·埃尔姆赫斯特在科内尔读大学的时候，为纪念他的已故导师而计划筹建这样一种俱乐部房舍，从多罗提·斯特雷特尔女士（后来的埃尔姆赫斯特夫人）那里得到了一大笔赞助款。这个俱乐部之家作为科内尔大学社会生活的一个中心，其名声广为流传。

我在美国的时候，我们伊利诺伊大学学生们的视野，可以说还是很狭窄的，也是很片面的。在扩展思想和知识的领域那种自我判断的自由——欧洲大学的这种特点，可以说，都是没有的。当我们看到在大学里传教士们无拘无束的自由行动，我们就感到很惊奇。他们中间有一位有名的传教士比利·善德，他在讲台上发表讲演的时候知道运用各种艺术策略赢得观众和听众的心，大学的很多学生都会出席。有一天，在这样的一次聚会上看见他的举动，我完全惊呆了。在第二天的大学日报（Illini）上刊发了我的一封信。我用极尖刻的语言反对比利·善德对非基督教人士所进行的污蔑性的发言。这一下就像捅了马蜂窝，从四面八方响起攻击我那封信的叫喊声。看到这种情况，我就想，离开大学，隐姓埋名的生活是明智之举。就在这时候，大学日报用非常强烈的语言发表了编辑部的书评，对我表示支持。后来我才知道，谴责我的同学们的那篇文章，是一位比较高年级的学生写的。他的名字叫卡尔·凡·多伦——他是大学日报的助理编辑。从素不相识的陌生人那里出乎意料地得到这样的支持，我特别开心。过了很久之后获悉，作为评论家的卡尔·凡·多伦成为美国文学史上的著名人物，我非常高兴。

回 国 前 夕

1909年夏天，我结束了伊利诺伊大学的学习，在回国的途中，顺便去欧洲游历了几个月。在伦敦一个名为克雷梅特斯因的宾馆一套客房里，有几天我有幸与国内杰出的领导者苏棱德罗纳特·般多巴泰住在一起。这一次，他是作为《孟加拉人》日报的代表，应邀来参加新闻报刊研讨会的。但是他的大部分时间都用在与伦敦的政治家们进行交谈和在各种会议上发表演讲上面了，他讲演的主要目的是要使伦敦人对印度问题能够形成一种印象。他还经常会见政府里的各个政党——特别是自由党的代表们。亨里·柯东先生的儿子H. E. A.柯东一直跟随着他活动，作为他的秘书，帮助他工作。同他交往的那些人中还有一位我记得的人，他就是《评论家评论》杂志一位著名的编辑W. T.斯特德。在作为殖民主义势力象征的英国对软弱无助的国家进行最残酷的压迫的那个时代，在英国竟然有像斯特德这样善良的人道主义者，应该说，这是非常令人惊奇的。多日之后，我对像他一样的另一位英国人萌生了敬仰之情，他就是H.W.内文松（Newinson）。

苏棱德罗纳特不论在何处发表演说，都会赢得一阵阵的热烈掌声。民族自由联盟邀请他参加在维斯特明斯达酒店举行的宴会。我现在还清楚地记得，为答谢欢迎词他发表了讲话，几个在场的英国人听了后议论说，在巴尔克之后在英国用如此纯洁的语言发表这样美丽的演说，还从没听到过。有口才是他的品格，不过，对于演讲的内容他都预先进行认真的准备。我常常听到，他在隔壁房间对于第二天要演讲的内容大声地进行演练。他很喜欢严格地遵守作息制度。每天早晨一起床，举哑铃进行锻炼，是他经常做的活动。然后就是早餐，每次他都吃大量食物，有些天他一个人甚至吃掉了三个人的早餐量，结果我的朋友凯达尔纳特·达什古普多（他是志愿来苏棱德罗纳特身边学习的）和我常常不得不到附近的一家 A.B.C 饭馆去吃饭。

过了多年之后，即 1927 年，在加尔各答我又一次见到了苏棱德罗纳特。回忆那次会见，对我来说并不是件愉快的事情。那一年，国大党要在加尔各答举行年会。为了民族运动，艾妮·贝桑特坚决要辞职，国人的愿望是这一次就选她当国大党主席。贝桑特的名字广为传播之后，苏棱德罗纳特最强烈地反对这个建议。实际上，他是一位真诚的温和派人物——让一位支持激进思想的人当全国组织的主席——对他来说，这是无法容忍的。

爸爸由衷地希望贝桑特女士能担任国大党的主席。他甚至表达过这样的意思，站在老一代支持者代表的位置上，他可以担任欢迎委员会的主席。当大家一致同意由贝桑特女士担任主席的时候，爸爸没有站在反对选举的一边。他只是在第一天的大会上朗读了他自己翻译《献祭集》中的一首诗 India's Prayer（印度的祈祷）。戈格嫩德罗纳特为这一事件画了一幅画——他手上拿着稿纸，头戴帽子，面对着数千名观众，一束阳光从背后照射下来。那一天，参加大会的人们用不断的欢呼声向爸爸表示欢迎。

在当时，除了罗达姆斯太德研究中心，在英国还没有便于攻读农业科学研究生学位的机构，于是我就离开英国去了德国。我在德国哥廷根大学听了一段时间的讲座。哥廷根是德国古典学的学术中心，比斯马克王子曾经是这所大学的学生。他入学不几天之后，学校当局就意识到，让这个桀骜不驯的、天不怕地不怕的学生遵守校规是困难的。给予他各种惩罚后，最终实在无法忍受他那种不断翻新的放荡行为，学校当局决定，不再让他住在校园里了——如果他还想读下去，就应该由他自己解决住宿问题。在哥廷根城边上有一条河，在这条河的一座桥附近，比斯马克让人们为他建设一栋适合自己短时间居住的小楼。这也是对学校当局的一种新的蔑视。历史还有这样一种习惯，这个大学的校长们今天都认为，保护比斯马克那栋小楼是非常有意义的，在那栋楼后面的山上竖起了一座纪念碑，纪念该学校最著名的学生比斯马克。

在哥廷根留学期间，我观看过"决斗"。在20世纪之初还可以看到中世纪的这种事情，这是我没有想到的。我听说，在德国的学生中是没有决斗这种事情的——其实这种事情还是常发生的。在哥廷根城内决斗是被法律禁止的，所以决斗都是在远离城市的公路外边的某一家饭店里举行。这种情况大家都知道，警察是看不到的。决斗这种游戏一般是靠近一家饭店的一个大厅里举行。可以说这是一种游戏，因为每个周末都有几百学生来观看这种游戏，而且长廊里为他们摆放有座位。决斗场上铺有很厚的垫子，上面撒一层木屑——进入那里有几对决斗手，还有他们的随员和一两名医生。四周围弥漫着碘酒的气味。我进去的时候，决斗刚刚开始，两个决斗者手里握着长剑互相击打。几分钟后就看到，从一个决斗者的头上砍下了一块卢比硬币大小的头皮，医生立即让决斗停止，给受伤者的头上擦了一些碘酒，又把那块皮给缝合上了，并且终止了决斗。德国青年很喜欢自己脸上留有伤疤，脸上的伤疤越明显，就越会受到姑娘们的敬重。带我去观看决斗的那位德国朋友，还想让我再看几次决斗。看一次就够了——难道我还要在那里住下去吗？

又回到什莱多赫

1909年年底，我回到了国内。回来后我就发现，什莱多赫的办事处已为我做好了准备——在视察地产的间隙，我要建立我的农场，我要进行农业实验——这是爸爸的愿望。青春年华，是渴望亲自动手用心做事的。除此之外，还想做什么呢！回来几天之后，爸爸就带我前往地产所在的地区——目的就是让我会见佃农们，并且以此让我明白地产的管理工作。这是我从未接触过的一种体验。住在屋船上，只有爸爸和我两个人。由于一次又一次亲人亡故的悲痛打击，特别是由于绍米过早的离去，当时他内心里是极其痛苦的，也是非常孤独的。我经过长期国外生活之后终于回来了，可是他内心里蕴藏的所有疼爱仿佛都耗尽了，我们父子二人就在我们所熟悉的大河上乘船漂游。每天黄昏，我们都坐在甲板上，交谈着各种事情。此前，我从没有同爸爸这样敞开心扉地进行交谈的机会。在性格方面，我是个少言寡语的人，刚开始讲述有一点儿障碍。从刚刚大学毕业的年轻人口中听到关于农学、优生学、进化论等书本上的观点，当然，爸爸感到很开心。多数时间爸爸都保持沉默，只是很耐心地听着从我口中说出的程式化的语句。有时爸爸自己也讲述一些当地佃农群众的社会和经济方面的悲惨状况，以及对他们救助方面自己的一些经验体会。我们很少讨论文学方面的问题——可能，他认为，对于他这个搞科学的儿子来说，理解文学的情味是困难的。在1910年这段时间里，我们父子二人彼此如此亲密地相处，是从来没有过的。

在什莱多赫开始了我的新生活——我仿佛就是英美乡村的一个地

道的农民。我在很多地方准备好了地块，从美国带回来玉米种子和适合家畜吃的各种青草的种子，制造了适合当地使用的犁铧、刀具和其他农具，为了检查土壤质量的好坏，甚至还建立了一个小型研究室。就在这时候，麦隆·菲尔普斯从美国来到这里。他是一位对印度怀有同情心的人，所以他写的很多文章都在当时的报纸上发表了。他在一篇文章中对我们的工作给予了充分的肯定。他说，我在什莱多赫建立了一个真正美国式的好农场。

我当时正陶醉在开创这一切工作的喜悦之中，爸爸派人把我叫回加尔各答，建议我与同族的兄弟戈格嫩德罗纳特的外甥女普罗蒂玛结婚。1910年2月举行了婚礼——这是我们家族第一次迎娶寡妇。

此后几年，我都是在温馨快乐中度过的。我是在管理地产和农业科学研究实验中消度时光的，而我的妻子则跟随一位来自伊利诺伊的女教师学习，她的名字叫密斯·布尔德特。可是在孟加拉农村，那些思想单纯的、不识字的乡下人中间的这种朴实而快乐的生活突然中断了。爸爸对于继续承担管理圣蒂尼克坦学校的重任，渐渐感到有些力不从心了，于是派人把我从什莱多赫叫回来，并且对我说，让我尽力协助他做好圣蒂尼克坦的工作。我的同学——朋友松多什琼德罗·马宗达，在这之前就已经参加学校的工作了。听说，我妹妹米拉的丈夫诺根德罗纳特·贡戈巴泰也要从美国留学回来。爸爸认为我们在美国学到的知识有助于我们三个人的工作，因为爸爸希望，我们回来后可以成为他学校工作和乡村振兴事业的助手。

什莱多赫——它的办公大楼四周是玫瑰花园，稍远一点儿，是开阔的田野；在雨季那里的稻秧一片嫩绿，冬季里油菜花一片金黄；那条帕德玛河，对她脾气的理解是沉重的，她的流速时刻在发生变化，还有那艘大船——有多少幸福回忆都与它相关，那位类似鸡皮肤的狩猎高手——虽然只有一只手，却是我狩猎活动的可靠的伙伴——这一切都是我所喜欢的——可是我不得不离开这一切，前往比尔普姆那片贫瘠的红土地。

缤纷俱乐部

我在美国学习的专业是农业及其实际运用——是应用科学的实践。以前我对视觉艺术、美的艺术没有用心研究过。从美国回来后，我看到在焦拉桑科的家里正在举行文学和美学艺术的盛大节日聚会——所有这些活动都是美好的，充满情趣的，也是有所约束的。我在美国和从美国回来的路上，了解了一些英国和欧洲大城市艺术家们的日常生活，焦拉桑科家里的气氛与之有些类似。不过蓄留长发，穿五颜六色的服装，令人迷惑的夸夸其谈——这种风气一点儿都没有。在加尔各答的商人家里，很多受人尊敬的人们就是这样生活的——在我们这个家庭里也没有超越他们，而且印度的文学和艺术当时是以家庭为中心来展现出新的面貌的。

戈格嫩德罗、奥波宁德罗当时正在艺术的各个领域进行各种实验。他们那些新表露出来的天才当时体现在新的创作之中，可是他们的心灵就像少年湿婆一样单纯。他们正在进行多少伟大的工作，而且这种工作具有什么样的深远的意义，对此他们根本没有意识到。我刚从美国回来就发现，这个国家是现金交易和到处张贴广告的国家。看到他们俩后，最初不管我心里感到多么惊奇，随着对他们了解得越多，我内心里对于这两位天才的兄长越充满敬意。几乎每天我都到他们那栋五号楼的南凉台上去，静静地坐在那里看他们每天的劳作。

他们的工作态度、他们的思想，等等，对我来说都是新鲜的。没有画室，没有雕塑室，戈格嫩德罗、绍莫棱德罗、奥波宁德罗三兄弟就坐在长长的南凉台上。在那里，他们进行绘画，查对地产账目，同来客交谈。不久之前，奥波宁德罗纳特从艺术学校退休了，可是他带过的学生们经常来他这里，向他请教艺术方面的一些难题，有时就默默地站在他背后昏暗之处，观看导师作画。热爱和懂得东方艺术的一些人也常常来观看他最新的画作。有些做艺术品生意的人也经常来估测这些高价的艺术品，希望能赚到更多的钱，于是就想买走他的所有作品。除此之外，在来访者中间还有身居高位的官员，也有寻求职位的失业者，还有一群常常聚集在一起高谈阔论的阿谀奉承者。

尽管要面对社会习俗方面的许多压力，他们还是保持冷静的头脑，如此轻松地做着他们每天应该做的事情，如果不亲眼看到这一切，是很难相信的。三位兄弟中的绍莫棱德罗，其性格有点儿腼腆。他在艺术上并非没有任何地位，可是他能够和两个兄弟合作，没有一点儿沮丧的表现。三兄弟嘴里都叼着波斯的长烟管，他们都吸带有龙涎香味的烟叶，四周弥漫着芳香。烟具旁边的托盘里放着盛水的杯子，在上边的一个花瓶里飘动着玫瑰花枝，手边放着绘画的各种用具。在这种环境里，很多幅画儿就在眼前这样诞生了，而后成为世界的名画儿。

大堂哥戈格嫩德罗纳特在抄起画笔学画之前，奥波宁德罗纳特作为一名艺术家就已经很著名了。作为贵族社会一个大家庭的家长，戈格嫩德罗纳特担负着社会和经济方面的责任，大多数时间都是很忙的。为了消遣，他选择了两条路——摄影和演戏。在我们家里，每当有演出的时候，缺了他是不行的，因为他在表演方面的才能是与生俱来的。怎么发现他会画画儿的，我确实不知道。大概是冈仓天心和他派来的几位日本艺术家最初对他进行了鼓励。1909年我回到国内的时候，他已经是一位爱好艺术的画家，很难得看到他正在画一幅已经画了一半的画儿，他的才华当时还没有绽放出来。那个时候，爸爸写的《生活的回忆》正在连续发表。我抓住他，请他为此书绘制了插图。我觉得，通过这些插图，他作为艺术家的声誉才会被确立起来。

就在这样一个时期，一个名为"印度东方艺术协会"的组织诞生了。这个协会的诞生，是戈格嫩德罗、波宁德罗与久斯提斯·乌德罗孚、奥尔滕德罗库马尔·甘古利等艺术家关爱的结果。最初每年的画展所展出的作品，大多都出自这两位兄弟的画笔，还有些画作是由奥波宁德罗纳特的弟子们所画——其中的优秀者有：侬多拉尔·巴苏、苏嫩德罗纳特·甘古利·奥希多库马尔、哈尔达尔、舍伊棱德罗纳特·代、齐丁德罗纳特·马宗达等。当时加尔各答是印度的首都，冬天是首都的"旺季"。从社会和文化方面来看，协会的所有画展就是加尔各答城所具有的一个吸引力——这不仅对加尔各答人，而且对全国来说都是如此，因为在"旺季"很多受尊敬的和有影响的人物都会来加尔各答的。戈格嫩德罗纳特是所有这些画展的灵魂。他这个人具有一种善良温馨的性格，所以由于他本人的这种性格，他就能广泛地吸引各阶层的人士。与此相关的，还有孟加拉总督卡罗迈克尔勋爵及其后任者罗纳尔多舍勋爵（后来被称为杰特兰德的马尔库耶斯），他们的名字也特别值得回忆。作为印度艺术的行家和背后支持者，如果得不到他们的帮助和支持，协会能否开办如此规模的画展，还是值得怀疑的。他们不仅仅名义上不断地给予支持，而且还从政府方面征集到相当多的资金给予援助。

戈格嫩德罗—奥波宁德罗的艺术思想没有局限在绘画方面，他们的思想还扩展到很多领域。他们所居住的焦拉桑科五号楼里的家具，都是以维克托利亚时代的款式风格建造的，他们对家里各个房间的陈设用具进行了重新设计装修。兄弟俩一起绘制了各种家具蓝图，请一位手艺精湛的木工师傅按照蓝图制作了家具。在房屋内部装修方面，他们采用了新的风格，这种风格后来成为加尔各答贵族家庭的流行款式。焦拉桑科五号楼的客厅就是他们两个人努力创作的最好例证，在家具和装修方面都达到了东方风格的最高境界。

在这间客厅里，我们度过多少温馨的夜晚！现在回忆起来，我的心里总是亮晶晶的。维那琴大师弹奏着维那琴,在昏暗的灯光下可以看到,三四位懂得音乐情味的人士坐在宽大的沙发上,仿佛就像禅思一样在静听,这种画面我还清楚地记得。在所有这些聚会的时候,我就静静地坐在别人看不到的一个角落里,观看着那些来客们。他们中间有时候还有著名的外国客人。我还清楚地记得一些人,其中有著名的旅行家和哲学家康特·凯贾罗琳、画家罗森斯坦、无与伦比的巴弗洛娃、理想主义者冈仓天心、艺术评论家阿侬德·库马尔大师、俄国著名艺术鉴赏家戈洛比乌、阿侬德—乌秋尔·卡尔佩雷斯姐妹俩和卡罗迈克尔勋爵。一谈到卡罗迈克尔勋爵,我就想起了戈格诺哥哥与他建立了何种深厚的友谊。像我这位堂哥一样的一些人与卡罗迈克尔之所以走得很近,是因为他们都是艺术鉴赏家并且看到了他对重建家庭手工业的热情,因此对他十分尊敬。值得讲一讲他对重建穆什达巴德丝绸工业所付出的努力。根据他的建议,孟加拉家庭手工业协会在政府的赞助下成立了。他意识到,这个协会称职的秘书应该是戈格嫩德罗纳特,所以他就把这副重担交给了戈格嫩德罗哥哥。在霍格大街上的销售中心,有大量的值钱的工业品在进行交易,其背后就有戈格嫩德罗哥哥不懈的努力支持。

这个时期,戈格嫩德罗哥哥们每年夏天都去大吉岭。作为对这个山区的回忆,就是戈格嫩德罗哥哥所画的喜马拉雅山区的那些画作。对于冰雪覆盖的喜马拉雅山,戈格嫩德罗哥哥心里蕴含着一种偏爱,他的很多幅画作大概都是从迦梨陀娑的叙事诗中获得灵感的。在山上居住的时候,他定做了一件自己喜欢的藏民的袍子——这件藏袍就成为他住在大吉岭时穿的服装。后来这种戈格嫩德罗款式的藏袍,作为他们哥俩和我爸爸的特殊服装,常常穿用。尝试穿戴各种服装——这已经成为泰戈尔家族的一种潮流。

几天之后,我萌生了一个想法,对于这种艺术才华的潮流在其固定的发展道路上如果不加以调控保护,他的很多部分都会荒废掉的,于是"缤纷俱乐部"就诞生了,加尔各答的很多人现在对其还记忆犹新。

在这项工作中，戈格嫩德罗哥哥们毫不犹豫地帮助了我。俱乐部的第一次会议是在红楼举行的。很多尊贵的会员那天都出席了会议，布罗金德罗纳特校长主持那次会议。苏棱哥哥起草了俱乐部的章程——在俱乐部的财务方面没有什么应该做的事情——当然也就不需要什么规章！侬多拉尔·巴苏先生用非常优美的字体在一个茅草房的模型上写上了"缤纷"一个词，作为俱乐部的象征符号。在那次会议的最后，爸爸朗读了他的一篇尚未发表的作品。会议结束了，俱乐部的会员们从二楼下到一楼的餐厅，在那里已经准备了丰盛的食品。中国的塔都是以红色和金黄色为主色调，这间餐厅的装修也用同样的颜色。在俱乐部存在的岁月里，这间新装修的房舍就作为餐厅使用，而且食物也是多种多样的。

20世纪初，冈仓天心带领两位年轻的日本画家来印度。他们作为戈格嫩德罗纳特哥哥的客人，住在加尔各答。当他们坐在地板上用毛笔在丝绢上作画的时候，这种场面就成为值得观赏的一件趣事。他们用毛笔作画既迅捷又精细——我们全家人都聚拢来看他们作画。两位画家中有一位是横山大观——他现在是著名的日本美术学院的院长。如果看一下戈格嫩德罗纳特最初时期的画作，就会清楚地意识到，他的画作是深受日本绘画风格影响的。由于他非常喜欢日本的绘画风格，过了很多时间之后，在"缤纷俱乐部"的指导下，另一位名叫新井先生的日本画家应邀来加尔各答，教授日本传统的绘画。

"缤纷俱乐部"的活动是丰富多彩的。上午俱乐部就变成了美术学院，这个时候依多拉尔·巴苏、奥希多库马尔·哈尔达尔和苏棱德罗纳特·科尔就坐在各自的画室里作画，纳拉扬·迦什纳特·代波尔在制作泥塑像，而穆库尔·代在制作木雕像，有几个男女学生在他们身边观看。在第一批入学的学生中，就有我的妻子普罗蒂玛。晚上，图书室成为人们聚会的中心。每周有一天画室又会成为艺术家、作家、音乐家聚会的中心，经常举行演出和音乐会。

不久，"缤纷俱乐部"的活动中又增加了很多内容，其中之一就是搜集孟加拉邦农村地区优秀的手工艺作品，指定一位热心的青年去农村搜集素描壁画、各种刺绣针织作品、优秀的竹编藤编作品的样品。后来，一些素描壁画、儿童喜爱的儿歌和在乡村流行的神话，都被收入奥波宁德罗纳特编写的《孟加拉风俗》一书，公开出版了。

在戈格嫩德罗纳特的心中涌动着一股幽默的情感激流，这个时期他发表的作品都是具有讽刺性的漫画。在报刊上发表的一两幅画作，就立即成为人们所喜爱的作品。看到有人收藏这些漫画复印本，"缤纷俱乐部"就决定设立一个新的机构，于是购买了一台老旧的石板印刷机，聘请一位很有印刷经验的老穆斯林来负责印制工作。上午戈格嫩德罗纳特画好一幅漫画，下午就将其刻在石板上，并且在画家亲自关照下开始印刷。就这样，两本漫画集印制出来了，在市场上还很畅销。优先考虑到国际大学的需求，"缤纷俱乐部"的工作逐渐缩小了，最后俱乐部就停止了活动。俱乐部的画家奥希多库马尔·哈尔达尔、依多拉尔·巴苏和苏棱德罗纳特·科尔，都参加了圣蒂尼克坦美术学院的筹建工作。"缤纷俱乐部"存在的这几年间，为丰富加尔各答的社会文化生活做了很多工作。当然，在这些成绩的背后就有我爸爸、戈格嫩德罗纳特哥哥、奥波侬德罗纳特哥哥他们个人的贡献。如果少数富有天赋的人才聚在一起工作，那么，他们的热情就会激发多数人创造力的发挥——"缤纷俱乐部"就已经证明了这一点。关于这个俱乐部在美术领域所做出的成绩，我已经说了很多了，在文学领域它的贡献也不是微不足道的。在俱乐部每周的聚会上，孟加拉邦那个时代的多数文学家都前来参加。绍罗特琼德罗·丘多巴泰、普罗摩特·乔杜里和我爸爸的很多作品，都是首先在这些聚会上宣读的。《绿叶》杂志发起了作为文学媒体形式而使用流行语言的运动，以此来替代梵语词汇比较多的"纯正"语言——它的缘起还是从"缤纷俱乐部"开始的。这也是不小的工作成绩。

戏剧和演出

在我们焦拉桑科的家里，编写剧本和演出占据着一个很大的位置。爸爸是这个家庭传统的继承者，从比较小的年纪起，他就开始撰写剧本，并且让家里的男女孩子们参与所有剧本的演出。当然，大多数时间他也亲自在自己所写的剧本中扮演一些难以驾驭的重要角色。我记得，我直接参加演戏是从静修院学校的第一阶段开始的。那时候爸爸写剧本，让圣蒂尼克坦的老师和学生们参加演出。这些戏剧可以叫作圣蒂尼克坦阶段的戏剧。这以前所写的剧本，其主要情味是浪漫主义的情感冲突。圣蒂尼克坦阶段的三个剧本——《秋天的节日》《旧书院》《春季月圆之夜》的情味，是与以前的剧本完全不同的。《国王与王后》和《牺牲》两部作品是我们所熟悉的分场次的流行戏剧，后来阶段的《邮局》《国王》等戏剧，可以说是象征性的戏剧，或者说是纯粹道德性的戏剧。上述三个剧本仿佛是两阶段剧本的中间连线——在这几个剧本中戏剧的情节简单、紧凑，但是其中象征剧的某些特点也清晰地显现出来。圣蒂尼克坦时期的这些剧本还有一个特点，就是这些剧本没有女性角色。静修院学校当时只是男生的学校，后来才有女生加入，不过，没有女性角色的原因只是我简单的推测。

我的看法是，在《秋天的节日》剧本创作的几年之前，圣蒂尼克坦就已经开始演出戏剧。1902年冬天，在静修院就演出了《牺牲》。那时候我们没有舞台，没有服装和其他道具，我们仅凭热情弥补了这些不足。当时学生数量很少,只有松多什琼德罗·马宗达、诺雍莫洪·丘多巴泰和我——我们三个人一起承担起主要策划者、导演和演员的责任。入学考试当时已经临近了,可是我们还在经常排练。我们的老师们着急了,于是就到爸爸那里恳求说,演出计划如果不马上取消,那么,通过考试的希望就会很渺茫啊。但是爸爸没有听信他们的意见,排练照常进行,与此相关还进行了很好的时间安排。老师们反对演戏这件事后来也传了出去,但是由于爸爸的关照,老师们并没有感到特别难堪。

在图书馆后面,有一所旧式的茅草房,那时候它就是我们的食堂。我们正是在这间房子里布置了一个舞台,还安排了观众的座位。搭建舞台所用的东西就是几张破床铺。还需要什么呢,从加尔各答请来了一位画家,画制了布景。在运用画笔方面,他是位能手,他在一副破旧的幕布上很快就画出了一种布景,就像从剧院里租来的一样。此人自己也具有一点儿惊人的戏剧天赋。霍里什琼德罗·哈尔达尔——是他以前的名字,很少有人知道,大多数人知道他的名字叫霍丘霍(ho.cho.ho)。在我们焦拉桑科的家里流传着有关他的各种有趣的故事。我记得,戈格嫩德罗哥哥有一次画了一幅关于他的漫画。爸爸的《小故事》一书里有一篇故事就提到了霍丘霍(ho.cho.ho)。可是当时我们都年少,看了彩色布景后都惊呆了。把从酒店里弄来的这些破床连在一起,一些床板被放倒,另一些高高地竖立起来。在连接这些竖立着的床体木板上钉上一些钉子,就使霍丘霍的布景牢固了。虽然所有这些做法有些孩子气,但是演出非常成功,尽管还有些不足。爸爸发现我们当中的几个人很有表演天赋,扮演诺科特罗马尼科[①]的诺雍莫洪表演得很出色。这个可怜的人在年纪轻轻的时候就死了,在演出爸爸晚年一些戏剧的时候,就再也没有他参加了。看了扮演罗库波迪角色的久格达依德先生的精彩表演,爸爸明白了,此人是十万个里挑一的人才。此后,每当要演出时,都是不

[①] 诺科特罗马尼科——小说《贤哲王》和剧本《牺牲》的人物,国王的弟弟。

能缺少久格达侬德先生的。

第一次演出《秋天的节日》的时候，静修院的面貌有了很多变化。在最初的土坯草房东边建起了一栋砖瓦楼房，作为学生宿舍。这栋楼房就像宽阔的大厅一样，更适合演出。当然，屋顶晒台比较低一些，可是哪里还有那座食堂的茅草呢，那栋砖瓦楼房又在哪里呢？最初那栋楼房曾经用于演出戏剧，所以就起名为"戏剧之家"。那时候学生数量已经超过了一百人，而且教师的数量也相应地增加了。现在要寻找演员，就不那么难了，有这么多的人，随便一选就有了。基迪莫洪·森、奥吉多库马尔·丘克罗博尔迪、多潘莫洪·丘多巴泰·普罗摩特·比什等人，爸爸很容易就找到了。爸爸在选择演出人方面是很注意的，他选择人的标准是，要特别机灵。根据他的愿望，那时候演出排练都是在开放的场地。他希望居住在静修院里的人都能来观看，来聆听，来学习，这也是静修院里学习的一个组成部分。就这样，对艺术情感的培养，对音乐的研究等等，就逐渐在静修院的生活中传播开来。这是作为教育者的爸爸，在这个领域所做出的成绩。那个时候没有单独开设音乐课程，但是静修院里的所有人几乎都会唱歌，歌声已经成为这里不可或缺的一种气氛。我不能说，很多人都会演戏，不过，这样的情况也是真实的：后来爸爸选择演员的范围扩大了许多，但是在把某部戏剧搬上舞台的时候，就不会很快地得以实现。遗憾的是，随着静修院的扩大和来访者越来越多，露天的排练唱歌和演戏的机会就在慢慢地减少。可以说，这是后来学生们的不幸，因为爸爸教授戏剧的方法是特别值得仿效的。随着秋季的到来，静修院的天然美景仿佛成为《秋天的节日》这部剧的主要布景。戏剧与自然环境如此的契合的情况是很少见的，参加这部戏剧演出的人员仿佛也成为大自然的一种特殊的部分——在演出时即使没有布景或人造的布景，也是可以的。这一次还邀请几位来自加尔各答的客人来观看演出，他们都很陶醉地观看如此简洁自然的演出。

《秋天的节日》的成功演出，对爸爸是一种极大的鼓舞，结果在几天之内他就写出了《赎罪》《国王》和《旧学堂》，并且在圣蒂尼克坦进行了演出。学校在每个学期的末尾都组织演出活动，这仿佛已经成为学校的一种惯例。来自加尔各答的很多朋友都想来观看演出，安排他们的吃住就成了问题。爸爸又是如此的好客，在待客方面不能出现丝毫的差错。

在观看《国王》演出的时候，一群观众确实很着迷，但是他们心里对于这部戏剧的含义和意义还是有相当的怀疑。实际上，这个时期加尔各答的某些文学人士对于爸爸所写的一些戏剧进行宣传说，这些戏剧偏离了现在流行的理想模式，在这种烟雾下，喜剧的比喻是不清晰的和无意义的，而且戏剧中情感的表达是缺失的或者是很朦胧的。这种宣传在一段时间内还是起作用的。当然，对于这种观点的唯一的回答就是，一次又一次在人们面前演出这些戏剧。爸爸也正是这样做的。

为欢迎安德鲁斯先生，1914年演出了话剧《旧学堂》。《秋天的节日》和《旧学堂》演出的特点就在于，成年人和年少的学生们都参加了这两部戏剧的演出。尽管演员年龄的差距很大，但由于相互之间很容易配合交流，所以才有如此精彩的演出，因为在圣蒂尼克坦老师和学生之间存在着一种非常融洽而友好的关系。在1914年那次演出中，扮演大潘丘克的久格达侬德先生表演得非常出色。迪嫩德罗纳特也同样表演得非常好，这期间他又是大家公认的歌咏队的队长。扮演老爷爷角色的基迪莫洪先生的表演受到了大家的一致称赞。爸爸扮演了校长。这次演出最轰动的一件事就是，皮尔逊出现在群众演员队伍中。这位外国先生讲一口流利的孟加拉语，可是在讲到"还有各种豆汤"的时候他的舌头就变得麻木了，在场的观众听了都大笑起来。一些外国人能来静修院居住，请他们参加静修院的各种工作，爸爸是很开心的。只有皮尔逊不同，后来不同时期还有埃尔姆赫斯特、哈里·庭巴斯及其妻子、海蒙蒂·丘克罗博尔迪等很多人，他们也参加了戏剧演出。

在圣蒂尼克坦静修院和在焦拉桑科家里的人们共同参与下，爸爸的戏剧经常在加尔各答演出，那时候在加尔各答的社会和文化生活中就出现了一种新的情味欣赏潮流，这种潮流始于《初春月圆之夜》的演出。1915年春天，爸爸在斯里尼克坦用很短的时间就写成了这个剧本，写完后不几天就在圣蒂尼克坦上演了《初春月圆之夜》。在加尔各答首次演出的那一天，凡是听到静修院的两个少年所唱的"啊，和风啊"那首歌的人们，每年春天到来的时候，都会回忆起用甜蜜嗓音所唱的那首歌。《初春月圆之夜》的情味与其他戏剧的情味不同。为了表现《初春月圆之夜》那种特殊的情味内涵，在舞台布景和其他分幕场景都引进了各种新的构想。在圣蒂尼克坦，所有季节都可以演出《秋天的节日》《旧学堂》和《初春月圆之夜》，只是不再使用各种色彩的布景，不很注重艺术技巧方面，只是依靠大自然之手的创造，同时布置好舞台就可以了——这已经成为惯例。在《初春月圆之夜》演出时就特别运用了这种大自然的装饰——整个舞台就是一个大花园——树上开满了鲜花，树枝上挂着秋千。为装饰舞台使用了布匹，装饰舞台的艺术家们都特别关注艺术的情调。

在第二年（1916）玛克月大祭节之后，决定在加尔各答义演《初春月圆之夜》，想以此赈济般库拉地区遭受饥荒的灾民——每年玛克月大祭节的时候，爸爸都回加尔各答参加祈祷，还带领圣蒂尼克坦的学生们来为节日唱歌。

我当时正忙于"缤纷俱乐部"的事情，所以我承担了这次演出各种安排的事宜。这是第一次圣蒂尼克坦剧团在加尔各答举行卖票义演，对于这种事情当时我完全没有经验。一项巨大的责任压在我的肩上——我感到很为难。第一天卖票开始了，结果卖出的票很少。那一天的晚上，我叫来圣蒂尼克坦一群以前的学生——他们现在加尔各答各个大学读书。我让他们到各个大学去进行广泛的宣传，第二天上午如果还没有人来买票，那么期盼人们来观看《初春月圆之夜》义演的愿望就会泡汤。结果，第二天售票处前面聚集了无数的人，一张票也没有剩下，尽管票价不便宜，但是每张票都卖出去了。演出那天晚上，有几个人送来了几千卢比，他们只能站着观看演出。扣除所有消费，我们交给般库拉饥荒赈济委员会 8000 卢比的现金。后来，来自圣蒂尼克坦的所有演出，其卖票的收入都不错。可是我觉得哪一次都没有《初春月圆之夜》那次义演收入的多。

总有人对爸爸的创作思想进行各种调查研究，结果发现，重复同一种东西对他来说是无法忍受的。经常可以看到，一部戏剧直到演出之前，他都会对其进行不断的修改。直到排练的最后一天，都是进行这种修改的时间，有时甚至在两个晚上演出之间都要进行一些修改，结果扮演剧中角色的男女演员都感到害怕。如果对于一部戏剧所有演出都做舞台演出录音，就可以搜集到一部戏剧的不同版本。

然而，几年前在圣蒂尼克坦演出的《初春月圆之夜》，与加尔各答演出的版本有很多不同，这就没有什么奇怪了。直到最后时刻，即在进行最后紧张排练的时候，爸爸用对话的形式为《初春月圆之夜》写了一个前言，标题为"无欲的祈祷"，为此就需要一组完全不同的演员。我觉得，爸爸之所以写这个前言，是出于这样的考虑，可能人们不容易理解他的这种新风格的戏剧；可能他的心里怀有这样的渴望：他那三位具有表演能力的堂侄——戈格嫩德罗、绍莫棱德罗和奥波宁德罗能够参加这部剧的演出。看来，"无欲的祈祷"好像是考虑到我这三个兄弟的情况而写的。

舞台就设在我们家宽阔的院子里。舞台的布置是由侬多拉尔·巴苏和苏棱德罗纳特·科尔根据戈格嫩德罗纳特的指示完成的。即使存在着真实的周围实际环境，努力借助于布景和道具的作用，也会提高戏剧演出的效果。在圣蒂尼克坦为创作大自然的环境而付出实际的努力，这一次比那次演出都更进了一步。爸爸扮演了盲人巴乌尔的角色，他的歌声和表演使观众感到特别的惊奇。爸爸歌唱的声音当时很洪亮："朋友，慢走，慢慢地走"——爸爸一边吟唱这首歌儿，一边走进山洞，这歌声的回音慢慢地消逝了。当时观众都很难控制自己的情绪了。《初春月圆之夜》这部戏剧最动人之处就是歌唱，这种优美的歌唱是空前的——歌唱是由爸爸、迪嫩德罗纳特、奥吉多库马尔·丘克罗博尔迪和圣蒂尼克坦的学生们来完成的。奥吉多库马尔唱道："这样离去，我是不会走的……"——我听过他唱的所有的歌，其中这首歌是我记得最清楚的。

后来，即在1927年，准备演出爸爸的剧本《邮局》——排练是在加尔各答，而不是在圣蒂尼克坦。在这一次演出中，圣蒂尼克坦奉献出的是奥莫尔——由学校的一个男生扮演。戏剧中其余角色都是在加尔各答选定的，排练和演出就在"缤纷俱乐部"的大厅里。《邮局》作为一部戏剧，几乎是一部诗化的歌剧。爸爸想要述说的道理，通过这部戏剧用凝练而简朴的诗化语言表达了出来。这部戏剧的容量不大，里面的角色也只有几个。里面没有一句多余的话，而且每句话都蕴含着深刻的意义。

非常幸运的是，有这样一群懂得情味的、有表演能力的一批演员同台来演出这出戏剧。爸爸亲自扮演老爷爷和哨兵的角色，奥波宁德罗扮演医生和村长，戈格嫩德罗纳特扮演马陀波，迪嫩德罗纳特扮演老爷爷的学生和卖酸奶的人。选择阿莎穆库尔扮演奥莫尔是很成功的——他仿佛为扮演这个角色而早已做好了准备。剧中唯一的女性角色是奥莫尔的玩耍伙伴苏塔——这个角色是由奥波宁德罗纳特的小女儿奥布尔波扮演的。在最后一场，当奥莫尔死了之后，苏塔来叫他，当听说"他睡下了"，她就说："他醒来的时候你们能悄悄地告诉他一句话吗？……'苏塔永远不会忘记你。'"当时所创造的那种怜悯的情味，大概就连剧作者也没有想到。

舞台设在"缤纷俱乐部"大厅的一侧，在露天的场地布置有150人的座位。戏剧中很多细腻的情感只有在这种内在的环境中才能充分表达出来，用其他方法是不可能充分表达的。舞台设计是出自戈格嫩德罗哥哥的大胆新颖的独创。他在舞台上布置一座真实的茅草房；稻草苫盖的斜坡形的屋顶，周围是一丛丛翠竹，凹入墙壁里的书橱，家具陈设，地板上、墙壁上描绘的吉祥图案——所有这一切就营造出一种简洁而优美的环境，明眼人一看就明白了，没有真正艺术家的眼光和情趣，就不可能营造出这样的布景来。

  最初的演出是专为"缤纷俱乐部"会员们安排的。但是此前演出的声誉已经由人们口头传播出去，所以不得不安排多场演出。每次演出结束后，都是由我来拆卸舞台布景，将其放好，以备下一次演出使用。奥莫尔那间有三面围墙的茅草房，作为"缤纷俱乐部"大厅的一部分，几个星期来一直竖立在凉台上。应邀前来观看最后一次演出的，有来参加国大党加尔各答全国代表会议的代表们。据我回忆，那是每天都有一场演出的一周。那一天，观众中有最受尊敬的国大党女主席安妮·贝桑特、学者莫东莫洪·马洛比耶、圣雄甘地、洛克马诺·提拉克和其他很多人。剧作者、导演、演员、观众——所有人都对这次演出感到满意，对于其他戏剧的演出，都不能这样说。舞台布景与演出难得有如此巧妙的结合。

波雷什纳特山

因为"缤纷俱乐部"的工作需要，我不得不在加尔各答居住了几年。后来，要回避圣蒂尼克坦的要求就越来越困难了，于是我就来到圣蒂尼克坦定居了。这期间我做了一段时间的生意——离开"缤纷俱乐部"的社会文化氛围，接手汽车厂的工作。应该说，这是一种很大的变化。经商是泰戈尔家族的传统，而且在我们那个时代，这种传统也没有改变。不过驾驶汽车是我个人的一种特别的爱好，然而几天后又买了一辆新款的汽车，并且随心所欲地开出去消度时光，是很惬意的。为了经商买了汽车，我却乘坐汽车跑到人口稠密的加尔各答城外去兜风。比较多的时间兜风的地点是小纳戈尔普尔。文明的残酷之手当时还没有伸到小纳戈尔普尔森林来掠夺它的美丽财富。山峦连绵，不时地出现平原、人居的房舍、稻田、森林，在靠近森林边缘是从山里流出的溪流——雨季河水暴涨，干旱的时节潺潺水流清澈透明，在桫椤树—莫胡亚树丛林里，野生动物自由地出没——所有这一切都极大地吸引着我。

夏季一个炎热的中午，我驾驶着汽车沿着山路前行，在炙热的阳光下，我的全身仿佛都在燃烧——就在这时候，波雷什纳特山顶上的凉爽绿荫落入了我的眼帘。嘎一声，我踩了刹车。波雷什纳特山垂直耸立着，高度有4000英尺，它四周都是矮矮的山脉和小丘，就好像是小人国里的人们在咒骂高大者。我不知道地质学家会怎么说，但对于像我这样没有专业知识的人来说，在这些低矮的小土包中间发现了高大的波雷什纳特山，就感到十分惊奇。波雷什纳特山仿佛是在蔑视四周的平原，傲然地耸立着。波雷什纳特山那独有的雄伟之美是无与伦比的。可是由于它如此的壮美——第一眼看到它，就想一下子跳上去触摸它。至少我们是有这种感觉的。我们平静地下了汽车，开始直接向上攀登，甚至都没有想需要为此做一些准备。

一条步行的下坡小路通到一处地方，第一个台阶就结束了，在那里有一座美丽耆那教的庙宇。庙里的出家人看到我们如此的冒险，当然会在内心里笑我们的。可是，又会发生什么事呢？好像出于对我们的怜悯，他送给我们一个西瓜一样大的巴婆果。我们接受了他出于友好善意赠送给我们的这份奇妙的礼物，并且以微笑表示感谢。又走了一段下坡山路之后，我们看到，出家人给我妻子送来了四个人抬的一架滑竿。普罗蒂玛是我们这个队伍中唯一的女性。现在明白了，这位耆那教僧人是真正富有同情心的人，因为此刻我们沿着陡峭而破损的山路向上攀登的热情已经降低了许多。

巴婆果的精神鼓励作用很快就消逝了。看到一些行者已经开始下山——为了在天黑之前回到那座庙宇，他们加快了脚步。有人警告我们说，如果不赶快返回去，会有危险的。一位老者抓住我的双手，两眼含泪对我说，我们现在下山还来得及，不要因为冒险而铸成大错。可是年轻人血气方刚，又怎么听得进去这种警告之言呢？！我们头顶上是一片树冠茂盛的桫椤树丛林，透过树冠的缝隙可以看到，哈贾里巴格山峰边缘那轮太阳犹如一团红粉徐徐地撒向山峦。天色一点儿一点儿暗下来，在蟋蟀的单调鸣叫声中偶尔也传来夜里鸟兽的各种叫声。抬滑竿的脚夫们为了驱除自己的恐惧不时地喊起"罗摩，罗摩"来。在夜空中，他们的这种呼喊声仿佛消逝在某处了——听不到回声。此时我们的热情已经耗尽了，身心感到疲惫不堪。我们终于到达了波雷什纳特山顶下一个朝觐者的栖息所。到达那里之后，我们看到，在住所的大门上挂着一把大锁。我们毫无办法，只好从各处搜集来了一堆树枝木棒，将其点燃，我们拖着疲惫的身体倒在了篝火的周围,很快就睡着了。当我醒来的时候,阳光已经照在我的眼睑上。睁开眼睛一看,我们仿佛就坐在离周围的地球很高的地方。波雷什纳特神庙那洁白而熠熠闪光的大理石屋顶,当然,还高出我们的栖息地好几个台阶。洁白的大理石一接触到第一缕阳光,就闪烁着耀眼的光芒。虽然浑身酸痛,可是我们还是沿着陡峭的阶梯开始向上攀登。在我们心里萌生出不可遏止的好奇——我不知道,财神——耆那教信徒们的伟大导师在波雷什纳特神庙撒播下多少财富。走进里面,我就看到,犹如刚刚沐浴过的圣洁而温柔的寡妇一样的装束——洁白的大理石地板、墙壁、屋顶,到处都一尘不染。在这种没有陈设家具的圣洁之中唯一的一件东西映入我的眼帘,那就是耆那教的贤者牟尼所撰写的文集——一部大书,于是就仿佛觉得,我们屹立在婆罗多修行的一座伟大的峰峦之巅。

吉里迪城

波雷什纳特之行在我的内心里刻上了深深的痕迹，否则的话，多年之后我为什么又来到了与其比邻的吉里迪城度假呢？当然，那圣洁的山峰，那冰雪覆盖的庙宇的屋顶，一次又一次地浮现在我回忆的幕布上。

我多年的一位女友将那时候我写给她的一封信的复印件寄给了我。在这封信里，对以煤矿和云母矿为中心的这座吉里迪城有着详细的描写，现将这封信刊载如下：

尊敬的希穆尔女士：

现在我们来到了比哈尔矿区的中心——吉里迪城的郊区——我们的住所。城市一侧是居民区，另一侧是山脉。煤矿和云母矿就在山区里。我们的平房就在山脚下的一个地区，不远处有一条河在下面潺潺流淌。在河湾处水流跌入一个巨大的石窝里。从我们的平房就再也看不到河湾另一侧的河流了。在河流和山脉之间有一片高低不平的红色沙土地，可以看到红沙土地上一点点绿草。在不远处的平地上覆盖着冲击土，在那里有一块块嫩绿的稻田——黄绿混杂。有一两块田地一直延伸到河岸边。越过稻田，就可以看到不远处芒果林稠密的墨绿色树叶，再过去就是梯田边缘和山脉。那挺拔的桫椤树丛林高扬着头，伫立在山体上，仿佛在傲视着民宅。从远处可以看到,在这片丛林中间大大小小的石块到处散布着,通过桫椤树林的间隙,可以看到,村子里的几头牛正在那里悠闲地漫步吃草。我从我所居住的这个地方经常看到,一个人在一块田地上扶着两头牛拉着的犁在耕田。在旁边另一块平整好的田地上还有一人在播种。我仿佛觉得,我在欣赏一幅优美的风景画。白天我坐在凉台上欣赏着这幅画面——河两岸上的银白色沙滩,掺杂着红土而流向远方的大河激流,河湾处那块巨大的石头,层层梯田里碧绿水稻,远处耸立的一排排桫椤树,仿佛就像一排排卫兵。白天我望着这种风景,但是从来都没有亲临其境。色彩在不时地变化,有时心情也有变化——然而,我用艺术家的眼光,耐心地望着这一切的变化。秋天的太阳升起来了,发出刺眼的光芒,眼睛看不到远处的地平线,心灵陶醉在眼前这种五彩缤纷的美景之中。当一朵云彩徐徐飘过来的时候,远处的美景更加清晰地呈现在我的眼前。当时在河对岸村子里的一位姑娘,头上顶着灌满水的水罐,沿着弯弯曲曲的小路很快地走着,也许她并不知道,她踏着行走的节拍创造了怎样一幅移动的图画啊!

因为我们住在城市的边缘,所以我们才如此喜欢这一切。当我们为了会见熟人而走进城市的小胡同的时候,映入眼帘的只有砖木的森林。街道的两边是墙壁,在墙壁里面是小小的房屋,一看就觉得仿佛是牢房。这些房屋的主人都是加尔各答的有钱人。他们难道不是为了离开加尔各答的喧嚣,来吉里迪休假的吗?!

有几天,我们曾经去矿区看过,有一天我们还去逛过市场。很多住在吉里迪市场的马尔瓦尔土著人,靠做煤炭和云母生意都成了富人。如此拥挤的肮脏的市场通常是见不到的。我听说,这里的土地便宜。可是能做什么呢,那些懂得钱财价值的人就像吝啬鬼一样,在这里享用着天神所赐给的阳光空气。越过市场就是火车站。这里的车站就像章鱼一样——哪些地方有矿，铁路线就会伸向哪里。在这个矿区有山脉，还有平地、河流。以前一个时期还曾经有过桫椤树林。现在桫椤树的痕迹也没有了，这个地方被挖煤机械和烟筒所占领。从矿井里抽出来的脏水灌满了四周的矿坑。在这个地区很少见到人影。听说几千人每天都在矿井里挖煤。他们接触不到太阳，整天在黑暗中劳动。在这种黑暗中他们是见不到白天的。然后，他们还想洗一洗白天的煤黑污秽，大口喝酒。

我回到家里满意地叹了一口气，可是这种满意是暂时的。第二天，我又看到，那条河在石头上面潺潺流淌，沐浴着阳光的绿色稻田在讥笑桫椤树林的凝重，这时候不知道为什么我的心情就不再像以前那样充满欢乐了。这是怎么了？仿佛一种心理负担根本就不想离去。

1936 年 9 月 1 日
于吉里迪

陪同爸爸在国外

在 伦 敦

1902年妈妈死后，可以说，爸爸对自己的身体根本就不注意了。他的笔在不停地写，在写作期间甚至常常忘记了吃饭喝水。此外，这时候他正陶醉在国家的事务中。政治工作不合他的脾气秉性，也没有兴趣。因为不喜欢那种工作，所以他的身心都受到了影响，这种影响对他的健康是很不利的。除此之外，圣蒂尼克坦的学校还不断地向他提出各种大大小小的要求。所有这一切，不仅浪费了他的时间和精力，而且也渐渐影响到他那脆弱的情感。由于经常感到疲倦，他的身体就变得虚弱了。由于他父辈的遗传因素，我爸爸的身体本来是英俊健康的，但是1912年他的身体一下子就垮了。大夫和朋友们都一再要求他去治疗和休养，希望他渡海去英国，如果需要，就可以在那里就医。

已经买好了从加尔各答出发前往伦敦的船票。在轮船离港前一天的夜里，爸爸应邀去阿舒多什·乔杜里先生的家里做客。不仅要在那里吃饭，同时还安排演出《蚁垤的天才》，迪嫩德罗纳特扮演蚁垤。爸爸身体有病，可还是不得不熬夜到很晚。我们回到家里，夜已经很深了。爸爸还是没有睡，利用夜里剩下的这点时间，一封接一封写起信来。清晨起来，看到爸爸的身体状况，我们都很担心，因为劳累疲惫他已经气喘吁吁了，急忙派人去请大夫。前一天晚上，就把我们的行李日用品等所有细软都装上了船，很多朋友及时来到羌德巴尔码头为爸爸送行。我们的东西都已按时装在了轮船上，可是那一次我们没有成行。

我觉得，除了爸爸身体不好之外，还有一个原因，正是由于那个原因，爸爸才没有在确定的日子动身去英国。由于医生和朋友们的坚决恳求，处于这种病态的情况下爸爸动身去英国，他们的确不放心啊！当心情烦闷的时候，身体也就更加支持不住了——爸爸的这种情况，我不止一次地见过。每当从外面企图给他强加某种思想的时候，他就会以自己的方式表示反抗——不是用所有方式，而是以表情。符合他性格的这种方式有各种表现，甚至有时也不排除用可笑的幼稚举动。那些亲眼见过他这种令人惊奇的放肆举动的人们，就会讲述他这方面很多有趣的故事。

就这样，这一次英国之行停止了。医生们说，经过几天完全休息身体也不见一点儿好转之前，前往英国是不行的。为了使爸爸的身心得到休息，他们建议爸爸到外地去换换空气。出去换空气的建议一提出，爸爸最先想到了什莱多赫。一想到可以到曾经给予他各种美好回忆的熟悉而可爱的环境中住一些日子，他就很高兴。医生们规定，应该完全休息，不能从事脑力劳动——写作。爸爸决定将自己的一些诗歌翻译成英文，以此来消磨时间。我觉得，他热心这项工作的根源是拉姆杰·迈克德纳尔德——几个月前他来到了静修书院，当时奥吉多库马尔·丘克罗博尔迪将他翻译的爸爸的一些作品的译文给他看了。在阿侬德·库马尔沙弥和久格迪什琼德罗·巴苏的热情帮助下，这些译文在《现代评论杂志》上发表了。拉姆杰·迈克德纳尔德告诉爸爸，他很喜欢这几篇译作。

这一次回到什莱多赫，爸爸非常高兴。当时他还不明白，这一次来什莱多赫是不是他最后一次来此地。多年之后，他真的又一次来到了什莱多赫，可是只住了三四天。不过这一次什莱多赫之行他没有带任何人，他决定独自一人在办事处大楼里住几天。我从两位跟随爸爸同去的熟人那里得知，在什莱多赫居住的那些日子里，爸爸的大部分时间都是在屋顶上靠近楼梯的一个房间里度过的，那是他读书写作的地方。从这里可以看到，一边是延伸到地平线的一片金黄色的油菜花田；另一侧是宽阔的帕德玛河的白色边线；靠近河对岸的是波浪嬉戏的沙滩——细砂在阳光下熠熠闪烁着光芒。在这种平静的环境中再也没有谁来妨碍爸爸——有时只有一个婆罗门来——爸爸在很多作品里提到过他。爸爸非常喜欢聆听这位不识字的苦修者讲述宗教和哲学方面的各种箴言。

爸爸创造性生活的最好时期是在什莱多赫度过的。对所有那些岁月的回忆，长期患病后所获得的一种悠闲的欢乐以及与那位毗湿奴苦修者的秘密交谈——所有这一切，当然有利于爸爸选择和翻译诗歌。很多人都以为，英文版的《吉檀迦利》就是那本同名的孟加拉文诗歌的翻译，实际上根本不是。当然，其中大部分诗歌是取自孟加拉文的《吉檀迦利》——可是除了那本书外，爸爸还从另外几本书中选取一些诗歌进行翻译。我觉得，简洁的语言和深沉的暗示相结合的翻译风格最令人惊奇。我总的印象是，在英文的译作中反映了爸爸当时的心境——所有这些诗歌绝不是简单地翻译，而是在什莱多赫土地上重新创作的结果。爸爸从什莱多赫回来的时候，他的健康状况改善了一些。我们想再一次努力带他前往英国。这一次努力的结果是，1912年5月29日我们乘坐p.and.o的一艘轮船从孟买出发，前往英国。

以前，我从美国回国的途中的确曾经在英国和欧洲其他几个国家住过一些时间，但是我对那些国家的了解是很有限的。对于我妻子普罗蒂玛来说，这是第一次出国。可是我们俩作为爸爸这次出国的陪伴者，是完全缺乏经验的。这个问题变得更加复杂化了，还是因为圣蒂尼克坦的一个男学生与我们一起同行，我们作为他的监护人。他的目的地是哈尔瓦尔德——他的愿望是在那里的大学获得高等教育。这个男生是个完全稚嫩的静修院学校的学生，对西方的习俗规矩是完全无知的，带着他我们是要担一定风险的。在静修院光脚行走已成为习惯，穿鞋对他来说是不必要的、多余的——经常可以看到他光着脚在一等舱的甲板上走来走去。这个可怜的人凭借他的简单智商知道,用叉子可以叉东西,用刀子可以切东西。右手上既然有五个手指,为什么在吃东西的时候还要拿刀叉呢?对此他是无法理解的。一天下午,我们都坐在甲板的椅子上打瞌睡,就在这时候这个少年激动地走进来。他用东孟加拉语很低的声音传递了一个消息,听了之后,普罗蒂玛满脸红到了耳朵根,而我却惊得说不出话来。这件事情其实也没有什么,爸爸喜欢吃芒果,所以我们就从孟买城买了一篮子芒果,放到了爸爸的舱室里。下午舱室的门敞开着,自然芒果的香味就会飘出来。就这样,这个少年来传递了这样的消息,和我们同行的女旅客——一个洋女人小心翼翼地拿走了三四个芒果——这是他亲眼看见的。

有我们的这位笑料和我们在一起,否则,住在轮船上那么多天,就会感到很单调的。一天晚上,我们到达了伦敦。到达车站后得知,托马斯·库克已经为我们几个人在布鲁姆斯贝利区预定好了宾馆。从火车站到利物浦也有铁路,于是我们就前往布鲁姆斯贝利。这是我第一次乘坐地下铁路的列车,为了获得新的体验或者由于过重的责任,我非常小心地拿着爸爸的文件箱,可是在利物浦下车的时候我忘了把箱子拿下来。这箱子里装有爸爸翻译的英文手稿和很多需要的文件。第二天,爸爸要去罗森斯坦的家里时就寻找文件箱子,于是我才意识到,那箱子落在利物浦了。我的状态是可想而知的。我面色苍白地走进了利物浦火车站失物招领处。在那里找回了丢失的财物,我的内心里是何等快乐啊!这种心情我永远都不会忘记。有时我像做噩梦似的在想,如果由于我的粗心大意和漫不经心将《吉檀迦利》的英文手稿弄丢了,那么,后果会怎么样呢?……

我感觉,每一个外国客人凭借最初的观察,就会觉得,伦敦是不好客的城市。我们的最初感觉也是如此,我们仿佛进入了一个完全没有朋友的无欲无权的世界。伦敦是大不列颠帝国的首都,在这里有数百万的住宅——可是我总觉得，在这茫茫人海中我们仿佛是很孤独的，仿佛当地的市民都避免与我们接触，都在蔑视我们。1912年之后，我们多次去过世界各种不同的国家旅游，但是在哪里我们都没有像这一次在伦敦的体验。实际上，要真正地了解伦敦，是需要时间的。如果再一次深入地了解，即使接触灰蒙蒙的环境，也不会不喜欢伦敦的。爸爸的思想对周围的事物是很敏感的，起初在伦敦居住两周，对他来说，几乎就忍受不了了。可是这又不是爸爸第一次来伦敦——他在留学期间就曾经在伦敦住过一些时间。1890年他伙同我的二伯父和洛肯·巴利特在伦敦非常愉快地度过一个月。但是那几乎已经是史前的事了，对那些岁月的记忆已经模糊不清了，那时候的同学朋友都找不到了。除了罗森斯坦，我们再也不认识任何其他英国人了。与罗森斯坦相识也只是一年前在戈格嫩德罗哥哥的家里，只有两个小时的交谈。可是罗森斯坦却非常热情地接待了我们，他向爸爸一一介绍了他的艺术界和文学界的朋友们，他自己是怎样成为绘画艺术家的，伦敦文学界的很多著名作家都是他的好朋友。罗森斯坦时不时地为政治和文学领域一些有名的人物画像。此外，他还是一位善于交际的人，一些有情味的人士经常集聚在他的周围。如果说，爸爸有一次提到过叶芝、梅斯菲尔德、H.J.维洛斯、斯托佛尔德—布鲁克、哈德松、内文逊、伊沃林、安德罗希尔等人的名字，那么，就可以看到，他们中的某些人常常来出席罗森斯坦家里的晚餐或茶会，而且爸爸也会应邀参加。在多数时间爸爸都会应邀前往罗森斯坦的工作室。罗森斯坦在作画，而爸爸就与他为之作画的人进行交谈，经常是这样的。就这样爸爸结识了科内尔·劳伦斯，后来他就以"阿拉伯国家的劳伦斯"而著称。就在这时候，大不列颠政府要求罗森斯坦给议会大厦画几幅风景画。其中的一幅画的是瓦拉纳西城的河岸。在这幅画的前面画着一个人，此人的脸面很像圣蒂尼克坦的迦利莫洪·高士。他当时在伦敦，罗森斯坦很喜欢观赏他的侧面脸型。

在罗森斯坦家里的一次聚会上，叶芝用他那诗人饱含深情的嗓音朗诵了《吉檀迦利》英文译本的几首诗歌。出席这次聚会的有阿内斯特·里斯、埃利斯·梅内尔、亨利·内文松、埃兹拉·庞德、梅·辛克雷亚尔、查尔斯·特雷威廉、C.F.安德鲁斯等很多人。朗诵结束后，与会的所有人对于诗歌一句话也没说，就纷纷告辞走了。第二天，爸爸开始收到他们发来的热情洋溢的赞扬信。印度协会出版了《吉檀迦利》。英国的广大读者仿佛一天之内就承认爸爸是20世纪杰出的诗人。所有这些情况，现在大家都知道了。不过，在这里可以提一下，安德鲁斯听了那次朗诵，他是何等激情澎湃啊。在回忆那一天的情况时，安德鲁斯写道：

> 我和内文松沿着哈姆斯泰德·希特河边漫步。我要独自一人默默地思考这些诗的宏伟，这是我内心的希冀。我与内文松告别之后，越过了希特河，开始行走着。天空万里无云，天体上现出了微红——印度所降落的太阳仿佛触摸到伦敦的天宇。独自走着走着，我仿佛接触到了印度，这首诗多么神奇啊！在世界之海的岸边孩子们在聚会……
>
> On the seashore of endless worlds, children meet…
> On the seashore of endless worlds is the greet
> meeting of children.
>
> 就像童年听到的各种甜蜜的声音一样，这种声音使我感到非常的惊奇。直到夜深我都在开阔的天空下踱着脚步，回到家的时候已经是凌晨。
>
> 我坐在罗森斯坦客厅的一个角落里，透过那里敞开的窗子，可以看到各种灯光装饰的伦敦城。听着罗宾德罗纳特的诗歌，度过了夏季漫长的黄昏。叶芝像着了迷似的，一首接一首地朗诵着诗歌，而我们大家都听得入了迷。夜里当我告辞的时候，我的心里充满了一种无法言语的欢乐。罗宾德罗纳特那玉液琼浆般的诗

歌使我的心灵陶醉了。就像约翰·济慈阅读了查普曼翻译的《荷马史诗》的心态一样,我的状态仿佛也很像那种样子:

我仿佛是天文学家。

仿佛就像一个未知的星辰

来自远处的光//飘向遥远的目标。……

所有这些邮寄来的信件都向爸爸表示祝贺,我在这里只摘引其中的一封。写这封信的是优秀的女作家——令人尊敬的梅·辛科雷亚尔。

亲爱的泰戈尔先生:

昨天夜里,关于你的诗歌我什么话都不想说——我的心态不是这样的。对于在那种情况下的那些诗歌用习惯的方法三言两语是讲不清楚的。今天我只想谈这样一点,如果再让我听一次这首诗,那么,它的朦胧美的回声就会在我的心灵里永远鸣响。作为诗歌它不仅典雅而整体优美,而且在诗中蕴含着这样一种上帝般的抚摸,它就像突然闪烁的阳光,瞬息间我在心里感受到了它。我不知道,是否还有人用眼睛可以看到,如果觉得不可能,那么,这样一点是确切无疑的,凭借一个人的灵感并将自己的灵感强化,就是可能感受到的。

我记得,有一首诗可以与你的诗相媲美,那就是圣约翰的唯一一首诗《灵魂的黑夜》,不过,从自己内心里的感受来说,我觉得您已经超越了圣约翰和其他基督教徒的神秘主义诗人,我了解他们。可以说,这一方面在西方神秘主义文学中是缺失的。这些人都在过分地忙于眼睛可以见到的世界事务。在这些人的身上缺乏那种能够分辨生活的虚幻、深入到人的内心感受中的费心而细微的洞察品格。所以可以看到,在这些人的诗歌里缺乏典雅的激励人心的品格。至少我总是有这种感觉的。而由于这种不完美的结果，他们的作品就使人感到不满足。

昨天夜里我在您的作品里感受到了这种满足感，完全的满足感。我也不相信用英语或西方国家的其他语言能够写出这样的作品来，只有您能够用清新明快的英语清晰地将其表达出来。

在即将到来的秋天，这些诗将会以单行本的形式出版，得知这一消息，我特别高兴。

请接受我对您的敬意。此致

梅·辛科雷亚尔
1912年7月8日
艾德瓦尔德斯广场4号 科诺辛彤画室

这期间我们搬到南部科诺辛彤地区的一所公寓居住，公寓的女管家是贝尔吉亚人——两姐妹。原来住在英国人的宾馆里都在餐厅里就餐，我们都没有食欲。在我们新的住所附近克罗姆欧耶尔大街上有一所印度的学生宿舍，这里的学生们就有了跟爸爸亲近的机会，其中很多人在后来的生活中都获得了成就。这群学生中的佼佼者就是苏库马尔·拉伊，他在孟加拉文坛上是永远值得纪念的人物。

在伦敦的朋友们中间，除了罗森斯坦一家，还有哈维尔先生。一个时期哈维尔先生曾经是加尔各答艺术学校的校长和奥波宁德罗纳特的导师，从工作岗位退休之后，哈维尔没有回到他的出生地丹麦，而是来到伦敦定居。他对印度艺术具有渊博的知识，这是大家公认的。主要由于他的努力，印度学会才得以建立。根据我的记忆，他是该学会的第一任秘书。哈维尔先生成立该学会的主要目的，就是通过该学会把印度艺术传播到欧洲并使印度的画家能够找到工作。这时候一个巨大的机会来了。当时正在制订新德里的建设规划，哈维尔下定决心，要让印度的首都按照印度的建筑风格来建设，决不能让其成为东西方建筑风格的大杂烩。他通过印度学会提出了各种有利于欧洲的艺术家和具有艺术情味的人士接受他的这一计划的建议。然而，他虽然具有巨大的热情，却忘记了这样一点，英国人可是一个经商的民族。英国的建筑师埃德瓦尔德·拉提因兹先生一方聚集了很多有权势的人士。威廉·罗森斯坦等尽管对印度很热爱，但是却反对哈维尔的计划，结果印度学会发生了分歧。此后企图建立类似印度学会的一个机构也没有成功，而作为反对者的哈维尔决定与该学会断绝关系，对此甚至都没有人提出不同的意见。

此时在伦敦的知识界出现了一股尊崇阿侬德·库马尔沙弥的热潮。他对于与这样的艺术无关的事情从不轻易地进行评论。然而，他的人品比起他的学识来更具有吸引力，所以人们常常来拜访他。

另一位经常见到的人就是叶芝。在某次聚会中看到他，就觉得他与众不同。他很特殊，在人们中间他也显得孤独。他仿佛就围绕着在他周围设有这样一道围栏的边缘转悠，我就觉得，谁都不会走进他的内心世界。可是在他身上也触摸不到自私和傲慢。有一天，在客厅里我第一次见到他，就觉得他是一位难以接近的人，我本想和他说几句话，可是我却没有这样的勇气。不过，过了一段时间，当我有了很好的了解他的机会的时候，我明白了，他是位很热心的人。他当时就居住在拉瑟尔广场附近的欧瓦尔诺大街一家鞋店上面的一个房间里。迦利莫洪·高士和我很多晚上都是在叶芝的阁楼里度过的，交谈直到深夜，所有这些交谈的大部分内容是关于亡灵的归宿问题。深夜我返回科诺辛彤的路上默默地在想，叶芝仿佛不是现实世界的人，他的构想是在一个童话般的幻想王国里，他全身心地相信这个王国的存在。叶芝是属于西方国家的人——承认这个事实是困难的。

有一天，奥利瓦尔·娄兹先生来到我们所居住的公寓，他跟爸爸见面后主动做了自我介绍。像他这样一位著名的科学家，竟然与爸爸谈论起往生论来，我觉得非常有趣。当然，以前他除了研究科学，还迷恋过唯灵论。

巴尔特兰德·拉瑟尔也来了，他是没有预先打招呼，突然到来的。因为以前没有见过爸爸，所以他也和奥利瓦尔·娄兹先生一样，主动做了自我介绍。拉瑟尔说，他是从剑桥直接来伦敦的，只是想会见我爸爸，然后就开门见山地开始问爸爸："泰戈尔先生，在你看来，什么是'美'？"爸爸沉默了一会儿，然后开始慢慢地阐述他的美学观点。后来在他的 Creative Unity 一书中对此问题清晰地描述了 What is art（什么是艺术）。我说不清楚，爸爸的解释拉瑟尔是否接受了。爸爸讲述的时候他在静静地聆听着，爸爸讲完后，他就如同突然来的时候一样，也突然告辞走了。

一些新人常常来拜访爸爸。我和迦利莫洪先生是在与叶芝和埃兹拉·庞德一起聊天中度过了我们的余暇时间。庞德完全是另一类的人，可以说他是个很奇特的人。在他看来，诗歌创作是一件大事。他在诗歌创作方面抛弃了自古以来的传统路径，开辟了自己独特的道路。对此，他心里总怀有一种自豪感。在庞德的性格和行为中蕴含着一种戏剧性。尽管如此，我还是很喜欢他。他是美国穆鲁克地区的人，如果能隐瞒他的出身，他仿佛会高兴的。可是那又怎么样呢？从他的直率和热心来看，就可以明白，他不是那种英国派头的先生。庞德那时候对爸爸特别喜欢和尊敬。

在同时代的英国作家中，W. H. 赫德逊是爸爸很尊敬的一位。我记得，姐姐和我小的时候，我们的英文知识是很有限的，爸爸就从赫德逊的旅游故事中选取一部分读给我们听。在赫德逊的作品中，爸爸特别喜爱的书是 The naturalist in la palata 和 Green Mansons。罗森斯坦也像爸爸一样喜欢赫德逊。由于罗森斯坦积极主动，介绍他们两个人相识了。爸爸第一次会见赫德逊的时候，我们都不在。我们回来后爸爸向我们讲述了这位英国作家的情况，从爸爸的讲述中我们明白了，为什么在赫德逊的作品里表达了他那么强烈地热爱大自然。他非常喜爱音乐。他和他所爱的人结婚了，她演奏一手绝妙的小提琴。当她演奏小提琴的时候，他被深深地打动了。但是婚后痛心的事情发生了，他的妻子完全放弃了演奏小提琴，对此赫德逊感到非常伤心。尽管如此，他妻子长期患病卧床的时候，赫德逊仍然怀着深沉的爱年复一年地精心照料她。他把自己的爱全部倾注在一个人的身上，而且从未改变过，当时他又把这种爱倾注在大自然上——自然界森林中的生灵，在与文明人类接触过程中并没有造成污染。由于与此人的相识，爸爸对于这位具有特性的人物的尊敬大大地增强了。

有一天，梅·辛科雷亚尔邀请我们去参加一次晚餐聚会，很多著名的文学家都来了。爸爸的座位正好在巴纳尔德尔·邵的旁边，一边吃饭一边聊天。所有人都是著名的文学家，他们交谈所用的语言和内容都是很高雅的，词语上面又加修饰语，仿佛绽放出高档的词语烟花。大家都在交谈，只有巴纳尔德尔·邵不说话，于是爸爸不得不单方面地述说着。后来我听说，巴纳尔德尔·邵这样默默地只听别人讲话是很少见的。我与巴纳尔德尔·邵还见过一次面，那是在库因斯音乐厅。我们去那里欣赏著名小提琴演奏家海斐特斯作品的演奏会。音乐会结束了，我们随着人群往外走，这时候有一个人将爸爸拦住了，他站在爸爸面前说："您还记得我吗？我就是那天见过您的巴纳尔德尔·邵。"说完，他就匆匆走了。

当时正在爆发争取妇女选举权的骚乱。我发现，普罗蒂玛对此事很是热心。他经常出去参加与此运动有关的集会。有一天，已经接近深夜了，普罗蒂玛还没有回来。我们还以为，她和其他妇女由于情绪激动砸破了路边商店橱窗而被警察拘留了。最后当她回来的时候，我从她口中听到了关于巴纳尔德尔·邵的有趣故事。巴纳尔德尔·邵百分之百地支持这一次妇女运动——此种情况伦敦的所有人都知道。那一天早晨，一个不知姓名的人来到位于艾德尔斐·特拉斯的巴纳尔德尔·邵的家里，情绪非常激动——好像他再也忍受不了了。巴纳尔德尔·邵刚刚醒来，此人用激动的声音向他报告一个消息，其主要内容是，这次运动的女领导人潘克霍斯特女士被警察逮捕了，不缴纳100英镑的保释金就不会释放她。巴纳尔德尔·邵毫不犹豫地给了他100英镑。过了一些时间，搞清楚了，这原来是一场骗局，此人欺骗了巴纳尔德尔·邵。巴纳尔德尔·邵安慰自己说："他是个善于搞欺骗的人，但是应该说此人是个知识分子，至少可以证明，这个人比我巴纳尔德尔·邵勇敢。"

阿尔内斯特·里斯是爸爸的一位真诚朋友。作为图书的出版者，白天结束印刷厂的工作，在回家的路上，他经常到我们的公寓里来。他总是嘴角挂着微笑默默地走进来，悄悄地坐在爸爸身边，同爸爸讨论文学方面的各种问题。他既是一位具有不平凡判断力的学者，又是一位具有渊博文学知识的人。我们也常常前往位于戈尔达斯格林地区他的家里。楼房不大，但是有优美整洁的家具和华美的室内装饰。我们坐在与楼房比邻的花园里，一边喝着饮料，一边聆听着里斯的钢琴演奏。他满怀激情地弹奏着。里斯妻子的心灵充满友爱的情味，因此她也非常好客。他们夫妻有两个孩子——他们非常可爱而且都富有个性。里斯家的所有人都围坐在爸爸的身边，想聆听爸爸高唱《吉檀迦利》。他们都是威尔士族人，虽然很久以前就来伦敦居住了，但是其性格方面的民族特点还是非常清楚地表现出来。对音乐的喜爱是威尔士民族的特点，尽管是外国曲调，可是他们还是很喜欢爸爸唱的歌曲。里斯家的朋友瓦尔弗德·代威斯博士经常来他们家，他将爸爸的孟加拉语歌曲的曲谱用欧洲的方法记录下来，后来这位代威斯就获得了优秀歌唱家的声誉。

托马斯·斯塔吉·摩尔第一次与爸爸相识的时候，他还是个年轻诗人。在后来的生活中他并没有成为很著名的人物，只被认为是二流的诗人。可是他对韵律的感悟是非凡的，而且在选择合适的词语方面具有惊人的能力。英文版《吉檀迦利》出版之后，爸爸还有一些作品的英文译本也陆续出版了，摩尔就选择这些作品经常与爸爸进行沟通交流。他的性格也是常见的那种法国式的，绝不像英国老爷似的派头。他的妻子把《新月集》翻译成法文。夫妻俩的性格如此的平易近人，同他们很容易就建立起深厚的友谊。

在叶芝的策划下，几位艺术家和文学家在特罗卡德罗餐馆举行一次宴会，在这次聚会上，可以说结束了这一次我们的伦敦之行。很多著名的人士都出席了这次宴会。叶芝在这些人面前朗诵了选自《吉檀迦利》译文中的几首诗，而后代表各个文学团体的几位文学家赞美了爸爸的作品并向爸爸表示感谢。按照一般惯例，已恢复健康的爸爸朗读了他未曾发表过的一篇作品的译文，最后他开始唱起了他自己谱写曲调的般吉姆琼德罗的那首赞歌——"母亲，向你致敬"。当时出席宴会的所有人都从座位上站了起来，对印度的国歌表示敬意。

在 美 国

冬季已经降临伦敦，全城笼罩在灰蒙蒙的雾霾之中。十月我们就动身去美国了。爸爸要在那里感受一下一个新国家比较新颖的体验。我们劝说爸爸冬天这个季节在我以前留学的大学所在的伊利诺耶地区的阿尔巴拿城度过，爸爸同意去那里。我希望，利用这个机会可以攻读博士学位。在离我就读的学院不远处我们租了一套房子，两天内就收拾好住进去了。在新的住处安顿好之后，看到爸爸开始了他的写作，我也就放心了，看来爸爸不想频繁地搬家。这样，我也可以安心地结束我在大学里的研究工作。在美国找到一套房子居住不是一件容易的事情，对于像我妻子这样没有经验的人来说，就更加困难。幸运的是，在她的家庭生活中有两个熟人帮助了她。其中的一个是圣蒂尼克坦的原教授般吉姆·拉伊，另一个人是和我们一起乘船去英国的圣蒂尼克坦的学生绍门德罗·代博波尔曼，携带妻子的斯穆尔先生当然就不需要为我们再做什么了。

爸爸当时正在赶写一本名为 *Sadhana* 的英文书稿中几篇文章。一篇写完了，我就将其交别人打字。可是看到频繁修改的结果，还需要请人打字，要花费更多的钱。我当时买了一台小型打字机，开始自己打字。每一篇作品要打多少次，无法确定。整本书稿打完了的时候，这部书稿我几乎都能背下来了。当地一位研究合作体制的牧师先生曾经是哈尔瓦德的研究生，但是他的思想和观点与当地保守的基督教徒相比进步多了。他常常带领几个和他一起从事研究的优秀人员来，请爸爸给他们朗读他的一些作品。看到他们如此热心，爸爸就朗读了 *Sadhana* 中的几篇文章给他们听。每一篇文章仿佛都是某一天讨论的内容。

可是阿尔巴拿被称作荒凉之州——可以说那是一种乡村。本来以为爸爸在这样的地方多住一些时日会有益于他的健康的——可是怀有这样的希望竟然是错误的。爸爸开始哮喘了，我们所熟悉的征兆很快出现了。所有的文章都写完了，文章的内容都是印度精神世界方面的深奥的箴言。爸爸为将这种印度心灵奥秘方面的箴言传播到西方世界而感到心里有些忐忑不安。这期间一个机会来了，一个名为 The federation of religious liberals 的组织要在罗彻斯塔尔城举办一个研讨会，从那里给爸爸发来了邀请。在美国种族冲突发生之后，爸爸发表的这次演讲深受听众们的喜欢。这次研讨会期间，爸爸会见了德国哲学博士鲁道尔弗·奥肯，他从遥远的德国赶来参加罗彻斯塔尔的研讨会，爸爸在罗彻斯塔尔的大部分时间都是在与奥肯的交谈中度过的。

此后各个大学开始给爸爸发来邀请函。爸爸要在芝加哥大学发表演讲，为了替爸爸安排住处，我提前去了芝加哥。在那里，我第一次会见了威廉·冯·莫迪女士。莫迪女士特别热情地邀请爸爸去她家做客，她请我们在芝加哥停留期间住在她的家里。从第一次见面开始，我们就与莫迪女士建立起了亲密友好的关系，直到她去世前这种关系从未中断过。经过亲密交往我们得知，她不仅对爸爸，而且对很多有名的无名的人士及艺术家都以诚相待，她的家是吸引外国来访者的一个目标。

在芝加哥发来邀请后，从哈瓦德和纽约又给爸爸发来邀请函，请他去发表演讲。我明白了，现在我们应该离开阿尔巴拿了。我的命运里注定就不该获得博士学位，因此我感到很遗憾，当然我不能说。

1913年4月中旬，我们离开美国又回到英国，又过了一些日子之后，9月4日我们登船起航驶向返回祖国的方向。

几 个 事 件

　　爸爸一辈子都喜欢旅游。他年纪很小的时候就不喜欢长期待在家里，当时他经常在国内漫游。他还两次去过英国——当然时间都比较短。他第一次去英国早在我出生之前。他第二次去英国是在1890年，当时我还是个很小的娃娃。后来爸爸又一次去欧洲和这一次去美国，都由我和妻子陪同。据我回忆，1912年、1920年、1924年、1926年和1930年，都是我们陪同他去国外旅游的。1932年他前往伊朗和美索不达米亚旅游的时候是乘坐飞机走的天路——那一次是由普罗蒂玛陪伴他，因为我生病而没能去。爸爸还不止一次带领其他人前往远东、北美洲和南美洲旅游。那一次他去俄罗斯，我们都没能陪同他前往。

　　1912年去英国旅游期间，他的英文版《吉檀迦利》发表，因而获得诺贝尔奖，这是值得纪念的。此后爸爸于1920年前往欧洲，那是在第一次世界大战爆发不久。1920和1921年——这两年我们几乎游历了欧洲每一个国家，并且在美国度过了漫长的冬季。在这两年来，我们如此深切地认识了外部世界，这种认识是从来没有过的。由于战争，全世界都遭到了如此巨大的破坏——当时应该让整个文明世界永远记住这一点。而现在西方凝视着东方在想，或许，能够从东方的地平线上看见曙光；在这种曙光照耀下，他们又会开始重新走上一条光明之路。正是在这一时刻，爸爸来到西方世界。西方人觉得，爸爸的出现仿佛就像光明的祝福一样。他们从爸爸带来的东方箴言中仿佛看到了崭新希望的征兆。英国人和法国人不善于表达情感，但是爸爸在这两个国家受到的尊敬和爱戴，也是令人惊讶的。中欧和北欧的人们几乎把爸爸当作天神了，对他的崇拜简直超过了天神。人们成群结队地来到群众聚会的场所或火车站，只是为了看一眼穿着长袍的爸爸。这时候爸爸的书如此地畅销，这是以前从来没有过的。在德国，爸爸的书销售了数十万册。原来存在银行里的版税款，他们应要求频频地寄来了，在德国马克贬值前我们想将其兑换成印度卢比。我们到达德国的时候，只存有数十万马克，兑换成印度货币超不过一万卢比。和我们一起去欧洲的一个孟买的商人建议我们说，带这么一点儿钱怎么行呢？用银行的存款兑换成英镑要好得多。如果再等几天，马克一定会增值。在实现他的这个好建议三四天之前，从银行寄来一封这样的信：以爸爸名义在银行所存的那笔款，其价值已经增加了几十个百分点，可是他们将账号冻结了。短短几天内，爸爸竟然成了百万富翁。

我们当时正在法国南部。我们要在卡普马尔坦—阿洛贝亚尔坎风景优美的皮拉住几个星期——做了这样的决定。从意大利刚刚回来的一位法国女朋友那里听到一个非常有趣的故事。这位女朋友正在作画，她去过意大利的里皮耶拉地区。她在那里靠近海边的一个渔村转悠的时候曾经看见，一个渔民在阳光下晾晒渔网，坐在船影下的沙滩上阅读一本书。她非常好奇，于是就走过去，问这个人这样聚精会神地读什么书。此人很兴奋，他说："您以为我在读一本无价值的故事书吧！请看我手里拿着什么书——是泰戈尔的作品《邮局》！"

我们从一个印度军官的口中也听到过一个类似的故事。世界大战期间，他带领印度一些军人挤坐在火车里向欧洲的某地进发。中途他们的列车停下来的时候，一群姑娘登上了车厢，她们带来了一篮子礼物，里面装着水果和鲜花。列车开动了，她们高声喊道："我们这些礼物是送给泰戈尔家乡人们的！"第一次世界大战结束的那天，宣布了停止战争。我听说，法国的总理乔治·克列孟梭那一天晚上把孔代斯·德·诺亚伊叫来，聆听了他亲口朗诵的《吉檀迦利》中的几首诗。

但是最激动人心的是一封信。年轻诗人威弗利德·奥文在战争中过早地死亡了，他母亲在他死亡后写了这封信。我将此信列在下面：

尊敬的罗宾德罗纳特先生：

从我听说您来到伦敦的那一天起，我每天都想给您写信。今天我写这封信是想把我的心里话告诉您。我不知道这封信是否能够送到您的手里，因为我不知道您的地址。不过，我觉得，在信封上写上您的名字就足够了。两年前的今天，我那个非常可爱的大儿子前往法国去参加战争了。那一次离别是最后一次离别。动身之前他来向我告别。我们娘俩望着前线的方向，中间的大海之水在阳光下熠熠闪着亮光，即将离别的痛苦让我们心碎。我的那位诗人儿子当时在自己心里想起了您写的那几行动人的诗歌，于是就背诵起来：

离去的那一天他仿佛说了

　　这样一句话——我走了。

我看见的一切，我得到的一切

　　是无与伦比的。

当他的那本袖珍书被送回到我身边的时候，我看到他亲笔写的这几句话，下面写上了您的名字。如果您觉得可以的话，您能否告诉我在哪本书里可以找到完整的这首诗？

这场焚毁一切的战争停止的前一周，我心中最亲爱的人在战场上献出了生命。在宣布停止战争的那一天，这一可怕的不幸消息传到了我们这里。几天之后，我儿子的一个小本诗集将会出版，在这本书里汇集有他写的有关战争内容的诗歌。大多数人都平静而安逸地生活在安全的国家里，而对于那些在战争中承受无尽痛苦的人们，甚至牺牲了生命的人们，没有任何怜悯和同情。一想到这一点，亲爱的，我的内心里就感到非常的悲痛。战争对于任何一方都没有任何益处。对此他毫不怀疑，但是他的诗歌对于自己的痛苦一句话都没有提到过。那些爱他的人们是唯一能够理解的，他内心里的痛苦是何等深重啊！如果不是这样的话，他就不可能写出这样的诗来。死的时候他的年龄才只有25岁。他是个英俊的虔诚笃信上帝的人。他自己的生活是美好而幸福的。当上帝把他带走的时候，也是因为对他怀有爱啊——对此我是不会抱怨的。我的这颗母亲之心，经常向上帝多次祈求。上帝是满怀爱意的，如果他能很好地明白母亲的心愿，那么，他就能够把孩子送回母亲的怀抱。然而，我还是俯首遵从上帝的法则。不管我还能在这世界存在多少天，我都不会有任何抱怨，我会默然地消度时光。为了使我们获得解脱，那位赋予我们人形的上帝为我们创造一个不朽的世界，在那里我会再一次见到我的威弗利德。我开始写这封信的时候，我并没有想写这么多话，这封信写得太长了，请您原谅我。如果您能阅读我儿子的诗歌，我会感到非常高兴的。恰托和乌因达斯两个人秋天将会出版这本书的。如果您同意，我会寄给您一本的。

请接受我对您的深厚敬意。此致

威弗利德·奥文的母亲
苏健·H.奥文
1920年8月1日
斯鲁久贝里

爸爸在外国的时候获得了这样的尊敬和爱戴。在这种发自内心的无数尊敬面前，我的心灵仿佛也不由自主地肃然起敬了。

旅 游 日 记

翻阅旧日记的时候，我发现1920年爸爸那次国外之行期间发生的很多事件，我都记录在我的日记里了。当然，这一切都是匆匆记录下来的。不过，我觉得，那些关心爸爸的人们阅读这些记录，大概是不会有反感的。

1920年5月15日

吃过早饭后，接近上午10点半的时候，我们就动身前往轮船码头。我们动身这件事没有让更多人知道，只有基迪莫洪·森来为我们送行。中午我们登上了轮船，轮船起锚已经是将近下午5点了。这艘轮船这么大，会感觉怎么样呢？人住在上面觉得很宽敞。

5月16日

轮船上有几位很特殊的人物——奥洛瓦尔的大公、阿伽·汗、克里木帕伊先生、吉吉帕伊先生、诺奥纳格尔的糖果店老板罗诺吉特·辛吉（罗诺吉），还有其他很多人。除了这几个人之外，其余的乘客都是一般的普通人。感到困惑的是，这种人数量太多。整个船上熙熙攘攘——这么多的人，我很不喜欢。我看到，爸爸很喜欢与阿伽·汗和大公交谈。交谈时阿伽·汗常常背诵波斯诗人哈菲兹的语录。两个人在讨论苏菲派的思想。我很喜欢糖果店的老板先生——他是位朴实坦诚而面带笑容的人。

6月5日

　　从马赛到普利茅斯，没有发生什么值得提及的事件。我们本以为在普利茅斯只有凯达罗·达斯古谱多来迎接我们。当看到皮尔逊先生和他一起在等待我们的时候，我们感到有点儿惊奇。罗森斯坦带领全家人来帕丁顿火车站迎接我们，他把我们接到曼松斯的凯纳辛彤宫，在那里为我们订了一套住房。看了一下这套房子，就觉得住在这里会很舒服的。

　　吃过午饭，罗森斯坦又来了。他和爸爸交谈了很久，爸爸向他打听了一些老朋友的情况，讨论了印度和英国最近的形势。两个人一起回忆了1913年那个夏天的许多往事。

6月6日

　　皮尔逊也和我们住在一起。今天一整天都有客人来。上午罗森斯坦带着他的女儿们来了。他同爸爸谈论着当今世界艺术家、文学家和知识分子的使命。在那些贪婪王权的王族后人盗窃别人财富的国家里，社会上的有识之士知道此情后难道还会与政府合作吗？明白了，罗森斯坦是主张合作的。如果国家发出了帮助国家建设事业的号召，那么，有识之士们又怎么能不响应呢？实际上，为社会服务的思想已经如此深深地植根于现代人的心里，谁明白这一点，谁就会有一种获得感。此外，如果能够特别审视艺术家们的情况，那么，就可以看到，只依靠一小撮富人，他们的生活手段不可能得到保证。为了振兴精美艺术而花费无数的资金，即使是富人也会一天天感到困难的。可是除了在国内为人民服务，艺术家再也没有别的出路。爸爸谈到，别的行业不说，至少在艺术家的创作领域是需要完全自由的。用各种禁令限制艺术家，就会使艺术家畏首畏尾。作为例子，爸爸举出印度东方艺术协会，并说，由于官方的直接干预，就对艺术家的思想乃至他们的创作施加了影响，这对艺术家来说，可能不是有益的。罗森斯坦说，障碍的存在对艺术家来说并非总是坏事。相反，艺术创作的内容如果对艺术家的爱好完全不放弃施加影响，那么，就会产生不好的结果——这样的情况还不曾有过。由于受到宗教的影响，意大利的艺术家们所展现出来的成就是特别值得提及的。另一方面，所谓的"艺术家的自由"也不会在所有的时间都能孕育出美好的成果来。看一下"自由主义"艺术家，就可以明白这一点。

今天下午，我与弗朗科·代松先生在格里尼奇主神庙里度过很多时光。代松这个人很简朴、率直，不尚浮华，也从不炫耀，从不高声喧哗，总是默默做事。他的环境就是这样的一个中心——然而，他所做的工作并不少，其重要性也不小。代松的前辈都是卓越的天文学家，而他本人就是牛顿这座主神庙建造者。看到这里的环境，就仿佛觉得，几代人都在不停地为建设这座庙宇在做着一项伟大的工程。不久前发生了日全食，其结果就是证明了爱因斯坦的相对论——弗朗科·代松先生向我们展示了那次日全食的照片。

6月17日

这几天来由于忙东忙西，就没有写日记。当然，我们几乎每天都与罗森斯坦一家人见面，爸爸几乎每天都去他家。当然，现在较之以前我们住在哈姆斯泰德的时候走动的次数也频繁得多。前往罗森斯坦家有一个很大的好处和吸引力，那就是在那里爸爸可以会见以前认识的很多老朋友。

今天爸爸前往印度办事处去会见曼特古和辛赫爵士。爸爸对曼特古所讲述的主要内容是这样的：成熟的印度人都不希望采用那种残酷的惩罚，希望对那些罪恶行径给予惩罚，应该让英国人谴责这种文明社会所深恶痛绝的坏政策。印度的统治制度仿佛是由机器执行的，这种制度中缺乏触动人心的成分。在印度居民看来，这种事件是最令人痛心的。迦提亚瓦尔王族虽然坚决反对，可是那个地区的黄牛水牛还是被运往遥远的巴西了——爸爸提到了此事件作为一个例证。由于缺少牛奶，迦提亚瓦尔的数千孩子都被饿死了——政府对这方面根本不予理会。曼特古先生说，关于旁遮普所遭受的压迫，他与爸爸的看法是一致的。但是又能怎么办呢？他自己根本就没有按照自己意愿行动的机会和自由。他还说，他正在努力设法使政府行政机构内部发生一些变化，以便在将来不会再发生类似贾利扬瓦拉公园那样的事件。①

午饭后，苏尼迪库马尔·丘多巴泰来了，还带来了俄国画家尼古拉·罗耶里科和他的两个学生。罗耶里科带来了一本他的画册给爸爸看——罗耶里科的朋友们为庆祝他的生日印制了这本画册。画册里的画作非常精美，这些画作中的每一件在西方绘画艺术中都是难以见到的。爸爸看了后非常喜欢。罗耶里科的一个学生在伦敦学习梵语，另一个学生在学习建筑学。9月罗耶里科要携带一家人去印度。他们这几位都是非常好的人——简朴、率直，不做作。英国先生们身上的那种高傲冷漠的派头，在他们身上是绝对没有的。如果能与他们更深入地交流，我们会很高兴的。

6月27日

今天中午爸爸同科内尔·劳伦斯共进午餐，爸爸很喜欢他。劳伦斯说，由于英国政府的背信弃义，是否前往阿拉伯国家，他感到犹豫不决。他毫无保留地讲述了阿拉伯人的种种情况——他

---

① 1919年4月13日，英国士兵在雷克斯·戴尔将军的指挥下向在阿姆利则城贾利扬瓦拉公园举行抗议的人民群众开枪扫射，当场打死379人，打伤1208人。这次事件被称为阿姆利则惨案，又叫贾利扬瓦拉公园事件。

现在以何脸面去见阿拉伯人呢？我默默地在想，当劳伦斯第一次去阿拉伯国家的时候，他只是牛津大学一名年轻的研究生。在很短的时间他就征服了阿拉伯人的心，并且成为他们的领导者。他组建了一支英勇善战的军队，并且带领这支军队把奥斯曼土耳其人赶出了阿拉伯国家。他如此融入那个国家的民众之中，那里的民众把劳伦斯当作自己人。如果再坚持一下，阿拉伯人很可能会把他扶上国王的宝座。劳伦斯的生活确实是浪漫的——如此浪漫的生活在这个世纪再也见不到了。爸爸对他说，西方人的内心里隐藏着一种令人讨厌的习惯。印度人的本性尽管长期接触过这种不同的性格，可是他们还是没有学会统治者们那种野兽般的残暴。劳伦斯说，制服英国人的最好办法就是，他们用多少力量打击你们，你们就用双倍的力量反击他们。只有用这种方法，才能使他们醒悟。英国人只承认在力量上超过他们的人为兄弟。

6月

上周四为欢迎爸爸东方学会在凯科斯彤大厦举办了一个大会，会场中座无虚席。主持大会的是查尔斯·罗巴特斯——他曾经是曼特古之前的印度局秘书。罗巴特斯发表了长篇讲话，尽管多数人都没有听。尔后塔布斯先生用自己那作曲家的声调朗诵了爸爸的四首诗。他的嗓音很高亢，可是用歌的曲调如此准确地表达了诗的情感，这是我们没有料到的，歌的声调很像歌剧的曲调。在这次聚会上斯维尔·彤黛珂朗诵了劳伦斯·维尼扬专门创作的一首长诗。前不久他在舞台上演出的《特洛伊卫门》和《米迪亚》戏剧中扮演了悲剧主人公的角色，因而获得了特殊的赞誉。听了他那动人而美妙的朗诵，我们都非常感动。爸爸发表了一个简短的优美动听的答谢词，受到了大家的热情赞美。从大厅出来的时候，阿内斯特·里斯对我说，大会所有节目中爸爸的讲话最为动人。为表达对大会主持人的谢忱，普本德罗纳特·巴苏先生不能不简短地讲一讲印度的政治形势，他那高涨的激情充分地表达了出来。在他的讲话中表达了真实的感受，所以这种激情不能不受到人们的敬重。奥洛瓦尔和乔洛瓦尔土邦的两位大公、阿内斯特·里斯、吉洛巴特·马雷、劳伦斯·维尼扬、克里斯那戈宾多·古普多，还有很多其他著名人士都出席了这次欢迎会。在这里还会见了杜贝人，这些人现在住在布莱彤附近一个农业区，他们邀请我们去他们那里。很多人都聚集在路边——人们都在等待着爸爸上车的时候希望能见到他。

查尔斯·罗巴特斯邀请我们去参加中午的宴会，在那里我们见到了罗巴特·瑟斯尔勋爵和吉洛巴特·马雷。宴会结束之后，爸爸单独会见了瑟斯尔勋爵，和他长时间讨论了印度的政治形势。瑟斯尔一开始就表示，他对于这些事情完全不了解情况，但是他很愿意从爸爸这里了解这一切。爸爸讲述了全部情况，并且表达了自己对曼特古的行政管理改革失败的看法。瑟斯尔先生说："可是您忘记了一个事实——我们只有很少的英国人住在印度。我们相信，为了印度的幸福，我们这些极少数人才担负起管理印度的责任。可是为了这些少数英国人的安全不出问题，我们应该采取相应的措施。"爸爸回答说："你们没有与印度人民融为一体，而是单独建立一个群体，使自己脱离了当地人民，为了自卫的需要就不能不使用残酷的暴力，因此就呈现出国王与臣民那样的一种危机的局面。"瑟斯尔不想陷入更激烈的争论中，听完爸爸的论述就匆匆离去了。吉洛巴特·马雷说，他准备提供各方面的帮助。爸爸对他解释说，他以及像他一样的居于思想界领导地位的几个英国人，如果大家能够一起签署并发表一个公开声明，反对在行政事务中非法地使用残忍的暴力，那么，可能就会产生很好的道德影响力。吉洛巴特·马雷承诺，在这种事情上他会尽一切努力去做的。他认为,这种工作大概不会很困难。

星期一,我们一起前往剑桥了——罗巴特斯·佳耶女士发来了邀请。爸爸和皮尔逊一起乘坐一点半的火车去的,我们是下午去的。那一天是剑桥大学举行学位授予仪式,很多来宾来自外地。安达尔逊教授来车站迎接,现在他仿佛苍老了很多。因为在大学找到下榻处很困难,于是我们就在一个名为"布卢波尔"的宾馆住了下来。第二天整个上午,爸爸都是在同安达尔逊先生讨论孟加拉语诗歌韵律与法语诗歌韵律相类似的问题中度过的。

爸爸与洛兹·迪金逊共进午餐,凯因斯教授也来了。看到他,就仿佛觉得他就像大学某一位热心肠的、聪明的年轻学生一样,甚至都不敢相信他在经济学领域所获得的世界性的声誉。声誉并没有使他发生任何变化。迪金逊在金斯大学的居住之地是非常优美的。在漫游东方各国期间,他搜集各种精美的锦缎刺绣作品,他还带回来运用中国方法所绘制的绘画作品,他用所有这些作品将他的各个房间精心地装饰起来。爸爸和他讨论了印度的政治局势、在远东和美国的旅游、印度的宗教和哲学、中国的艺术等等。迪金逊有一个特别的愿望,就是将印度哲学中那些核心理论都翻译出来发表,以满足西方读者的需要。爸爸说,到目前为止西方学者们翻译出版的只是其中的一部分,他们对语言和创作风格方面很少关注。除此之外,他们还没有准确地进入到印度哲学的核心部位,结果所有这些已经翻译的部分也不是最好的读本。

7月20日

星期六下午,爸爸带领皮尔逊去了皮塔斯菲尔德,准备在穆鲁赫德姐妹的家里住上个把星期。斯塔吉·摩尔也住在附近。我们还没去过那里,因为这么多人去皮塔斯菲尔德,住的地方就不够了。

今天下午我们去会见叶芝夫妇。我们不知道他们的地址。罗森斯坦说，他们住在埃兹久拉·庞德的那套住宅里，于是我们就前往我们所熟悉的贾尔焦瓦克10号。到达那里才知道，庞德已经换了住所。寻找了一番，最后发现，叶芝夫妇现在就住在我们住所附近的贾尔焦大街。罗森斯坦找到了他的家。罗森斯坦和我们一起坐了一会儿就走了。叶芝和以前一样，没有什么明显的变化。他们夫妻俩刚从美国回来，没有几天——叶芝去美国是为了发表演讲。他说，在爸爸现代的作品中，他最喜欢的是《生活的回忆》和《家庭与世界》的译本。他认为，《生活的回忆》如果再多写几年时间就更好，因为现在爸爸最吸引人的作品都已经出版了，而且他已经从平静的生活中走出来，逐渐走进了社会。他还说，《家庭与世界》中所反映出的那些问题，与当代爱尔兰的社会问题好像有很多相似之处。他问道，《家庭与世界》在我们国家是否引起过争吵。如果爱尔兰的某个作家写了这样的一部长篇小说，一定会引起争论的，对此他毫不怀疑。

星期五吃过晚饭之后，罗森斯坦邀请我们去他家里做客。迪利普库马尔·拉伊为大家唱了几首印度歌曲。在这次聚会上，这次来英国后爸爸第一次会见叶芝。应叶芝的请求，爸爸唱了《吉檀迦利》中的几首歌。首先叶芝用他那固有的深沉声调朗诵了英文的译文，随后爸爸吟唱了孟加拉原文歌曲。

今天爸爸与霍雷斯·普兰克特在梅耶亚尔区的住宅里进行了长时间的谈话，皮尔逊和我都在场。交谈的主要内容是爱尔兰的合作化运动。霍雷斯先生是位不善言谈的人，但是他所讲的一切都是他30年来在爱尔兰农村改革工作的亲身体验。他以及和他一起共事的人都是有理想的现实主义者。他把他的很多梦想都变成了现实——他做出的成绩是不少的。他说，一开始他们也犯过不少错误，但是这也是一种学习的过程。现在他可以明确地说，不论做什么事情，如果不犯一些错误，就不可能获得理想的结果。但是作为习惯，合作的方法是没有任何缺点的——对此他是坚信不疑的。假如从一开始就有机会做事，那么，他就可以确切地说，不论用什么方法做事情，也不论在哪里做什么，都会遇到障碍的。他说，印度的情况与西部爱尔兰地区有很多相似之处。由于身体不好，作为工业委员会的成员，他不能去印度，对此他深表遗憾。作为合作化政策的奠基人，他还谈到，在经济领域人与人之间是能够进行这样合作的，但在宗教领域，看来这样的合作就不可能。我们告诉他我们打算去丹麦的计划。他说，在爱尔兰开始做这项工作的时候，他也模仿了丹麦的成熟做法。从合作方面看，丹麦的环境与爱尔兰相比有很多有利的条件，所以丹麦的那些成熟的方法对爱尔兰并非都是适用的。他认为，印度可以从爱尔兰的实例中吸收一些从丹麦不可能吸取的教训。在什么地方会遇到什么样的障碍，如何克服这些障碍——这是可以吸取教训的。在爱尔兰会有更多的学习机会。在他看来，首先对于时间、地点、对象和人民群众的真正需要应该有清醒的认识，然后应该制订一个特别的工作计划，这样，一项工作才会取得成绩。工作中也会有失误。然后他对爸爸说，应该去爱尔兰转一转。我们觉得，等气候好的时候，而且政治局势也向好的方面发展的时候再去。

星期四中午，爸爸应邀去科尔托妮女士家里吃午饭，在那里爸爸同《当代评论》杂志的编辑古奇和斯多尼·韦伯及其妻子进行了交谈。爸爸很喜欢古奇先生。印度的苦行者和托钵僧阶层的人士不从事体力劳动，只消耗社会的粮食——韦伯夫人表达了这样的一些观点。爸爸当然严肃地反驳了她的这些议论。

8月4日

7月的最后一周是在戏剧演出中度过的。策划这次演出的是一个叫作"东方和西方协会"的组织。不久前"祭祀奉献愉悦社"翻译出版了爸爸的剧本，这次演出的就是这些戏剧。还是在这个机构的组织策划下，爸爸做了一次关于孟加拉巴乌尔之歌的演讲。我们所有人都对这次演出给予了或多或少的帮助。爸爸定期出席排练现场并给予指导，普罗蒂玛和我承担起化妆和服饰的任务。这次演出安排在威戈莫大厅，舞台的布置非常简朴——后面是深蓝色的幕布，几盆花，两边是聚光灯，没有布置脚灯。演出很成功。在每部戏剧演出之前，萨罗吉妮·奈都[①]对剧情都做了简短的介绍。在间歇的时候，阿侬德·库马尔大师的妻子爱丽丝给大家演唱了歌曲。曲调虽然有点儿陈旧，但是她的嗓音非常好，所以大家都在用心地聆听。幕布拉开之前，爸爸朗诵了《人民的意志——主宰者》那首孟加拉语原文诗和英语的译文。为了创造适合剧情的环境气氛，安排了无声的情节表演，作为每部戏剧的序幕。例如，《云发和天乘》演出一开始就可以看到，导师坐在静修林里，他的弟子们围坐在他的周围读书，静修园的姑娘们在提着水桶给树木浇水。学习结束了，古鲁高声念起了咒语。大家都走了出去，云发进来与天乘相见。天乘当时正在编扎花环，等等。这种舞台序幕的创造是爸爸第一次想出来的。参加静修林那一场演出的人员中有穆库尔·代、尼齐尔·乔杜里和科林玲霍法家的两姐妹。遗憾的是，在凯达尔·达什古谱多组织这次演出的时候，大多数懂得情味的人都去伦敦城外度假了。不过凡是进入大厅里的人，都会喜欢这场演出的。在演出的第二天安排爸爸讲演，为听爸爸讲演而买票的人比观看演出的人还多。

几天前，爸爸在罗森斯坦家里会见了马德莫亚杰尔·阿朗伊

[①] 萨罗吉妮·奈都（1879—1949），印度著名的民族诗人，同时又是一位杰出的女政治家。

(Mill. D'Aranyi)。那一天罗森斯坦把迪利波库马尔·拉伊叫来，请他唱了印度斯坦的歌曲，爸爸也唱了三四首歌。马德莫亚杰尔很动情地聆听了爸爸的演唱，然后她邀请爸爸去焦洛萨，她要在那里给爸爸演奏小提琴。这是几天来她心里一直默默怀有的一个愿望。从焦洛萨回来后，爸爸非常高兴——从来都没有见过他如此的高兴。马德莫亚杰尔演奏得非常好——她以前从来都没有如此绝妙地演奏过。爸爸说，这好像是他第一次听懂了欧洲的音乐，而且听了后那么开心！作为小提琴演奏家，马德莫亚杰尔具有惊人的演奏技巧——可是如果内心没有强烈欲望或来自外部的鼓舞，她的手就放不开。那天晚上，她的手真的放开了。她不仅是位演奏家，而且还是一位与众不同的人——她那孩子般的朴实率直的性格与内心的深沉巧妙地融为一体了。爸爸和罗森斯坦两个人完全陶醉了。第二天晚上，罗森斯坦把马德莫亚杰尔请到他家里来演奏，我们都去了。那一天她好像有点儿疲惫。她说，今天不是她一个人演奏，而是和她的妹妹一起演奏。听着她们姐妹两个人的合奏，感到妙极了。但还是不能与昨天夜里的演奏相比。爸爸也看出了这一点。她的这位妹妹嫁给了一个希腊人，他的名字叫法奇里，是个很好的人。这两姐妹是匈牙利著名的作曲家焦亚奇姆的侄女。在后来的一周里，我们应邀去她们家里喝过茶，感情迅速加深了——她们的性情温馨，她们的心灵朴实。如果不存在社会障碍，人与人之间的融洽相处该多么容易啊！多维教授也来喝茶了。他演奏了巴赫和海登的一些作品，还讲解了曲调的一些细节。他认为，爸爸的一些歌的曲调与海登的乐曲很相近，但是不同于西方任何作曲家。然后他们所有人一起演奏了布拉姆斯的一首优美的乐曲——钢琴、两把小提琴、一把大提琴一起合奏。我们与两姐妹相处如此的融洽，所以我们自己也感到很快活。

挪威之行遭遇的波折

　　1920年，世界大战刚结束，欧洲当时还没有恢复到正常状态，各个国家之间仍然存在惊恐和怀疑，警察和密探当时还是遍布四周。我们抵达英国的时候，那里就处于这样一种状态。当时好多国家都给爸爸发来了邀请函。1913年年底宣布授予爸爸诺贝尔奖，按照惯例，诺贝尔评奖委员会应该邀请爸爸到瑞典来亲自领奖。但是因为停战没过几天，邀请爸爸前去安全没有保证。这一次来到欧洲之后，当瑞典又发来邀请时，就不能不回应了，于是就决定爸爸先去瑞典。陪同爸爸前往的有爸爸的私人秘书威利·皮尔逊，还有一个来自孟买的名叫波马诺吉的波斯绅士、普罗蒂玛和我。这期间一个新来的女人也加入了我们的队伍——队伍里人多了，爸爸很高兴，因为爸爸喜欢人多。欧洲一位著名的东方学专家向我们介绍并推荐了这个女人。我们已经知道，此人虽然是个学者，但她对政治特别感兴趣。可是我们一点儿都不了解，她还是作为某个政府部门的代理人从事某种活动。欧洲大陆的女人们都有一种与生俱来的能力，她们能使自己很快适应任何环境。这个女人近两天来不停地走动，就全然成为我们家里的人了。看到她对东方国家的哲学很感兴趣，爸爸是很高兴的。听说我们计划要去瑞典，这个女人就说，她跟斯堪的纳维亚国家的很多人都有过友好的交往。她还说，她可以自费去做我们的向导。这样，如果她能够为诗人做一点儿事情或服务，那么，她和她的国人就会觉得很有意义。我们很清楚地意识到，摆脱这个女人已不可能了。她立即写起信来，并且开始制订去瑞典旅游的详细计划。她既有工作能力，性格又和蔼可亲——皮尔逊和我就可以喘口气了。于是决定，我们准备从纽贺文港（Nyuhaven）乘船穿过北海，在挪威的卑尔根港下船，从那里直接去斯德哥尔摩。我陪同爸爸去国外旅游的时候，购买船票车票的事情都由我负责，而且都在最后时刻才敲定。这一次我也在开船几天前去托马斯·库克的办事处购买了船票。卖票的那位职员这期间已经跟我很熟悉了，他提醒我说，我爸爸随时都会改变主意的。他来送票的时候摇晃着食指笑着说："但愿这一次不会退票了。"

当我回到南肯辛顿的住宅时，我随身要带的护照、船票和贴好标签的行李都已准备好了。在返回来的路上，我从波马诺吉那里听到一个令人吃惊的故事——这是他刚刚从他的一个瑞典按摩师那里听到的。当然，在这个故事里也没有什么新鲜的内容，波马诺吉所讲述的这个故事，如同在参战国几乎可以经常听到的国际间谍活动的各种故事一样。可是当喧嚣声平静下来的时候，才知道，这个故事的女主人公和我们的向导是同一个人。皮尔逊气得火冒三丈。他直接去见那个女人，用十分清晰的语言简短地讲述了听来的故事。这个事件对爸爸的影响却是另一种样子——他说，一切计划统统取消，明天上午安排去巴黎。对于爸爸这样迅速地改变主意，我从很久之前就已经习惯了。几个小时前售票员送的船票，又被退回去了。购买船票的全额票款的确都退回来了，但是作为托马斯·库克公司的老客户，我的信誉却大大地降低了。

第二天晚上，我们到达了巴黎。两三天后，从卑尔根的报纸上剪下来的一堆材料送到我的手里。我认真地浏览了这些剪报材料。头版用大字标题报道了我们抵达卑尔根的消息，甚至还配发了爸爸等一行人下船的照片！这是现代报纸何等惊人的造假呀！这些虚假的报道都是那个女人以我的名义发出去的，当然她会偷偷大笑的。

巴 黎 日 记

1920 年 8 月 7 日

星期六晚上，V. M. C. A. 查特吉带领我们去大剧院看歌剧《浮士德》，这部歌剧爸爸非常喜欢。如此绝美的歌剧，我们在英国和在美国都没有看到过。如果剧本不好，爸爸肯定会不满意的。可以确信，《浮士德》爸爸肯定是喜欢的。曾经有那么一天，为观看歌剧《贝伽斯》，我们陪伴爸爸去了伦敦，并没有什么差错！听那些爱挑剔的人们不断地赞美那部歌剧，所以绍金·森就想带我们去一个剧院，我们说那就去看歌剧《贝伽斯》吧，爸爸像往常一样表示同意。可是演出一开始，我们就意识到，他会很失望的。歌剧的情节、编排、艺术、音乐、表演——所有这一切仿佛都给视觉一种压抑感，哪里还有欢乐的情味，哪里还有文学吸引力，哪里还有艺术性呢？第二场结束后爸爸就感到疲惫和厌恶了，于是就和皮尔逊离开了剧场。为了不使绍金·森感到尴尬，我们一直坚持看完。来看歌剧《贝伽斯》是我们提出来的，根本没有理由怪这个可怜的人。最后一场实在看不下去了，我觉得，爸爸要是在场，一定会生气的。建立在英国衰败文学基础上的这种陈腐的东西企图在那个时代获得价值，这对我们来说是无法接受的。对此，人们还会有多少激情呵？实际上，世界大战结束之后，在英国出现了一种强烈的民族自豪感情绪——这出歌剧就是这种情绪的表达。歌剧，剧院，歌唱，音乐——由于在所有这一切方面多少都有外国的影响并承认其主导地位，所以他们都高昂着头走路。因此，才可以看到，只有在英国才有为所创作这种真正属于本国的歌剧来喝彩和热烈鼓掌的高涨企图。

1920 年 8 月 8 日巴黎

星期天下午，我们带着向导苏提尔·鲁德罗，乘坐出租车去了奥杜尔·杜曼德（园林协会）的宾馆，该宾馆位于凯杜卡特尔·塞普丹布尔布朗·苏尔塞因区 9 号。这个地方是远离巴黎中心的地区，位于博亚·布龙的外面。这座房子是在喧嚣而昏暗的房舍后面，它四周的风景使我们心旷神怡。爸爸说，离开自己家乡后，这次仿佛是第一次踏入了自己的家门。奥杜尔·杜曼德协会的秘书曼希亚·伽尼耶当时不在宾馆，但是在那里倒没遇到什么不方便之处。一位叫劳伦斯的人接待了我们并为我们安排了住处。他是一位服务周到的好人。在他的关心照料下，我们过得特别开心。为了接待奥杜尔·杜曼德协会的会员们，这里的房主人曼希亚·坎搬离了这栋楼房。他自己住在附近的楼房里。这座楼房的三层有两个房间是安排著名外国客人和曼希亚·坎先生所接待的学者居住。在二层有一间漂亮的图书室——藏有各种旅游故事和各个国家情况的书籍。协会秘书也住在二层的一个房间里。底层有起居室和餐厅，后面是长廊，直通花园。那座花园太美了。花园与曼希亚·坎所居住的楼房毗邻。星期天该协会的会员们都会来花园里散步——当然这座花园时刻都对我们开放。曲径通幽处，让我们回忆起比雷尼吉山区的美景。人工创造出的蜿蜒起伏的美景，使我们想起了崇山峻岭高地平原。山上有一片稠密的槟榔树林，地面上四处散布着巨大的怪石。我听说，这部分树木和怪石真的是从比雷尼吉山区运来的。透过这一侧密林的缝隙，可以看到下面平展的高原，中间还有一个小巧的莲花湖。突然见到这种景象，就会感到很惊奇的。穿过树林，步入平原，就看到了完全按照法国风格布置的一个小花园和果园。这些果树都很奇特，各种各样，弯弯曲曲，千奇百怪，所有的树枝上都挂有诱人的果子。花园中间有一个美丽的透明的玻璃小屋。不远处还有一个水池——水池岸边分布着巨大的怪石和石洞。不远处还有一个奇怪的建筑——穿过蒙古风格的大门，是一座日本式的花园，在这里建有从日本运来的茶室、寺庙和佛塔。树木都是短粗的，树枝弯弯曲曲，形状各异。从日本进口的一些陶瓷盆里栽种着盆景，有的盆景的年龄至少有一百年。两位日本花匠四年来不停地劳作，才建起了这座花园。毫无疑问，他们在日本也曾经完美地建设过这样美丽的花园。奥杜尔·杜曼德协会的整个大楼和院落里的建筑都毗连着花园——参观者看到都会感到惊奇。但是更让人感到惊奇的，是该协会的缔造者和主人曼希亚·坎。他是一位财神爷式的银行家兼商人，在财富世界他具有国际声誉，但是他的生活极其简朴——酒肉一点儿都不沾，他所赚的钱大部分用于人民福利方面的开销。他资助学术研究的钱财涵盖全世界。每年很多学者用这笔款项在世界漫游，研究各国的宗教、经济和社会制度，他的成绩都有记载。除了学者们，还有一群人手拿相机去各国拍摄电影和彩色照片，他们的工作还包括对各国习惯、自然风光、古代遗迹和现代建筑的研究。曼希亚·坎的观念是，将所有这些资料和影像汇集在一起，进行研究，就可以明白，人类走过了怎样的道路，这种道路的最终目标是什么。我不能确切理解，这怎么可能呢。但是此人是一位真正的理想主义者，对此是不容置疑的。看来，他会从眼睛所看到的过去历史中观察到一种东西。如今他在耐心地等待，一旦获得足够的证据，他就会做出一个决定。他对自己的祖国怀有无限的希望和热情。他的观点是，各种相互对立的思想可以并存，这样的国家世界上只有一个，那就是法国。巴黎的诱惑是无限的。由于没有禁忌限制，这里的生活是简朴的、自由的。有些人可能超越这种诱惑，他们才是真正的英雄——至少曼希亚·坎的看法是这样的。曼希亚能讲英语，不过，讲着讲着，他就会激动起来，于是就讲得不够流利了。心里有想法，但是嘴里却说不出来——在这种情况下，他就会显得如此的不安，于是他就不得不用表情手势来表达。有一天下午，他决定把他的生活秘密讲给爸爸听。此前，大概除了贝尔贡斯，他没有对任何人讲过。这个秘密是这样的，他出生在一个笃信宗教的犹太人家庭，他的祖父是宗教的精神导师。"坎"这个姓氏实际上就是犹太教精神导师们的名字。当他追随着自己的命运来到巴黎的时候，他在宗教行为方面完全是个犹太教徒。后来由于自己的努力，他挣到了很多钱，于是就建立了自己的信仰。以前由于迷信他看重了生活中一些东西，如今根据理性标准对其进行一一审视，结果发现，其中大部分都是无用的，因此都被他放弃了。尽管如此，还是存在着一些问题，通过理性思辨还有解决不了的问题，于是心里就会动摇。作为例证，曼希亚·坎讲述另一个事件。一天晚上，他在法国南部的门侗城自己的皮拉尔花园里独自散步，那里的自然环境无与伦比——美极了。他的膝盖仿佛不由自主地弯曲了，他凝视着天空问自己，生活的极终真谛是什么呢？突然，仿佛帷幕从他眼前拉开了，他仿佛直接看到那极终的真谛。他看见了什么呢，无法用语言描述。这样一种从未有过的体验，只能感悟，无法表述。

我们几乎每天都与卡波雷斯两姐妹见面。安德蕾来为爸爸画像，她的小妹妹苏嘉诺是西洛樊·雷威的学生，她在加尔各答大学留学时被誉为"萨拉斯瓦蒂"的美称。苏嘉诺常来是为了将爸爸新写的诗歌翻译成法语。爸爸把自己的诗歌翻译成英文，苏嘉诺将译稿放在自己的笔记本里，然后将其翻译成自己的母语——法语。她们就住在附近这个地区的一套住宅里，从印度搜集来的各种古代珍贵的艺术品也都放在那里。在她们的这个家里，爸爸常常与曼希亚·戈卢比乌、费诺教授和哈尔瓦尔德的教授詹姆斯·乌德斯及其妻子交谈。在今年的11月，戈卢比乌和费诺要去印度支那、柬埔寨参加考古发掘工作。我们对他们俩说，返回印度的途中我们也可能去柬埔寨转一转。一天下午，戈卢比乌邀请我们去参观一个名叫"穆杰·吉美"的收藏馆。上星期六，即8月14日，我们应邀去参观了上述收藏馆。他用幻灯向我们介绍了他的考古收藏品中印度的一些雕像和建筑艺术展品。他说，下周二如果我再去他那里，他会送给我们静修院学校一些我喜欢的幻灯片。

西洛樊·雷威一周内两天来爸爸的住处。他是一位非常好的人——既简朴率直，又很热心。学生们都很敬重他。雷威建议，10月如果爸爸再返回法国，他就会安排爸爸在绍尔般大学发表演讲。爸爸特别请求雷威先生、坎先生等很多人在法国和印度之间建立思想方面相互交流的机制。在印度，西方文化的唯一载体就是英国文学——现在我们对于欧洲文化还没有正确的了解。现在欧洲文明对东方文明还抱有成见，因为它同东方文明的交流很少。在这方面由于偏离了基督的理想，所以在欧洲文明中才出现了失衡。在这种情况下，如果欧洲不了解东方国家的宗教和理想，那么，其结果将会是很不好的。爸爸说，如果东西方之间进行学者交流，那么，这个问题就会解决。

我们到达奥杜尔·杜曼德协会的第二天，雷布伦教授就来会见爸爸。他对爸爸特别敬仰，读过爸爸的所有作品，还将《园丁集》一书翻译成法语的韵律体诗。他还特别想翻译爸爸的一些其他作品。那一天，他还带来他的年轻妻子。我听说，他们的结合是在浪漫的环境中实现的——其中好像还有爸爸诗歌的多方相助。由于两个人都喜欢爸爸的诗歌，所以彼此之间就产生了互相迷恋之情。在弗佘教授身上也出现了这种情况。弗佘夫人写了一篇有关爸爸诗歌的论文，她知道弗佘教授对于印度很热心，于是就拿着这篇论文去给他看，由于这种交往的结果，他们俩最终缔结了姻缘纽带。

爸爸为翻译自己的作品正在寻找比较好的法语作家。由于某种原因，他的很多作品至今都未能翻译成法语。大家都说，作为出版者，与纽维尔·雷夫·弗兰塞合作是合适的，因为他们已经出版过《吉檀迦利》和《园丁集》两本书的法语译本。

在欧洲其他地方

我们作为曼希亚·坎的客人，在奥杜尔·杜曼德协会住了好多天。曼希亚·坎的好客是众所周知的，甚至没有哪一天的午餐会或晚餐会上不与著名的作家或艺术家见面。爸爸不止一次同安丽·贝戈斯会面交谈。苏提尔·鲁德罗先生在当时的期刊《当代评论》上报道过这样的会面，苏提尔·鲁德罗出席了那次会面。后来我听说，这种家庭式的对话不经她的同意就发表了，因此安丽·贝戈斯有点儿生气。法国人不怎么讲英语。从这一方面来看，与贝戈斯交谈，爸爸却很满意。贝戈斯讲英语，几乎就像讲母语一样——还有什么她不能的呢，贝戈斯的母亲就是苏格兰人。不过，她是使用英语来这里读书的——直到现在。

孔代斯·德·布里曼是法国著名的一位女诗人。她常来听爸爸朗读刚翻译成英文的孟加拉语诗歌。有时她还很感兴趣地聆听孟加拉原文的朗诵，她想把爸爸创作的一些作品翻译成法语，所以她想通过聆听爸爸朗诵孟加拉语诗歌深入到原著的情感之中。还有一位比她更著名的女诗人也常来——她的名字叫孔代斯·德·诺亚伊。她特别敬仰曼希亚·坎。有一天曼希亚·坎带她来见我爸爸。她那熠熠闪光的个性瞬息间使我们着迷了。她具有充沛的生命力，总是毫不犹豫地表达自己的情感并且喜欢幻想，她是一位无可挑剔的法国人——处于青春期的她，当然会令许多男士着迷倾倒。离别之前，孔代斯对我爸爸说，她来是想征服东方诗人的心，可是会见我爸爸并与之交谈后，她的所有傲慢都灰飞烟灭了。如今她是怀着崇敬的心情告辞回去的。

几年前卡尔波雷斯的两个妹妹去印度的时候，我们开始与她们相识。大妹妹安德蕾从事绘画，在巴黎的知识界当时已经很出名了，小妹妹苏嘉诺是学习梵语的学生。她们对我爸爸无比崇敬，我们在法国的那些日子里，她们几乎总是陪伴在我们的身边。我妻子成为安德蕾的亲密朋友，直到安德蕾逝世（1956年11月安德蕾逝世）我们与她一直保持着友谊。我们与巴黎艺术界的交往也都是通过安德蕾的介绍。由于政治和经济领域后来历经过很多阶段，巴黎的生活现在发生了很多变化。但是我现在讲的是那样的时期，当时巴黎的面貌是另一种样子。可以说，巴黎是那个时候欧洲的文化首都。那里的气候仿佛依然如故，思想界和艺术界的那种蛮横傲慢举动也已经疲惫，大家都热衷于享受生活的情味。安德蕾向我们介绍了这种多姿多彩的巴黎生活。在绘画艺术界印象派和后印象派艺术家们此时开始了一个崭新的时代。当时巴黎到处都在谈论着塞简、马内、雷诺亚、戈甘、潘·戈格、罗丹等人的作品——首都到处吹拂着思想对立的风暴，所有这类艺术家的作品当时都无权进入在政府支持下所举办的画展。为了展现这个新的艺术群体的作品，安德蕾有一天带领我们前往位于普拉斯·德·玛德胡同的一家画店。我觉得，这就是印象派和后印象派画家们的很多作品第一次集中地展览。看了所有这些作品，我们都完全惊呆了。我自己特别喜欢潘·戈格的画作，我对这位疯狂的艺术家至今都很尊敬。

西洛樊·雷威教授及其妻子当时很热情地邀请我们去他们家里做客。他们住在位于哈尔和贾丹·德·普兰特附近的一套住宅里，周围的环境不太理想。但是进入这个家之后，外部世界仿佛完全躲藏起来了。在那里内在的环境中，由于雷威夫人母亲般的关心照顾，他们的这套住宅仿佛就成了我们自己的家。雷威教授作为东方学专家，当时在欧洲赢得了特殊的声誉。尽管他是伟大的学者，可那又怎么样呢？在社会交往方面，在开玩笑方面，能与他相比的人是很少的。学生们都把他当作导师一样来加以崇拜。导师和弟子这种亲密的关系使我们想起了印度的静修林。借助这次交往的机会，爸爸建议雷威教授前往印度参加圣蒂尼克坦的工作，于是决定邀请雷威作为第一位外国教授前往圣蒂尼克坦。

与法国文坛的两位伟大驭手会面，爸爸特别开心，他们就是安德蕾·吉德和罗曼·罗兰。几年前，安德蕾·吉德将《吉檀迦利》翻译成法语，可是尽管如此，当时爸爸不曾与他谋面。阅读罗曼·罗兰的书，爸爸还以为，这个人和他属于同一种类型，可是一直没有谋面相识。应该说这是一件怪事。当爸爸表达希望与罗曼·罗兰会面的时候，我们的法国朋友呈现出这样的一种表情，仿佛他们没有听见似的。实际上，罗曼·罗兰对于战败的德国表示同情，所以在法国他是被抛弃和被厌恶的人。虽然我们确切知道，罗曼·罗兰当时就在法国，可是谁都不想告诉我们有关他的信息。经过多方努力，打听到他的地址。有一天，我去会见他。罗曼·罗兰住在一栋出租楼的最上层的一套房子里。沿着不太宽的楼梯向上攀登很多台阶后，才到达这套住宅的门旁。此前我从未见过罗曼·罗兰，也没见过他的照片。我按了一下门铃，一位瘦弱的小学老师模样的中年人开了门，我一看也不知道他本人就是罗曼·罗兰。我听说过罗曼·罗兰的名字，也读过的作品，在我的想象中他的相貌与我面前的实际形象不符。倒是真见面了，可是口里怎么没有一句话啊？我明白了，罗曼·罗兰一句英语也不会讲，而我也不会讲法语。知道语言不起作用，就不得不立即启用肢体语言来表达了。

几年之后，我们才与罗曼·罗兰进行了很好的交谈——当时他结束了巴黎的工作，去瑞士定居了。

我们第一次与安德蕾·吉德会面更加美好。一天早晨，我与普罗蒂玛、安德蕾一起出去散步。我们的这位女朋友用手指着后面波亚·杜·布龙的边缘一座现代风格的奇特大楼方向说："安德蕾·吉德就住在这座大楼里。"同时她又说，安德蕾·吉德是位性格古怪的人，而且他很不喜欢客人去他家。我们决定试一次看看。我们按响了门铃，但是没有任何反应。我们正准备回去，这时候房门打开了，从没见过的景象——一个穿着宽松礼服的人出现了！我们目瞪口呆地望着这个逃跑的形象，他一蹦越过两个台阶，消失在家里隐秘的黑暗中了。安德蕾告诉我们，安德蕾·吉德是个非常害羞的人，所以他才有这种惊人的举动。

还有一个值得怀念的人，我们同她第一次见面是在巴黎城。她就是塞妮欧拉·维多利亚·奥坎波。当然，那次见面不是在1920年，而是在6年之后。她作为诗人、作家和对艺术的赞助者，在她的祖国阿根廷是很著名的。她的声誉已经传播到遥远的巴黎，因为她几乎每年都来巴黎旅游。很多人被她那贵族式的举止和温馨的气质所吸引。她来的时候，根本不埋睬礼节习俗，直接去见爸爸。她对爸爸十分尊敬——如此地关爱，为了满足爸爸微小的任性要求，没有什么事情是她不能做的。由于她那怪异的性格，常常出现复杂的问题。1924年应秘鲁的邀请，爸爸前往秘鲁参加秘鲁独立一百周年庆典，当时由于塞妮欧拉·奥坎波的阻止，取消了秘鲁之行。她认为，拖着患病的身体翻越安第斯山，前往秘鲁，爸爸会受不了的。于是她就把爸爸留下来，将其安置在布宜诺斯艾利斯郊外的塞尼瓦尔乡村别墅里。后来当然我们知道了，她对爸爸病情的担心是没有根据的。可是这样一来怎么样呢？秘鲁的邀请就因此泡汤了，这样的安排使得阿根廷和秘鲁之间的政治思想疏远了。爸爸稍稍恢复了健康后，每天都坐在一把他喜爱的安乐椅上。爸爸返回欧洲的时间临近了，两三天后轮船就要驶离布宜诺斯艾利斯港了。塞妮欧拉·奥坎波决定给爸爸预定两个舱室，而且她要亲自布置那两个舱室。缺少的东西都备齐了，可是当她说要把那把爸爸喜欢的安乐椅也让他带走时，轮船公司的主人们都表示反对，因为那把椅子太大，无法搬进舱室。塞妮欧拉·奥坎波晓得怎样说服船长。最后她让人拆下合页，卸掉舱室门，把椅子放进去，才停止折腾。这把椅子就成为"碧久娅"（这名字是爸爸给塞妮欧拉·奥坎波起的爱称）对爸爸表达敬爱的见证，如今摆放在圣蒂尼克坦的泰戈尔纪念馆里。

1930年爸爸再次来巴黎的时候，带来了他的一些绘画作品。看了爸爸的画作，几位巴黎的艺术家请爸爸办一次画展。从了解到的消息得知，可以说，在巴黎城里很快举办画展是不可能的。通常习惯的做法就是，如果想举办画展，需要提前几年就得张罗。爸爸给塞妮欧拉·奥坎波发去了电报，请她来帮忙。接到电报后，塞妮欧拉·奥坎波就赶来了。用现代人的眼光看，也许会觉得即使有她帮助，筹办一个展览也并非易事。租到了"代阿特尔·比伽尔"画廊，并且通过报纸开始适时地进行宣传这次画展。几天之后，就在爸爸生日临近的那一天，画展揭幕了。我们的法国朋友们最初都不敢相信，经过如此短暂的几天努力，在巴黎城就能举办这样一个绘画展览。

让我们再回到以前的话题吧。世界大战结束后，从法国直接到德国去，还是不容易。我们是经过荷兰前往那里的。在荷兰，爸爸会见了翻译爸爸书籍的译者弗雷德里克·潘·艾登博士。潘·艾登是位怀有理想的人，但是看到世界大战那惨无人道的野蛮性，他对人的信心泯灭了。他与我们见面的时候，正忙于建设一座静修院式的建筑。他的愿望是，让那些怀有伟大理想的人们住在这座静修院里，不过他们的生活应该是简朴的，而不应该是奢华的。实际上，可以看到，正是由于怀有崇高理想的人们才喜欢住在静修院里。毋庸赘言，潘·艾登的静修院也如同很多其他类似的理想主义者的美好愿望一样，在残酷的自私心态的袭击下破产了。

爸爸在德国所受到的欢迎是无与伦比的。我们最喜欢的城市是达莫施塔特，在那里我们住了一周。我们是作为赫普塞·格兰德·迪吴克的客人，住在达莫施塔特的。因为格兰德·迪吴克与凯嘉罗和维多利亚女王是亲戚，所以格兰德·迪吴克才受到普通人的尊敬——这种猜测是不对的。他之所以能够征服普通人的心灵，是因为他同人民群众很容易打成一片，而且他的性格温柔。革命之后，人民对他的爱戴一点儿也没有减弱。格兰德·迪吴克给我们讲述了一个有趣的故事：革命开始的那一天，一大群革命者站在他的宫门前，开始大声喧闹。怎么回事？大概是革命者们想占领他的宫殿。是真的吗？那太好了。他打开宫门，对大家说："请进来吧，吃点东西吧！"这群人的领头者是迪吴克的理发师，在他的领导下这群人闯进了酒库。他们喝了大量酒之后，征得迪吴克允许，把他的所有汽车都开出去，然后他们坐上汽车，像疯子一样在全城兜风。晚上一切激烈举动都平静下来——迪吴克并没有离开他的宫殿。

我们在达莫施塔特暂住的一周时间里，爸爸没有任何固定的日常应酬计划。既没有欢迎仪式，也没有什么集会。这几天王宫的花园一直对所有人开放。上午和下午都有一些人聚集在花园里，爸爸常常来到花园，与他们交谈。康特·赫尔曼·凯贾罗玲负责爸爸在达莫施塔特的一切活动，他还是爸爸花园聚会的翻译。他对这项工作的能力是非凡的，而爸爸一个小时又一个小时不知疲倦地谈论着各种哲学的理论问题。人群中有时会有人提出各种问题，爸爸也尽力对于所有问题说明了自己的观点。遗憾的是，所有这些谈话的记录都没有保存下来。如果有这样一个记录，那么，大家也会知道，一般德国人对战后德国的各种问题的观点是什么，爸爸对生活和哲学方面很多问题的看法和想法是什么。

凯嘉罗家族的好几个人那时候都住在格兰德·迪吴克的王宫里。凯嘉罗的孩子中除了一个年轻的王子，其余都住在那里。有一天，凯嘉罗的二儿子抓住我，他要去见我爸爸并想借此机会同爸爸交谈。来到爸爸身边，他完全崩溃了，简直就像孩子一样，开始哭起来。一个铁石心肠的德国人竟然能如此激动，这是出乎我的意料之外的。会见之后，他赠送给我爸爸一个特殊的彩色花瓶，并且说，这个花瓶就是他内心情感的闪光。我得到的礼物是一个香烟盒——上面刻着霍亨素伦王朝的徽号。

星期天迪吴克和康特·凯贾罗玲带我们乘车出去游逛，我们在一个公园前面下了汽车。休息日，那里聚集了很多人，我们也融入他们中间。在一个小丘上有一条石凳子,那是座位。过了一会儿,在小丘下面一个斜坡上,来公园里的人们围成一个圈儿,谁要是想讲点什么,那就先主动唱一首歌。大概有一个小时,就这样一支歌接一支歌地唱着。至少那里聚集了两千来人,没有谁不唱,也不用指定,然后两千来人踏着节拍齐声唱起歌来,充分地抒发了情感。在德国之外,出现这样一种场面是不可想象的。这是一种发自人民群众内心的充分而温馨的激情表达——爸爸很喜欢。当我们离开达莫施塔特的时候,就觉得我们也离开了这些可爱的人们。

再一次来德国时那是过境,因为爸爸要去瑞典。除此之外,无限期地不理睬诺贝尔评奖委员会的邀请,也是不礼貌的,所以爸爸不得不前往。在欧洲诸多美丽的城市中斯德哥尔摩是另一种样子,在这里的几天我们很愉快。在这里举行的宴会上爸爸见到了很多作家,他们作品的译本爸爸曾经读过。瑞典国王亲自主持了这次宴会,塞尔马·拉格洛弗(Selma Lagerlof)致欢迎辞。爸爸坐在这两个人的中间。斯堪的纳维亚的名流、科学家、作家、艺术家、思想家等很多人都出席了宴会。他们中我特别记得名字的有:科卢特·哈姆逊、比欧诺尔逊、斯文·赫丁和约翰·波耶尔。我就坐在诺贝尔评奖委员会的秘书身边,他对着我的耳朵讲了一个有趣的故事——这件事是发生在给科卢特·哈姆逊授奖的那一次会上。宴会桌子上既摆有食品,又摆有饮料,各种酒类都有。科卢特·哈姆逊出生在农村,他父亲的职业是农民,他特别喜欢喝酒。对哈姆逊的获奖词宣读完了,现在该轮到哈姆逊致答谢词了。哈姆逊在哪里呢?他的座位是空的。当时哈姆逊醉得很厉害,正倒在桌子下面,塞尔马·拉格洛弗想扶他坐起来,但没能成功。可是哈姆逊对于这次瑞典之行并没有感到有什么不体面。

我们很早就与旅行家斯文·赫丁相识了。他是一位喜欢突然到处旅游的人,他将所有国家都当成自己的国家。他是一位世界旅行家,爸爸很喜欢阅读他的游记。这一次会见使爸爸更加喜欢他这个人了,我们同他很容易建立起了友谊。英国人对他没有好感，一个时期曾经尊重他的人都与他反目了，因此赫丁当时对英国人特别痛恨。从年龄上看，我觉得他很小，但思想却很活跃。他告诉我们，他还要前往东亚一些难以行走的地区。

瑞典的内政部长有一天会见爸爸的时候说，爸爸如果想去德国，瑞典政府可以安排一架海军飞机送他。爸爸很喜欢这个建议，于是开始了乘坐飞机的准备。斯文·赫丁来与爸爸告别时得知这一消息，他很不安，并且把我拉到无人处，提醒我要小心，并让我使爸爸摆脱志愿陷入的危险。他说，毫无疑问，他是热爱自己的国家的，但是鉴于瑞典的气候爸爸要乘坐飞机去柏林——绝对不行。是啊，如果是德国飞行员，那就另当别论了。那时候乘坐飞机旅游还不像今天这样平常。赫丁亲自给内政部长打电话，表达了自己的担心，结果我们就改乘火车和游船了。

回到德国后，爸爸又到德国北部几个地方去演讲，然后我们到达德国南部的慕尼黑城。如此美丽的城市，我从来还没有见过。翻译出版爸爸书的库尔特·沃尔弗邀请我们去他家做客，爸爸与这位出版者开始就工作事宜进行交谈。借此机会，我们出去参观了画廊和博物馆。我们去过或经过德国的大部分城市，但是，其他城市都无法与巴瓦利亚省会——这座慕尼黑小城相比。看到慕尼黑城的市容，我们都惊呆了。希特勒当时正在拉拢自己的弟子信徒，忙于建立他的社会民主党。那时候，谁都没有重视希特勒。这个希特勒后来成为历史上一个臭名昭著的人——有一天我们慕尼黑的朋友们带我去了一个地方，我记得，他们给我看了一个高台子，希特勒和他的信徒们每天都在那里聚会。

有一天，一个奥地利女人来见我爸爸。她说，她直接从维也纳来请爸爸到那里去做讲演。我们当时已经决定要返回巴黎。当时这个女人固执地坚持，直到我们同意她才肯离去。她说，如果战后的世界上某一个国家达到了最不幸的程度，那么，这个国家就是奥地利。去德国不管多么需要，但是与之相比，爸爸最需要去的地方是奥地利。看到他们的不幸，爸爸会给予他们安慰的。不需要别的什么，只需要爸爸通过讲演给予他们祝福。她说，维也纳人是贫穷，但是为了能亲眼看到诗人，为了能聆听诗人几句话，他们也高兴，即使一周不吃饭也要为诗人祝福募捐。我们不是直接去维也纳，而是经过布拉格前往维也纳的。爸爸曾经对捷克人许诺，要去他们国家看一看。此外，爸爸对文特尔尼特塞教授甚为敬重，希望能与他见一次面。数百年来，波西米亚遭受过来自外族蹂躏的巨大痛苦。《凡尔赛合约》签订后，由于威尔逊总统的善意，他们第一次获得了独立。他们当时欣喜若狂。正是在这个时候，爸爸来到了布拉格，捷克人因此就更加兴高采烈。他们为爸爸的捷克斯洛伐克之行做了很好的安排，马萨里克总统委托文特尔尼特塞教授和雷斯尼博士全权负责接待工作。此前马萨里克在卡普·马尔丹曾经会见过爸爸。就这样，我们与欧洲两位著名的东方学专家进行了交谈，而且正是由于这种交谈的结果，应爸爸的邀请，这两个人后来参加了圣蒂尼克坦的工作。每天爸爸都接到很多邀请。有一天，大学分别发来了两份邀请函——地址是大学，同一天，一份是上午发来的，另一份是下午发来的。一开始我们觉得有点奇怪，后来才知道，波西米亚处在德国统治的时期德国人在布拉格建立了一所国立大学。文特尔尼特塞教授就是这所大学的教授。国家独立之后，很多人就认为，德国人建立的这所大学是外国人统治的象征，他们就想为捷克人再另外建立一所民族大学。但是在战后的布拉格城像大学这样高大建筑物，就只有这一所大学了。于是决定：在上午它是国立大学，在下午它是民族大学。两所教育机构都有自己的教授和学生。就这样，在上午文特尔尼特塞教授代表国立大学欢迎我们，在下午雷斯尼博士代表捷克大学欢迎我们。欢迎大会结束后，我们返回宾馆，我好像觉得我们走错了路。对于布拉格街道码头，我大致是有印象的。汽车突然停在了马路中间，司机告诉我们，发动机出了点故障，大概需要三四分钟才能修好。司机的话还没有讲完，一个人就走了过来，并且说，旁边就是他的商店，到那里等一会儿吧，诗人坐在车里不太合适，等等。这个人强行把我们带入他的照相馆。我觉得这个人有点面熟。我一下子想起来了，他就是那个请求拍摄爸爸照片而几乎令我讨厌的那个摄影师。当时每一次我都拒绝了他的要求，肯定是他实在没有别的办法了，才跟我们车的司机做出了这样的一个决定。不管怎么说，都不该使用这种不道德的方法呀。好在他倒没有借机做什么坏事。在三四分钟内他拍了很多照片。他的几个助手手里都拿着拍照底版，不断给他换底版。爸爸有那么多好照片，大都是在布拉格由他拍摄的。

我们在布拉格住了一些时间，在教授和朋友们的善意关照下，我们仿佛觉得不是住在国外。离开文特尔尼特塞、雷斯尼和好客的捷克其他朋友，我们的心情都很难过。此外，布拉格城实在太美了，四周围分布着悠久的建筑和城堡——从建筑学方面来看，这些建筑是无与伦比的。但是维也纳在向我们招手呼唤。维也纳也有一种独特的美，可是在战后的维也纳普通人的境况是很凄惨的。在布拉格我们看到，人们的心情都沉浸在从未见过的品尝到独立的喜悦之中。经过几个小时的路程，就抵达了维也纳。我们看到，城里的多数人都在半饥半饱中打发时光——人们的心情都抑郁寡欢。当时欧洲到处都是这种景象——哪里还有愉悦，哪里还有悲愁啊！越过一个国家的边界，进入另一个国家，一次又一次看到的景象都是这样的凄惨。我们从法国进入荷兰的时候，当时发生的一件事，使我终生难忘。去德国是否能获得批准，当时还不能确定，但是爸爸很想会见马亚尔·本斐教授和他的妻子。因为他们把爸爸的一些作品已经翻译成德语。爸爸给他们写信说，希望他们能从汉堡到荷兰的一个乡村来与爸爸见面。我们作为潘·艾根女士的客人，要在农村住几天。马亚尔·本斐教授及其妻子夜里到了。第二天早餐的时候，在餐桌旁我们同他们见面了。身材瘦弱的这对夫妻默默地坐在餐桌旁。餐桌上摆满了食物——各种水果、面包、黄油、奶酪、鸡蛋、肉食，还有很多其他东西。他们好像有点儿难为情，甚至都没有碰一下这些食物。过了一会儿，他们的双眼开始簌簌地流出泪水来。这样丰富的食品，五年来他们还是第一次见到，可是荷兰和德国彼此是最近的邻国。在哈布斯堡王国时期，维也纳是个充满欢乐的城市。看来，战后这座城市过早地衰败了。不论朝哪方面看，成群的男男女女都骨瘦如柴，他们身上穿的衣服都破破烂烂。尽管如此，他们对艺术的兴趣一点儿也没有减弱。有更多的了解后，我们感到很惊讶。去剧院看戏、欣赏音乐、去看歌剧演出或参加讲演会的人很多。即使少吃一顿饭，这些人也会毫不犹豫地去购买这类演出的门票。

当时正在上演瓦格纳尔的歌剧《金格老师》，我们告诉爸爸要带他去看这部歌剧。陪同我们从布拉格一起来的文特尔尼特塞教授，在演出间隙给我们讲解了歌剧的情节和歌词的含义。对印度人来说，总觉得西方歌曲仿佛很奇怪——在这之前我大概都不真正理解欧洲的歌曲。看来，《金格老师》是瓦格纳尔最难理解的一部歌剧。但是文特尔尼特塞进行如此美妙的讲解，我觉得我们已经能够从中领会到很多情味了。当歌剧演完的时候，我们仿佛觉得有些头晕目眩了。有一点我难以理解，西方的歌曲只是在不知疲惫地表达激情。这种歌曲的最终目的仿佛就是将各种情感的所有情味都淋漓尽致地展现在观众面前。由于那位奥地利女人的热情邀请，我们来到了维也纳。她实现了自己的诺言，爸爸发表了几次演讲，她给予了丰厚的报酬。但是爸爸将这些钱都退给了她，并且对她说，请用这钱给维也纳饥饿的孩子们买些食品吧。后来我听说，爸爸奉献的这份厚礼深深地触动了奥地利居民的心灵。

意大利之行

应墨索里尼的邀请，爸爸的意大利之行在国内外引起了种种不同的反响。最初决定，普罗山多琼德罗·莫赫兰比什及其妻子陪同爸爸同行。到最后时刻，爸爸指示，普罗蒂玛和我以及我们的女儿依蒂妮同他一起前往意大利。不过这个旅游团扩大了，墨索里尼任命卡洛·弗米克教授负责安排我们这次旅行。弗米克此前在圣蒂尼克坦做过几年教学工作，因此，我们和他很熟悉，他是位极好的人。到达那不勒斯后我们受到他的热烈欢迎，这给我们心里带来了一种轻松感，于是萌生了希望，大概，这一次可以摆脱意大利政府的计划安排。但是怀有这样的希望是没有理由的，从后来发生的一件事就可以明白这一点。

雷纳德·埃尔姆赫斯特从英国来看我。两年前爸爸访问阿根廷的时候，同他一起度过一段时光，这位朝气蓬勃的青年对爸爸怀有特别的尊爱之情，爸爸在意大利见到雷纳德·埃尔姆赫斯特非常高兴。爸爸笑着说，这位英国先生会成为墨索里尼的真正防备者，而且雷纳德·埃尔姆赫斯特一直陪伴着我们。他们是用专列从那不勒斯港把我们接到罗马的。雷纳德急忙取来了行李，他还要去购买车票。这时候弗米克几乎是推推搡搡把我们送进了包厢，同时他就让火车很快开动了——没有感到任何难为情。我探出头来看雷纳德是否来了。火车开始加速，几乎就要离开站台了——这时候雷纳德匆匆赶来，尽管弗米克坚决禁止，他还是跳上了最后一节车厢。从这个事件雷纳德明白了，他的到来意大利当局是不喜欢的，过了几天他就走了。

爸爸这次意大利之行到处受到了官方的欢迎，有关这方面的情况就不必说了，我更想说一说今天很多人会感兴趣的一些小事件。

我们在罗马停留期间，当局安排了爸爸与新闻报纸代表的几次会见。在几次集会上，爸爸发表讲话。不知为什么莫赫兰比什教授和我都怀疑，报刊不能对爸爸的讲话做正确的报道。我们的老朋友安德蕾·卡佩雷斯这时候携带她刚结婚的瑞典丈夫来到意大利。她想让自己的丈夫了解一下意大利这个国家并借此机会与我们会面。安德蕾懂得意大利语，从她那里得知，我们的怀疑不是没有根据的。这期间我们也努力学习了一点儿意大利语。但是仅依靠那么一点儿意大利语言知识是不够的。为了翻译新闻报道，雇请了一个女人，她懂得英语和意大利语两种语言，可是她的翻译是我们不满意的。直到最后我们才知道，这个女人实际上是墨索里尼雇用的一个间谍。在从事国际间谍活动方面她是很有名的，所以就把她辞退了。

我们在罗马期间，来自各个地方的很多老朋友也聚集到这里来了，这是一次奇妙的聚会。雷纳德·埃尔姆赫斯特、安德蕾·卡佩雷斯和她丈夫侯耶曼（Dal Hog：man）都来了。除了上述朋友外，令我们惊奇的是，冯·莫迪女士也来了。他们和他们所熟悉的朋友们聚集在我们住的大酒店里，结果我们就在罗马度过了最炎热的夏天。爸爸很喜欢一些人聚在一起交谈，毋庸赘言，当然，他的心情很好。有一天在交谈中莫迪女士说，爸爸既然来到了罗马，不见著名哲学家贝内德多·克罗杰就回去，怎么行呢？爸爸也想在走之前能与克罗杰会面，可是这怎么可能呢？爸爸从来没见过克罗杰，我们不确切知道他住在哪里。弗米克教授对此事特别热心，他说没有问题。这期间莫迪女士带来了意大利军部一位年轻的军官。这位军官说，他可以悄悄将其带到爸爸身边来，连鬼都不会知道。作为军队的军官他应该效忠于国王，而不是效忠于墨索里尼——借此机会他认为可以掌控墨索里尼，当然他会很高兴的。爸爸对他说，如此匆忙不行，他自己要主动对墨索里尼说，要他安排与克罗杰会见。爸爸把实话传达给他了。墨索里尼同时命令弗米克做好一切安排。终于得到了批准，但是现在的问题是，如何蒙住墨索里尼密探们的眼睛，让爸爸与克罗杰进行开诚布公的对话。为了协助这次会面，那位青年军官先赶来了。他乘坐飞机赶到内普洱市，第二天清晨五点钟的时候，他就把克罗杰带到了宾馆。当时一个人也没有醒来，可是几个小时来爸爸与那位知识渊博的人很自由地讨论了各种问题。整个早晨爸爸都在与克罗杰进行交谈，这时候弗米克来了。我当时坐在凉台上放哨。弗米克从我口中听说，爸爸正在与一位客人进行秘密谈话，这位客人就是克罗杰本人。当时他的那种窘态简直无法形容。由于无法抑制愤怒，他开始咬紧牙关，他的头发凌乱不堪。

两个人会见时都谈论了什么问题，莫赫兰比什教授根据爸爸后来的叙述写了一份简短的报道，发表在1926年10—11月号的《国际大学季刊》上。那次长时间的会面，我们中的任何人都不在场。爸爸对于那次与克罗杰的会见感到非常开心，可以证明这一点的，是他写给迪吴克·斯科迪的一封信。爸爸是在此事件之后立即写了这封信。爸爸写道：

> 那一天我同贵国的著名哲学家克罗杰进行短暂的会面。当然，这件事情发生得有点儿神速啊。同思想领域的那些英雄、那些无所畏惧的人们交流思想，我特别高兴。当我们来到欧洲的时候，我们就想从你们那种自发的钟爱自由中，从你们那种创造性的天才中获得鼓舞。现在看了后，感到很遗憾，你们太热衷于机械地模仿美国并过分地注意技巧方面的问题。像我们这样的无所作为的国家的人看到所有这种模仿，就会感到困惑，但是残暴的美国认为，你们这样拼命地模仿是很愚蠢的，所以就像在追求理想主义和追求真理这种精细的事务上他们总是怀疑的。

1925年我们第一次来到意大利的时候，迪吴克·斯科迪在米兰欢迎我们。他出生在意大利一个著名的贵族家庭。在贵族中他既出身高贵，又博学。在米兰城有一个名为"西科洛语言学者米兰之家"的语言学家组织，它的创立者就是迪吴克·斯科迪。意大利的法西斯革命始于米兰城——也正是从这里，墨索里尼发起了向意大利南部的胜利进军。可是有什么办法呢？意大利北部的人民对墨索里尼从来都不怀好感。我们刚一踏上米兰的土地不久就获悉，墨索里尼早就向我们下榻的"卡普尔酒店"派遣了一个忠于他的特务——目的就是监视爸爸和收集爸爸与迪吴克·斯科迪会见、进行交谈的情报。与爸爸会见时，迪吴克·斯科迪及米兰的其他几个人，就意大利的政治形势同爸爸进行了开诚布公的交谈。

　　一年过去了，1926年我们再来时就发现，一切仿佛都翻了一个个儿。这期间法西斯分子的影响更加迅速地扩展到北部地区。由于恐惧，人们都把话藏在肚子里——再也不想开口了。与迪吴克·斯科迪也见面了，但是他仿佛变成了另一个人。纯粹出于礼貌，他来与我们见了一面就走了。看到他的表情就很清楚了，他吃了很多苦头，如今谨言了。我们在都灵停留期间，迪吴克·斯科迪派了一位他的近亲——从意大利国王方面论是他的一个御妹——来秘密会见爸爸，目的是不让爸爸误解他。从这位公主口中获悉，在法西斯统治时期，迪吴克·斯科迪一家遭受了巨大的损失，情况悲惨。迪吴克·斯科迪通过她告诉我们，在米兰如果他的行为中存在某种缺点，真不是他的过失，那是法西斯分子的责任。斯科迪让这个女人带来了一些记录材料。从这些材料中获悉，被记录在法西斯祭坛上的那些不赞成出卖自己灵魂的学者知识分子，都遭到了无法言喻的残酷迫害。法西斯报纸对于爸爸这次意大利之行做了歪曲性的宣传报道，对此我们表示极其愤怒。我们听到的那些关于墨索里尼特务们的无端暴行都不是虚假的，从斯科迪寄送来的材料中就看得很清楚。第一眼看上去觉得是幸福的东西，其背后隐藏着很多污浊。不管爸爸要在意大利住多少天，对他来说开口讲话都很困难，而且这期间法西斯报纸对爸爸此行进行各种取悦于墨索里尼的宣传报道。爸爸住在主人家里，他又不能说有损待客的话语，所以他就急于想离开意大利。他的愿望是前往瑞士，因为在那个国家他自己可以敞开胸扉讲话。罗曼·罗兰就住在日内瓦湖畔的一个叫作"威野诺弗"的寂静的地方，我们决定去那里。

在欧洲边界

由于种种原因，1926年爸爸的欧洲之行是值得回忆的。没有跟随爸爸去欧洲旅游的人们很难想象，爸爸到处受到怎样热情的欢迎，从国家的领导人开始到普通平民百姓都在十分热烈地欢迎他。爸爸不仅作为诗人或思想家，而且作为一位修苦行的哲学家深受所有人的尊敬。我们一般都认为，西方国家的人不是理性主义者，其情感过于丰富也并不是他们的固有属性。在欧洲已经证明，这种观念是毫无根据的。在一些火车站，人山人海，男女老少都聚拢来，想看一眼爸爸，想低头吻一下爸爸穿的长袍下摆。我看到，这种崇敬的洪水从欧洲的一侧流到另一侧。

我们来到巴尔干的南部地区，这是我们这次旅游的最后一站。这些国家的生活习惯、服装、气候等很多方面都与东方国家相类似。我们在保加利亚首都索菲亚城住了两天，是在热情欢迎接待的欢乐气氛中度过的。现在我们要动身前往位于保加利亚—罗马尼亚边界的一座罗马尼亚小城，只有短短的几个小时的路程。看到所准备的盛大场面，我们感到有些惊奇。看到欢迎的盛大场面，我们已经习惯了，可是送别为什么还要安排如此盛大的场面呢？根据保加利亚国王的谕旨，为我们安排了专列。由王国的高官、作家、新闻记者组成的一个庞大的队伍与我们同行。王国的专列开到多瑙河的码头停下来。这条河是两国之间的界河。列车到达这次行程的最后一站——多瑙河，河面很宽，类似我们国家的恒河。一踏上这条河的码头，我们就惊呆了。河对岸的罗马尼亚小城在准备迎接我们，这边一艘挂着国旗的保加利亚军舰开来送我们。军舰开始起航之后，保加利亚人用鸣放礼炮的方式来表示为爸爸送别，乐队奏响了音乐，响声震天。人们还齐声唱起了保加利亚国歌。在这种高亢的歌声中可以看到，几个保加利亚人十分开心地注视着罗马尼亚码头的方向。这时候我们即将到达对岸，突然听到背后岸边的人们高声大笑起来。我瞧看罗马尼亚码头的方向，那里只有一个人，在凝视着我们所乘坐的军舰方向，频频点头。码头上没有第二个人。军舰到达罗马尼亚的码头后，陪同我们来的保加利亚所有官员们把我们送到码头上，谦恭地向我们告别。在这边码头上的一个表情尴尬的人不知所措，静静地伫立着。保加利亚那边的码头上又响起了礼炮声，乐队再次奏响了乐曲，响声震天动地，同时传来了高亢的笑声。我们当时不理解这种娱乐的意义——也没有人对我们说。后来从一个罗马尼亚人那里听到了解释。此人是边界城市那个小火车的站长。保加利亚人对邻国搞这一手的目的就是，不想预先告诉罗马尼亚政府我们到达的确切时间，这样罗马尼亚就不能提前做好欢迎爸爸和迎接他前往罗马尼亚首都的准备，以此让罗马尼亚丢脸和感到羞辱，这是保加利亚人的计谋。保加利亚人想借此机会给罗马尼亚人的脸上抹黑，当然，他们很长时间自己心里是会感到高兴和满足的。

一位瑞士农民

　　人们一生都向往在瑞士的圣莫里特斯地区快乐地度暑假。这次瑞士之行中还有几位匈牙利朋友，因此这个假期就更显得热闹。一些人来这个地区度暑假，其中多数人的目的是在冰雪上玩耍。我们就在锡尔斯玛利亚湖旁边一家旅馆里住了下来，距离喜欢运动的人们所居住的地区稍远一点。这个地方很幽静，旅馆也很好。我们这群人中有一位著名的匈牙利小提琴演奏家胡贝曼。可是我们很少同他见面。他喜欢关闭自己的房门，独自待在家里，偶尔有时也同我们大家一起在餐厅里就餐。我们听说过关于此人的很多怪癖故事。旅途中他需要住店的时候，不是只住旁边的一间客房，而是常常租下整个一层楼。如果对此还不满意，他就会穿上经常穿的棉袍出去转悠。他的相好即使同意他的这些做法，关闭了门窗，他还是抱怨太吵闹。

　　有一天，我们决定前往意大利边界附近的一个小村庄举行野餐会。一条撒满槟榔树阴的、弯弯曲曲、高低起伏的道路通向平原。我们的汽车沿着这条路快速地行驶着。途中为了稍事休息，我们的车在一个地方停了下来。在相反的方向有一座小茅屋，在茅屋前面有几棵椰子树。看到椰子树，我感到很好奇，在遥远的外国怎么会有我们国家的树种呢？一位匈牙利朋友建议我们与茅屋的主人交谈交谈，以便消除疑虑。一个相貌奇特的人走了出来，请我们进茅屋。他用当地方言讲了些什么，我们都听不懂。幸运的是，我们中间有一个懂得这个地区语言的人，在他的帮助下，我们大家与这家的主人进行了交谈。一听到普罗蒂玛和我的名字，这位好人就用惊奇的目光望着我们问道，我们同一位名叫泰戈尔的诗人是什么关系。当他听说我是诗人的儿子，普罗蒂玛是我的妻子的时候，他呆呆地伫立片刻，激动得全身颤抖起来。然后他一下子跑进房间里，开始呼叫他妹妹的名字。他拉着普罗蒂玛和我的手，把我们带到二层楼的一个房间里。到了那里，我们发现了简直令人吃惊的景象，从地板到屋顶一排排书架上摆满了图书，爸爸所有被翻译成德语的作品译本都有，更多的是梵语的诗歌、剧本，还有哲学方面的书籍。当这位一身农民打扮的瑞士人用他那粘有泥土的粗糙的大手捧着一本梵语的书，开始一首接一首地朗读梵语原文诗歌的时候，我惊讶得不得了。我们的这位翻译告诉我们，几年前他在某一本德语书中看到了《奥义书》的两首诗。他非常喜欢这种诗歌，于是他立即决定要阅读梵语原文。他买来一些书，开始学习梵语。这个高山环绕的偏僻的小村庄距离最近的火车站有40英里，他在这个小山村完全依靠自己的努力，掌握了梵语这门天神之语，看到他图书室里所收藏的梵语诗歌、文学和哲学方面的珍贵藏书，就可以证明，他所掌握的梵语达到了什么样的程度。随后我们认识了他的妹妹。她说，她特别喜欢《花钏女》《家庭与世界》和《邮局》的译本。每天晚上她都从这些书里选取一部分，读给村民们听。为了生活，这位女人在皮革上刻画一些印度的素描图案出售。看了她的素描图案，我就觉得，这些图案都是从孟加拉文版的《罗摩衍那》中收集来的。她手里的这本书是从哪里得到的，对我来说还是个谜。

通过与这位以农耕为生的学者的接触，看到这兄妹俩对印度文化如此深沉的敬仰，我们为自己的国家而感到自豪。我们回到宾馆，心里充满了一种深沉的喜悦。

波 迪 绍 尔

在陪同爸爸去国外旅游的空当儿，我的大部分时间都是在圣蒂尼克坦度过的。可是因为管理地产的重担落在了我的肩上，所以我有时也不得不前往什莱多赫—波迪绍尔地区去。我很喜欢去那些唤起孩提时代种种幸福回忆的地方。

第一次世界大战结束几年后，因为要处理紧急事务，我去了一次波迪绍尔。乘坐火车经历了漫长而疲惫的旅程之后，当我改乘木船走水路，前往波迪绍尔的时候，就觉得又要与长期熟悉的老朋友见面了，心里充满了喜悦。木船在缓慢地前进，铁路机车那种烦人的隆隆声没有了，也没有匆忙紧迫的事情要办。过了一会儿，木船从铁路桥底下穿过了。在孟加拉邦农村地区的火车站附近，分布着用铁皮茅草苫盖屋顶的肮脏的贫民住宅区。我们的木船就穿越这些住宅区，继续前进。

在往事书和历史中提到过一些很有名的大河，阿特莱河可不是那种大河。在这个地区之外，没有谁知道它的名字，在《罗摩衍那》《摩诃婆罗多》中也没有提到过这条河。在圣浴节那一天，阿特莱河岸边也没有聚集渴望圣洁的信徒。在水网密集而又物产丰富的孟加拉农村地区，那些作为弯弯曲曲水路的无数小河在缓慢地流淌着——阿特莱河就是其中之一。阿特莱河知道，它出生于江河家族中的低种姓家庭，所以它有时仿佛就害羞地隐藏在辽阔的稻田中间，悄悄流走，有时就让自己消逝在巨大的水域之中，有时它会凭借自己的胆识又进入某个村庄。尚没走完一般路程，它又经过某个农庄的花园，悄悄隐身于丛林里的灌木中。可能它走过许多弯弯曲曲的路，当时阿特莱河却不敢从比较大的城市、集市或市场中间经过。

木船随着阿特莱河的舒缓水流漂游着，我的心绪也仿佛伴随着低音的旋律在起伏跌宕。不必匆忙赶路，不必为按时赶到确定的地方而着急——仿佛也没有按着钟点行动的必要。我默默地坐在靠近窗边的安乐椅上，开始瞧着窗外，外面的景色在慢慢地变化着。在河的两岸上有各种形状的渔网在摊开晾晒着。身材苗条的农村少女们头上蒙着头巾，腰间夹着闪光的铜水罐，沿着小路来河边取水。在河边台阶的另一侧，一群赤裸裸的男孩子在高声叫喊着，扑通扑通地击水游泳。他们的脸上闪烁着光泽，就像一群鸭子一样，离开这边的河岸，向对岸游去。越过一个河湾，就可以看到，用竹枝架起的围栏，上面垂挂着嫩绿的黄瓜、瓠子瓜、南瓜等，围栏里边是贴有牛粪饼的一个院落，旁边是用稻草盖顶的几间茅草房和刚从田里收割回来的一堆稻谷，一旁有两个中年妇女在摔打稻谷。我们的木船从群鸟儿啼鸣、绿荫覆盖的这些村庄旁边驶过，孟加拉那些心灵淳朴的村民们每天的生活，就像一幅幅图画一样，从我眼前掠过。这种生活是很单调的——男人们带着长柄镰刀、铁锹、犁铧，从日出到日落，一直在田里劳作，而女人们整天在忙于家务。偶尔大祭节到来，游动戏班来演唱基尔侗①，仿佛给暗淡的生活增添了一点色彩。看着这一切，我仿佛突然觉得，这种观察就是偷偷觊觎啊。我的生活与这些农民没有一点联系，近距离地观察他们日常生活的细节，完全出于一种好奇的心理。不知为何我萌生一种羞愧感，于是就回到了船舱里。

可是坐在船舱里就解脱了吗？在孟加拉邦的一个角落，在阿特莱河岸边，这种农村生活的画面仿佛一直萦绕在我的心头。我的心灵回到

---

① 基尔侗（Keertan），孟加拉农村流行的一种说唱艺术形式。

遥远的过去，在那里我还是看到了同一幅画面——男人们在耕种，女人们在摔打稻谷。我在心里默默地观察着从古代开始的印度历史。经历了多少破坏建设，多少跌宕起伏，多少兄弟之间的争吵，多少外部敌人的入侵啊！可是农村生活仿佛没有被刻上任何痕迹，这种单调的生活仿佛世世代代时时刻刻沿着一条永恒不变的道路在前进。这种生活难道真的是很单调吗？在这种毫无变化中间难道就没有一种反抗的力量吗？在这个地区的传统中，难道也存在一种阻止一切外部力量进入而保证自己世世代代不变的牢固的社会力量吗？可能我猜测的那种力量只是一种幻想，也许在这个地区人们的性格中有一种与人类努力活动相对立的东西，这种东西不能将大自然改造成为有利于自己生存的环境，相反它使自己就像大自然手中的玩偶一样，驯服地接受一切环境。

我一边思考着这类问题，大船靠在一个村子的码头边，我下了船。村里的头人们很客气地把我带到他们的琼迪神庙堂。不知从哪里弄来了一把藤椅子，放在游廊里让我坐。他们自己铺上席子，坐在我的周围。他们所有人都只穿一条到膝盖的短围裤，一个用椰子做的水烟袋频频地从一个人的手传递到另一个人的手里。看到这种情况，听到他们的述说，我仿佛觉得，我回到了中世纪，就像举行乡村五老会讨论农村某一个难题似的。

一位白胡子老人突然站起来，说："老爷，过多地讲述这些问题，等于在讲空话。那些热心于斯瓦代什运动的青年们只是就发展国家发表长篇大论。实际要做的时候，根本就看不到人影了。是啊，假如国内诞生一位像列宁那样的人，您就会看到，一切都会好起来的。"

突然，我仿佛又回到严酷的现实中来。我离开藤椅，直接回到了船上。

我怎样看爸爸

在自我表达的各种场合，谈论一些有关爸爸无可争议的天才，对我来说，应该持慎重的态度。很多人比起我来更有资格谈论这个问题，而且将来会有更多的人谈论这个问题。爸爸关于他自己写过一些回忆，在给亲人写信的时候也讲述自己内心的一些感受。有一个值得注意的问题就是，爸爸在他的《生活的回忆》里不是按照年月日的时间顺序来叙述的，他想讲述的都是抒发他生活中的感受。在一些地方抒发他内心细腻的感受是主要的，在那些地方追述生活中一些重大事件，他只会感到痛苦。一般人的生活都局限在每天所发生的事件之中，但是具有非凡天才的人一般都超越每天的生活界限，所有时间都将天才世界纳入现实世界的规则中是不可能的。对于所有具有创造性的天才来说，也许，这话是正确的，但是对于爸爸来说，这话就特别的正确。他的天才体现在多个方面。他一方面是诗人，同时他还是科学和哲学方面的哲人。无论怎样企图全面分析这种多方面的才华，都不可能揭示出他个人的全部奥秘，因为在评价一个人时我们总是使用一种标准，而在这个领域这种标准是不确定的。

我们把心灵中那些美好温馨的感悟看作是人的品行标志，在爸爸身上这种感悟是满满的。但是这一切所构成的他的那种性格是复杂的和难以感知的。在他那敏感的心绪中有一种与生俱来的犹豫羞怯感，甚至不能确切地说出，他的心灵对某人或某事何时会做出怎样的反应，他的心绪何时会是怎样的，若想弄明白是不容易的。有时我看到，他坐在他的一群年轻的崇敬者中间，有时卸下厚厚的面具，与他们谈笑风生，仿佛他就是他们中间的一员。而当他运用坚硬的外壳把自己藏匿起来的时候，要探寻他心灵洞穴的无底深度是很困难的。当他的心情愉悦的时候，我看到他就像是孩子们中间的一个调皮的孩子。像他那样可爱的人，我很少见过。而像他那样难以接近，同时像他那样令人恐惧和尊敬的对象，我不记得在我的生活中是否见过第二个人。

由于他的心情频频变化，对于他身边的人来说，适应他的兴趣嗜好是困难的。我仿佛觉得，爸爸常常想把自己的很多心思隐藏在心里。很多时候他都不知道自己的心情，他又怎么会了解其他人呢？对于爸爸身边的人和他的亲人来说，确切地说出爸爸会在什么时间做什么，怎样做，要去哪里，如何去，都是很困难的。对于自己的痛苦不幸、吃喝用度、纯属个人的快乐愉悦之事，他感到如此的羞涩，可是别人会怎么想呢——对此他考虑得很多，为了表达自己的小小愿望，他不得不采用各种骗术。这样和他一起度过很多天之后，在所有这种事情上看到他这种孩子气，普罗蒂玛和我都感到很好奇。

我的祖父很爱他的这个最小的儿子。在尚未成年的时候看到他身上那种不一般的才华表现，爷爷当然感到很骄傲。我觉得，就是因为这个原因，爷爷对爸爸有一点儿偏爱。我们焦拉桑科的家里最好的一间房子，就让爸爸住。当住房不够用的时候，我爷爷大哲就拨款，在焦拉桑科的院子里为爸爸单独建一栋房子。因为是用红砖建造的，所以这栋房子就叫红楼。可是爸爸根本不喜欢长时间住在一栋房子里，所以他经常变化住所。在圣蒂尼克坦有一二十处这样的房子，在这些房子里爸爸都住过一段时间。搬离以前建的这些旧房子，爸爸就打算建一栋自己喜欢的新房子，从爷爷那里拿到一笔钱后，爸爸特别高兴。我的堂哥尼丁德罗是懂得一些建筑学的，因此爸爸就委托他亲自动手建造。爸爸建议，这栋楼房为两层，而且在两层上各建一个大厅。这样，再用预制好的木板作为隔板，在大厅内根据自己的愿望做成大小不一的一些房间。根据这一计划建成了这栋楼房。当我们走进去的时候，就看到在一层和二层都各建有一个大厅，但是两层之间却没有楼梯相连接。

祖父把管理地产的重任交给了爸爸，但是开支账目他自己掌管。我看到了在财务方面的严格规矩。一个时期，每个月的第二天爸爸都要带着账本在规定的时间去见我爷爷，将上个月的收支账目读给他听。爷爷的记忆力是非凡的，在他面前没有逃避的办法，为了避免读账目的时候出差错，爸爸总是精心准备，每次都没有出差错，顺利通过检查。爸爸回答爷爷询问时通常总会出汗。我听说，爸爸很害怕每个月的第二天。爸爸就像小学生们参加考试一样，拿着账本站在爷爷的面前。我们这些小孩子们都在惊奇地想啊，我们的爸爸为什么这样怕他的爸爸呀！

我爷爷知道我爸爸在写诗。他听说爸爸写过很多包含虔诚内容的诗，有一天，他把爸爸叫去，让爸爸朗读这类诗给他听。爸爸一首接一首地读着，而爷爷一个小时又一个小时聚精会神地听着。朗读结束后，当爸爸唱起《祭品集》中的一首虔敬之歌的时候，从爷爷的眼里开始簌簌地流出了泪水。爷爷当时就把一笔钱款交给了爸爸，让他将这些诗出版单行本。这些诗汇集起来，以《祭品集》为书名出版了。英文版《吉檀迦利》中的很多诗都译自《祭品集》这本书。

爸爸对孩子们的要求是很严格的，如此过分的关爱也不太符合他的性格。我已经不记得，我们什么时候受过爸爸的体罚。责打孩子不符合他的性格。从童年起直到青年，这么多年来，我只见过他对我真的发过三次火。我小的时候记得，我就害怕洗澡。抓住我的身体，使劲儿地搓擦，我觉得简直就像遭受迫害一样。有一天，妈妈不能给我洗澡，实在没有办法，她就让爸爸来管一管我这个不听话的孩子。没有责怪，没有辱骂，爸爸用双手把我抱起来，放在洗澡盆里，然后给我洗澡，不让妈妈动手。

此后这种事件在什莱多赫也发生过。第二天是杜尔伽女神像归河日，即将圣像抛进河里的日子。好像有谁说过，那一天在帕德玛河对岸的巴布纳有舟船比赛。在伊查摩迪河与帕德玛河汇合处点亮了数千个灯笼，聚集着数百艘船。在举行送圣像归河仪式之前，要举行舟船比赛。参加比赛的所有舟船的形状都很像渔舟——瘦长，每一艘船上有20名划桨手。我当时就住在帕德玛河的岸边。我用从妈妈那里要来的5个卢比，加上每月固定的收入和平时积攒的零钱，自己买了一艘小舟。我觉得我自己是一个划船的能手，有人还会找到我的。像我这样的人怎么能不去观看舟船比赛呢？我要求他弄两艘带篷的船停靠在河边，其中一艘要大一点儿，我们要在这艘船上观看杜尔伽神像归河的场面和舟船比赛，我们管家先生很恼火。在这个秋天，不适合孩子们作渡横帕德玛河的游戏，一般说来，那是危险的。雨季结束后，河里的水是满满的——河水很深而且水流湍急。从帕德玛河的此岸到彼岸大约有7英里左右。当时我还不知道，我们这一次舟楫之行就是最后一次航行。算了，此事稍后再议。我对爸爸说了，爸爸表示同意。每当看到我热衷于做冒险事情的时候，爸爸是不禁止的，他知道，孩子们就应该这样锻炼成长，他只是交代要做好一切准备。第二天清晨，我带着篷船起航，穆斯林船夫们高喊着"波多罗"圣人的名字划起船来。

水流怎么这样湍急呀！到达巴布纳，用了一整天的时间。从远处我们看到，在伊查摩迪河的河口处灯火灿烂，犹如灯节一样。我舅舅和管家先生与我在一起。他们一次又一次地说，现在回去吧，因为爸爸交代过，在吃晚饭之前我们应该回到家里。我当时没有离开驾驶台，我在掌舵。到达伊查摩迪河口的时候，我看见，舟船比赛已经开始，排成两列的一百多艘小舟准备参加比赛。在数千人的欢呼声中比赛开始了，剑桥、牛津两艘船在比赛现场飞速前进！后面的落日余晖仿佛就是背景的画面——前面一艘艘细长的小舟就像出鞘的利剑一样，用难以置信的速度在前进。这种场面我永远都不会忘记。这种舟船比赛以及孟加拉地区很多古老的传统早已经消失很久了。后来我听说，在巴布纳这一次舟船比赛大概是最后一次，此后就再也没有进行过这种比赛了。

舟船比赛之后，该轮到送杜尔伽神像归河了，一幅接一幅的女神像被抛进河里。当我正在忙于观看大祭节盛况的时候，就没有注意天空已经聚集起浓厚的黑云。掉转了带篷船的船头，估摸着朝什莱多赫码头方向行驶。当时夜色变得更加黑暗——船夫们再也辨别不出方向。按着当时的习惯，雇用了几个持枪的武装卫士跟我们在一起。他们有时放空枪，寄希望在什莱多赫的码头上其他武装卫士们也开始鸣枪回应，这样一来，听到这种枪声，我们就会明白我们的带篷船应该朝着什么方向行驶。这种暗号最终起了作用，我们听到了对岸回答的枪声。当时已经将近夜里两点了，我们的船冲破黑暗，朝着传来枪声的方向驶去。到了码头下船后，我第一眼就看见了爸爸站在码头上等我们。借助灯笼那微弱的灯光，我一看到他那张皱着眉头的脸，我的心情就变得十分沉重。很显然，不仅我，而且跟我去的所有人都很害怕。可是爸爸没有看我们任何人一眼，一句话也没说，就朝着办事处大楼快步走去。这件事过后，我又在什莱多赫住了一些日子，爸爸从没提及此事，只是责怪一些久远的往事！很多像我这样具有负罪感的人可能会说，在这种时候，爸爸那种沉默的责备，比起对身体的惩罚来，不知要严厉多少倍啊。

此事过去很久之后，当我在圣蒂尼克坦的时候，又发生过一次类似的事情。那时候在斯里尼克坦还没有建立农村组织，因为苏鲁尔村靠近斯里尼克坦，所以那些地区的名称都叫苏鲁尔。我们和几位年轻的老师及工作人员到苏鲁尔进行野餐。在东印度公司时期所建造的狭小的草房里，我们需要自己准备所有吃的东西。从前一个时期这栋房子大概是经营蓝靛的洋先生的别墅，大家在高声吃喝娱乐中度过了一整夜。回到圣蒂尼克坦后，由于一夜未眠，老师们都疲惫不堪，第二天上午他们都没能去上课，可是向爸爸请假大家又感到难为情。不论走进谁的房间，我都有一种像小偷被抓住似的那种感觉。因为野餐是我组织的，所以我应该承担破坏静修院规矩的责任。我面带微笑，站在爸爸的面前，可是心里却忐忑不安。爸爸只问道："你们的野餐会怎么样？玩得开心吗？"我心里本来想好了几个理由，可是听到爸爸的询问后，不知它们都跑到哪里去了——我没做任何辩解，就匆匆离去了。此后，在我意识中再没做过这类使爸爸有理由生气的事情。

作为诗人和作家，爸爸成为世界名人的时候，他刚刚步入中年。可是即使在获得世界性的声誉之前，他的崇敬者也不少。在比较年少的时候，爸爸经常被邀请去参加加尔各答很多社会性的和文化性的集会。人们之所以喜爱他，可能就是因为他不仅是一个好人，而且他还具有一副好嗓音。可是正是因为人们的这种喜爱，他付出了相当多的代价。有一次，他在群众集会上发表演讲，文学泰斗般吉姆琼德罗·丘多巴泰亲自主持大会。会场里人山人海，简直无立锥之地。发表了长篇讲话之后，他的嗓子已经感到相当不舒服了。讲完之后，听众们开始高声大喊"唱歌，唱歌"。在一个半小时的讲演之后，并没有安排爸爸唱歌。可是般吉姆先生本人与参加会议的其他人都表达了想听爸爸唱歌的愿望，当时爸爸还能说什么呢？爸爸具有非凡的唱歌能力——他不但嗓音优美，而且声音悠扬。但是这一次由于他勉强唱歌而嗓子受到了如此的伤害，从此就再也没有完全恢复过来。爸爸去了西姆拉，想在那里换换空气，休息几天，但是他的那种优美的嗓音却没有得到恢复。

爸爸对于服装是很讲究的。在年轻的时候他一般穿一条围裤，加一件长衫，身上披一条披肩。这一身孟加拉老爷式的打扮，看上去很帅气。人们开始仿效他的穿着打扮。当他到孟加拉邦之外的地方旅游的时候，他身着长衫，穿带领的大衣或长袍，头上缠着一条短头巾。这种折成双层缝合的缠头巾，是我五伯父久迪林德罗纳特发明的，人们给它起名叫"比拉利缠头巾"。多年之后，爸爸换掉了长袍，穿起了肥大的敞口大衣，有时在这种大衣上再套一件敞口的短制服，头上戴一顶柔软的天鹅绒高帽。爸爸并不讨厌带颜色的服装——他喜欢深褐色或棕色。到了老年，一些见过爸爸的人当然都认为，爸爸身穿这种浅颜色的服装，看上去更优美。

与此相关，我想起了一件事。从外表上看，爸爸和甘地先生仿佛有天壤之别，但他们二人之间却存着一种永恒的友爱。一个是赤裸着上身的苦行者，而另一个却是穿戴整齐的诗人。毫无疑问，两个人之间的这种差别，在众多人的眼里是极不相同的。很多人讽刺爸爸在穿戴方面追求奢侈华丽，我也听到过这样的说法。可是有一点，他们却不知道，爸爸所穿的衣服都是定做的，大部分都不贵。爸爸个人有一点值得骄傲，他即使穿着朴素的服装，看上去也很像王公。即便是很贵重的服装穿在他的身上，仿佛也觉得他很朴素。甘地先生上身不穿衣服的形象，是缺吃少穿的穷人的形象。这种象征的深刻意义是不容怀疑的。但是即便因此，爸爸那种文雅的服装也并非毫无疑义。由于甘地先生在自己的生活中所遵循的那种理想的结果，在我们国家中出现了一种过分追求禁欲苦行的思想。我不知道，这种现象本身是否是甘地先生所期望的，不过，这种现象出现了，这是不容置疑的。爸爸是坚决反对这种禁欲主义苦行生活的。也许，爸爸常常在想——在我们这个贫穷的国家里，大多数人都一无所有或处于饥饿状态，在这个国家人为地提倡这种禁欲苦行的理想，是没有任何意义的。相反，我们要做的是，应该在整个文明世界的生活领域所缺失的方面去激发人们追求美好生活的欲望。

爸爸在文学生活中的大部分时间都忍受了激烈的无理的批评，这是极少数作家忍受过的。所有这些攻击中的大部分都是怀有个人恶意的，所有这些都不能叫作文学批评，其中大部分都是纯属诽谤。某些孟加拉报纸和期刊上经常发表的这些不怀好意的谩骂，其中一个原因就是，这一切都是报纸要求做的。编辑们都明白，如果发表一些反对爸爸的文章，就会有很多经济收益。在其背后还有一个更重要的原因：国内有很大一部分是怀有根深蒂固旧观念的人，而罗宾德罗纳特不属于他们之列。他出身于贵族家庭，他写作的风格和语言都是属于他自己独有的，与过去或现在的任何一个作家都不相同——他仿佛就是独树一帜。

此外，他是分崩离析的印度教社会中著名的婆罗门改革者的儿子，可是他又是印度教社会的叛逆者。在年轻的读者心目中，罗宾德罗纳特毫无疑问是具有很大影响的作家——我觉得正是由于这些原因，上述批评者们就想摧毁这种影响。值得提及的一点就是，在诽谤者队伍中并非只有二流作家，而且还有像迪金德罗纳特·拉伊和吉多龙窘·达什这样著名人士所领导的文学团体。这种反对声没有在爸爸心里留下什么痕迹——这样说是不对的。最使爸爸感到痛心的是，那些被他称为朋友的、在其文学生涯初期他给予支持和鼓励的那些人，当时也拿起笔来反对他。爸爸对于这些诽谤责备都不予反驳，只是在《谴责者》的那首诗里表达了他的一些心声，但是其中既没有愤怒，也没有谴责。

爸爸也像与他相类似的有才华的其他作家一样，在创作领域终生都是孤独的。毫无疑问，在年轻崇敬者中间他有很多朋友，他也得到了他们的崇敬，但是在思想领域他却见不到志同道合者的支持与合作。不过，在他这种孤独的生活中这种崇敬也是很有意义的。在所有这些崇敬者中，我特别想起了一些人的名字，他们就是：绍登德罗纳特·德多、贾鲁琼德罗·般多巴泰、摩尼拉尔·贡戈巴泰、焦丁德罗莫洪·巴格齐、普罗帕特库马尔·穆科巴泰、迪金德罗纳拉扬·巴格齐、海门德罗库马尔·拉伊、提棱德罗纳特·德多、绍乌林德罗莫洪·代波、奥莫尔·霍姆，等等。所有这些年轻的诗人和作家几乎每天晚上都聚集在苏基亚大街的一栋房子里，在这栋房子里印制《婆罗蒂》杂志，摩尼拉尔·贡戈巴泰负责该杂志的管理工作。这些人才是爸爸的真正衷心崇敬者。如果有人讲些反对爸爸的话，这些人就会很生气，仿佛只有他们才有责任保护爸爸尊严似的。

爸爸试图在圣蒂尼克坦开始办教育的时候，很少人知道，他遇到了何等样的攻击。学校的工作开始了，但是招收学生却是一件很困难的事情，所有这些学生中多数都是所谓被爸爸妈妈赶出来的顽皮的孩子。很多人在内心里对这座学校是很看不起的，他们都在嘲笑爸爸在学校里所建立的一切新的教学体制和方法。他们认为,这所学校只是惩罚顽皮孩子的改造所,后来这种印象就更加强烈了。再加上英国政府对这座学校持憎恶和怀疑的态度,他们的看法就是,这所学校就是宣传"爱国"和反叛国王的中心。由于持有这种看法,他们就秘密给某些政府官员们寄去文件,提醒他们要谨慎小心,不要把孩子送到圣蒂尼克坦学校里去。如果从经济方面考虑,可以说,尽管爸爸进行了种种努力,可是当时处于那种情况,是爸爸根本没有料到的事情。这时候他的收入为支撑自己家庭生活都不够,而库什迪亚的生意也陷入困境,债台高筑。一些财产,甚至就连我妈妈的首饰都卖掉了,以维持学校的开支。爸爸结婚时作为结婚礼物的那块金怀表和表链,也卖给了一个朋友。我们童年的很多回忆都与那块金表有关。我在前面已经提到过那块金表。

随着学校规模的扩大,经费困难也开始增加了,于是爸爸向他的朋友洛肯·巴利特的父亲达罗克纳特·巴利特先生伸手借钱。巴利特先生在世的时候这笔欠债没能还上,在他死的时候他将自己的所有财产都赠给了加尔各答大学。结果,爸爸就承担了把这笔债务偿还给加尔各答大学的义务。为偿还这笔债务,爸爸总是忧心忡忡。他获得了萨拉斯瓦蒂女神的惊人恩典,可是拉克什米① 对他并不怜悯,倒霉总是伴随着爸爸。1916—1917年爸爸应邀去发表演讲,他觉得因此他会有一笔收入,他就能用这笔钱按照自己的理想建设圣蒂尼克坦学校,还清所有债务,而且再也不必伸手借钱了。可是由于命运的捉弄,在这个领域他的一切愿望都变成了泡影。原来安排爸爸这次演讲旅游的机构,在旅游结束的时候就宣布自己破产了。爸爸本应得到几十万卢比,由于皮尔逊先生的艰苦努力,拿到的只不过几千卢比。这笔钱都用来偿还大学的债务了,之后就没有再剩下什么。

爸爸的书在欧洲非常畅销,那时候满怀着希望啊,拉克什米女神

---

① 拉克什米,印度神话传说中的司财富的女神。

这一次可能想抬起头来了。可是不幸的命运又降临了，爸爸的名字为全世界所熟知并且获得了世界性声誉，恰恰在这个时候，第一次世界大战爆发了，版税款再也拿不到了。

爸爸几乎是提个乞讨的篮子出去乞讨了。1920年为学校筹集资金，他去了美国，当时我陪同他前往。为筹款，这一次爸爸进行了种种合法的努力。

听说，在威拉德·斯特雷特女士（后来的多罗提·埃尔姆霍斯特夫人）和摩罗根陀（西尼耶尔）先生的努力下，华尔街的几位百万富翁在一个募捐本上签署了很大数目的赠款。不久前，摩罗根陀曾经担任美国驻土耳其的大使——而且他在官场是位很有名望的人。除此之外，他与华尔街又在做着很多生意。为了顺利筹集资金，他在自己家里举行了一个盛大的宴会，一百多位百万富翁的朋友应邀出席。我听说，所有这些努力的结果，使我们能带着数百万美金回国，可是到手的只有几千美金。

爸爸回国的时候，他的精神崩溃了。住在喧啸的纽约只是企图筹款，可是长期住在宾馆里，他一点儿都不喜欢。他的整个心里充满了悔恨。在这个时候爸爸给安德鲁斯写了一封信，从这封信里可以了解一些他那时的沉痛心情。对我来说，这一次经历也是不愉快的。为了学校和我的固执要求，这种乞讨中所蕴含的那种自我羞愧和耻辱，爸爸统统都忍受了。后来我听说，由于英国政府的干涉，最后华尔街的财神们的宝库完全关闭了。大不列颠政府大概习惯的做法就是，如果美国为了一个非政府机构捐资，那么，他们就一定会生气的。

为了学校爸爸不得不到处去筹资，但是在向思想家们伸手的时候，爸爸总是感到很难为情。他在期待某人一句承诺的时候，直到最后他都不肯提到钱的问题。住在日内瓦的时候，有一次，通过孟买思想界的一位朋友的周旋，安排爸爸与波罗达·盖科亚尔见面。那位朋友还谈到，爸爸会从他那里得到一大笔馈赠。这位朋友说，他已经在洛桑见过盖科亚尔，并且看得出，他对爸爸的事业很热心，对此事也已经给过他一些暗示。如果爸爸请波罗达·盖科亚尔来共进一次午餐，并且提及此事，那么，就可以获得波罗达·盖科亚尔的一大笔赠款，这样一来，爸爸就不必再为圣蒂尼克坦学校的花销费用而犯愁了，也不必四处去乞讨了。于是我代表爸爸去洛桑邀请那位伟大王爷来日内瓦我们所下榻的宾馆共进午餐，在餐桌上爸爸与这位王爷就各种话题进行了广泛的交谈。我和我的那位孟买朋友渐渐感到焦急不安了，我们根本就没有获得提及实质问题的机会。最后爸爸看到我们脸上的表情，就可怜巴巴地向那位伟大王爷谈到了他这一次西方之行的目的，并且还说，如果盖科亚尔想给予他经济方面的资助，那么，他就不会认为他的赠款会被打水漂的。听到爸爸说出的这番话，那位孟买朋友在桌子下面用脚碰了一下我的脚，他的表情暗示道："看到了吧，主人竟是这种状态！"这位伟大王爷听了爸爸的话，一句话也没有说。当他告别的时候，也没有提及经济援助的事。

直到最后，圣雄甘地最先感觉到了，对于像爸爸这样一位诗人来说，到国内外四处转悠去为国际大学筹集资金，该是一件多么痛苦的事情啊！1936年，爸爸带领圣蒂尼克坦的男女学生们去了德里，目的是通过他们演出歌舞剧《花钏女》，为国际大学筹集资金。此时甘地先生也在德里。他派人把我们几个人叫去询问，国际大学的财务中缺少多少资金，进入如此高龄的爸爸为弥补资金缺口不得不忍受多少痛苦啊。在我和爸爸离开德里之前，圣雄甘地先生把一张支票交给了爸爸，支票上写有的钱数足够还清国际大学所欠的债务。这笔款是从一位虔诚的富人那里征集来的。甘地先生把支票交到爸爸的手上后说，再也不要让爸爸到处去筹集资金了。

出乎预料而获得圣雄甘地先生所捐赠的这笔款，我们大家心里都无法抑制喜悦之情。可是看到爸爸的脸色，我就感到他仿佛很不快活。我们很快就明白了，为什么他的心情抑郁寡欢。甘地先生的这笔捐赠固然可以解除目前的经济困难，但是作为交换条件甘地先生让爸爸做出的那项承诺，对爸爸来说就感到特别的痛苦。爸爸带领剧团出去演出的时候，毫无疑问，他的身体会承受很多的痛苦，但是他通过歌舞情味的形式亲手把自己所创作的戏剧作品呈现在观众面前——这给创作者带来了极大的欢乐。但接受了这笔捐款，从此自己的这种欢乐就被剥夺了，自我表现仿佛也被切断了。

在爸爸的教育体系中，他总是赋予音乐和戏剧表演很重要的地位。他认为，通过自我表现才能激发出人的美感——这是教育的重要组成部分。在这方面人可以品尝到完美，而且爸爸在圣蒂尼克坦所创办的教育的主要目的，就是实现这种完美——在这里蕴涵着教育的价值和真正的意义。爸爸在远离城市的乡村建立了这所教育机构，其声誉一个时期传播到外面很远的地方——是靠歌声、绘画以及舞蹈戏剧的演出。如果我说，在为提高孟加拉邦和整个印度人民的品位方面，圣蒂尼克坦的贡献是不可估量的，那是不会偏离真实情况的。

远见卓识成为爸爸的终生伴侣，但是他也能以平静的心态承受命运的嘲笑；他是一位乐观主义者，在他的心里蕴藏着一座永不枯竭的欢乐宝库。他忍受过各种痛苦，经济困难对他来说也是微不足道的。在他刚刚步入41岁的时候，他的家庭生活就遭受到第一次打击。在他的创作才华如日中天的时候，我母亲病逝了。他带着五哥孩子仿佛跌入了无底的深渊。当然，我的两个姊妹已经结婚，可是我的小弟弟绍米当时才只有7岁。

在这时期，爸爸陷入了极度的忧愁之中，如果换成别人，他是否能使自己保持自然的心态，那是值得怀疑的。当时他自己承担着培养教育自己的孩子们和圣蒂尼克坦一百多个孩子的任务。可是当时的情况又是怎么样呢？他还要承受着更多的打击。在我母亲逝世之后，我的祖父、我的两个姊妹和小弟弟绍明德罗纳特也一个接一个地离开了这个世界。爸爸所疼爱的我的两个堂哥波棱德罗纳特和尼丁德罗纳特如同自己的孩子一样,他们俩也过早地亡故了。圣蒂尼克坦学校里他的两个最要好的伙伴和助手——年轻的诗人绍迪什琼德罗·拉伊和著名的教育家摩希多琼德罗·森在很短的时间也相继死去了。爸爸因亲人死亡而忍受的悲痛和经济困难,当时已经达到了极点,恰恰在这个时候他又遭受很难治愈的痔疮的折磨。在这种时候,我看到了爸爸身上所蕴含的那种简直无法比喻的承受痛苦的极大力量。最令我惊奇的是,他的这种精神忍耐力一天也没有松懈过,他的创作一天也没有停止过。相反,痛苦和悲伤仿佛给他的创作带来了一种更加深沉的灵感。

爸爸的工作能力是非凡的,他生来就具有极大的能力。在童年时代,在我的二伯父关照下,养成了体育锻炼的习惯,通过锻炼爸爸的体力、健康等方面都增强了。在从事各种体育锻炼的同时,爸爸还跟一位专业的摔跤教师学习过摔跤。由于这些原因,年轻时的爸爸看上去很健康。不论他去哪里,他身体的帅气和相貌的英俊都会吸引所有人的目光。在青春时期,他精心地刮掉了他那柔软的胡须,头发梳理得优美整齐。后来他的胡须长长了,并且他穿着一件宽松的垂脚面的长袍,这个时期他去西方国家旅游的时候,我不止一次地听人们说:"他简直就像耶稣啊!"

进入比较成熟的年龄后,除了一种痔疮的病痛,就没有发现他的身体还有什么疾病。由于1912年做了手术,爸爸的痔疮疾病就治愈了。到了晚年,直到衰老来袭之前,爸爸是完全健康的。白天他是从清晨4点钟开始工作,直到天黑下来。他默默地坐在书桌前半个小时或者更多一些时间,仿佛是在沉思。吃早饭的时候如果没有两三个人陪同他一起进餐,他的心情就会不好。他用早餐通常都很早,陪同一起进早餐的人们常常不能够及时到来。在这种情况下,他就会派人去叫,自己等着他们。在进早餐的时候爸爸总是兴致很高——和大家谈论着各种愉悦的笑话,让大家开心。

我感到非常惊讶的是,他在忙于写作的时候,还能够会见一些人并且欢迎他们的到来。他写作的习惯也是很奇特的——很多时候同时写诗，写歌，写小说，写文章——就是这样啊。为了保护客人们不受到伤害，他的秘书们总是忧心忡忡。来的客人，不管是什么人，也不管他怀有什么目的，爸爸都不喜欢让其坐下久等，秘书们很多时候因此而受到责怪。白天的时候爸爸是从不休息的。在炎热的夏天，当时外面刮着火一样的热风，他把所有门窗都打开，毫无感觉似的全神贯注地进行工作或学习——我们经常看到这种景象，读书通常都是在夜里。因此，爸爸从来都不觉得时间不够用，因为他就寝都在很晚的深夜。爸爸每天只睡4—5个小时。在处理各种其他事务、接待客人等等杂事之后，他还能够写出如此多的作品，没有别的什么原因，就在于他具有非凡的聚精会神工作的能力。他永远都不会丢失思考问题的线索。客人来了，他就停止写诗，同客人推心置腹地交谈，个把小时的交谈一结束，他又着手继续创作，仿佛创作没有中断似的。即使到了他不习惯的环境，我也没有见过他停止创作。在他的诗歌下面都标注有写作地址和时间，由此可以知道，即使在诸多不利的环境中，他也能创作诗歌。他缓解自己疲倦的一种方法，就是写歌词和为歌词谱曲。到了晚年，他以绘画代替了写歌词。

我的太爷达罗卡纳特于1844年前往英国的时候，陪同他前往的是他的一位亲戚诺宾先生，他所担任的工作是做达罗卡纳特的秘书。诺宾先生给国内写来了一封信，报告说，在英国他的主人回避做事情，对于他来说是难以理解的——这位老爷先生的奇思妙想简直无法琢磨——"Babu often changes his mind（老爷经常改变他的想法）"。这位先生的这句话几乎成为我们家里的传闻。其中的一个原因就是，诺宾先生这句话用于王子的最小孙子（指诗人罗宾德罗纳特·泰戈尔——译者注）身上再合适不过了。爸爸为改变某种做法而替自己开脱，常常突然对普罗蒂玛说："你看，儿媳妇，Babu often changes his mind（老爷经常改变他的想法）。"我们当然对于他的思维方式还是有些了解的——即使因此我们不得不遭受不少痛苦，在这方面我们与爸爸的很多想法都是不同的，甚至有时爸爸的这种充满幻想的固执使我们陷入了困境。不能说爸爸这种充满幻想的思想是什么极端，相反，即使已经做出了某种决定，他还会寻找出某一个理由将其取消。固定不变的僵化状态对他来说是无法忍受的。在爸爸自己的日常生活中，频繁地更换住所、饮食和服装，甚至在他各种作品里也可以看到这种喜欢变化的情景。实际上，爸爸的思想是极赋有革命性的——不过，到了老年，他就倾向于建设方面，而不是破坏方面。在文学、道德思想、社会习俗、教育、政治等方面———切不合理的东西，即使被全民所承认，他也会毫无畏惧地坚决反对，无情地撕下其虚假的面具才肯罢休。另一方面，他会明确地说出全民能够接受哪一种制度，而且，即使谁都不肯勇敢地去做这项工作，他自己也会勇往直前。这就是对流行的风俗习惯和改革的反叛，是对比较新颖的理想和观念的考验——这就是他的性格的特点，直到他生命终止的那一天，都是如此。

他内心里那种奇妙的生命力一次次让我们感到惊奇。进入老年的人们一般都喜欢躺在床上静养，可是爸爸正是在这个时期在文学领域的戏剧方面进行许多冒险的实验，开辟了新的途径。当他冲破句句押韵的诗歌创作的狭窄局限，迈步踏上韵律的宽阔康庄大道的时候，他的年龄已经接近70岁了。他在这时期所写的一些短篇小说里提出了一些心理分析学语言称之为青春期的问题。可能，某些思想保守的读者读过这些短篇小说，他们的年轻心灵就会受到撞击。在诗歌方面，属于晚年创作的那些作品已经不是他自己亲笔写下的。当时他的视力很弱，卧病在床。当他的诗情萌发的时候，他就进行口头创作，几位服侍他的人就记录下他口头吟出的诗句。在所有这些作品里，我们也可以看到，在诗歌形式方面他进行了多少创造性的实验。

任何一部传记，看来，都不可能全面地展现出他的一生，因为爸爸这个人既伟大又复杂。另一方面，在他创作的歌的曲调里，既有像维那琴弦上弹出的铿锵滑音，也有像他自己的和谐生活一样的甜蜜的和谐之音。如果具有类似品格和类似感受的某个人，什么时候拿起笔来想写他的传记，那么，他可能会阐述爸爸这方面的一些情况。其实，他自己也有这样的作品，使用他生活中真实的语言，在这部作品里他展现了真实的自我。他在一首诗里也说过这样的话：

> 你不要从外表上这样看我，
> 你不要站在外面这样看我。
> 在我的苦乐中你看不到我，
> 在我的心里找不到我的苦涩，
> 在我的脸上看不到真实的我，
> 你寻找的诗人在哪里都没有哦！
>   *   *   *
> 我具有隐蔽的梦幻之相，
> 我是不可理解又无法被阐释之人，
> 我在自己的歌声之中失去自我之真，
> 我是谁都不能理解的诗人。
> 我以人之形身居人室，
> 每时每刻都混迹在泥土里，
> 赞扬谴责的火焰让我战栗，
> 在我的生平中你是找不到此类诗人的。

增　补

除了收录在 *On the edges of time* 一书中的作品和利用这些作品而写成的孟加拉语文章，罗廷德罗纳特还为各报刊写过一些孟加拉语的文章。在增补部分重新刊载他的这几篇文章。

改善农村

在青年时代初期，我父亲就接受了我祖父大哲赋予他的一项重要而艰苦的工作任务，祖父大哲指派他去管理地产。那个时候我家的地产是相当多的；这些地产分布在很多地方——分散在孟加拉邦的三个区和三个县：在巴布纳县有萨哈贾德普尔，在拉吉沙希县有迦利格拉姆，在诺迪亚县有比拉希姆普尔；除此之外，在奥利萨邦还有三处小地产。

接受了这项工作重担后，爸爸就必须离开加尔各答，于是他就去了什莱多赫。在什莱多赫有比拉希姆普尔区政府的主要办事机构。为了便于工作，爸爸在什莱多赫设置了自己的主要办事处。从那里到萨哈贾德普尔和诺迪亚，乘船走水路很方便。

什莱多赫位于帕德玛河岸边，在那里有一艘"帕德玛"号船。爸爸乘坐这艘船，经常前往库什迪亚、库马尔卡利、萨哈贾德普尔、波迪绍尔及其他设有我们办事处的地方。

在孟加拉邦是不缺少河流的，乘船走水路几乎可以到达一切地方。

爸爸很喜欢乘船在河流上漫游。很好地了解农村，亲自观察农村人们日常生活的苦乐，这是吸引他从一个村庄到另一个村庄漫游的主要方面。如果没有这种了解农村生活的机会，对他来说，视察地产工作当然就会是一种沉闷的苦差事。

从那个时期爸爸所写的作品中就可以了解到，农村和农村居民的状况使爸爸感到多么不安。农村的问题就是国家的问题，国家的发展取决于农村的发展，为国家服务就是为人民服务，他在各种文章和讲话里一次又一次向国民讲述过这些道理。为了说明农村的悲惨状况并且为防止其恶化而努力采取积极措施，他一次又一次进行了不懈的努力，企图打动国人的心。

1907年在巴布纳邦一次会议的讲话中，他描述了我们国内何等悲惨的状况：

> 原先的水塘，如今快填平了。原来的牧场，没有采取任何保护措施。以前的寺庙，没有钱修缮。先前的学者是社会的脊梁，如今他们愚蠢的儿子在法院里干着作伪证的勾当……他们互相控告，像疯子一样，用指甲把自己抠得遍体鳞伤。没有人能使其恢复常态。撂荒的土地在增多，瘟疫流行，饥荒一次次降临；如果在下一季收获之前发生饥荒，想消除饥饿活下来的希望就很渺茫了……然后因为吃野菜而浑身没有力气，又怎么能不生病呢！奶油被污染，牛奶昂贵，鱼类难得，油类污浊……食物缺乏，没有健康，没有欢乐，没有希望，没有相互合作；打击袭来，只能低头；死神降临，我们必死无疑；不加思考，只怪自己的命运不好；亲人遇到危险，我们只能让他听命由命了。

多年来目睹了农村的生活，因而获得了一些经验，所以爸爸在巴布纳会议上才能对农村生活进行详细的描述。但是关于农村生活他自己了解了并且只是不知疲倦地告诉了所有人。在接受管理地产任务之前，他一直在思考尽自己的能力多做些什么，并且就每一个问题努力采取一些补救的措施。

1910年我第一次了解到，我父亲为改善农村生活条件有过多少思考，为消除农民的经济贫困和思想僵化决定采取哪些措施。当时我从美国前往欧洲旅游后刚刚回到国内。到家几天后，爸爸就带我去了什莱多赫。在1906年斯瓦代什运动期间，爸爸派我去美国学习农业科学。大家都知道，他当时怀着何种热情投身于这场运动之中。他希望，应该把孟加拉人内心里所焕发出来的那种热爱祖国的热情变成为国家服务的实际行动。

在《自治社会》《主席的讲话（巴布纳的会议上）》等各种讲话中，他恳请人民群众，特别是国大党的领导者们积极参与为国家服务的工作。他说："应该把我们的巨大工作地点放置在乡村，我们要怎么开始呢？如果要想把大厦的顶部置于天空，那就应该把它的基础建得牢固。如果我们想把我们工作力量的高峰置于印度的中心，那么，每一个县就应该开始做好打基础的工作。"

他在另一处写道："祖国的真正形象在农村，生命的家园在那里，吉祥仙女也在那里寻求她的位置。"

爸爸在自己地产范围内的一些农村，尽自己所能开始了打基础的工作。他发现，国民根本不接受他的建议，相反，对于他提出的为国家服务的方法持反对和批评的态度，国大党的领导者们都陶醉在政治鼓动的激情之中。当时他就下定决心，在自己地产范围内按照自己的理想，尽自己所能，开始进行农村改善工作。

要想改善农民们的经济状况，就特别需要发展农业。在西方国家，农业借助于科学有了发展，在我们国家也应该引进农业科学。为此目的，1906年爸爸派松多什琼德罗·马宗达和我去美国学习农业科学。一年之后，爸爸又把我妹夫诺根德罗纳特·贡戈巴泰也派到了那里。他希望，我们三人毕业后能够帮助他开展农村振兴工作。我最先返回印度。我刚回来不久，爸爸就把我带到什莱多赫，让我参加工作。

在什莱多赫住了几天后，爸爸就给我讲了那里的工作，当时爸爸和我乘船前往波迪绍尔。一路上，每到傍晚，我们都坐在甲板上，同爸爸谈论着各种话题。我向他讲述了在大学里学习的情况，爸爸耐心地听着，然后他讲述他的体验——他看到了孟加拉农村社会、道德和经济状况是何等的悲惨，他发现他们生活中各种各样的问题，他为解决这些问题而进行种种努力以及将来他还想做些什么。从爸爸接受管理地产重任开始，我就从爸爸那里受到了这种振兴农村的一系列教育。

爸爸说，他开始视察地产的时候，首先在佃农们中间建立起仲裁审判制度。在比拉希姆普尔和迦利格拉姆——让这两个区内几个村子联合起来，各自成立一个审判会。如果佃农相互之间发生了某种纠纷，双方都到这个审判会听从裁决，这已经形成制度。除了刑事犯罪，佃农们有其他的诉讼都不去法院。如果有谁不服从这种制度，村民们就会把他关进一间屋子里，不再与他进行社会交往。如果对于审判会议的裁决不满意，还规定有上诉的机会。经佃农们同意，选举出由五个人组成的一个上诉会议。这五个人又被称为"五杰"（panchpradhaan）。如果对五杰的判决不满意，可以向地主本人上诉。原告和被告不必承担诉讼费用，只需要一点儿钱买上诉书所用的纸张。这种体制的目的，就是让佃农们在自己内部自己来调解纠纷——不用去法院。审判的记录文件通常都会保存下来，这种记录都由地产办事处的秘书仔细地编档保存。

除了不用去法院，不用支付诉讼费，也不拖延时间，这种审判诉讼案件的制度从一开始，佃农们就感受到了它的好处。由于佃农们的完全配合，这一制度几年来一直都很顺利地在实行。解决大大小小的各种纠纷，他们根本不用去法院控诉。佃农们自己承担了民事审判的责任，所以政府从来都不反对，相反，政府是鼓励的。

这种审判制度已经建立多年了。当我去什莱多赫和波迪绍尔视察的时候，我的大部分时间都用于审理佃户们的上诉。他们的诉讼大部分都与土地有关。看到那些没有受过教育的农民懂得法律知识，我感到十分惊奇。在与他们沟通的过程中我也很好地掌握了孟加拉租赁法。在这个过程中也培养了一批律师。他们都是没有受过教育的农村人，他们因为生来就聪明和能言善辩而出名。他们经常受理的都是完全没有能力的人们的诉讼案件，特别是妇女们的诉讼案件。

我也不是所有时间都在审判有关土地或继承权方面的诉讼案件。有时人们还会提出很可笑的诉状，但是坐在法官席上是不能笑的，我要严肃地做出判决。婆媳之间吵架了，需要进行调解。兄弟之间要分家产，唯一的池塘也要一分为二，如何分呢，不分又不行；去池塘一个岸边清洗碗碟等餐具时，拉伊家里的人们每天吵架，结果没法做饭，两兄弟谁也吃不上饭——我不得不听取这类五花八门的各种申诉。

乘船出游的时候，爸爸就开始给我讲述长期以来他尽自己所能所做的一些工作，但是农村改造工作不能依靠地产办事处的工作人员。因此，他决定，从圣蒂尼克坦请几位教师来什莱多赫和波迪绍尔，特别委托他们去做这项工作。

居住在什莱多赫周围的，既有印度教徒，也有穆斯林，他们之间不和睦。库什迪亚、库马尔卡利等城市附近佃农们的人品被扭曲了，他们失去自然朴实的心态，毫无疑问，需要重新做一些恢复工作。几年来一直都在努力做各方面的工作，可是在那里并没见到什么成效，只是在库什迪亚所建立的机械化编织厂一直在很好地运行。

由于这个原因，爸爸把更多的精力放在迦利格拉姆区里，那里的佃农们心齐团结。为了方便工作，就把这个区划分成三部分，全区的佃农们选出一个协会——其名称就叫"迦利格拉姆福利会"，此外每个分区的佃农又选出一个"分区福利会"。从圣蒂尼克坦请来了工作人员，他们每个人的工作就设在每个分区里。

为了开展福利会的工作，佃农们自己志愿地缴纳一点会费。不设任何单独机构收缴会费，也没有什么花费支出。缴纳地租的时候他们每缴纳一个卢比的地租就多缴纳3个拜沙（1个卢比等于100个拜沙——译者注），多缴纳的这笔钱存在福利会的单独账号里。福利会的所有工作都从分区福利会做起，所以收入的这笔款就分成三份，分别交给三个分区福利会，分区福利会代表全区福利会给每个分区的工作人员发放工资。

振兴农村的机构在迦利格拉姆就这样建立起来了：每一个村庄的居民们推选出一名深孚众望的长者——被称为"杰人"。每一个分区都推选出这样的杰人，由这些杰人组成分区福利会。从三个分区的杰人们中再选出中心福利会的五个会员，这五个人就被称为全区的"五杰"。除了这五个人外，参加中心福利会的还有一位地主代表。福利会的会员后来又增加了。

在一般情况下，中心福利会每年召开一次会议。要讨论的事情如此之多，即使开一整天的会议，很多事情也处理不完。首先是对去年的账目进行检查，支出多少钱，都花费在什么事情上了，对这些情况要进行讨论；然后要确定来年的工作计划并根据此计划核准支出预算。在每次年会上这两项都是主要工作。还有一项工作，就是地产的管理人员是否有什么过错，是否发生过欺压佃农的事件，如果发生过，要向地主先生通告。

按照地租百分之三的比例缴纳会费，福利会每年就有五六千卢比的收入。为了鼓励佃农们的积极性，爸爸说，他决定从自己的庄园再拿出两千卢比来。为福利会缴纳的这笔款，佃农们称其为"公积金"。根据我的回忆，福利会会费的数额后来也增加了，学校医务室等设施的数量也随着增多了。

为振兴农村，需要做的事情很多，福利会现在集中精力只做几项工作，其中发展教育是主要的。全区以前没有任何教育机构，有钱人都把自己的孩子送到纳多尔、阿特赖、巴古拉等城市里的学校去读书。福利会在一两年内就在几个村子里建起了学堂，在三个分区建起了三所英语中学，在波迪绍尔建起一所高中。为建立校舍和学生宿舍所需要的钱款不可能从公积金里出，所以爸爸就从自己个人的支出中筹集了这笔钱。

建立医疗机构也同建立教育机构一样是需要的，在那个地区的任何地方都找不到一个通过医学考试的大夫。首先在波迪绍尔开设了一家医院——后来又逐渐在其他两个分区建立了两个有医生的医务室。我们的庄园为工作人员的医疗提供了很大的帮助。在波迪绍尔开设的这家医院很好，每天都有很多患者来这里看病治疗。

迦利格拉姆区靠近贫瘠的沼泽地，雨季田地全部都会被洪水淹没。村庄都位于高地上，看上去就像一个个孤岛。爸爸对我说："你都看到了，哪里都没有道路了——如果要从一个村庄到另一个村庄去，只能沿着田埂步行，雨季的时候可以乘船在稻田上面四处漫游。"于是决定，从公积金中拨款，开始修建几条特别需要的道路。从波迪绍尔到阿特赖火车站有 7 英里长，这条主要道路由我们庄园拨款。正准备修建时，发现修建这条道路需要巨额资金——公积金无法承受这笔开支。

除了这几项主要工作，福利会还伸出援助之手，做些诸如填平低洼地、重新挖掘池塘、清除杂草灌木、在缺乏饮水的地方打井等各种公益性的工作。在波迪绍尔，还建立另一个储备粮仓。

我在美国留学的三四年时间，爸爸在我们地产所在地的佃农之间做了如此之多的工作，可是我一点儿都不知道。当爸爸向我讲述所有这些情况的时候，我认真地聆听着。最后爸爸说："我还想做一些事情，可是现在我不能亲自去做了，你应该去做啊——特别是应该努力发展农业呀。"

根据爸爸的指示，我努力做起了各种发展农业的工作。在什莱多赫办事处附近的几块土地上，按照科学的方法建起一个试验田，就用从美国带回来的几部农业机械，在那里开始进行试验。除了水稻，农民们不知道如何种植其他作物。发现这种情况后，我就开始实验，在这个地区是否可以轮流种植一两种值钱的其他作物。我从美国带来了优良的玉米种子，我还教农民们种植马铃薯和西红柿。为了弄清楚在什莱多赫这片肥沃的土地上适合种植这里还没有种过的哪些食用作物，我建立了一个小型化学实验室。农民们逐渐萌发了积极性，于是马铃薯、甘蔗、西红柿等作物的种植扩大了。我正思考怎样解决缺少肥料的问题，这时候我突然想出了一个办法。在什莱多赫附近的码头上，有大量石斑鱼从帕德玛河运往加尔各答。每一次起网都捞起大量的鱼，而鱼贩子们又不想买那么多鱼。有一天，我看见一堆堆鱼子加了盐，还有一些鱼被抛到河水里。于是我就用很低的价格买来了几船这样的鱼，加了一些石灰，然后埋到泥土里。一年后挖开泥土，我看到那些烂鱼变成了非常好的肥料，当时我就尽量施用这种肥料。

为了什莱多赫地区的农业发展，我获得了很多机会。可是在波迪绍尔就没有这种机会。这个地区只有一季收成。雨季几个月里田地都被洪水淹没，而水退去后，土地就干涸了而且变得很坚硬板结，犁铧根本无法翻耕，因此就没有春季收获，甚至连树木杂草都不生长。尽管存在着这种不利的条件，但是爸爸一直没有放弃改善迦利格拉姆耕种条件的努力。1908年他给一位工作人员写信说："你要鼓励佃农们在他们的房前屋后、田埂等处种植菠萝、香蕉、椰枣等果树。从菠萝的叶子可以抽出很结实的纤维来。水果也可以卖钱。需要教会佃农们在围栏边上种植木棉葡萄树，并且学会取其根部作为食材。如果能够种植马铃薯，那么就会有特别的收益。……地产办事处有从美国引进的玉米种子，应该尝试再次种植。"

尽管进行了很多努力，迦利格拉姆的种植业也没能发展。几年之后我获得了一个机会。为了救助北孟加拉洪水灾区，普罗弗洛琼德罗·拉伊大师先生捐助了很多钱。救灾工作结束之后，这笔捐款中还剩下一些钱，于是我就用这笔款建立另一个临时收容所，还买了几台拖拉机。购买拖拉机的原因就是，发洪水的时候耕牛都被淹死了，所以没有办法用牛耕田了，我从大师那里要了一台拖拉机，供波迪绍尔地区使用。当时在我们国家还没有使用拖拉机。我有了拖拉机，可是没有拖拉机手，于是只好我自己驾驶。（在美国的时候我几天内就能够教会村子里的一个年轻人驾驶拖拉机。）我担心，用拖拉机耕田，稻田的田埂就会被毁坏，到那时候农民们就会因为田埂的界限而发生矛盾。用拖拉机进行耕田实验的那一天，是迦利格拉姆区值得纪念的一天。从早晨起数千人聚集在那里，观看这部神奇的机器进行耕田。为了满足他们的好奇心，我将拖拉机开进稻田里。我对几位农民说，拖拉机的犁铧不能越过田埂——机器没有办法在保存田埂的情况下翻耕每一块田地。他们安慰说："不必担心，您就在田埂上翻耕吧，我们随后会用铁锹重新垒砌田埂。"看到第一天的拖拉机实验耕田，农民们感到很高兴，于是我决定把拖拉机留在波迪绍尔。我宣布说，每翻耕一亩（印度亩）土地收取租金一个卢比。从此开始到处使用拖拉机翻耕土地了，而且农民们争先恐后地租用拖拉机翻耕土地。在离开波迪绍尔的时候，我向农民们保证，明年我还要带拖拉机来。

一年内有好几个月农民们没有任何事情做。这段时间他们可以做些手工活儿，赚些钱是很容易的。爸爸经常提醒我去教他们几种家庭手工业。在迦利格拉姆没有比较好的编织工业，有几家穆斯林是编织工人，他们只会编织比较粗糙的毛巾，于是我就派他们中的一个人去圣蒂尼克坦学习织布。当他根据各种图样学会了织各种样子的布匹并且回到波迪绍尔之后，就用公积金的款项开设了一所编织学校，请他做教师。这个时候爸爸在寄给我的一封信里写道：

"在波尔普尔有一家稻谷脱皮加工厂——把这样的工厂引进到这里（波迪绍尔）来，特别需要。这个乡村是稻谷之乡——这里生产的稻谷比波尔普尔还多。……你去看一看那家工厂。

"我想过，以后可以教这里的农民学习一种什么手工业。在这里除了稻谷，不产别的东西。他们这里只有黏性很强的黏土。我想知道，陶器这种东西能否以家庭手工业的形式进行生产。你去了解一下这方面的情况——也就是说，用一个小型焚烧炉让一个村子的人一起做这项工作是否可行。……

"还有一件事，就是教农民学习做伞。如果能够找到教农民学习做伞的人，那么，就可以在什莱多赫地区开展这项工作。

"诺根德罗说过，要是能够在这里找到会做瓦的陶工，就会很有益处。人们想用铁皮盖屋顶，可是搞不到——如果能得到瓦，就方便多了。

"不管怎么样，你要去打听一下有关稻谷脱皮加工厂、制造陶器的转盘和制造伞的教师的消息，不要忘了。"

在爸爸那个时代，在迦利格拉姆区就已经建立了几所学校，为发展教育爸爸并没有特别花费力气。佃农们对于学习的热情很高。他们自己失去了受教育的机会，他们特别渴望他们的孩子们能够获得很好的学习机会，所以他们为尽快开设学堂、学校都争先恐后出钱出力。佃农们是完全自由的，基金会的全部款项大概都用在发展教育上了。很多时候爸爸不得不在这一方面控制佃农们的热情。小学逐渐增加了，几年之内全区的每个村庄都建立了小学。与此同时每个分区都建立了一所初级中学，在波迪绍尔建立了一所高级中学。在雨季，四周全都被水淹没了，如果去波迪绍尔就得乘船。我常常看到，大船满载着四周村子里的学生们去学校读书。就像在加尔各答的中学、大学都有自己的宿舍一样，而在迦利格拉姆一些学校都有自己的船只。

为消除农村贫困，福利会进行多方面的种种努力——发展教育、开设织布作坊等乡村工业、改善种植业、开展渔业贸易、修建道路码头、审理控诉案件、解决缺水问题、为灾民建立避难所等等——可是有一种匮乏却无法消除，因为没有消除的能力。

了解了地产的情况之后，爸爸看到了佃农们身上都背负着债务。

农村富裕的人很少，大多数村民都深陷债务的深渊，他们一生也摆脱不了债务负担。这是那个时候乡村社会中的最大问题。这个问题总是困扰着爸爸，使爸爸忧心忡忡，长期来他都没有找到解决这个问题的方法。佃农们并不是不想偿还高利贷者的欠款，但是利息如此之高，再加上利滚利，实际上这种债是永远也还不清的。在这种情况下，消除他们痛苦的唯一办法就是需要建立一种行之有效的降低利息的机制。但是要建立这种机制，就需要很多的钱，对爸爸来说筹集到这笔款是不可能的。

那个时候为了圣蒂尼克坦的学校，爸爸不得不借了相当多的债，可是为了解除佃农们的痛苦他不可能不尽自己的一些努力，于是他从自己的朋友和一两位有钱的高利贷者那里借了几千卢比，在波迪绍尔开设了一家农业银行。这个银行以这笔借贷来的钱作为资本金开始运作了——爸爸要支付借贷款项百分之八的利息，规定需要从佃农那里收百分之十二的利息。银行运营需要花费，如果再加上收不回来的坏账，银行就不赚钱。不过银行就这样营业着，资本金不多，所以银行不可能满足佃农们的所有需求。为此爸爸十分焦虑，就在这个时候突然一个机会来了。爸爸收到了108000卢比的诺贝尔奖金。他很想把这笔款给予圣蒂尼克坦的学校，可是要是能用于佃农的福利方面，爸爸也会很高兴的。爸爸正处于这种犹豫之中，无法决定他应该怎么做。苏棱哥哥（苏棱德罗纳特·泰戈尔）和我当时就向爸爸建议，将这笔奖金作为储蓄存款以圣蒂尼克坦学校的名义存入农业银行，这样对于双方都有好处。于是爸爸就这样做了。在农业银行存在的岁月里，多年来圣蒂尼克坦学校（即后来的国际大学）每年都有8000卢比的固定收入。得到这笔资本金，银行也会获益。农业银行向农民贷款的数额也增加了。外地的高利贷者不得不压缩他们在迦利格拉姆区内的高利贷业务，甚至有几个人开始在农业银行里储蓄存款。农业银行开办后，很多贫穷的佃农第一次获得了摆脱债务的机会。可是农村感恩法颁布之后，农业银行的业务就停止了。佃农们借贷的款也就没有办法收回了——因此到最后农业银行也没能把诺贝尔奖金的那笔款偿还给国际大学。

但是福利会的工作一年又一年地继续着。这期间我很久没能去波迪绍尔了，因为国际大学的工作我非常忙碌。这个时候世界大战的破坏已经逼近了家门口。由于恐惧日本人，政府开始将河流里所有的运输工具都沉入水里。当时我乘坐的"帕德玛"号船正在北孟加拉，我担心某一天这艘船也会被抢走。为了保住这艘船，我就沿着恒河的水路向波迪绍尔航行。到达那里，我就放心了。当时的"帕德玛"号船保住了，但是爸爸和爷爷特别喜爱的那艘船，最后还是没能保留下来。战争期间由于木材和钢铁缺乏，没能及时进行修缮，一点儿一点儿破损，最后彻底毁坏了。爸爸当时住在什莱多赫、萨哈贾德普尔或波迪绍尔的时候，"帕德玛"号船已经不存在了，爸爸也就不能出行了。

有一次，我来到了波迪绍尔，看到村民们生活状况的改善，心里感到很高兴。我没有看到，在波迪绍尔高中还有住校的学生——在学校附近的码头上，一群又一群学生从一艘艘船上走下来。甚至，有的学生从八九英里远的村庄来这里上学。已经没有教学质量比较差的学校了，小学、中学到处都有了。三所医院和医务室都在很好地工作着。诉讼案件很少，发生一些小的矛盾纠纷，就由村子里的杰人们进行调解。编织匠人们以前只会织毛巾，现在他们拿出自己织的棉线纱丽、床单给我看。在这个地区捕鱼使用渔网和蓄笼，一位渔民将他的一套蓄笼模型作为礼物送给了我。陶器匠们也拿出各种陶器制品给我看。在政府新法律的援助下，村里人摆脱了债务，消除了长期以来的贫困状况。农民们只是抱怨地对我说："巴布先生，您怎么没有给我们带拖拉机来呀？"

1908年爸爸在他的一封信里写道：

"这样，村民们努力改善自己的福利——修补道路、码头，消除饮水困难，通过审理诉讼来解决纠纷，建立学校，清除灌木杂草，为灾民建立避难所等等，自己积极参与各种乡村社会的福利事业——建立各种设施。"

看到父亲长期努力所取得的这些成果,我心里充满了喜悦。

我想起了爸爸在另一封信里所写的话语:"然后,这土地——是我们出生的土地。这是那种乡村的土地,她是我们的母亲,是我们的养育者,我们的国家每天都在她的怀抱里获得生命。我们一些受过教育的人们,其心灵远远地离开了土地,在情感的天空中翱翔——由于雨水的加入,我们与土地的结合才会有意义。如果所有努力只靠空气和水蒸气四处转悠,那么,新时代的新雨也毫无价值。雨水并不是那样一种不需要的东西,在土地上耕耘有雨水,才会有收益。现在谁都不关注这样一个方面:哪里肯接受思想情味的激流,哪里就会有收获。全国灰蒙蒙的这片被阳光炙烤而十枯的土地,因十渴而龟裂,她哭泣着望着高空说道:'你们所有那些宏伟的思想,所有这些智慧不都是为我准备的吗?请赐给我吧,请赐给我吧!请让我做好接受这一切的准备吧。你将会获得你所赐予的百倍回报。'这是我们土地所呼出的那一口炙热的气流,今天已经抵达天宇,现在喜雨降临那一天已经到来,但是同时还需要耕耘啊!"

久格迪什琼德罗教授

我父亲与久格迪什教授初次相识的时候,我还是个幼小的儿童。当那次相识逐渐变为友谊的时候,我已经是个少年了。我对久格迪什琼德罗的记忆是与我童年的回忆密切相关的。

1900年,久格迪什琼德罗侨居伦敦的时候给我父亲写信说:"三年前,我在你身边时你还不认识我……"

久格迪什琼德罗游历了欧洲之后,于1897年4月回到了加尔各答。他的传记作者帕特里克·盖迪斯在他的书中写到,一得到他回国的消息,我父亲就去看他并想向他表示祝贺,可他不在家。我父亲就把一束鲜花放在他的桌子上了。我父亲第二次去看他的时候,两位朋友是怎样会面的，对此盖迪斯并没有详细描述，不过在我的记忆屏幕上至今还留有朦胧的图影。久格迪什琼德罗从英国回来后，在达摩多拉的一栋楼房里住了几天。这栋楼房可能是属于阿侬德莫洪·巴苏的。我当时是个9岁的孩子，不过，我不晓得，为什么爸爸带我去与他会面。两位朋友之间都谈了些什么，对我来说是不可能理解的，也不可能记得。我只记得这样一点点：久格迪什琼德罗兴致勃勃，滔滔不绝地讲述着欧洲旅游的故事，而我父亲认真地聆听着他的讲述，时不时地两个人一起开怀大笑起来。交谈大概继续了很长时间，父亲突然看了我一眼，发现我的脸色有些倦意，父亲虽然很不情愿，但是那一天还是与朋友告别了。

  这个时期照看地产的重任落在了我父亲的肩上。冬季的时候，他把船停靠在帕德玛河沙滩边上并且就住在船上。他不得不经常前往什莱多赫。当时他继《实践》之后第一次负责编辑《婆罗蒂》杂志，每个月都得写短篇小说或文章。将船停在帕德玛河辽阔的沙滩上的某个寂静的地方，人们无法到那里去。就在这种环境中，他一篇接一篇地撰写着短篇小说。久格迪什琼德罗一直在鼓励爸爸写短篇小说。……

  我父亲要去什莱多赫住在船上的时候，几乎总是带着我一起去。……

  我对童年什莱多赫的回忆，是与对久格迪什琼德罗的温馨回忆密不可分地联系在一起的。

  后来我回忆起菩提伽耶的往事。1904年将至，久格迪什琼德罗、奥波拉·巴苏女士和妮贝蒂达师妹决定一起去菩提伽耶，他们请求我父亲大人同去。这支队伍逐渐扩大了，焦杜纳特·绍尔迦尔教授、特里普拉的大公科尔内尔·摩西姆·泰戈尔和大公的公子布罗金德罗基绍尔（拉卢科尔达），我和我的同学松多什琼德罗·马宗达——大家都去了。寺庙已经做了安排，我们将作为菩提伽耶住持的客人。他的客舍是一栋很大的楼房，住持安排我们住在三层的一些房间里，但是房间并不特别需要，因为前面有一个很大的凉台，我们很高兴聚集在那里。这里不乏好客的安排，所有时间都备有上等牛奶、奶油、水果等多种食品。一有机会，我们就到院子里去，那里有一口用砖砌起来的大井，我们常常下到井里面去，坐在那里。这样的大井以前我从没见过。沿着水井边缘的旋梯可以下到底部的坑道里，里面还有窗子。炎热的白天坐在那里，感到很舒服。

太阳落山后，临近黄昏时分，大家一起去瞻仰寺庙。特里普拉的摩西姆·泰戈尔和拉卢科尔达两个人都是摄影爱好者，他们俩带着大大小小各种照相机，在白天有阳光的时候，他们拍了很多照片（我不知道那些照片是否还保留着）。参观过寺庙之后，我们来到寺庙后面的菩提树下坐下来。当时天色已经暗下来，庙宇的供台上已经点燃了灯盏。四周一片宁静，这时候诵念佛教咒语"ong mo ni podem hun"的细微之声就传到我们的耳朵里。几位日本朝圣者一边诵念着这个咒语，一边观看着庙宇，而且每走一步都要点燃一盏灯放在供台上。他们的形象是多么平静啊！又是何等虔诚啊！虔诚祭拜的方式多么淳朴啊！不久前，我们看到了，在寺庙里的佛祖像前，住持和高僧大德们举行了震耳欲聋的击磬敲鼓的祈福祭祀，我们的心里萌生了这样一个问题：天神究竟喜欢接受他们中哪种人的祭拜呢？谁也不愿意再离开庙宇的环境了。直到深夜，久格迪什琼德罗、妮贝蒂达师妹和我父亲大人都在一直专心致志地讨论着佛教和佛教史的问题。妮贝蒂达提出了一个又一个有争论的问题，而我父亲罗宾德罗纳特尽力一一做出合理的解答，其他人都陶醉地聆听着他们二人的问答争辩。我相信，由于这一次来菩提伽耶参观，父亲大人的内心对以后佛教的发展和佛教文学产生了极大的兴趣。回到圣蒂尼克坦之后，爸爸就让我从头至尾背诵《法句经》。我也开始学习巴利文了，根据父亲的指示，我大胆地开始翻译起马鸣的《佛所行赞》（*buddhacarita*）。

久格迪什琼德罗、妮贝蒂达和罗宾德罗纳特这三位思想家，一起来到佛祖得道成佛之地——菩提伽耶，就在那里创造了一种空前的气氛。只有两三天时间的暂住，但是在那里有过多少交谈、多少讨论、多少建议啊！非常遗憾的是，今天没有看到他们谈话的任何记录。由于年龄幼小，我还没有能力完全理解菩提伽耶的伟大精神和成年人的交谈。虽然没有留下记录，但是对于在这个圣地难得的三个晚上暂住的回忆在我心灵的幕布上至今仍然熠熠闪光。

返回的时候大家都来到了伽耶火车站。大家的目的地不是一个，所以要乘坐不同的列车。久格迪什琼德罗携妻子要乘坐孟买邮车去加尔各答——这是最先走的一列火车。他们急忙找到一个包厢，可是没有位置了。在一等车厢的一个包间里已经有两个人了，两个人都是白种人。他们不让印度人进入包厢，于是我们几个人就跑去见站长先生。弄清情况后，站长也不敢前去解决。我们返回后看见，妮贝蒂达师妹在用非常不悦的语调谴责她自己的那两个同民族的人。受到谴责后，两个洋大人最后打开了车厢的门，久格迪什琼德罗和巴苏女士才勉强进了包厢。

列车开走的时候，我看到了妮贝蒂达那副气愤的形象。她简直无法控制自己，此刻立即把英国人赶出印度，仿佛她才能平静下来。妮贝蒂达的愤怒还没有消失，另一列火车开来了。妮贝蒂达要乘坐这一列火车去西部，只有两个一等车厢的包厢了——一个包厢里有一个白种人妇女，另一个包厢里有一个印度男人。我们把妮贝蒂达的行李放进英国女人所在包厢里的时候，她却说："我不住这里。"于是我们就把她送进另一个包厢里。当我们打开包厢进去的时候，那位有身份的人急忙站起来，将他的水烟袋移过来，为妮贝蒂达腾出了位置。火车要开动的时候，妮贝蒂达对我们说："现在，你们看到了野蛮的英国人和文明的印度人之间的区别了。"

我在美国大学读书的时候就知道了，久格迪什琼德罗正在美国旅游，几所大学已经邀请他去发表讲演。得到这一消息后，我非常高兴。我当时立即跑去见我的系主任，诚恳地请求他说，应该邀请久格迪什琼德罗到伊利诺伊大学来。系主任达文伯特是一位博学之人，他对科学界的信息非常了解。我一直在听他的课，作为他的学生，他很喜欢我。他笑着对我说："你的愿望会实现的。"① 听到系主任的回答，我就给久格迪什琼德罗写信说，希望他收到伊利诺伊大学的邀请函后不要拒绝，赶快来。这所大学尽管不如哈佛、耶鲁等大学那样有名气，但是来这所比较小的大学讲演，他的听众可能会更多。总之，我希望他能来。我收到他的回答：他很快就会来。我当时以极大的热情在大学的科学大厅对久格迪什琼德罗的发明做了宣传。我非常高兴，并以如此的热情做了如此多的准备之后，久格迪什琼德罗教授莅临大学的时间临近了，此时我却病倒了。大夫来了，并且把我关进一家医院，按照规矩要治疗15天。在医院里待了7天，我就跑出来，到火车站去欢迎久格迪什琼德罗和他的妻子，并把他们带到下榻之处。第二天是他的第一次讲演。早晨，久格迪什琼德罗就对我说："讲演的同时需要做实验演示，你应该协助我。走吧，我把仪器都放在科学讲堂了，我指给你看，应该怎么做。"我高兴得不得了，同时心里开始想，以后就会看到，我的同学们会用何等羡慕的眼光看我啊！久格迪什琼德罗准备好几部十分惊奇的仪器，并且用其向大家展示，树木植物受到各种嘲弄后会做出什么反应。开始触动敏感的树叶，那树叶就会卷起来，这种现象我们大家看到了。但是如果开始击打某棵树，它也会有反应，尽管我们看不到。借助久格迪什琼德罗所发明的仪器，在黑色屏幕上我们看到光点在颤抖，因此我们就能很容易地明白，树木受到外部刺激会做出何种反应。当他一边讲演一边做实验的时候，他一直看着屏幕。就在那光之图影上下浮动的时刻，他兴奋地高声说道："在这里，这里，这里啊！"我当时深深地吸了一口气——

---

① 奥波拉·巴苏女士关于此事给罗宾德罗纳特写过信，将其摘引如下："罗廷给绍罗特先生写过一封信，谈到了教授先生的事，他在信中说，伊利诺伊大学10月很可能请他去讲课。可能，罗廷也给你写了信吧。这个消息是确实的。(1908年3月20日)""罗廷为请他讲课之事付出了很多辛劳，结果发来邀请函很多，他不可能都答应，只能去五六所主要大学去发表演讲"……(1908年11月20日) ——原文注。

我的操作没有一点儿错误。

在我回国后,久格迪什琼德罗见到我的时候说:"你什么时候来参加我的实验室工作啊?"当时我被叫到圣蒂尼克坦去了,无法满足久格迪什琼德罗的请求,因此他感到很遗憾。他把他研究方面的几本书都送给了我,现在这些书都存放在圣蒂尼克坦的图书馆里。

夏天的时候,久格迪什琼德罗都住在大吉岭的"玛雅普里",附近就是我的别墅"幽谷伊甸园"。就在我讲述往事的那一年,久格迪什琼德罗病倒了。我父亲频繁地前去看望他,他们之间并没有特别讨论诗歌问题。久格迪什琼德罗很想听我的父亲讲述哲学方面问题,这是完全可以理解,因为在他内心里正为生死的奥秘而感到激动不安。科学的逻辑判断仿佛不能使他感到满足,也不能使他平静下来。他的科学思想也不可能使他完全接受流行的宗教观点,所以他不断地向诗人发问,爸爸在静坐沉思中都感悟到了什么。这位科学家和哲学家就在为很多判断所证明的复杂道路上转来转去,也找不到解决问题的答案——而诗人或禅修者,或许运用他们那淳朴的内心视野功能能够很容易得到答案。也许,他就有这样一种信仰,所以他才不断地向我父亲询问这方面的问题。

在大吉岭是我们最后一次相见。他去世的时候,我们不在加尔各答。

拉姆戈尔山

我回忆起了 1914 年夏天休假的往事。拜沙克月二十五日是爸爸的生日,按照惯例是要给他老人家祝寿的,于是老师和学生一起离开了圣蒂尼克坦静修院,前往一户人家。因为忍受不了暑假的酷热,所以爸爸就决定去拉姆戈尔山区。诸如大吉岭、奈尼达尔、阿尔莫拉、西姆拉等这样的一些著名避暑胜地都曾经住过,可是我们为什么要去像拉姆戈尔这样陌生的山区呢?我觉得还应该做些说明。

几年前的一天,我在报纸上看到了一则广告。在奈尼达尔附近一个名叫拉姆戈尔的山上,有一处要出售的花园别墅,别墅的名字叫"雪景"(snow-view)。花园很大,占地有300印度亩(约100英亩),园子里有苹果树、番石榴树、桃树、杏树、核桃树等长势良好的果树。那是一座完全修建好的花园别墅,我很想将其买下来,于是我就乘坐那一天傍晚的火车,匆匆赶去查看那座花园别墅。我知道拉姆戈尔在哪里,沿着通向凯达尔波多里的土路走去,那里有一家小旅馆,很久以前我曾经在那里住过一夜。这个地方就在从卡托古达姆到阿尔莫拉的一条古道旁边,是唯一的一处驿站。当时因为洋大人们常常来这个地区狩猎,所以就在那里为洋人们吃住休息开办了这家旅馆。可是由于走得匆忙,我就没能打听到寻找广告上所说的"雪景"别墅的办法。我相信,我这样出来就能够找到,于是我就在卡托古达姆下了火车,骑着马直奔拉姆戈尔的方向。早晨我就开始出发了。从卡托古达姆到拉姆戈尔有16英里,全部是上山之路,山路盘旋着上升到7000英尺。山区的马驮着我毫不费劲儿地在这条山路奔走。我看到天色已晚,就问马夫:"如果不走大路,有没有可以快一点儿到达的小路啊?"他抓住马的笼头将马引向松树林里的一条小路,并且安慰我说:"马会准确地把你送到的,我进不去,这条山路我不能和马一起攀登。"于是我就独自策马沿着森林里的陌生之路前行。道路没有尽头,我一直向上攀登。时间拉长了,12点过了,13点也过去了,不过马还在前行。我仿佛觉得迷路了,而且感到心灰意冷,就在这时候我突然看到,我已经越过山顶,走向山的另一侧了——前面山顶上的冰雪在我眼前熠熠闪烁着银光。我从马上下来,坐在草地上,开始欣赏从未见过的景象。俯瞰下面,我看到在不远处有一栋房子。于是我就走下去,想找人打听一下,那栋房子是何时建造的。房子的门关闭着,不过在花园里有两个花匠在劳动。他们告诉我,这栋房子就是"雪景"别墅。这样看来,这匹马确实把我带到了我要来的地方。我在四周围转了一下,仔细查看了整座花园别墅,感到非常好。这里自然景观太迷人了。

　　回到旅馆，吃了晚饭，就在那里住了一夜。第二天结算的时候，我发现，我衣袋里的钱在支付给旅馆的费用后所剩下的就不够购买返回加尔各答的火车票了。由于我离开家的时候太匆忙，钱没有带够，我就把金戒指和手表存放在旅馆主人那里作为抵押，借了一些钱，才勉强回到了加尔各答。我详细地向爸爸汇报了那个地方的情况，爸爸听了非常满意，于是就把"雪景"别墅买了下来。爸爸不喜欢原来的名称，于是就给它取了新名称"清凉居"①。

　　第二年的暑假期间，大家一起第一次前往"清凉居"度假。我带着迪嫩德罗和穆库尔·代提前几天去喜马拉雅山区旅游。当我们参观了波多里迦静修院圣地，来到拉姆戈尔的时候，发现"清凉居"别墅已经住满了人。爸爸和很多人已经到了那里，我们家里的所有人都在，除此之外，诗人奥杜尔普罗萨德·森也从勒克瑙来了，尔后 C. F. 安德鲁斯也来了。别墅里很热闹，由于迪嫩德罗的到来，就更加显得热闹了，开怀畅谈、欢声笑语、悠扬的歌声此起彼伏。食物非常丰盛，从自己的菜园里采摘大量的蔬菜，还运来了各种水果。我从没吃过这么多的草莓，因为根本吃不完，所以就做成草莓酸果酱、草莓芒果豆汤——总之，想出各种方法用这种好的水果制造食品。

　　聆听唱歌的时候，聚集的人最多。歌坛的三星聚会——爸爸、奥杜尔普罗萨德和迪嫩德罗聚集在一个地方，从"清凉居"里歌声之泉喷涌出来。爸爸放下其他工作，每天都在创作歌词，并且开始为歌词谱曲。迪嫩德罗纳特在身边，爸爸就不担心了。再也不会丢失曲调了，教他一次新曲调，他就会记住的，所以爸爸满心欢喜地谱写歌曲。

　　在花园的一个角落的山体上，有一个类似山洞的空旷场地。早晨，我们大家都聚集在那里。这个地方很美，大家都非常喜欢。背后的高山

---

① 孟加拉语原文 Haimantee，可音译为"海蒙蒂"，意思为"凉爽"。

垂直耸立，整个山体直到山顶都为稠密的森林所覆盖。森林里有一棵高大的古老橡树，它的粗细枝干上布满了苔藓，树上盛开着各种形状的小兰花。我们面朝北坐着，那个方向很开阔，可以看到很遥远的地方。面前的山脉犹如波浪似的蜿蜒起伏，向着西藏的方向延伸而去。在绵亘的蜿蜒山峦终止之处，冰雪覆盖的山峰高耸入云，宛如长城一样延伸到极远处。凯达尔纳特峰、波多里纳特峰、潘齐久里峰——还有多少难以攀登的喜马拉雅山高峰展现在我们的面前，她们那种超凡脱俗的美景，令我们眼花缭乱，目不暇接。我们坐在那座山上，其斜坡陡峭下垂，深谷下是一条小河。可是我们看不到河水，只能听到潺潺的流水声。

　　大家都兴致勃勃地坐在一起，聆听新谱写的歌曲。奥杜尔先生的兴致最高。他请求我爸爸唱歌的时候，我爸爸就望着迪嫩德罗纳特，说道："你来唱昨天我教你的那首吧，现在我可什么都不记得了。"迪嫩德罗纳特于是就唱了起来，一首唱完了，接着又唱起了另一首，可是奥杜尔普罗萨德还是不满足。新谱写的歌曲唱完了，他说还要听他特别喜欢的老歌。爸爸于是就对奥杜尔普罗萨德说："已经满足了你的愿望，现在你来满足我们的愿望吧。我们现在要来聆听你唱歌了。"奥杜尔普罗萨德就用他那甜美的嗓音一首接一首地唱起来。直到波诺马利出来说"该吃饭啦"，这时候才终止唱歌，我们的聚会才结束。

　　我记得，有一天，奥杜尔普罗萨德请求爸爸唱歌时说："您昨天在房间里哼唱的曲子，我听了非常喜欢，歌曲肯定谱写好了，请您给我们唱唱这首歌吧！"爸爸说："这首歌现在我还没有教迪嫩德罗，那就我来唱吧。"于是爸爸就唱起来：

　　　　你这奇特的欲望美妙啊阳光，
　　　　我这歌喉纯净、动听、绵长，
　　　　美妙啊阳光。
　　　　我这一双眼睛晶莹明亮，

睁开了，令人陶醉迷茫，
心中和风弥漫着芳香
美妙啊阳光。
这就是你愠怒时的心像，
这就是溢满你生命的琼浆。
就这样你把我
重新拉入你的身旁，
我的出生和离世都在今生，
美妙啊阳光。

早晨，青草上缀满了露珠。阳光从东方的山上倾泻下来，在树叶的光影间玩着捉迷藏的游戏。大自然的这种欢乐的美景，歌的词语，歌的曲调——所有这一切营造出一种优美的情味。听着听着，奥杜尔普罗萨德激动起来，他请爸爸一次又一次吟唱这首歌。不论唱了多少次，他都听不够，总希望再听一次。

爸爸每天都在创作歌曲，而我们就坐在花园一侧山洞前面的核桃树下，聆听着爸爸新创作的歌曲。爸爸唱歌的嗓音很洪亮。他坐在室外空旷的天宇下唱着歌，他的歌声仿佛震动着花草树木和群山。奥杜尔普罗萨德的嗓音同样也很甜蜜，他的歌声非常优美。每当他满怀激情地忘我似地唱起歌来的时候，我是最喜欢聆听的。当爸爸和奥杜尔普罗萨德两个人平静下来的时候，就该轮到迪嫩德罗纳特开始唱歌了。就这样，一天又一天我们整个上午都是在歌声中度过的。

穆库尔·代和我去了波多里迦斯罗姆，从那里回来后就去了"清凉居"别墅。当时他年纪还小，可以说他还是个少年，当时他的名字在演艺界尚不为人所知。穆库尔的嗜好是狩猎。他听人说，洋人们常在拉姆戈尔山里捕杀野兽。拉姆戈尔周围的丛林里有老虎和狗熊，穆库尔很固执，但他既没听到也没看到，因此他很伤心。虽然听说我这里什么狩猎的装备、步枪、来复枪都没有，可他还是不死心。我发现，几天来他没有再提起此事，我就放心了。后来有一天，他突然拿着一支不知道从什么地方搞到的装满子弹的步枪要去打猎。原来这支步枪的主人是我的管家，他的责任是负责管理"清凉居"别墅和花园。尽管不很情愿，我们还是同穆库尔一起出去了，管家走在前面带路。一整天我们都在丛林里转悠，幸运的是，什么野兽也没有碰到。毋庸赘言，没有碰到野兽，所以心情不是很痛快。当在水边看到了某种脚印的时候，穆库尔跳起来，说："哥哥，我看到了，现在看到了！"可是在我们前面什么野兽都没有。我在心里默默地说，这是天神可怜我们啊！眼看着黄昏降临了，我们正朝着别墅的方向返回。可以看到，别墅就在不远处，可是在走上最后一段路时我们的脚再也迈不动步了。我们三个人开始感到如此的疲惫，于是就在一颗很大的橡树下摊开腿，坐下来。我们刚一坐下来，就听到头上的树杈间传来了什么声音。我们惊恐地站起来，一只很大的狗熊从那根树杈上"噗地"一下跳到地上，并且竖起了两只前爪子，站在那里瞧着我们。有谁从背后推了我一下，大叫起来。我企图拿起那支放在地上的步枪，可是没能拿起来。那只狗熊静静地站了一会儿，正当我从穆库尔的手里抢夺步枪的时候，我不知道那只狗熊是怎么想的，可能它觉得很可笑，仿佛是无知地笑了笑，就钻进丛林里去了。休息也就告吹了，于是我们三个家里的孩子迈开脚步，就回到了家里。这件事情发生后，在拉姆戈尔居住的日子里，穆库尔就再没有向我提起狩猎的事了。

"清凉居"的屋顶上有一处地方漏雨水，叫来了一个补漏维修工进行修理。有一天我看到，他在修理的过程中有时停下手里的活儿，而且当时他全身瑟瑟发抖。我担心，处在这种状态下他会从房顶上摔下来的，于是我把此事告诉了爸爸。爸爸说，这种病叫 ST. Vitus's Dance（感染性舞蹈病）。我把维修工带到爸爸面前，他对我爸爸说，他的这种病从出生时就有了。爸爸对我说："我在一本书里读到过，顺势疗法的一种药可以治疗这种病,不过我不知道是否有效,我从来没有用过。"爸爸给了他这种药。过了几天,这个修理工又来工作的时候,他的这种病就完全治愈了。

还用到哪里去求医呢?!每天都有病人来。上午爸爸的医务室一般都会开张的;人们口耳相传,爸爸会看病的名声就传播出去了。我听说,当地的邮政局长先生更是为此火上浇油。不久前,加尔各答大学授予爸爸"大夫"的荣誉称号。看到寄给爸爸信的封皮上写有"大夫"的称号后,那位邮政局长先生到处宣传说,一位著名的医生从加尔各答来到了拉姆戈尔。爸爸很喜欢顺势疗法,来到拉姆戈尔后,他的这一爱好就得到了完全的满足。

我听说,1912年诗人叶芝在伦敦罗森斯坦家里给几个人文学家朗读《吉檀迦利》的译文,其中就有 C. F. 安德鲁斯。当时他第一次与爸爸相识,从那一天起他就对爸爸特别崇敬。那时候他是德里圣斯特芬大学(ST. Stephen)的教授,假期回英国休假。假期结束后回到德里之后,他常常利用闲暇时间来圣蒂尼克坦看望爸爸。他很喜欢圣蒂尼克坦,因此就想辞掉德里的那所大学的工作,来到爸爸身边,协助圣蒂尼克坦静修院的工作。我们住在拉姆戈尔的时候,突然有一天安德鲁斯来到了那里。我看到,他有很大变化,他脱掉了传教士的服装,穿着普通的衬衫裤子。后来,当他认为自己完全是印度人的时候,就脱掉了西装,开始穿围裤了。

他来到拉姆戈尔,就告诉我爸爸,他是辞掉了圣斯特芬大学的工作后来这里的,现在他已经做好了接受爸爸分配给他的工作准备。他再没有什么牵挂。他不需要赚钱,有一点收入就够他自己用了。他希望把自己的一生都献给圣蒂尼克坦,献给印度。他还告诉爸爸,Willian Pearson(威廉·皮尔逊)支持他的这一愿望,他也希望走这条道路。爸爸非常高兴地接纳了安德鲁斯先生。*Gitanjali*(《吉檀迦利》),*Chitra*(《花钏女》),*The gardener*(《园丁集》),*The Crescent moon*(《新月集》)

当时已经出版了。麦克米兰出版社给爸爸写信来说，愿意出版他的其他英文译本。那时候爸爸手里还有很多选自孟加拉文诗集的英文译稿，还没有出版。安德鲁斯先生的到来，爸爸感到很开心。两个人一起坐下来，精选出这些译稿，准备打印成册。我也承担起一项工作，将他们挑选出来的译稿打印出来，交到他们手里。我还记得，*fruit-gathering*（《采果集》）诗歌的译稿就是在拉姆戈尔汇集成册的。爸爸之所以把编辑这本书的任务交给了安德鲁斯先生，他心里还有一种考虑。我们住在拉姆戈尔这个很偏僻的地方，外面的任何运动都波及不到这里来。安德鲁斯先生是位闲不住的人，不给他足够的事情做，说不定哪一天他会以某种事情为借口跑到南非、斐济岛或其他某个遥远的地方去呢。接受编辑《采果集》这本诗集的重任后，他就会专心致志地全身心地投入到工作中，忘掉其他别的事情。他全天都在从爸爸的笔记本中选择诗歌译文，并且以一种方式进行编排，然后又换一种方式进行编排。晚上大家都聚集在一起的时候，安德鲁斯先生就坐在爸爸的脚边，用手举着笔记本，请求爸爸朗读几首诗给他听。爸爸开始朗读的时候，安德鲁斯先生全神贯注地听着爸爸的朗读，他的脸上泛着喜悦之光。有时候特别喜欢某一首诗，他就跳起来，紧紧地拥抱着爸爸。很多时候我们都看到，听着听着，他就激动起来，泪水从他的眼睛里簌簌流淌下来。

"清凉居"别墅周围没有任何人家，拉姆戈尔村距离我们的别墅大约有 2 英里远。同我们的花园毗邻的是一个苹果园，果园的主人是一户英国人和印度人组合的家庭，我们同他们没有交往。在另一个方向稍远一点儿的山体最高处，有一位退休的英国人 I. C. S.，同妻子一起居住在那里。他有一个很大的苹果园。在这个果园里有如此之多的水果，他全年都用邮船运送苹果。一天下午，斯威藤哈姆（Sweetenham）夫妇请我们去喝茶。我们坐在他们家的凉台上一边喝茶，一边赞美他们家周围的自然风景，就在这时候乌云飘过来，遮住了所有风景。为了让爸爸能够与斯威藤哈姆和安德鲁斯先生有机会进行深入的交谈，斯威藤哈姆夫人就带领其余的几个人去参观他们的花园。花园里有大量的西方鲜花在绽放，观看了各种颜色的鲜花，我非常喜欢。正当我们陶醉地欣赏花园里鲜花的时候，乌云突然散去了，眼前展现出一种从未见过的美景。我们站在山坡上欣赏着这副美景：瞧着山下的方向，一片片云彩就像大海一样飘动着，视线可以达到很遥远的地方；太阳正在西部边界徐徐降落，落日的余晖洒在云层上，呈现出金黄、殷红、深紫等多种颜色，顿时就觉得我们仿佛置身于地球之外的某个仙境。人间的一切迹象都消失了，只看到，有时从云海里钻出几座犹如小岛似的山峰。这样的美景，我只是在瑞士的 Matterhorn 山上见过一次。我急忙走到爸爸身边，让他们停止谈话，带他们到花园里来欣赏这种从未见过的美景。

拉姆戈尔聚会该结束的时候到了，奥杜尔普罗萨德最先离开了。他在走的时候邀请爸爸去勒克瑙。到他那里不仅要住上三四天，还要在勒克瑙做一次讲演。尔后，迪嫩德罗纳特和穆库尔返回了圣蒂尼克坦，我们和安德鲁斯先生还要在这里住几天。

我们下山的时候也到了。那个时候这个山区划入新管理的范围，要用苦力滑竿，需要向专员申请。通常申请虽然会被批准，但是只申请到一个滑竿。看到这种状况，安德鲁斯先生说："师尊在勒克瑙发表讲演的日期已经确定了，他今天必须动身。就让师尊坐这个滑竿走吧，我步行跟他一起走。你们稍后再走。"爸爸不同意这个建议，安德鲁斯先生坚持自己的意见，最后爸爸不得不坐上滑竿动身了。安德鲁斯先生同他一起步行。我们从远处看到，他们走了一段路之后，爸爸就从滑竿上下来，开始同安德鲁斯一起步行。后来我们才知道，两个朋友一边交谈着一边步行，走了 16 英里，一直走到卡托古达姆，而几个抬滑竿的人就跟在他们后面，谁都没有再坐滑竿。

1914 年世界大战爆发之前，爸爸的心情就因为一种莫名的恐惧而躁动不安。因此，大概就在这时期，他把自己的心思如此集中地投入到将他的孟加拉语诗歌翻译成英文的工作中。不过，在他的内心里还是不平静。我们从他在拉姆戈尔写的一首著名的诗里了解到他的这种心态：

> 我怎能容忍
> 你的法螺蜷缩于尘土！
> 何等的不幸啊！
> 空气阳光都已亡故！
> 谁挺身举旗战斗？
> 有歌却唱不出口，
> 准备行动的人啊
> 千万不可惶惑！
> 你们看尘埃里
> 有无畏的法螺。①

在拉姆戈尔居住的时候，世界大战爆发了，此后爸爸一直忧心忡忡。安德鲁斯先生在写给一位朋友的信中描述他的那种焦虑的心情：

The period of the next few months was one of the increased tension followed later by a gradual recovery from the mental strain that had been oppressing the Poet for so long.

At the beginning of the European war this strain had become almost unbearable, owing both to the world tragedy of the war itself and the suffering of Belgium, which the poet felt most acutely. He wrote and published simultaneously in India and England three poems which expressed the inner conflict going on in his own mind. The first of these was called The Boatman and he told me, when he had written it, that the woman in

---

① 见《鸿雁集》第4首，《泰戈尔作品全集》第6卷（上），人民出版社2015年版，第336页。

the courtyard, "who sits in the dust and waits", represented Belgium. The most famous of the three poems was The Oarsmen. Its outlook is beyond the war; for it reveals the daring venture of the faith that would be needed by humanity if the old world with its dead things were to be left behind and the vast unchartered and tempestuous seas were to be essayed leading to a world that was new.

（接下来几个月也是压力倍增的时期，尽管这种给诗人带来长久精神压制的黑暗时期不久之后将会渐渐褪去。

在欧陆战争开始的时期，这种压力变得几乎无法忍受，这是由于战争本身引起的世界悲剧，同时也因为诗人最敏锐地感受到了比利时所遭受的痛楚。他在印度和英国同时撰写和发表了三首表达内心冲突的诗歌。其中第一首名为 The boatman（船夫）。当他写罢这首诗歌时，诗人告诉我，那个在院子中"坐在尘土里等待着"的女人，正是比利时。这三首诗中最著名的就是 The Oarsmen（划桨者）。它的展望超越了战争；因为它揭示了信仰的大胆冒险，而这种冒险又是人类所需要的，如果将旧世界及其腐朽死亡的东西全部抛在后面，那么，未知的而又汹涌澎湃的广阔海洋会将人类社会带领到一个全新的世界。——贺晓璇译）

几个月来忧心焦虑的情绪开始逐渐消失了。过了很多天之后，这种焦躁的心绪也平静了，诗人慢慢地恢复了他那自然的心态。

世界大战开始的时候，他的那种焦虑达到了顶点。看来，他的忍耐仿佛就要突破最后的崩溃界限了。一想到在比利时的悲惨景象，爸爸就感到，在他的内心里这场席卷全世界的俱卢之野大战的痛苦在沉重地撞击着他的心灵。可以看到，在这个时期他所创作的诗中有三首诗反映了他当时的心情。这三首诗的孟加拉语原文和英语的译文几乎同时在本国和英国发表了。其中的第一首诗就是《鸿雁集》中的第二首《呼唤》。他在这首诗里写道：

你呀，你不要再落泪！
不要用衣襟遮住面孔，
恐惧地躲在角落里！①

我从诗人口中听到了关于一位惊恐的年轻女人在被敌人占领的比利时的遭遇。这三首诗中有一首是很著名的，它就是《螺号》。第三首诗就是《暴风雨的渡口》。这首诗所吟诵出充满希望的语句，呼唤人们超越狭隘而陈旧的死亡码头，朝向新时代的海岸前进：

带着陈旧的收藏归来
只是为了经商买卖
再也行不通。
欺骗在四处横行，
多少真实的资本已经告罄——
所以舵手向我们呼吁：
"即使在风暴之中
也应该朝着新的海岸
奋勇挺进。"

关于上面所引用的这首诗爸爸曾经说过一席话，我还记得：

"住在拉姆戈尔的时候我曾经写过四五首诗。当时我的内心里经受着一种痛苦，那个时候在全世界范围内正在酝酿一场毁灭性的战争。安德鲁斯先生这个时候和我在一起，他了解我当时的心态……

"我的这种感悟并非是对战争的感悟。我就觉得，我们已经走到一个伟大时代的节点上，过去的一夜就要结束了。透过死亡的痛苦，一个

---

① 见《泰戈尔作品全集》第6卷（上），人民出版社2015年版，第334页。

伟大新时代的殷红的朝阳即将冉冉升起，因此我的心里萌生出一种莫名的激动。"

爸爸努力强迫自己从担忧的痛苦心境中摆脱出来。他在拉姆戈尔那种喜马拉雅山区宁静的环境里，沉湎于诗歌的创作中，借以摆脱这种噩梦，为了获得恒久的庇护。

日　记

　　这一部分摘录了罗廷德罗纳特不同时期日记的有关内容。前两部分在期刊发表时他写了前言，现将其摘录如下：

　　"在爸爸与别人交谈的过程中，童年时代的很多时候我都有机会在场。年纪很小的时候我就热衷于写日记——生活中的每一件事对孩子们来说都是重要的，对于那些不喜欢不相信的东西就不写，当时这种情况相当多。最近我发现，我年纪小的时候就有保存日记的习惯，甚至尽力保存爸爸谈话的记录，一直没有中断，尽管这样做是很鲁莽的。记录爸爸亲口说的话当然是很困难的——当时年龄也小，语言知识又有局限，不可能理解他的全部谈话。

　　"几天前我从我保留的旧报纸上看到这一类的谈话记录。说它们是记录，确切地说也不合适，因为这些记载中有很多都是经过修改压缩过的。不过，作为爸爸思想的表达可能还是有价值的，想到这一点，我就把这些记录交给了编辑。

　　"关于宗教问题的讨论，标注的日期是8月2日。有必要说一说梵修书院发生的一个特殊的事件——焦戈龙窨的死亡。据我回忆，这个事件发生的年月是1903年斯拉万月——从今天算起就是39年前发生的事件。当时有几天我们住在吉里迪，即住在爸爸的一位特殊朋友绍琼德罗·马宗达先生住宅旁边的一栋平房里。住在那里的人们中有莫诺龙窨·古霍塔古尔达、V·拉伊、绍什普松·巴苏等，当他们来此处参观的时候，几乎经常讨论各种问题，我的同学和我就坐在房间的一个角落里，聚精会神地听着，并且在笔记本上做些记录。第二份笔记（《妇女的权利》）就是爸爸陈述的记录。标注的日期为1905年拜沙克月2日。"

宗教　1903年8月2日

莫诺龙窘先生的儿子焦戈龙窘星期五死在了学校里，莫诺龙窘先生带着他的小儿子代波龙窘今天上午来了。我们大家都去了他的家里，听到了很多关于唯灵论的事件和故事。如果这些都是真实的，那么，这种真实倒是令人惊奇的。

下午莫诺龙窘先生来了，他同我爸爸从谈论其他问题开始转到探讨宗教问题。爸爸开始讲述起来：

"我在《宗教宣传》一文里想尽力说明，如果把宗教与一个具体的地点、具体的时间或具体的事物联系起来，那么，它就不是宗教。这种想法在梵社里很流行。一个人的祈祷达到什么程度，他就是什么程度的宗教人——这是个很大的错误观念。我闭上眼睛默想天神，我心里可能也会有一点感觉，但是随后，我走到外面与某人敌对起来，那个人就成为敌人了。对我来说，世界以前是什么样子，现在还是那种样子，我不会把所有人都看作是朋友——难道我会说这是对天神的祈祷吗？！很多人都这样认为，我真的感悟到了天神——他们自己欺骗自己。这就是一种催眠术。很多时候即使用锣鼓般的洪亮声音表述感觉，那也是一种催眠术。

"对我来说，宗教是很具体的——尽管对此问题我没有权利说些什么。但是我如果对天神有某种感悟，或获得天神的暗示，那么，这种感悟我是从整个宇宙获得的，是从人、从花草树木、从鸟兽、从土地——从一切事物中获得的。我给尘土起名为尘土，难道它还有任何其他意义吗！？我们给这个世界的大多数事物都起了名字，却把我们自己排除在外。我仿佛在所有这些事物上直接感悟到了天神的存在。在我这里，尘土不再是尘土，树木不再是树木，鲜花不再是鲜花，所以我就觉得，在它们身上有一种更深刻的意义。在天空中、在和风中、在水中——到处，我都感触到天神的触摸。整个宇宙每时每刻都在我身边讲话。

"所以我说，不需要用某一种特殊的方法、特殊的仪式去获感天神。可以随处在人们的身上，在自然界万物身上，感悟到天神。而我觉得，这才是顺其自然的方法。我是一个极端的 positivist（直观主义者），在我将感悟到天神的时候，我就会在一切事物中看到他——整个世界就会是你的我的，我就会宽恕所有人，我就会看到天神向所有人伸出友好之手，我就会感到宇宙中的一种和谐。"

孟加拉历 1310 年（公历 1903 年）斯拉万月 17 日

女人们的权利　1905 年 4 月

经历了一个事件之后，我第一次思考女人的问题。家里三层楼有屋顶晒台，其下面二层有封闭的凉台。一天黄昏，我看到了一个女人在上面的屋顶晒台上不停地踱着脚步，不时地向上抛着小石块——在她身上看到了一种可爱的、激动的情怀。在下面凉台上此刻也有一个女人，她在缓慢地切着菜。

看到这幅画面，我就觉得，在女人身上蕴含着两种本性——一种是妻子的本性，另一种是母亲的本性；一种是迷人的、令人愉悦的本性，另一种是幸福戏耍的本性。能使人陶醉的，就称之为美，或曰妩媚。

在男人的力量中也存在着两种风格———一种是身体的力量，另一种是知识的力量。为了获得身体的力量就需要一种知识，这也是我的力量中所具有的。在这一方面知识就是 wisdom（智慧）。刻苦的人们身上所具有的这种体力都是靠平时锻炼出来的。为了获得这种力量，他们都进行过各种艰苦的锻炼。古代时候这种力量还是需要的。那时候一切都是不确定的，当时人们还不习惯建筑房屋，平安地生活。

在荷马史诗《伊利亚特》中你们会看见到处对身体力量的崇敬。在《罗摩衍那》和《摩诃婆罗多》中恰恰是相反的情景——与身体的力量相比，人们更重视知识的力量。这一点我只是口头说过，但这是一个大课题。对于这个问题，直到今天也没有进行过充分的讨论。可能，出于对自己国家的热爱，我才说这番话的，但是我相信，在很多问题上东方和西方是存在一种原则性区别的。

在西方国家，人们更看重女人们的妻子风格。在那里，女人们的存在只是为了愉悦男人们，通过妩媚和戏耍使他们着迷。在我们国家，女人被尊称为母亲——所以才如此容易称呼所有女人为母亲，而欧洲的女人们被称为动人的美女，在那种国家 chivalry（对女人献殷勤的风气）就产生了。在那里，男人们就把自己身体力量中下流部分奉献到女人们那种迷人力量面前。这种自我奉献就像一种骗术——男人们仿佛成为女人们的奴隶，其实根本不是的。

在我们国家，不这样对待女人，所以西方国家就谴责我们。为了充分获得某种情感，于是人们就在寻求有力而广阔的场合。在那里，美女的首要任务就是通过自己的美貌、温柔和妩媚迷惑男人——奉献快乐。她们不仅愉悦自己的丈夫，而且还愉悦所有的男人；可是对自己的丈夫她们只展现出一点儿幸福感。在女人身上不会不存在幸福感，两种情感都是必须存在的。

在欧洲这种幸福感寓于家庭之中。在那里，妻子和丈夫及母亲和儿女们一起努力保持着这种幸福感。但是我要说的是，这种幸福感在欧洲并没有获得广泛的传播，因为他们的社会结构是另一种样子。在那里一说到家庭，只是理解为丈夫和妻子及其子女；所有人仿佛都有一种"走出去，走出去吧"的情态——大家都是自由的，所有男人都有妻子儿女，他们的家庭内部是禁止别人进入的。哪里的家庭狭小，哪里母亲的幸福感也必定狭小。可是美女谋生的职业在那样的国家仿佛也在一定程度上获得了发展。

在那里，妻子可以接触很多男人，大家都会感到心情愉悦。因为大家都希望这样做，所以为了满足这种需要，女人们也都尽力想这样做。到了老年，当头发变得花白了，而且本能举起双手说还要活下去的时候，她还要装上假牙，带上假发，借此将自己打扮得年轻一些，化妆品工业因此在欧洲也一天天发展起来。一个事实在这里必须承认，由于与很多人接触和交往，女人们的文化水平也有了一个很大的提高。

在我们国家，情况正相反，前面我已经提到了。女人的母亲情感在我国有了很大的发展空间——这个国家大家庭的传统习惯培育了这种情感。在欧洲，这种幸福感只局限在丈夫的身上。在我们国家，那种夫妻情感不只局限在丈夫身上，她的幸福感是面向所有人的，同一个村子里的人、男女孩子、侄子侄女、小叔子、小姑子等所有人，她怀有母亲的情感。当母亲给儿子摆上饭菜的时候，她身上不会表现出任何奴仆的情态，却体现出她那母爱的情态。出于母亲本性的要求，她才能为儿子服务。这种母亲的情怀不仅体现在对待其子女的态度上，而且她还以这样的情怀对待所有人，因此母亲的情怀在我们国家获得了如此广泛展现的空间。

在欧洲，做母亲对女人来说逐渐演变为一种恐怖。女人们抱怨说，她们不能承受怀孕义务和痛苦。在那里母亲不受尊敬，她们觉得她们做了母亲后所要承担的是奴性，所以她们想留住青春。在社会中哪里有她们的青春美貌和婀娜多姿，哪里就有她们的地位，所以青春美貌和婀娜多姿就成为她们的主要武器。如果失去这种武器，那么就没有她们的立锥之地；成为母亲之后，如果她们不得不把一切都奉献出去，那么对她们来说是不行的。在我们国家，为了能获得一个孩子，女人要做出多少奉献，要许诺多少誓愿和对天神进行多少祭拜祈祷啊！在欧洲，女人们努力要做的就是不想要孩子。

在我们国家，女性是宇宙母亲，在这里她被尊称为男人的母亲。在欧洲，她只是男人戏耍愉悦的伙伴——妻子。……但是在我们国家情况却不是这样的，妻子与全家所有人都联系在一起。这种联系的纽带怎么会被扯断呢!? 在欧洲，寡妇再婚是一种必然的社会现象。丈夫是妻子的唯一的依靠，如果丈夫走了，除了接受别人为丈夫，就再也没有别的出路。

在我们国家，那些离开本国传统家庭的人走得如此之远，他们的情况就不同了。他们觉得，寡妇再婚很好啊。在我们国家，我也看到了大家庭正在解体，女人的这种母亲情怀在迅速地发生变化。以前，要去什么地方，带着妻子觉得不方便，已不可能了。因为妻子不仅仅是属于丈夫的，而且还是属于整个家庭的，只为了自己的幸福而使用她，是会感到难为情的。不过，也可能，如果还有走出家门、往来进出的机会，有人也不顾什么羞愧。今天这种机会来了，所以妻子就可以走出家门了。

今天这种风气变化的时代到来了，我不知道其结果如何——谁又会知道，是会朝着幸福的方向前进，还是会以某种不幸的可能而告终。

孟加拉历 1312 年（公历 1905 年）拜沙克月 2 日

英国之行：1912 年、1913 年 9 月 25 日

1912 年 5 月末，我们乘坐 city of glasgow（"格拉斯哥城市"）号轮船，离开孟买，前往英国。过了那么多天之后，我们又回到国内，这个时候再坐下来写这部日记，其原因是令人费解的——有一些要说的事情，那么多天我都没有写下来——到了另一处地方，现在要完全写出来，是不可能的——可是 it is never too late to repent and retrieve（后悔和重新挽回永远都不会晚）。我从来没有写日记的习惯——所以这么多天来我都没想尝试去写。否则的话，从很多天以前就该意识到，我与爸爸

一直在一起的时候，他同很多人谈过话，如果把这些谈话及时地记录下来，将来是会很有意义的。但是要坚持写日记，只有写作能力还不行——同时还需要有毅力——需要 doggedness（坚持不懈）——因为缺乏这种毅力，这么多天来我什么都没有做。

在叙述英国旅游的一些事件之前，需要说一说前往英国的想法和准备。从1911年夏天起，爸爸的身体渐渐变得虚弱了——那个时候爸爸来到什莱多赫我们身边，住了几个月。当时我建议，那一年大祭节放假的时候，不去别的什么地方，如果乘坐 b.i.s.n. 公司的轮船去锡兰或新加坡或爪哇旅游，也挺好——这样爸爸的身体也可能会好起来，甚至可能完全重新恢复到以前的状态。在这里我应该说，在那时候爸爸不仅身体不好，而且在精神方面也感到很疲惫和抑郁。长期以来，爸爸以极大的精力和不知疲倦的辛劳，按照自己的理想，竭尽全力建设波尔普尔的学校——爸爸经历了这十年的积极劳作以及内心理想和外部工作领域直观的斗争，这期间又不得不忍受很多家庭不幸事件的打击。所有这一切并没有压倒爸爸——他战胜了所有这一切，但是这种斗争不可能不在他的心里打上烙印。再加上这个时候学校的工作也未能井然有秩地展开——长期努力本应该获得的成果仿佛也没有取得，资金方面也渐渐出现了困难。因此，我们觉得，让爸爸离开学校一段时间，带他到一个完全新的环境中，会比较好的。如果爸爸能够远离学校一段时间，教授们自己也会承担起很多责任来。他们如果自己完全承担起责任来，就会对学校更感兴趣，就会激起对学校的热爱之情。爸爸已经感受到了自己内心里的抑郁，并且很多天前就向我们讲述过。爸爸讲过想去海上转一转的想法后，就返回了波尔普尔，在那里与松多什及其他一两个人就此事进行了交谈，然后他就制定了自己很喜欢的出行计划，并且很热心地写信对我说，去爪哇怎么样？或者，如果能去日本也好。我此时在加尔各答——我与苏棱哥哥就此事商量了一下，我们两个人觉得，这一次爸爸既然想出去转一转，那最好不要去日本，而应该去欧洲。要是去日本这样一个陌生的国家，看到一些陌生的人和自然风景，当然也会有益处的，但是交流思想就不方便，其主要障碍就是语言。与其说爸爸需要换一换自然环境，倒不如说爸爸更需要换一换精神环境和智商环境。我将这一想法告诉了爸爸，他同意这个新计划。可是这个时候一个障碍出现了。文学协会决定要举办一次欢迎爸爸的集会，其组织者们留住爸爸不肯放，因此他就走不成了。爸爸本来不想参加，可是他又不得不同意。这样，在大祭节放假期间我们就没有走。随后巴乌沙月7日和玛克月11日临近了——在这两个日期之前，爸爸不想去任何别的地方住很多天。……

关于《遁逃集》和《四个人》 1915年2月14日

前天爸爸从什莱多赫回来了。从他给我写的一封信中得知，到了那里之后他很好。在这几天他写了很多诗和一部小说。莫尼拉尔把关于朗读这部小说的消息告诉了大家，所以今天上午，绍登德罗·德多、提棱先生、迪金·巴格齐、苏雷什·般多巴泰、贾鲁·般多巴泰、奥吉多先生等人，以及戈格诺等几位哥哥都聚集在二层楼的一个房间里。为了等待布罗金德罗·希尔先生，爸爸首先开始朗读他新写的几首诗。他讲到，几天前罗摩尼莫洪·高士对他说："现在您应该回到用纯真语言写作的道路上来。"当时他对这个建议没有表示反对，但是心里却觉得，如今他正在运用新的韵律，并且要努力用简洁的孟加拉语进行写作。这一次，他去了什莱多赫，《解放》这首诗就是这种创作的第一次尝试。在写第一首诗的时候感到有一点费劲儿，但是做出第一次尝试之后，就感到轻松了，而且简洁的语言很适合这种分解的韵律，绍登德罗·德多也这样说过。爸爸说，他想在某些部位减少一两个词——这样一行衔接着另一行可以不停顿。新诗汇集起来，就像一部书一样。给这本书起个什么名字呢？对此进行了讨论。最初爸爸建议定为《浮萍》，但是这个名称有人不喜欢，于是爸爸又说，定名《激流中的浮萍》怎么样？对此名称也有几个人反对说，这个名称会使人联想到毗湿奴派诗歌。随后建议用《清泉》——有人认为这个名称，在别的书中可能已经用过——有人说这样的名称含有"源泉"之意——也不行。随后戈格诺哥哥突然说，定名"遁逃集"怎么样？这个名称一提出，大家都很喜欢，于是就确定下来。稍后布罗金德罗·希尔来了，开始朗读小说。这期间比图舍克尔·夏斯特里先生也来了。这部小说从"伯父"开始在《绿叶》杂志上连续发表了三部分，这一次讨论的是它的最后一部分"斯里比拉斯"。大家都认真地听了朗读——这部小说中展现了什莱多赫的风情，对于破败的蓝靛厂、沙滩等景色的描写好极了。我感到大家特别喜欢这部小说。这部小说四部分合起来，如何定名，对此也进行了讨论。大家提出了很多种建议，如《四人》《四部》《四角》《伯父》《沙奇士》《达米妮》和《斯里比拉斯》等等，最后的建议——《四个人》，有人一提出，大家都喜欢——这个名称爸爸以前也考虑过。

　　昨天迪金德罗先生召开了"福利协会"的会议，大家对此事也议论了一番……然后就散会了。

书　信

《侨民》杂志1907年迦尔迪克月号刊登过罗廷德罗纳特关于自己美国留学生活的两封信和他的同学松多什琼德罗·马宗达的一封信，现将其重新刊载于此。罗廷德罗纳特的两封信是写给他父亲罗宾德罗纳特的，松多什琼德罗的那封信是写给他母亲的。

旅居美国侨民的书信

一

匍匐在您的莲花足下敬禀：

这一次邮件运送大概遇到了什么困难，我等待了整整一周时间，也没有任何信来。我想大概你们可能都很忙，所以没能寄信来。后来，所有的信件都送到了。

你们的信件上午就送到了，可是我晚上才收到。几个小时没有收到的原因，你们知道吗？我到一个地方转悠去了。你们知道，我选修了一门关于昆虫学（entomology）的课。上这门课的时候就要到处去寻找昆虫并且需要了解它们的生活习性。距离这里十四五英里远的地方有一片丛林，在那里现在出现了一群蝗虫，所以教授带领我们前去观察。听说昆虫的名称，你们就会产生各种想法。因此我告诉你们，我们不仅仅是去寻找昆虫，而且野餐也是我们出去的目的。

那个地方名叫荷马公园（homer Park）。一听说是公园，我们不要想象它宛如城堡似的整洁之地。在这个公园内部完全没有人工修饰的痕迹，是一座完全自然生长的丛林。公园在这里的含义就是，人们没有在里面建设房屋。假日人们到那里去，可以在那里进行野餐，为此在这个地方依然保存着自然丛林的状态。

上午我们从驻地出发，随身带一点儿钱，带着捕捉昆虫的小网和装有三氯甲烷麻醉剂的小瓶以及一部小型照相机。去那里没有火车，我们就乘坐电气火车。它不是别的什么车，而是比电车大一些，跑起来同火车一样。这种电气车从我们的住房旁边经过，但是因为我们要乘坐学生票价的电车，所以我们就前往附近的小城平原（champaign）上车。往返的票价是 70 美分，相当于我们的两个卢比三个安纳，但是我们只花了 40 美分，因为与教授们一起出行，在这里到处都是这样支付半价。我是第一次从平原车站乘坐这种车前往阿尔巴纳（urbana）。随后列车离开城市，穿过田野沿着农田边缘前行。这个地方真的宛如我们国家一样。一路上就觉得，我是坐着火车在波尔陀曼附近行进。两侧不是水稻而是玉米地和大麦田，有时闪过一两处灌木丛。如果里面出现一两处竹林和稻草房，那就和我们国家没有什么区别了。但是你们要知道，这里没有所谓的农村，树木中间即使只有一所农民的房子，说它是房子也不确切，那是一栋很美丽的楼房。在这里不缺少土地，在一片片广阔的田野中间建有这样的楼房，农民们都分散地住在乡下——只有城里的人们才毗邻而居。

我们根本想象不到，这里的每一个农民拥有多大一片土地。波尔普尔那样大的一片土地，大概只属于两三个人所拥有。机械化程度如此之高，耕种非常大的一片土地根本不需要很多人，整个工作两三个人就能够完成。我们进入这片土地中间，在一个小车站下了车。小车站旁边有一个小餐馆，在那里可以买到各种食品。附近有一条小河，虽然没有吉里提罗·乌斯里河那么宽，但是一年四季水量丰沛，它沿着弯弯曲曲的河床从森林里潺潺流出。

我们下了车之后就去观看昆虫——沿着河边小路进入森林里。这座森林没有被清理过，杂草和蔓藤丛生，几乎有没腰深。在我们国家进入这样的丛林是很可怕的，有时脚会踩到蛇，在这里却没有什么可怕的。

收集了很多昆虫，我特别仔细地进行观看，这群昆虫是否是这个国家特有的昆虫。我清楚地看到，它们分布在整个森林里。这是一种非常有趣的昆虫——不是从什么地方飞来的。它们一直生活在一个地方，但是17年来都在变化。这些昆虫现在正要产卵，从卵里孵化出昆虫，这些昆虫要在土里潜伏17年，然后有一天突然钻出来，脱掉以前的皮，向四周爬去——不过它们没有什么特别的危害。

我们这位教授从不表现出严肃的教授派头，他总是喜欢同我们这些孩子们讲故事，开玩笑。此人又是一位不平凡的学者，他写的昆虫学教科书几乎所有大学直到今天都在使用。

我们这群人中有三个女生，其余都是男生。两个小时后姑娘们都回家了，我们回到了那个餐馆。也就是说，你们会理解的，在丛林里转来转去——肚子饿得火烧火燎的。吃过饭后，我们租了一艘船。同我一起来的还有两个菲律宾的男生，也加入进来了。在这里有很多小船出租，每一只船上只能坐三个人。很久都没有划船了，现在操桨划船好开心啊！我们大约划了两英里远。

这条河真是太美了，我简直不知道该怎么形容。它在森林里蜿蜒曲折地流淌，河两岸那些高大的树木都向着河面倾斜。靠近那座桥边望着吉里提罗·乌斯里河，可以看得很远，不过河岸都不太高，而水量充沛，但水流不是很湍急。森林里到处都看不到人，河岸边有时出现一两座小木屋，这些小木屋可以租来暂住，炎热的时候很多人来这里住上1周或15天。

我们回到河边后看到，教授坐在用茅草苫盖的八面屋顶的无围墙的凉棚里弹奏钢琴，很多姑娘在跳舞，我们的伙伴们也加入到跳舞的人群中。这座凉亭就是一个舞厅。我听说，一群姑娘来这里野餐，吃过饭后想不出该做什么。她们中有一人认识我们的教授，看到他后，就请他坐下来弹奏钢琴，而她们自己就开始跳起舞来。这个国家的人跳起舞来，都不知道疲倦。在我面前，一两个姑娘连续跳了将近两个小时。我们中的两个人带来了照相机，姑娘们开始坚持要求照相。我给她们拍摄了一张集体照片，还拍了几张个人照片，你们看看，怎么样?!

　　此后我们回到了住所。我来到体育馆，用冷水冲了个澡，才感到有点儿凉爽了。那一天特别热。回到住所，看到了已经送来的一堆信和报纸。松多什没有同我一起去，他读完信后伸着腿在看报纸。因为他没有去，所以就先收到了信件，因此他就认为他做得对。你怎么认为呢？由于这一次出去野餐，就没有及时看到信，是否就应该承认损失呢？此致。

斯拉万月初八，星期日
罗廷
IIinois Street
878，urbana，IIinois，
U.S.A

二

匍匐在您尊贵的玉足前敬禀：

　　罗廷收集昆虫去了，并且带回了很多消息。不过，你看，寄给你的这封信太短了吧？现在我在想啊，大街上的水一定是把船都淹没了。这三天来我是很悲伤的——因为信件都毁灭在大海里了。尔后，星期六那一天那么多本应该丢失的信件一起收到了，谁能不高兴呢？

　　你知道，今天罗廷哥哥在研究昆虫学。你看，他和昆虫是何等的亲密啊！看到房间里有浅绿色的甲虫或蟑螂，他是多么激动啊！他的教授今天命令他们用瓶子养昆虫，现在昆虫还没有进入瓶子里。你能够理解，罗廷在经历着何等火一样的考验啊！这个可怜的人，经常带着一根系有一肘半长的纱布口袋的棍子出去转悠，一旦遇到什么地方有一种昆虫，他就用这个纱布口袋去捕捉，然后回到家里来，关闭门和窗子，小心翼翼地把纱布口袋里的昆虫倒在地毯上，碎砖片等很多东西也都一起掉在了地毯上。可是，嗨——培育昆虫是如此的艰难而危险的事情，为了科研，他也并不想献出一只脚。天快黑的时候，可怜的人疲惫不堪地回到房间，打开灯，坐下来，如果有一只昆虫突然扑向灯光就好了。不过，从那一天起，罗廷哥哥就把那本厚厚的昆虫学书拿到了房间里。从那一天起，看见灯光，昆虫也不再进入房间了。

情况就是这样！所以昨天罗廷哥哥说："走吧，让我们去捉一些昆虫吧。我听说那个地方很好啊。"我没有同意。后来，他回来之后，就一次次地对我说："太棒了，太棒了！"

我要亲自去一次看看，是否真的像罗廷哥哥信里所描述的那样。不过，捉昆虫的事情的确是真的，对此再不能怀疑了。有一瓶子昆虫，就放在我们阅览室的窗台上呢。此致。斯拉万月初八。

松多什

三

匍匐在您尊贵的玉足前敬禀：

上一次寄去的信里讲的都是一些废话，现在开始讲一讲工作方面的事情吧。为进行分析，寄来的土壤好像量不太够。我们的教授霍普金斯（R.Hopkins）说，化验帕德玛河或其他大河岸边的土壤，不会有特别好的结果。化验这样的冲积土——不同的地方，可能会得出不同的结果。一般说来，所有这些土壤都很好，而且在土壤肥力方面不会有任何问题，只是在排水等方面有些障碍。

教授说，在某一块土地上长期耕种，在那里反复耕种同一种作物，就不会再有收获，甚至任何合适的作物（豆科作物）都不会生长，如果从这种退化的土地中收集一些土壤，那么就可以进行认真的研究。很多地方的土地都没有收获，也就是说，这种土地就叫作碱性土地，这种土地是不需要的。有的土地不是不肥沃，只是由于不断的耕种收获而肥力减退了，这种土地是需要的。在这样的土地几乎经常可以看到类似的景象，可能仅仅是缺少某种矿物元素。如果补充这种矿物质，还是可以耕种的。在孟加拉邦北部农村和比哈尔地区这种土地大概有很多。你认为可以亲手改造的这种退化的土壤，就请寄一些这种土壤来。而我们即使不认识的某个人，如果能从他那里收集到这种土壤，并且将其寄给我，那么我就可以请我们的教授进行化验分析。如果知道什么地方的土地歉收是因为缺少什么东西，那么用很少的代价就可使土地得到很好的改良。这里耕种田地的人们就这样分析土壤后进行施肥——总能获得大片的丰收。

我今天不仅对土壤做了分析，而且还对各种谷物和牛马饲料做了分析。在我们国家有很多豆科植物，这个国家谁都不知道这些植物。如果谁能给我寄一点儿这类作物的样品来，那就太好了。如果能够得到一两种比这里所有豆类更有营养的豆科植物，那么就可以在这里开始种植了。小米和小黄米等粮食，这个国家根本就没有。如果能把一些这类作物的最好的种子寄来，就好！在这里，人们很少食用豆类。把青草、树叶、果实收集起来，晾干，这些东西就用作牛马的饲料。

有一天，我们的教授霍普金斯博士说，如果有人能给我寄些土壤来做实验，那么他就可以写信，把这种土壤的所有信息告诉对方，也就是说，一个地区的什么地方需要这样做，应该有人去发现这样的地方。我们的教授说过，他也可以去印度住一段时间。如果对一些特殊地方的土壤进行分析的结果显示出某种特点，那么，他可以亲自到那些地方去考察。

应该收集什么样的土壤，我现在写一点这方面的信息。如果有人想给我寄土壤来，那么，他就可以用这种方法收集样品。

不要从被洪水淹没过的地方收集土壤样品，（也就是说，要离开江河远一点的地方），或从不积水的高处收集土壤样品，应该从广阔的平原上收集土壤样品，最好使用螺旋钻去取土壤。应该把准备取土壤样品的那个地方的草清除掉，再用螺旋钻钻进6—7英寸深，然后把螺旋钻拔出来，把上面的一些土掀掉。这样，应该在10—15英尺范围内的6—7英寸深的洞里搅动，然后取土壤。大约取174克土壤，就可以作为地面土壤的标本。

现在还要在这些洞附近用螺旋钻钻一个大一点儿的坑，其目的就是从下面取土壤的时候不要让上面的土掺和进来。现在用螺旋钻往地下钻进17—18英寸深，就可以取土了。如果下面的土质很坚硬，不能只取一次，应该取三四次。就这样从所有的坑里取土，像以前一样搅和着取土，大约取174克，就可以作为地标土壤的样品。

我大体上已经提供了关于邮寄土壤样品的所有信息。如果有人想邮寄，那么我还可以告诉他，为改善土壤应该怎么做。把土壤样品打成包裹，作为信件邮寄，每466克重量需要支付4卢比。但是如果用小包裹邮寄，大概每933克12安纳多（16个安纳为1个卢比——译者注）——很便宜，所有的邮局都是这样的价格。

昨天一个印度男学生到这来了，他的名字是B.D.班磊——他的家在阿尔莫拉。他和我一起去过日本，然后我们离开日本前往美国，一个星期之后，他出发到这里来。但是因为他在轮船上病倒了，所以不让他在美国下船，因此他不得不返回日本去。在那里他很不情愿地住了一年，这一次他顺利地来到这里。大概，他想在我们的农业学院读书。此致——斯拉万月16日。

孝子　罗廷

作者介绍

一

罗廷德罗纳特·泰戈尔，1888年11月27日（孟历1295年阿格拉哈扬月13日）出生，1961年6月3日（孟历1368年杰斯塔月29日）逝世。

罗廷德罗纳特·泰戈尔逝世后，罗宾德罗纳特·泰戈尔家族就后继无人了。这种情况使很多人感到悲伤，但是由于他个人性格方面的原因，他在对后来事件的回忆中所提出的一些要求都退居到幕后了。实际上，他一生都在自我封闭的道路上行走，由于本性方面的原因，他自己也不想全面地展现自己所做的工作。他承认，为了正确实现父亲的人生理想而进行积极的工作，是他的最主要任务——不能说，他总是毫无差错地完成了这项任务，在对任何人的评价时都不能说这样的话。不过，大学毕业之后，他就把他的闲暇时光和思想都全部献给了这项工作，这一事实是应该承认的。在语言使用方面，他具有一定能力，但是他没有时间对此进行全面深入的学习研究。他避开人们的目光，谦虚地进行过手工艺方面的研究，因此很多人对此并不了解，他身上所凝聚的这个国家世代相传的艺术灵感，已经在斯里尼克坦各种手工业者的精美而独具特色的艺术品中，在圣蒂尼克坦的艺术创作中展现出来，这其中他做出了多少贡献，由于他的谦虚性格现在已经无法知晓。实际上，已无法看到他在从机构建立到他个人所做出的某些成就方面所蕴含的那种渴望的热情。他并不是一个对声誉毫无兴趣的冷漠之人——但是他的希冀渴望都以他的父亲及其所建立的机构为中心才获得了圆满。在此之外的任何领域，他永远不想留下自己劳作的痕迹。也许，在他父亲的成就面前，他显得黯淡无光，但是他所做出的成绩也不可能完全沉没在清水里。

今天，在孟加拉邦，正在进行一场是否可以用孟加拉语讲授科学知识的激烈辩论。罗廷德罗纳特如果用心准备，那么，他就能够用大众听得懂的、很具有吸引力的孟加拉语来讲述他所掌握的科学学科。可喜的是，他留下了可以证明他才华的两项成果——《生物学》（1931）和《进化》（1945）。这两本书是在他父亲逝世后出版的，我觉得，这个时候他对自我表达已充满信心。杰出的学者尤瑟夫·梅赫莱利和《国际大学季刊》编辑克里什那·克里巴拉尼先生，根据他用英文撰写的 On the edges of time 一书的内容，很热心地撰写了他的自我生活回忆，并且将自己的情感融入其中，这部作品成为生活回忆写作的一个最好的范例。

我希望，那些在工作或其他领域对罗廷德罗纳特有深入了解的人，能够承认这样的事实，像他这样的人是很少见的。对他有深入了解的人们都会惊奇地发现，在与人们交往方面，他是非常具有忍耐精神的。在罗宾德罗纳特所建立的学校里，坚持和表达各种不同思想尽管还未能获得完全的自由，但是在很大程度上还是没有障碍的。在圣蒂尼克坦的领导工作中，罗廷德罗纳特从来都没有严厉地批评过他的同事们，在很多领域如果进行这种批评，也是有充分理由的。一些人在工作中或言论上反对他的思想，他们出于个人方面的原因不作为，但是为了圣蒂尼克坦的美好理想，这些人还是做了一些工作。可以观察到，当代人如果受到严厉的批评，其结果就是，他们的心里会感到如此的痛苦，甚至在语言和行为中会失去忍耐性——这样的实例是不少见的。他不必刻意保持忍耐性，因为容忍是他与生俱来的品格。

人的行为中所有这些美好的品格，在生命终结时是直接观察不到的。但是长期享受这种简朴的美好品格和少见的忍耐精神成果的人们，在经历了各种不同生活体验的岁月中，一定会一再地想念罗廷德罗纳特的，尽管他没有留下任何惊人的文学作品或艺术杰作。

布林比哈里·森

二

罗廷德罗纳特在步入青春期的时候，是如何希望父亲的理想事业获得成功的，这一点在他少年时代生日的那天所写的一封信里是可以看到的，这封信是写给诺根德罗纳特·贡戈巴泰的。

诺根兄弟：

我们从迦利格拉姆乘船又回来了。昨天我送爸爸到戈雅龙德下船，他从那里乘火车去了加尔各答，因为后天他要在那里做一次演讲。我现在是一个人，在帕德玛河上乘船游荡。

今天万里无云；晴朗的天空
像朋友一样微笑着；习习和风
温柔地抚摸着我的脸面、眼睛、胸脯……
小船在飘游。
在平静的帕德玛河的胸脯上
泛着波浪；半裸露的沙滩
在远处呈现；仿佛是长长的水生巨兽
在躺着晒太阳；高高的河岸已经崩塌；
岸边是浓密的树荫；树荫下有茅草房……
年轻的村妇们
穿着衣服站在水中露出脖颈，
她们谈笑风生……
我从船上望着面前的两岸；
晴朗无瑕的蔚蓝色天空
开阔宁静。

这些话语虽然不是属于我的，但是今天的天空的确真的如此的一尘不染；阿格拉哈扬月温馨的和风，真的在抚摸着我的脸面和眼睛，给我送来了清凉，今天又是我的生日，所以我坐在船上，开始回忆起许多往事。这20年来的欢乐悲伤并没有消逝。这个月已降临，所有往事都涌上了心头。七年前的这个时候母亲离开了我们。绍米也是在这个月份出生和死亡的。谁又晓得，天神还会在我们的命运中写下什么呢？我每次看到爸爸，都感到他如此的痛苦——他什么都不说，但是我清楚地看到，他内心里再也没有任何欢乐。我的痛苦也增加了，因为我不相信，我能使他感到快乐。从现在起，如果我能够成为一个会做点儿事的人，那么，我可能会使他感到一点儿安慰。我希望，你能够在这件事情上帮助我。建议我做事的人很多，但是能够激起我心灵响应的、能够激发出我的真正热情去做好工作的人，却很少。这一次，我一来到什莱多赫，我就会做起我应该做的一些工作。最初的几个月，需要搞清楚应该做的事情，然后我会在逐渐改善农民生活的道路上前进。我很喜欢住在什莱多赫，不过一个人住在这里，是有些不方便，没有任何人可以与我进行平等的交谈，因此我需要一个藏书室。我认为，从我每月的工资中拿出一些钱来，两年内我就可以购买一些优秀作者的作品。我从"living age"报纸的广告中看到，每月支付一两美元就可以订购到一套杰作——我认为是很便宜的。……一个月的工资寄出去了，你看着办，选一本实用的书给我寄来，接收者写我的名字。如果别的什么地方有某个作者的全集或系列作品，价格便宜，也请告诉我。

我要逐渐地建立起农业方面的图书室。我相信，你正在收集这方面的广告——如果在你获得的这些材料中有特别有意思的，请单独给我寄来。收到后我会仔细地加以保存。不必寄 Magazine（杂志）了，学校里也没有订购，但是由于爸爸在收集《侨民》，拉玛侬德先生在把所有交换来的杂志寄给我爸爸——收到后爸爸会把这些材料寄给我的。大概你已经看到了，现在《侨民》有了很大的提高，有 100 页可以阅读的材料，价格也很便宜。如果订阅的数量再增加一些，封面设计再做得好一些，就可以支付给作者一些适当的报酬了。……

我现在正在考虑，我要在农民中间建立一些小型企业。经营鸡鸭的生意是很容易的。如果所有人都来做，每家饲养 10—20 只这种家禽，那么我就可以收购禽蛋和活禽，将其运往加尔各答。经营这种生意如果很顺利，那时候我自己就会放手，我要努力让农民们以合作社的形式进行经营。起初他们不会理解合作社，逐渐地，一方面开办合作乳制品商店、养蜂等，而另一方面引导他们编织竹篮竹筐和制作伞具等等。不发展小型家庭手工业，要改善我国农民们的状况是不可能的。有土地，却收获不到吃的穿的。在所有这些地方很少有人进行耕种，农民不会从放高利贷人那里贷款的，因为需要偿还这种贷款及其利息，他们所耕种的任何一块土地都不可能获得效益。如果能够买到一部磨米机为稻谷脱皮，那就好了。可是这样的话，就需要一位专家。你能够学会吗？你要随时留意，是否能够买到某种小型设备或机器。还有一件事，你要放在心上，你如果得到了消息，这期间有人从国外回到印度，他从加利福尼亚带回了无籽的柑橘幼苗，你要设法弄一些来。布罗金德罗基绍尔先生在锡尔赫特有一个很大的柠檬果园——你应该去看一看，那里是否栽种有无籽的柠檬树。你还要给我寄一点儿荨麻、加利福尼亚无花果、甜瓜、西瓜的种子来。如果还能寄一些别的什么来，就更好了，稍后我会写信的。……

罗　廷
阿格拉哈扬月 13 日，星期一，在帕德玛河上

为了使父亲感到快乐，罗廷德罗纳特要使"自己成为一个会做点儿事的人"，从青年时代开始直到晚年，他把自己的全部精力都奉献给

爸爸所钟爱的事业了，为此虽然没有得到人间吉祥天女的厚爱，但是却得到了爸爸的祝福。对他来说，再也没有比这种祝福更好的奖励了。在罗廷德罗纳特50岁生日的时候，父亲罗宾德罗纳特为他写了一首诗，这首诗没有在社会上流传，我以这首诗来结束该文，现将其摘录如下：

> 在生命的中天，在半路上，
> 今天你做出了回答；你选择了这条路径，
> 在你的生命里有了呼应；
> 当时你的青春刚刚猛醒，
> 就对遥远而不平凡的召唤做出了回应。
> 那天你没有留恋食盘里的享乐美餐，
> 你没有让自己沉溺于富贵享乐中。
> 在内心里你一天天积累着
> 大祭节的最后祭品，
> 大祭节时节你的国家
> 让你以穷神的形象
> 在灰尘里现身，
> 你被轻视而不受尊重。
> 你将你的生命作为祭品
> 奉献到他的脚下。
> 你为了我每天献出苦修的果实。
> 你用你的全部思想
> 全部幸福
> 开辟了通向未来的道路，
> 为此你并没有获得荣禄。
> 那里要付高昂的劳动报酬，
> 那里劳动者的名字

总是隐藏在舞台背后。
在人类的历史上所有杰出者之名
都用闪光的字母写就，
可那些默默无闻的书写者
在用自己那不为人知的生命祭火
将那红光闪烁的名字铸造而成。
自豪的人们不论给予多少褒奖，
可最好的奖励却藏于沉默的造物主居所中。

多少岁月徐徐逝去，
你承担着日常生活的重负，艰苦劳动不息。
命运的怜悯在起作用，
无欲的冷漠使渴望希冀隐蔽，
造物主的期待者
每时每刻都希望服务，只是回答显得信心不足。
未来的成功者之觉醒
就隐藏在大地腹中，当外部的天空
进入希望和绝望相互矛盾的路径，
有时就会发出诅咒炎热之声，
有时由于雨云的暗示而希冀接踵。
最后可以看到广阔的农田里秧苗遍布，
在温馨明媚的十一月
金色的慰藉抚摸着稻谷。
在这个秋季丰收的日子
就让胜利的欢呼声
以高亢旋律、欢快的节奏
响彻你那广袤的天空。

朋友们的额外奉献会使其圆满功成，

那是充满友爱的尊敬。

太阳在告别的时刻致以日终的敬礼，

并将祝福留在你要离开的领域中。

——布林比哈里·森

回忆罗廷

1909年11月大祭节结束后，学校开学了——我刚来学校不久。我听说，诗人的儿子罗廷德罗纳特放假后从国外回来了，要看望他的昔日老师和老朋友。这是我第一次见到他。罗廷德罗纳特比我大4岁，可是不久我们就相识了并且结下了友谊。从1910年到1960年——直到最后他离开这里的那一天，在这漫长的岁月里，我有了从各方面了解他的机会。

罗廷德罗纳特在加尔各答的焦拉桑科红楼成立了"缤纷俱乐部"，他是幕后的掌舵人。我当时住在加尔各答——每天上午或下午我都去他那里。我作为工作人员，有了观察罗廷德罗纳特的机会。"缤纷俱乐部"是这样一个组织，可以说，在孟加拉邦现代文学和文化史上应该占有一席之地。我记得那时发生的一件事——透过这件事，可以清楚地看到他的大度善良。我们几个人非常渴望能被邀请参加诗人泰戈尔的生日庆祝会，以便借此机会结识泰戈尔家里的一些亲人。罗廷德罗纳特了解到这一情况后，立即来安慰我们。第二天早晨，他骑着摩托来到了位于加尔各答一个小胡同里——突然出现在我们的小房子里——他对昨天夜里的事情（这里指没有邀请本文作者参加他父亲生日聚会——译者注）表示遗憾并且请求原谅。我们感到非常激动。

第一次世界大战结束前，罗宾德罗纳特就制订了成立国际大学的计划，罗廷德罗纳特就住在父亲的身边。1918年11月11日宣布了停战，

1918年12月22日（巴乌沙月初八）在圣蒂尼克坦为"国际大学"奠基。为了实现这个新的建校计划，罗廷德罗纳特来到了圣蒂尼克坦。来了之后，他就承担起建立国际大学的责任，此后直到1953年他连续为这所学校做了多方面的工作。1951年国际大学获得了印度中央政府直属大学的地位，罗廷德罗纳特成为这所大学的第一任副校长。为使作为中央直属大学的"国际大学"得到西方的承认，罗廷德罗纳特进行了多方面的努力，这一情况直到今天都鲜为人知。

自1919年7月起他带领当地的工作人员和居民开始了国际大学北部的建设工作，很多人担任过教学工作。罗廷德罗纳特承担了遗传学的教学任务。在这里我们看到他只是一位教师，为了使学生们很有趣味地理解这门复杂的学科，他总是精心地进行备课，他展示的实验让我们很陶醉。

罗廷德罗纳特具有科学家的气质，但他的思想却属于艺术家或思想家一类。他的一生就是在这两者之间度过的。从北寓所（Uttaraayan）楼房和花园的建设方面，可以看到罗廷德罗纳特是位艺术家。当我们看到花园里通向房舍的道路两旁那爬满蔓藤的亭子的时候，我们也认定他是位科学家。这种蔓藤不是一般的攀缘植物——而是芒果树、山榄果树、潘石榴树。他精心地将这些果树的枝条捆绑到亭子上面。罗宾德罗纳特用一棵芒果树做过这种实验，而罗廷德罗纳特却广泛地进行了实验。

他的花园很好看。他在里面精心地栽种了多种树木——建有小湖，曲径通幽。楼房外边是玫瑰花园——从各地移来的各种颜色各种形状的玫瑰花。我不知道，今天是否还有人以艺术家的品位在这个花园里漫步欣赏。也许，通过考试的园丁、园艺科学工作者在做着日常的管理工作——也许，他们对树木植物很关心，但是他们是否能听懂它们的无声语言呢？

罗廷德罗纳特是位手工艺艺术家，长期以来他很用心地做过很多木工艺术品，我不知道这些东西今天在哪里。他在大型木板上用各种颜色的小木块创作的那幅巨大的板画，是一种无与伦比的创造。在绘画方面，特别是在绘制各种花卉方面，他是位能手。他的科学并没有因为从事这些绘画而受到影响。

将国际大学建设得更美丽——这是罗廷德罗纳特的理想，但是这个理想并没有实现。前面我已经说过了，在北寓所楼房及其周围环境的建设上展现了他的艺术才华。我不会说，北寓所楼房的建设是construction（建筑）——那是creation（创造）。因为这栋楼房是逐渐建成的——外观变化了。他的右臂——绘画艺术家苏棱德罗纳特·科尔也参与了这项工作。他在圣蒂尼克坦获得了施展建筑才华的机会，在印度的建筑方面赢得了广泛的荣誉。作为助手，他以温馨合理的方式吸引大家投入到这项工作中来。我从不把他看作是建筑大师。在工作中我多次同他发生过矛盾，我坚决反对他的方案，可是他很固执，不做任何修改。很多时候他意识到了自己的错误，然后来到我身边拍我的肩膀说："普罗帕特，你不要往心里去啊。"一句话，一切都过去了。

在国际大学尽管不存在纪念罗廷德罗纳特的明显设施，但是国际大学有一座建筑不为人知地承载着对他的特殊纪念——这一情况，我认为有必要在这里提一下——它就是泰戈尔纪念馆（রবীন্দ্রসদন）。在我们国家没有搜集著名作家的手稿、搜集其传记素材的意识。在泰戈尔之前，值得纪念的作家的手稿、书信能够找到的很少。罗廷德罗纳特从青年时代起利用工作生活的闲暇时间，就特别注意收集父亲的手稿、书信等材料，这项工作从未停止过。诗人的一些朋友和喜爱者搜集过诗人的一些手稿和书信，罗廷德罗纳特后来就经过很多努力，从这些人那里搜集父亲的手稿和书信。从一个时期起罗廷德罗纳特就着手制定为保存父亲书信副本的制度，这样做的结果是，很多书信都被保存下来，因此很多信件后来都成系列地得以出版了。根据他的指示，从那个时期起，泰戈尔的作品只寄副本给报刊社，结果这个时期的很多手稿都被保存下来，今天才有了进行各种研究的机会。我还记得我年轻时候的一件事，当时世界各地不断地发表关于泰戈尔的大量文章、小册子，罗廷德罗纳特就建立了搜集这些材料的特别机制。这些材料都保存在国际大学中心图书馆里，因为有了这些材料，《罗宾德罗传记》很多部分的写作就变得容易了。那时候的情况是，罗宾德罗纳特和国际大学正处于经济非常困难的时期——即便在这种情况下，罗廷德罗纳特也用心地做了这样的安排。后来，在罗宾德罗纳特·泰戈尔仙逝之后，为了纪念父亲，罗廷德罗纳特怀着特别崇敬的心情投身于泰戈尔纪念馆的建设之中。就在国际大学那种经济危机之时，他竭尽一切可能办成了这件事。他把自己一生所搜集的手稿、照片、图画都奉献出来，后来印蒂拉·乔杜拉尼女士和其他人所搜集到的这类手稿也捐献出来，这样就丰富了泰戈尔纪念馆的收藏。如果将来泰戈尔纪念馆成为泰戈尔传和泰戈尔文学研究的主要中心，那么我们就不要忘记，正是罗廷德罗纳特为它奠定了基础，这个纪念馆的成功建成，就是对罗廷德罗纳特的默默纪念。

——普罗帕特库马尔·穆科巴泰

一位躲在幕后的人

罗廷德罗纳特·泰戈尔一生都是在人们看不到的幕后度过的，最后他也在人们的视线背后停止了呼吸。他不喜欢待在人群之中，不喜欢高声喧哗。当全国都在为纪念泰戈尔诞辰一百周年而举行隆重集会的时候，他无声地出走了。在圣蒂尼克坦，我也看到，他让自己尽可能远离这种庆祝的喧嚣声。他默默地做了生活中各种工作，我从来都没有看到过他在做某件事情的过程中草率匆忙。在做木工和皮活儿的空隙间，他常用很简单的暗示或柔声细语给予我指导。由于他的睿智和天生的品格，从不高声喊叫，总是有条不紊地完成自己所做的工作。根本无法宣传和了解他所进行的某项工作及所做的大型项目，所以当听到他仙逝消息的时候，我的最先感觉就是这样的：他总是保持着自己生活的一种节奏，就是在逝世的时候也没有丢弃这种节奏。

长期躲在幕后的人，他的死亡也是躲在幕后，甚至这个死亡的消息很容易沉没在庆祝生日的喧嚣声中。罗宾德罗纳特·泰戈尔的声誉之光，多多少少都会照耀在他的所有追随者的身上，但是却很少照耀到罗廷德罗纳特的身上，因为他总是躲在大家的后面，他总是竭力回避人们的目光。这样能够使自己不留痕迹，也是一种艺术。父亲活着的时候，他从没有讲述过自己的生活，他全身心地扑在父亲的工作上了。我不知道，对于这种自我奉献精神，别人能理解多少，可是慈爱的父亲对其价值当然是了解的。他对儿子这样说过：

那里的劳作价值很高
那里工作人员的名字
总是躲在背后
不被人知晓。

任何时候他都从不想宣传自己。在这个自我宣传盛行的时代，我认为这是一种真正高尚的品格。不久前，他用英语撰写的自传体的一本书（On the edges of time）出版了，他在这本书里主要描述了父亲的往事，有关自己的情况讲得很少。他一生都为父亲的荣誉而感到骄傲。然而，他自己是位具有很多优秀品格的人。由于具有这些品格，他一生中获得了相当多的成就。他作为学习科学的大学生，撰写过生物学方面的一本书，获得了美国一所大学农学方面的学位；在园林建设方面，他独具慧眼；在绘画方面，他尽管不是著名的学者，但是他却获得了可喜的成绩；他很热心地学习过梵语——有证据证明，他翻译过马鸣撰写的《佛所行赞》；在木工工艺和皮革工艺中，他所展现出的那种才能，说它是天才创造，并非夸大其词；借助现代的水泥，他尝试着做过各种观赏品。我听他这样说过："我现在放弃了制作伞的工作，开始做起了石匠的工作。"

与此相关，我想起了很久以前他的一次讲话。在我们工作人员的一次会议上，他这样谈到了自己："出生于艺术家的世家，学习过科学，我做过皮革工和制伞工。"这些话至今我都清楚地记得。大家都知道，他把自己描述为一个穷人，是他常讲的话题。但是在这里我之所以要提到这番话，其目的就是想说，能够如此优美地说出这番话的人，他本质上就是一位文学家，很多时候在一般谈话中也会体现出文学家的才华。虽然具有这种能力，但是他没有能够投入足够的精力从事文学创作，这当然是件很遗憾的事情。有一个时期，他给我朗读过他用英语和孟加拉语所写的一些作品。他的思想完全被他父亲那非凡的天赋所遮盖了。我觉得，正是由于这个原因，在他心里从来不相信自己的能力，结果所有这些作品中的大部分都被搁置下来，没有出版。

在生活中有各种各样的放弃。尽管有能力，但把自己的能力淹没在为他人的服务之中，这是怎样的放弃啊！对此我们也不会总是记得。有一天，他谈到了这个话题时说："我从来都没有享受过自己的生活。"毋庸赘言，听到从他口中说出来的这句话，我感到他很可怜。算了，在这里我就不再只说他从不显示自己的话题了。我已说过了在家庭生活意义方面我们所理解的放弃的话题。当时参加圣蒂尼克坦工作的所有工作人员和教授只拿很少的一点工资，很多人很多时候都在谈论着他们那种无私奉献的话题。可是罗廷德罗纳特多年在圣蒂尼克坦工作都是不拿工资的，我很少听到有人说起这件事。除此之外，还有一些情况，我们不是总记得，或者是想不到。罗廷德罗纳特是罗宾纳罗纳特·泰戈尔的唯一儿子，是他的唯一继承人。儿子有权继承父亲的财富。罗宾德罗纳特·泰戈尔把当时获得的诺贝尔奖金十多万卢比以圣蒂尼克坦学校的名义存入了波迪绍尔农业银行了，当然这是作为他的唯一继承人同意的。到1921年国际大学成立的时候，他将已经出版的所有著作的版权——数十万财产全部都捐献给了国际大学。不得到他儿子和儿媳妇的同意，难道他会这样做吗？这些大大小小举措难道不是奉献吗？可是我从未听到过国人亲口讲述这种奉献。国人不说，像他这样的儿子志愿放弃财产，为此父亲毫无疑问感到骄傲，因此才为他祝福：

> 那天你没有留恋食盘里的享乐美餐，
> 你没有让自己沉溺于富贵享乐中。

经营的地产陷入了负债的困境，地产的收入越来越少。在国际大学建立的初期，就是在这种情况下，还聘请了几位外国的教授，为他们的往返、旅游等费用罗廷德罗纳特不得不花费十多万卢比，有一天他曾经亲口对我讲述了此事。说起斯里尼克坦的各个部门中的工艺大厦，它是罗廷德罗纳特和普罗蒂玛女士亲手建立起来的。皮革制造、陶器工艺品制作等，都始于他们两个人的积极性。在最初阶段，罗廷德罗纳特为此也不得不投入大量的资金。当然，这并不是什么大事情，也不是他做的唯一事情。我认为，普罗蒂玛女士和罗廷德罗纳特的名字是与斯里尼克坦工艺大厦联系在一起的，正是由于这个原因才应该肯定，在提高孟加拉邦的艺术品位方面工艺大厦发挥了一定作用。如今，斯里尼克坦的工艺品已经销往全国——也许，有一天国人会忘记，是谁为这种工艺品打下了基础，是在何人的倡议和积极运作下这个工艺品基地才建立起来。可以毫无疑问地这样说，像罗廷德罗纳特这样拥有高雅艺术品位的人是不多见的。在房屋建设、房屋装修和园林创建等方面，特别清晰地展现了他的美感和艺术思想。

在他工作生活的最后阶段，我在他身边近距离地接触到他的各项工作。当时国际大学已经成为中央政府直属的大学。这所大学的建设、科研、教学、日常生活应该是什么样子，他请我准备一个草案。我很快意识到，对此草案要进行讨论。尽管他不是教学方面的专家，但是由于多年来领导这所大学，所以他对国际大学的运作特点还是非常了解的。我认为他在教学方面的某些观点是很有价值的。大学实行素质教育——

考试是一种财富——这件很重要的事情在这里还没有实行,国际大学就不可能成为一所非常符合国际标准的大学,来自这方面的一些思想都写入草案里。毋庸赘言,正规的大学工作开始不久,就遇到了各种委员会、政务会的抵制,我们这个方案就被扼杀了。后来,上述方案的遭遇就常常成为我们两个人之间开玩笑的一个内容。不用多言,这种玩笑的大部分内容都带有很凄惨的色彩。

从国际大学开始创立起,多年来他作为工作秘书,是这所大学的主要工作人员。后来,当国际大学成为中央政府直属大学后,他成为国际大学的第一任副校长。作为副校长,他主持国际大学的工作只有两年时间。后来,他突然辞职走了。罗廷德罗纳特离开圣蒂尼克坦走了,而圣蒂尼克坦如此迅速地发生了变化,今天很难辨认出昔日的圣蒂尼克坦了。泰戈尔的歌曲有助于一种独特演唱风格,同样圣蒂尼克坦也有它自己的生活特点。这就是它的生活理想,那些能理解圣蒂尼克坦灵魂的人都知道,圣蒂尼克坦如果没有自己独特的生活方式,那它就什么都不是了。这样的生活方式已经被毁灭了。

泰戈尔歌曲中没有舒展旋律或曲调的空间,如果过分地扭曲拖长,歌曲的温柔性就会受到挤压,这正是他所担心的。圣蒂尼克坦的情况也与此相类似。他不想让一种东西进入圣蒂尼克坦,那就是与它的特点相对立的东西。如果说所有的教育体制都在运用自己的一种教学大纲,那么,圣蒂尼克坦的教育是在接受一种生活方式。它的根基并没有被保存下来,其结果是令人忧虑的。罗廷德罗纳特管理这所大学的时候,他保持了一种和谐性或节奏。随着时间的推移,这种形式和规模可能会发生一些变化,但保持其中的和谐还是需要的。随着罗廷德罗纳特的离去,这种和谐感消逝了,结果圣蒂尼克坦的生活仿佛在曲调、节奏、旋律等方面都缺乏和谐性,因而显得混乱不堪。它那种与生俱来的优美感、善意感、敏捷性曾经赋予圣蒂尼克坦一种惊人的秀丽端庄之美。这是何等伟大的成就啊,即便只说这一句,就会清楚了。罗宾德罗纳特·泰戈尔去世后 12 年来，罗廷一直是国际大学的主人。圣蒂尼克坦的生活方式依然继续着，而且他保持了圣蒂尼克坦的生活之美，因此当时在圣蒂尼克坦的生活中并没有由于诗人的逝世而显现出巨大的空虚感。可是，罗廷德罗纳特卸掉工作重负、离开之后，没过多久，圣蒂尼克坦的生活就失去了昔日的光彩，变得毫无生气，大家明显地感受到了他的缺失。

罗廷德罗纳特是一位具有各种特长的人。因为他自己具有特长，所以他知道尊重具有特长的人。工作人员中谁有什么特长，他都记得。在他工作期间，我从没听说，发生过不尊重具有某种真正特长人的事件。

在很短的时间内我与他就建立起了亲密的友谊。他离开圣蒂尼克坦之后，我们见面的机会就很少了。可是短短几天的相识，就使我对他那颗善良之心有很深入的了解。他那种不一般的慈善本性所体现出来的谦虚态度和温柔性格，使我非常感动。他少言寡语——不过至今我都记得与他在一起的那些温馨岁月的往事。我是个非常喜欢喝茶的人——这一点他一定听人们说过。每次他叫我去他那里的时候，我都看到，他已经沏好茶和准备一些吃的东西，并且亲手给我斟茶。他还常常光临我那所贫穷小屋。每次来的时候他都会看到，我坐在桌子旁边，前面总是放着茶杯。他一进屋就说："that inevitable cup of tea."（总是有一杯茶。）

他是国际大学的副校长，是我们的直接领导，协助他工作是我们应尽的职责。但是因为他具有那种与生俱来的美好品德，所以哪怕我们做了一件微不足道的工作，他都不忘记表示感谢。有一次，他请我起草一个年终聚会的发言稿。两天后我收到了一封短信："自己很幸运，获得了很多赞扬。到今天为止两天来很多人来赞美我年会上的讲话。我怎么说呢，我感到何等的难为情啊！我觉得，我承受这种赞扬是自己的罪过。"主人和工作人员之间的这种友爱关系，只有在圣蒂尼克坦才有啊。算了，不必再说个人方面的感受了。我的性格与罗廷德罗纳特正好相反。他善于隐蔽自己，而我喜欢自我表达。因此，在这里要用一句公正的话来结束。

　　圣蒂尼克坦的那些老居民与他交往和对他的了解要比我多得多。有一天，普罗帕特·穆科巴泰先生说："你们才观察了多少天啊，又理解多少呢？老人们几乎都走了，活着的人中只有我普罗帕特·穆科巴泰和苏棱·科尔了。要想更多地了解罗廷先生，就应该去找他们两个人。五十年的相识。我们长期都在从事同一种工作，不论痛苦还是欢乐，我们都在一起。有多少时间在多少问题上曾经发生过思想对立，但是在我们的个人关系方面从来都没发生过不愉快的事情。我们直接看到他热心地参与了多少目标的实施。"因为他一辈子都是躲在幕后的人，所以这里的居民们也不知道他的很多优秀品德。我听一两个人亲口说过，他以各种方式帮助过许多处于危险境况中的人，但是这一切都是在不为人知的隐蔽情况下做的。右手赠送的东西，左手是感受不到的。

　　一个一生都避开人们的目光、躲在背后的人，当今天进入了人们心灵的时候，在人们面前赞美他的品德，又有什么益处呢？益处不是属于他的，而是属于我的。他活着的时候如果讲述赞美他的话语，他会感到很不自在和难为情，这种情况我是很容易能够估计到的。不过，这种难为情和不自在，一多半都应该属于我们活着的人。我作为被他那种品德和友爱所感动的同事，关于他从未说过很多的赞美的话，因此而萌生的痛苦和羞愧，今天我将其置于何处呢？我用什么来安慰我的心灵呢!？

——希棱德罗纳特·德多

回忆往事

米拉女士 著

米拉女士（1894—1969）

为了消磨我在病床上的漫长闲暇时光，我的这部回忆往事诞生了。我并不寄希望别人会喜欢我的这部作品。这里面既没有故事，也没有小说，我只是想勾画出几个在我的记忆中熠熠闪光的人物画像。在我的这部作品中，读者们也不要企图找到某个事件或时间从头到尾的完整性，我是想起了什么就将其写下来。

米　拉

孟历 1375 年（公历 1968 年）斯拉万月 22 日

一

在我大伯父家中的兄弟中，妈妈最喜欢波棱德拉纳特和尼丁德拉纳特（简称"尼杜"）。尼杜哥哥疼爱我们兄弟姐妹也胜过疼爱自己的兄弟，而且经常待在我们家里。按照妈妈爸爸的嘱咐，尼杜哥哥精心地建设了"红楼"（现在的锦花楼），因此他把自己叔叔家的楼房建设得坚固而漂亮。不幸的是，由于过度辛劳，尼杜哥哥的身体累垮了，就在红楼竣工不久，他就在这栋楼房的一个房间里躺下了，大概他就死在那个房间里。妈妈为尼杜哥哥的死而感到特别悲伤。

从来还没有人介绍过尼杜哥哥。他是我大伯父迪金德拉纳特的第三个儿子。他特别爱美。每逢玛克节的时候，他就用各种花卉、蔓藤、枝叶将院子里的台柱都装饰起来，看起来就仿佛是一座数百种鲜花盛开的花园，我们的庭院里弥漫着花香。当时我的祖父还活着，所以尼杜哥哥就不必考虑装饰庭院的花销了。

说到尼杜哥哥，我还想起了另外一件事。他是所有众兄弟中个子最高的。他喜欢搞恶作剧，常常站在门槛上，让我从他的两条腿中间钻过去。我有什么办法呢？由于害怕我只好钻过去。我还要讲一件有趣的事情。在建设红楼的过程中，尼杜哥哥想出了一个怪点子，不建设楼梯！当时用什么办法上楼呢？为了登上二楼，于是就安放了一个木制梯子。

在我们所有人中，尼杜哥哥最喜欢我二姐拉妮了。有一次，过玛克节的时候，他给我二姐带来了一件很昂贵的漂亮纱丽让她穿。可是我不知道，我拉妮姐姐怎么了，说什么她也不肯穿。她竟然把纱丽撕成了碎片。拉妮姐姐不论去哪里，都不喜欢打扮。大概因为尼杜哥哥给她带来如此华丽的纱丽，她生气了，所以她就把纱丽撕成了碎片。如果需要去什么地方，就穿衣服问题，拉妮姐姐常常和妈妈闹得很不愉快。

所有女孩子都不注意学习操持家务，拉妮姐姐就是这样的女孩子。如果爸爸不让拉妮姐姐在小小的年纪就结婚，而是让她读书学习，那么她大概就会学得很好。我经常看到，拉妮姐姐大多数时间都在读书，但是小说故事她看得比较少。然而，我从来都没有见过，有哪一位老师来教过她，就像教哥哥姐姐那样。她的心地是非常善良的。不论什么样的乞丐来，她都不会赶他们走，身边有什么就送给他们什么。

大姐结婚的情景，我还记得一点。在我们家里，很多人进进出出，到处是欢声笑语，亲戚朋友们都很高兴。这件婚事首先是妈妈的主意。大姐婆婆家所有的人都很喜欢我妈妈，所以娶她的女儿当然很高兴。大姐就与绍罗特·丘克罗博尔迪结了婚，他是诗人比哈里拉尔的儿子，在马贾法尔普尔做律师。大姐结婚后不久，爸爸就把她送到马贾法尔普尔去了。大姐当时根本就不会做家务，爸爸只是教她读书学习，请学者教她学习文化。大姐根本不知道家务事怎么做，所以到了婆家后，她处处遇到困难，不得不重新学习。她看见我跟拉吉洛姬姑姥姥学习做家务事，就对我说："你多开心啊，在学做这一切事情，将来就不会像我一样遇到困难了。"姐姐是非常聪明的——只要她了解的事情，她就会做。

绍罗特先生家里有两栋房子，中间是个院落。前面的一栋大姐他们住；后面的一栋，绍罗特先生的哥哥赫里什凯什先生和他的妻子居住。绍罗特先生娶了一位漂亮的妻子——这个消息在他的朋友们中间传开后，他朋友们的妻子们就急切地赶来看望大姐。陆续来了很多人，与

米拉的大姐夫
绍罗特琼德罗·丘克罗博尔迪

米拉的大姐玛图莉洛达

大姐见面、聊天。大姐不仅与她们交谈，而且在短短的几天内就和她们中间的某些人结下了亲密的友谊，其中的女作家奥奴鲁巴女士就成为大姐一位特别要好的朋友。从那时候起，大姐就不再感到缺乏女友了。

可以说，当时马贾法尔普尔只是一座法律工作者的城市。怎么会有那么多的律师集中在这样一个地方呢？而且还在不断地增加。一想到这种情况，我就感到很惊讶。看来，那里的当地居民一旦吵架，就跑到法院去控诉。大姐家的后面是贫民区，在那里白天晚上都在争吵打架。我是个喜欢在安静的环境中生活的人，所以，看到他们打架争吵，我就感到心里很不安。

当时西部的水果并不便宜，而绍罗特先生常常以洋大人的派头买很多葡萄等水果。我看见后感到很愕然，并且在想，买这么多水果干什么呢！我是来自圣蒂尼克坦的空旷土地。当时在圣蒂尼克坦，谁家的花园里都没种植果树，而且市场上也没有像现在这样的水果店。绍罗特先生举着一个装有很多葡萄的大盘子，对我说："你尝尝看，是否甜。"说着他自己也开始吃起来。马贾法尔普尔的荔枝很出名。荔枝熟的时候，绍罗特先生为我们买了一大篮子荔枝，派人送到波尔普尔。我发现，他们那里还有一个我在别的地方没有见过的习惯。在吃午饭的时候，要放一个大盘子，里面装着当时能够买到的各种水果：芒果、荔枝，此外还有大块的西瓜、甜瓜等等，一样也不少。他们一吃完饭，马上就吃水果，把肚子撑得饱饱的。当问起这个习惯的时候，他们就说："米饭蔬菜十二个月都能吃到，但是这些水果十二个月不是都能够买到的。"

姐姐那栋房子有三个房间，两边各有一个房间，而中间是客厅。第一个房间是大姐她们的卧室，最后面的房间是给我住的。现在回忆起来，我一个人睡在那个房间里，当时感到多么可怕呀。每当被惊醒的时候，一想到黑乎乎的房间，我就再也睡不着了。这个房间后面的门如果打开，就是一个露天的凉台，凉台的另一侧是姐姐大伯子的楼房。当时还没有像现在这样的电灯，我的卧室旁边有一个小小的门廊，那里挂着一个烛光闪烁的灯笼。一想到昏暗的门廊，我身上的毛发就竖立起来。白天的大部分时间我都待在大姐那里。每当黄昏降临的时候，一想到黑夜，我的心情就很沮丧。当时就想，爸爸什么时候能来接我呀。夜里躺下睡觉之前，大姐和绍罗特先生坐在客厅里朗读梵语诗歌——有的时候读《云使》，有的时候读《莎恭达罗》。绍罗特先生很喜欢梵语文学。在我的睡意来临之前，我很喜欢绍罗特先生那深沉的朗读梵语诗歌的声音，尽管我还不懂那诗歌的含义。我尽力争取在大姐他们坐在客厅的时候我能够入睡。

讲完了大姐，现在我来说说拉妮姐姐和绍多先生他们的事情。让拉妮姐姐嫁给绍登德罗纳特·婆达恰尔久[①]，是爸爸的主意。爸爸听绍

[①] 简称"绍多"。

多先生说，他要去美国学习医学顺势疗法，爸爸很高兴，并且表达了让他和拉妮姐姐结婚的愿望。绍多先生也同意。爸爸就在三天之内确定了某一天为拉妮姐姐结婚的日子。拉妮姐姐就这样匆匆忙忙地结了婚，甚至都来不及邀请几个亲戚朋友前来参加婚礼。让二姐这样匆忙结婚，妈妈很不高兴。大姐结婚的场面是那样的隆重壮观，而拉妮姐姐结婚却这样冷冷清清。爸爸很相信医学顺势疗法，所以一听说什么人想学习顺势疗法，他就特别高兴。爸爸心里怀有这样一个希望，绍多先生从国外回来后会成为一个著名的顺势疗法专家。但是很遗憾，他的这个愿望并没有实现。到了美国以后，绍多先生很不习惯，几天之后就回来了。绍多先生一事无成地回来了，拉妮姐姐的心里很不好受。听说绍多先生要回来，爸爸立即给他寄去了回国的路费。在姑娘们之间，对于绍多先生回来一事开始批评起来，但是爸爸一句话都没有说。

几天前，拉妮姐姐就开始发低烧，但是她没有告诉任何人。看来，她是不想活了。绍多先生浪费了爸爸那么多钱，什么也没有学成就回来了，因此二姐的精神彻底崩溃了。这个时候妈妈又去世了。几天之后，爸爸带着我们去了哈贾里花园。在那里住了一些日子之后，拉妮姐姐的病一点儿也不见好转。当时爸爸就把我送到二娘①那里，把我的小弟

米拉的二姐夫绍登德罗纳特·婆达恰尔久

---

① 诗人二哥绍登德罗纳特的妻子甘丹依蒂妮。

弟绍米留在圣蒂尼克坦哥哥罗廷德罗纳特那里，带着拉妮姐姐前往阿尔莫拉，和爸爸一起去的还有姑姥姥（拉吉洛姬，妈妈的姑妈）。前往阿尔莫拉的道路非常难走，骑马或者坐苦力们抬的担架，从卡托吉达姆出发还要走六七十英里。到了卡托吉达姆找不到前往阿尔莫拉的苦力，也找不到住的地方，结果又带着生病的拉妮姐姐上路。爸爸一路上吃了很多的苦头，最后他们才达到阿尔莫拉。听说，松树下的空气对肺结核病人很有益处，所以整天都让拉妮姐姐躺在松树的树荫下，但是在那里拉妮姐姐的病也不见好转，相反，病情一天天加重，于是又不得不把她接回加尔各答，二姐又回到那栋可恶的红楼。那栋楼快要竣工的时候，尼杜哥哥走了，几个月后妈妈也走了，因此我就把那栋楼看作是我们家的不祥之地。拉妮姐姐那脆弱的生命之灯也是在那里熄灭的。

听说拉妮姐姐已经回到加尔各答，我就赶回来看她。她是何等的消瘦啊！脸上挂着忧郁的微笑，到今天我都不能忘记。她叫我坐到她的身边，伸出冰冷的手递给我一个打开的盒子——那是她返回加尔各答的时候在勒克瑙车站上买的，二姐还在想着我。

探望过拉妮姐姐，我又回到二娘那里。后来那位可怜的二姐何时解脱了病痛的折磨，我就不知道了。我听说，拉妮姐姐在弥留之际拉住爸爸的手说："爸爸，你念诵这句咒语吧：梵天啊，你是我们的父亲，因为我们知道你是我们的父亲。"在前往哈贾里花园之前，我们在圣蒂尼克坦住了几天。爸爸每天上午都扶她到门廊的一个角落里坐下，诵念奥义书中的经文，并且讲解其含义。这样就会慢慢地使她的思想从家庭的眷恋中解脱出来，在离开人世的时候，她就不会感到太痛苦了。在这个时期，爸爸大部分时间都待在二姐身边。

拉妮姐姐在很小的年纪就走了。

我们的那位姐夫绍多先生是个很坦诚的人。他在中等家庭中长大成人，所以一到国外，他就很讨厌他们那种俗套礼仪习俗。爸爸听了他讲述回来的理由，一点儿都没有生气，不过，他对绍多先生感到有些惋惜，因为他毕竟不是学成回国的。后来爸爸在圣蒂尼克坦给他安排了工作，在那里绍多先生很开心。拉妮姐姐当时已经不在了，他与我们的亲情纽带从来都没有断过。不幸的是，他也没有活太久。在他死后，为学生们建的一栋宿舍，就命名为"绍多斋"。

二

妈妈在我的记忆里尽管不是很清楚，但还是像影子一样存在着，可能是现实与想象混杂在一起了。这里我就来说一说我的一点儿印象。

妈妈有一个好名声——做饭能手。爸爸喜欢让她做各种菜肴和饮料，来检验妈妈的手艺。有一个时期，爸爸把我们带到什莱多赫——帕德玛河岸边一艘名叫"帕德玛"号的木船上。当时久迪什琼德罗·巴苏教授和纳多尔的大公久根丁德罗纳特·拉伊经常来什莱多赫，他们很喜欢住在帕德玛河中的那艘船上。我们家有两艘船，所以他们来了，也没有什么不方便的。一艘船的名字前边我已经提到了，另一艘的名字就是"阿特莱"。我们这里另外一个地区有一条阿特莱河，因此就给这一艘船起了个"阿特莱"号的名称。

我记得，久戈迪什琼德罗教授特别喜欢吃甲鱼蛋。甲鱼在帕德玛河岸边的沙滩上挖坑，然后就在那里下蛋。根据它们在沙滩上留下的足迹，人们就知道甲鱼蛋埋的地方。那些可怜的甲鱼怎么会明白这一点呢？久戈迪什琼德罗特如此地喜欢吃甲鱼蛋，甚至在回加尔各答的时候还要带走很多的甲鱼蛋。

久戈迪什琼德罗和久根丁德罗纳特来什莱多赫的时候，爸爸就让妈妈做各种新的菜肴。吃着妈妈亲手做的菜肴，他们特别开心。后来我长大后，就从他们口里多次听到他们对妈妈所做的菜的赞扬。妈妈不仅因为会做饭菜而赢得了好名声，而且她的外甥和外甥女们，我的堂兄弟们及其妻子们都很爱她。我有一个姑表妹曾经遗憾地对我说，舅妈走了之后，与舅舅家的联系就中断了。

我们从什莱多赫回到了圣蒂尼克坦，就住在那里的客舍里。我记得当时那里的一个情景——妈妈坐在一个小小的晒台边，在一个高高的灶台上做饭，她的姑妈拉吉洛姬（我的姑姥姥）一边切菜一边讲故事。

还有一个情景我也记得：在圣蒂尼克坦家的二层楼房存放车子的门廊屋顶上，放一张桌子，上面亮着一盏灯，妈妈手里拿着一本英文小说，一边把它翻译成孟加拉语，一边读给姑姥姥听。因为我也喜欢听故事，所以有的时候我也坐在她们身边听妈妈读故事。我一次又一次地听那个故事，那本书中的一个女孩的名字巴尔芭拉不知怎么进入了我脑海里，对此我感到很惊讶。我当时正是对浪漫故事感兴趣的年龄。可是，我觉得，妈妈讲故事的姿态和声调中蕴含着一种忧伤，这在我幼小的心里留下了深深的印记，所以巴尔芭拉这名字就留在我的记忆里了。

几天之后，妈妈就病倒了，于是就把她送回了加尔各答，我们就在现在称之为"红楼"的房子里住了下来。那时候我们不叫它红楼，而是称它为新家。红楼的房间有一个特点：它的一面墙全是宽大的衣柜，与顶棚一样高，在衣柜的玻璃上画着红色的荷花。而在另一边却是空着的，那里安装一扇薄木板门，门的上头和下面都是空间。在饭店里常常可以看到这样的门，用手轻轻地一推，门就开了，随后又立即关上。这样，一个大房间就被分成了三部分，变成了三个小房间。一个房间我们住，在最西边的那一个房间让妈妈住，因为那里比较安静。在我们家的前面是戈格诺哥哥家的高大楼房，所以风是吹不到我们新家的任何房间里来的。在这栋房子里当时是没有电扇的，所以只能用芭蕉扇子扇风，除此之外，流动的风一点儿也没有。身体有病的母亲住在这种无风的房间里，不晓得该多么痛苦。但是我听大嫂赫摩洛达说，爸爸坐在妈妈身边，整夜拿着芭蕉扇为妈妈扇扇子。

现在我来说说我的小弟弟绍米。绍米去学校的时候总是唱着歌。他的歌声，我即使在家周围离他很远的地方仿佛都能听到。他的声音很甜美，但他身体并不很健壮。当我们住在二娘甘丹侬蒂妮家的时候，五伯父久迪林德罗纳特教他背诵《老仆人》；当五伯父的朋友们来的时候，就让绍米背诵给他们听；当绍米打着手势说道"该死的小偷"的时候，他们看着他的表演都忍不住笑了起来。此外，他还能背诵剧本《牺牲》中的某些段落。哥哥们在圣蒂尼克坦演出话剧《牺牲》，绍米站在一旁观看，自己默念了两三遍，就记住了。绍米继承了爸爸的一些优点。我觉得，他长大之后一定能像爸爸那样进行很好的表演。绍米去蒙格尔旅游的时候染上了霍乱，过早地走了。

我们住在帕德玛河中大船上的时候，我的年龄大概是八九岁。我们住在大船上，还为厨师和仆人租了一艘小船，让他们居住。为了去市场买东西，必须到对岸的什莱多赫去，因此就需要一艘小船，哥哥常常带我们乘坐这种小船去很远的地方。我听说，哥哥小的时候常常生病。现在哥哥的身体之所以很健壮，是因为爸爸让他做各种体操、游泳、划船等运动。这样做的结果是，哥哥的身体恢复了健康。在圣蒂尼克坦大

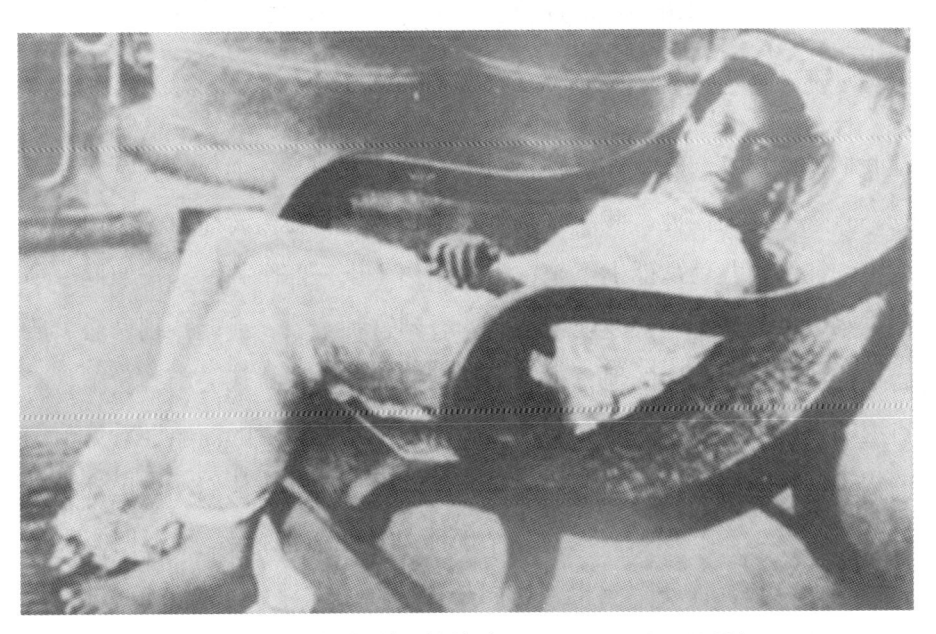

米拉的小弟弟绍明德罗纳特（1896.12.12—1907.11.23）

学学习的时候，都得从井里提水洗澡。此外，哥哥和其他同学们一样，打扫房间，洗刷自己的盘子碗等等，所有工作都是他自己动手做。爸爸听说，罗摩黑天教会的几个苦行僧要前往凯达罗纳特和波多里迦静修院去朝觐，于是就让哥哥和他们一起去。哥哥在《回忆父亲》的书中详细地描写了他去凯达罗—波多里迦静修院的情景，所以我就不多写了。哥哥和那些圣徒一样徒步跋涉——没少受累。爸爸想让哥哥经受痛苦磨炼，所以在很小的年纪就让他跟那些圣徒一起去朝觐。徒步跋涉是很辛苦的，此外，夜里没有条件睡在书院里，他们不得不在那些驿站里裹着带有跳蚤或虱子的被子过夜。在驿站里集聚了各类旅行者，他们怕冷都不洗澡。他们穿着如此肮脏的衣服，虱子在他们身上爬来爬去。旅行者们徒步行走是很累的，即使跳蚤或虱子叮咬，也不会妨碍他们睡眠。哥哥从凯达罗—波多里迦静修院回来的时候，没有去圣蒂尼克坦，而是直接去了大姐的家里。我当时也在马贾法尔普尔大姐那里。看到哥哥那黑黑的皮肤，我们都很难过。哥哥刚到，姐姐就让他把脏衣服脱下来，扔到晒台上的一个角落里，这样他衣服上的那些虱子就不会爬到我们的衣服上了。

　　住在船上的时候，常常有很大的游船开过来。当时它掀起的波浪使我们的船摇摆起来，在这种情况下我非常害怕。任何摇摆我都无法忍受，直想呕吐。因此，我从来都不敢荡秋千。就在大游船离开之前，因为害怕波浪，我就从船上下来，坐在岸边。十三四个人一起按照同一节奏划桨，谁的桨都不会超前或落后。看到这种景象，我就特别开心。所有这些船都是从很远的地方载着货物、佐料到孟加拉邦去卖，卖了之后再返回自己的家乡。当时在河道行驶的大都是做买卖的商船。看见他们的相貌，就会明白，他们中的大多数都是来自西部。他们在夜里常常敲打着小手鼓，一起唱歌。还有一个船队是从东孟加拉运输秸秆和稻谷。看到这种船队，你就会觉得，它们是在水面上漂浮，一个波浪打过来，就会沉没的。到了鱼汛季节，渔民们就撒网在河水里打鱼，被捞上来的大量的雪白的鱼，在阳光下熠熠闪烁着银光。有时还要从他们那里买一些鱼——那时候鱼太便宜了。可怜的穷苦人一日两餐只能吃鱼和米饭。

爸爸很会游泳，他常常游到河对岸去。因为他很善于游泳，所以在暴风雨的季节，他也住在船上，并不害怕。他还教哥哥游泳，只是不教我们姊妹俩。姑姥姥教过我们怎样潜入水中。为了让我们洗澡，在很远的一个地方用棕榈树叶做成的帘子围成一个洗澡间，中间放一块木板，坐在上边洗脸，或者把洗完澡后要穿的衣服放在上面。在炎热的季节，我们那个洗澡间是多么凉爽啊！在那里聊天、喝饮料、打扮自己等等。如果高兴，我就下到水里。河水没到颈部我就不害怕，可是一旦脚不着地时漂浮起来，我就非常害怕。这样一来，怎么能学会游泳呢？

夜里倒在船上，听着波浪撞击船体时发出的唰唰声，我就进入了梦乡。

我们住在船上的时候，有很多佃户常来向爸爸索要顺势疗法的药品。爸爸是顺势疗法的能手，吃过他给的药，很多人都好了。在帕德玛河两岸常常可以看到许多小村庄，这些佃户就是从那里来的。那里的佃户大多数是穆斯林，穆斯林女人是不能在有身份的男人面前抛头露面的，但是我看到很多穆斯林女人来爸爸身边取药。我们的佃户们很爱戴爸爸，就像爱戴自己的父亲一样。他们有什么委屈，就会毫不犹豫地来向爸爸述说，因为他们知道，他们会在爸爸那里得到公正的裁判。

三

祖父住在焦拉桑科宅第的楼房三层，靠近阳台的一面是他的客厅，后面是他的卧室。最后一间挨着浴室，这一间房子里存放他的衣服。浴室后面有一个小阳台，而这阳台的一侧就是他的男仆人们住的地方。他逝世之后，他的那些仆人们都用手抱着头坐在那里。像祖父这样的庄园主他们到哪儿去找啊！

祖父去世那一天的情景，清晰地留在我的记忆里。祖父去世不久，他的尸体就被安放在一层的院子里，爱戴他的婆罗门和其他人成群结队地来到那里与遗体告别。当把他运走的时候，有很多人护送他的尸体走着。我的智力当时还不能理解，一位多么崇高而伟大的人走了。

关于祖父，我还清楚地记得一件事。下午他坐在阳台上，总要喝柠檬汁，我们都很眼馋。他喝了三四口，就放下瓶子不喝了。祖父有一个仆人，他的名字我记不得了，不过这个人的心眼儿很好，他从不剥夺我们享有祖父剩下的食品，总是把食品饮料分给大家。

祖父凌驾于这个大家庭之上——这个大家庭由他的一大群儿女、孙子、孙女以及他们的子女组成。在祖父在世的年月里，大家都按照他的意愿行动。在这个家庭里不经他同意，任何事情都是不能做的。尽管我伯父们和我父亲的年龄都已经相当大了，只要我的祖父——这位家长活着，谁都不必考虑家里的任何事情。因此，在他死的时候，家里的所有人仿佛都陷入了无助的困境。

我还记得，祖父在世时有一个叫久杜纳特·贾杜久的人，他留着长长的头发，白净的皮肤，宽宽的额头，穿着整洁的上衣和围裤，脚上穿着一双用棕榈树叶做的鞋子。他白天来上班，打开出纳室的门开始工作。长期以来他一直是我们家信赖的工作人员，管理钱财的重任就落在他的肩上。我现在说一说，祖父对家庭中的每一件事务持有什么样的观点。要举办婚礼，应该邀请哪些人来，绍多哥哥就拿来一个名单读给祖父听。我在前面已经说过，我们家里举办任何仪式或活动，不经祖父允许都不能做。名单读过之后，他用一种质问的目光望着绍多哥哥的脸，说道："名单上少一个人的名字。为什么没有久杜纳特·贾杜久？"他特别关注在家里举行某种仪式的时候，不能出现任何偏差。祖父不论住在什么地方，此人总会把家里所发生的一切事情都告诉祖父。没有祖父不知道的事情，他是这个大家庭的掌舵人。

我的大姑妈绍乌达米妮，长期住在她父亲的家里，并且一直在照顾她的父亲，直到老人最后逝世的那一天。为了减轻父亲的痛苦，很多天她一直待在她父亲的身边。她父亲去世之后，她才回到自己的房间睡眠，大概有几个月的时间都看不到她走出她父亲的房间。我记得，祖父逝世很多天之后，有一天我看见大姑妈向我们的房间走来，当时我是多么高兴啊！她带来了有关家里所有人的消息。我们都很爱她。她白天总要为祖父准备着酸芒果汁。尽管我所说是酸芒果汁，但是它和芒果汁一点关系都没有。我们

米拉的二娘甘丹侬蒂妮（1850—1941）

都特别喜欢这种酸芒果汁。一想到一年 12 个月怎样才能搞到芒果，就感到很惊奇。大姑妈的习惯做法是，祖父的盘子里剩下什么东西，她都送给家里每一个房间的小孩子们。祖父的食物里都多少放一些糖，所以我们都特别喜欢吃祖父剩下的食品。

绍多哥哥是大姑妈的儿子，他是这个家里所有男女孩子中最受喜爱的人。在他的房间外面有一个长长的箱子，早晨我们洗过脸和手之后，就急忙跑过去坐在那箱子上面。大家整齐地坐在那里，等着绍多哥哥走出房间来。绍多哥哥那里有各种糖果，我们就是想要他的这种糖果。这种东西现在即使在新市场也找不到了。绍多哥哥不仅是我们喜欢的人，而且家里的嫂子们也很需要他，他如果不在，是不行的。如果需要某种奢侈品，他总会从新市场买回来。在新市场有几家他熟悉的商店，他是那些商店的固定顾客。绍多哥哥离开加尔各答，前往阿拉哈巴德他女儿家之后，如果需要在新市场买什么东西，他所熟悉的那些商店

老板们就会根据我们的需要送到家里来,并且带来有关他的消息。

那个时期有一位老仆人,他的名字叫昆吉,我们总是叫他老昆吉。昆吉亲手做的甜食非常好吃,那种味道是无法忘记的。穆斯林的乞讨者是不敢到他身边来的。祖父在世的时候,我们家的玛克月大祭节是非常有名的。通常习惯的做法是,招待所有来参加祭节的人吃饭,否则是不会放他们走的,老昆吉做的甜食就成为玛克月大祭节中一道最吸引人的主要食品。在我们家的后边有一小块土地,那里有一间很好的厨房,还有其他东西,那是昆吉管理的领地,名字就叫公共厨房。我不知道为什么叫公共厨房。它在很多方面类似宾馆,交了钱就可以吃饭。有的时候厨师不在,很多人都到昆吉的公共厨房来吃饭,必要的时候我们也会到那里去吃饭的。不过,他的公共厨房可不像他的甜食那么有名气。大姑妈和绍姆伯父[①]倒是昆吉厨房的常客。看来,公共厨房特别为他们准备了做饭菜的用具。

我童年时代的回忆是与仓库街19号——我二娘家联系在一起的,不说说那里的情况,我的叙述是会不全面的。我对于这栋19号楼和位于贾伽丁德罗纳特路的家是有很深的感情的,我对焦拉桑科的家倒没有那么深的感情。因为我们的大部分时光是在圣蒂尼克坦和什莱多赫度过的,当我听说苏棱哥哥把仓库街上的房子卖了,我心里是很难过的。不写写我在那里留下的很多回忆,我是不会停笔的。在二娘的关怀下,我怀着特别温馨的心情在那个家里度过了一些美好的时光。那里有一个很大的花园,在花园一侧的一棵大树下有一片草地。黄昏前我们坐在那里,二娘经常给我们送来一些吃的东西,并且让我们早点回去睡觉。二娘家有一个大池塘,那里有很多荷花,我们常常坐着一艘小船去采摘荷花。我们更喜欢采摘莲蓬莲子。剥开硕大的莲蓬,我特别喜欢吃里面的莲子。在圣蒂尼克坦的贝库尔树下,有一处我们整天玩耍的地方。在仓

---

① 这里指罗廷的六伯父绍门德罗纳特(1859—1923)。

库街那里也有两棵高大的贝库尔树，在其中的一棵树上挂着秋千，我的伙伴们坐在上面，很会荡秋千。看到她们每一次都荡得那么高，我就感到头晕目眩。因此，不论我的伙伴们怎么劝说，我一次也没有登上秋千。下午的时候，纳多尔的大公之子焦金德罗纳特也常常来与我们一起玩耍。

有一次，欢度洒红节，二娘把焦拉桑科家里的所有人都请来了。大家相互涂抹各种颜色的粉末，然后去池塘洗澡。仓库街的家里有两个池塘，一个是在后面，从外边是看不到的，嫂子们决定在那里洗澡。那一天，嫂子们特别开心。她们住在焦拉桑科的家里，怎么会有机会在池塘里洗澡呢？洗过澡后，二娘就给孩子们和媳妇们拿来了新衣服。在一层的一个大房间里，已经摆好了饭菜。在白色人理石桌子上，铺上硕大的荷花叶子，以此取代香蕉树的叶子，看上去非常美，直到今天我都清楚地记得。此后还有两次，我都看见二娘很喜欢用荷花叶子盛饭吃。

前面我已经说过，纳多尔的大公之子焦金德拉纳特常常来贝库尔树下我们游戏的场地，我们都叫他摩奴。摩奴和碧芭是两兄妹，碧芭是我喜欢的女友。我离开二娘的家，到碧芭的家里住过一些日子。我父亲和纳多尔的大公是朋友，他很疼爱我。在碧芭的家里，我们三个人就像兄妹一样。吉多龙窘·达什的妹妹奥莫拉姐姐是这个家庭的真正女主人。王后[①]大妈是个好人，她很放心地把家庭生活的一切重担都交到奥莫拉姐姐的手里。我们称呼碧芭的母亲为妈摩妮。她是一位个子不高的女人，在她那狭小的前额上点画的朱砂痣，犹如月亮一样清晰明亮。像她那样贤惠美丽的女人，我希望她前额上的朱砂痣永远不会暗淡失色。当时我看到纳多尔的大公之家是何等金碧辉煌啊！现在我却看到了它那破败的惨状。如今只有几件破损的家具，一年又一年，散乱地放置在装修很好的宽敞的大厅里。进入门廊，我一边沿着楼梯上去，一边环顾四周，心里感到很凄凉——我看见了什么？今天我又来到了什么地方？经

[①] 指大公的妻子，大公即"伟大的王爷"，所以其妻译为"王后"。

过很多房间，我才看到妈摩妮坐在一个房间里。我走到她的身边，她很客气地请我坐在她的身旁。我童年时代所看到的那位贤惠美丽女人的形象不见了，今天看到的是一位不佩戴任何首饰的孀居女人。

奥莫拉姐姐是位很优秀的歌手，大概很多人都知道。她既有一副好嗓子，又有一双很会做饭菜的巧手。一个大铜锅里漂浮着香喷喷的汤圆，这一切仿佛就在我的眼前。下午的时间一到，苏棱哥哥等人就来打网球。此外，还有很多客人常来这里，当时奥莫拉姐姐就用她亲手做的甜食来招待他们。毋庸赘言，我们也没有被排斥在外。这些都是甜食，不过，我很不习惯下午两点钟吃东西。奥莫拉姐姐她们都是东孟加拉人，能吃很辣的食物。而在我们家里却恰恰相反，一切菜肴都偏向甜味。在用大理石砌成的凉台上放置一个大金属盘子，里面装满了大米饭，奥莫拉姐姐就这样招待这么多男女孩子们吃饭。我们围坐在大盘子周围，奥莫拉姐姐都没有地方坐了。我再也不能吃了，因为我实在吃不下了。她招待人吃饭的方法是：她用一只手托起我们的下颏，用另一只手往我们的嘴中送米饭，这样就不得不吃啊。

爸爸来把我从纳多尔的王宫里接回去，带到了圣蒂尼克坦。现在，到了该开始读书学习的时候了。教我学习英语的老师，是摩诺龙窘·般多巴泰。他在圣蒂尼克坦教书的时间并不长，我就是跟着他从阅读伊绍普斯·费波尔斯的短篇小说开始学习英语的。我很喜欢跟他读书学习，他教我阅读各种短篇小说。他名字的意思是"使人愉悦"，他的确懂得如何使人快乐。

我们当时住在客舍（圣蒂尼克坦之家）里。学校建立之初，大概还有四五个学生也住在那里，爸爸的好朋友绍丘龙·马宗达先生把他的儿子松多什琼德罗·马宗达也送到这里来学习。我特别清楚地记得松多什哥哥的往事，他高高的个子，胖胖的，白净的皮肤，一双大眼睛，长得很帅气。后来他就像是我们家里的孩子一样，他和哥哥是同学，两个人一起去了美国。两个哥哥去了美国之后，我就没有玩伴儿了，常常感到很孤独。那个时候，迪嫩德罗纳特的妻子科莫拉及赫摩洛达嫂子还没有来这里。后来，当她们俩来到下平房居住的时候，科莫拉就成为我的一个好朋友。此外，久戈达侬德先生把两个女儿和一个儿子也带来了，久戈达侬德先生就在靠近桫椤树小径附近的一座茅草房里住下来。当时我们也从客舍搬到一座靠近桫椤树小径的一所新房里。那时候在静修院还没有砖瓦楼房，只有下平房和客舍。静修院当时就像一座真正的静修院。孩子们所住的学生宿舍，其墙壁也是用泥土垒起来的，屋顶是用稻草苫盖的。那时候还没有为教授们建设"导师之村"，他们就和学生们住在一起，开饭的时间一到，他们就带领学生们去食堂吃饭。那时候学生们的盘碗等餐具都自己亲手洗涮。爸爸常说，小时候吃一点儿苦，对于人的成长有好处；长大后如果想过奢侈生活，那是不需要别人教的。

我们新家的西面有一个很大的房间，现在仍然存在，那是我们的学习室。桫椤树开花的时候，鲜花的芬芳就飘进学习室里来。大概，那种鲜花中蕴含着一些醉人的芳香，中午我们坐在那里学习的时候，常常打瞌睡。

过了很久之后，我和四五个姑娘就被安顿到第一女生宿舍里。从达卡来了姐妹二人，一位是希龙姐姐，她比我们大；她的妹妹银杜，年龄比我小一点儿。这姐妹俩都有一副会唱歌的好嗓子，希龙姐妹俩经常演唱斯瓦代什运动时期的歌曲，希龙姐姐的歌声高亢优美。我记得，希龙姐妹二人是跟随代杰什先生一起来的——她们好像同他是亲戚。那栋房子的一层安排女生住，只有五六个女生住在那里，所以那里显得很宽敞。楼上住着摩希多先生的妻子，她负责照看我们的生活。多伦·拉伊的妹妹普罗蒂帕，有几天也同我们住在一起。多伦·拉伊是比我们年长的一个男生，我的堂哥奥鲁嫩德罗纳特的小妹妹莎戈丽迦是我们当中最小的，我照顾她比较多。我们在那里住的时间不长。我们的身体都不很强壮，寄宿宿舍食堂的饭食我们忍受不了。基迪莫洪先生同他的小姨子赫摩洛达·森第一天来到这里的情景我还记得，现在我要说说这位小名叫茬卢的姑娘。一提到茬卢这名字，大家都知道，茬卢的父母亲当时都住在巴克萨尔。茬卢的皮肤白净，是因为她受到西部水和空气的滋润。她的肤色仿佛涂了一层油，闪烁亮光。若猜测茬卢的年龄，看上去她就是个小女孩：面容稚嫩，头发剪得很短———一直到脖颈。第一次见到她的时候，我被惊呆了，基迪莫洪先生从什么地方得到了她这个美女？茬卢现在已成为圣蒂尼克坦的居民，她的三个女儿都曾经在圣蒂尼克坦读过书，她的小女儿科玛现在是这里的女教师。我们第一批女生所居住的宿舍没有存在很长时间。

住在圣蒂尼克坦客舍的时候，我们吃的都是素食。当时在静修院里是禁止吃鱼和肉的，因此有时想吃肉食的时候，我们就去下平房，那里从上午起就在做肉食荤菜。之所以起名叫"下平房"，大概是因为那个方向的地势要比圣蒂尼克坦之家低洼。"下平房"附近有一个"堤坝"水库，现在还在，但是如今再也见不到那时候的景象了。当时水库的岸边是一排椰子树，我们走到大坝底部坐下来，听到风吹树叶发出的簌簌声，感到很惬意。而如今，那排椰子树已经没有了。看来，更吸引我们的是那片水域，因此嫂子们住在下平房的时候，在中午炎热的情况下，我们就常常离开我们的新家，前往科莫拉那里去，然后带着她一起去水库的大坝岸边坐下来。现在稍微热一点儿，就害怕出门，而那时候中午炎热的时候，我们根本不想待在下平房里。嫂子们的房间同她们所居住的那个方向的外面并不相连，大伯就住在那个方向的一个大房屋里，它现在的名称为"迪吉—休息室"。房子的四周是宽敞的走廊，而在走廊的外边是菟戈尔树。下平房的一个特点是一排阿莫拉基树，树下有一条小路，大伯每天都沿着这条小路嗖嗖地快步行走。他一边走一边数着走了多少圈儿多少步了，在这中间不能使他停下来。在他开始徒步行走之前，我们很多时候都想向他施礼请安，可是我们谁都不能让他停下脚步！大伯还有一个特殊的习惯，每当徒步行走的时候，他就把自己上衣的长袖子卷起来，用绳子捆扎好。从苏塔甘多·拉伊乔杜里所写的

《迪金德罗那特·泰戈尔——回忆往事》一书中可以更好地了解我的大伯父。

我们住在门房旁边的泥土房的时候，迪嫩德罗纳特①来了，并且在门房里住下来，他负责上音乐课。晚上的时候，很多人都被吸引到门房里来听唱歌。迪嫩德罗纳特是一位很合群的人，他不论在哪里，都会使大家陶醉在他讲故事的欢声笑语之中。他喜欢宴请大家吃饭，在这方面应该讲一讲他的贤内助。迪嫩德罗纳特的妻子科莫拉会制作各种食物，她热衷于烹调而不知疲倦。迪嫩德罗纳特被孩子们称为"丁哥哥"。他不仅善于唱歌，而且他具有极好的表演能力。在演出《牺牲》的时候，他曾经扮演过罗库波迪。他把罗库波迪的角色演得如此精彩，谁观看过一次都永远不会忘记。迪努离开门房，搬进他自己的家"歌之天堂"，当时的情景我现在还记得。爸爸每当创作了新歌，就会立即派人去叫迪努——为了不忘记曲调。只有教会了迪努，爸爸才放心。我家的仆人波诺马利经常去叫迪努。一听说爸爸派人来叫，他就立即急匆匆走出来。现在我仿佛都清楚地看到，高大肥胖的迪嫩德罗纳特穿过运动场，呼哧呼哧地走过来。

我在前面已讲过，在门房的附近为我们建造了一栋泥土房，这栋房子现在是我们女生的宿舍。大概，巴乌沙月初七那天，为我们建造的新宿舍开始启用了。那是哪一年，我说不清楚了，因为我从来不记得年份。这栋房子容纳不下所有人，有几个女生住在"蕾布昆寂"②。女生新宿舍开张的时候，洛蒂姐姐（斯内赫洛达·森）为了照顾我们也搬进新宿舍。后来赫摩芭拉姐姐（赫摩芭拉·森）搬进来，替换了洛蒂姐姐。每当回忆起当时女生中的一些人时，我最先想到的就是巴波莉和米奴的名字。她们俩就是女生宿舍的大熊猫。巴波莉是普罗山多·莫赫兰比什

---

① 简称"迪努"。

② 孟加拉文的意思是"柠檬闺房"。

的小妹妹蕾芭（绍尔迦尔），而米奴结婚后就成为玛洛蒂·乔杜里了。前面我曾经提到过洛蒂姐姐，米奴就是她的女儿。所有人加起来，大概有十一二个女生——萨维特丽·戈宾德来自南部地区。听萨维特丽讲话的声音，就像是聆听南方歌声。爸爸分析了她唱的几首歌，用其中的一些旋律创作了孟加拉歌曲。在一次演出的时候，爸爸让萨维特丽到加尔各答剧院演唱了歌曲，那个时候的印度斯坦音乐的制作人为萨维特丽录制了两首歌曲，一首是《你施舍一些吧》，另一首是《在吉祥的早晨》。这两首歌曲不论听过多少次，我都不觉得陈旧。除了萨维特丽，再也没有谁有这样的好嗓音。

由于几个人的到来，圣蒂尼克坦的名声向周围传播开来。现在我就来讲一讲他们，这三个人是静修院里大家学习的榜样。侬多拉尔·巴苏来了以后，美术学院男女生的人数增加了——很多姑娘也来学习了。除了绘画，她们还要学习各种服装的制作缝纫。姨妈（苏库玛丽女士）是裁剪缝纫和素描绘画的能手，她是迦利莫洪先生妻子的姨妈，因此大家也都称呼她姨妈。姨妈教姑娘们裁剪缝纫。那时候，在圣蒂尼克坦刚刚开始流行"迦提亚里"式样的服装。后来，直到现在，到处都可以看到迦提亚里式的服装。那个时期蜡染刚刚开始。1927年艺术家苏棱·科尔跟随爸爸去爪哇访问，在那里学习了蜡染技术，当时侬多拉尔·巴苏的女儿高丽和几个女生开始学习用蜡染的方法染制纱丽。

开始建设我自己的房子"花园"的时候，我正在西部旅游。松多什哥哥的婶娘（我也叫她婶娘）当时在斋普尔，我参观了拉贾斯坦的乌达亚普尔、季多尔等城市后就去了斋普尔婶娘她们那里。在那里受到婶娘的关爱，我很快乐，并且和美术学院以前的学生齐特拉一起去参观斋普尔一些可以参观的地方。齐特拉以前的名字叫比罗婆德罗拉奥·齐特拉，他后来去了圣蒂尼克坦，做了美术学院的领导。有了齐特拉这位朋友，我们就一起游览了拉贾斯坦的很多地方，其中的乌达亚普尔和斋普尔简直就像图画一样美。转来转去，最后我们来到德里——尼石先生那里。德里大学的教务主任尼石甘多·森,是对我们特别好的朋友。退休后,他在圣蒂尼克坦建造了房子,带着女儿和外孙女离开德里到这里来了,几年之后他过世了。他的女儿阿莎·拉伊成为圣蒂尼克坦学校的女教师。现在我讲一讲在德里的情况。尼石先生非常关爱别人。接到我们,他非常高兴,根本不想放我们走。那时候还没有建成新德里,刚刚开始修建道路。有时我们和尼

迪嫩德罗纳特(迪努)

石先生一起出去游览。我最喜欢去因陀罗台地,坐在那里的大理石上,思考一个时期曾经在那里登基为王的一些人。为了王权曾经流过多少血

"圣蒂尼克坦"之家

啊！这座德里城经历过多少兴衰啊！今天只留下一堆一堆的坟墓石碑。我的心情很凄凉，但是又不想离开那里。我特别喜欢阅读历史。我总觉得，那些曾经存在一个时期的人物仿佛就在我眼前活动——多少面战鼓在敲响，多少骑士在驰骋——他们的马蹄声仿佛还在响彻四面八方。

尼石先生清晨倒在床上，喜欢让齐特拉坐在他的卧室里，听他讲述圣蒂尼克坦的故事，并且对他说："你会成为伟大英雄的。"他还有一个有趣的习惯，就是颠倒过来称呼别人的名字。他从来不称呼奴杜为奴杜，他经常在我们跟前说："你们的杜奴，很善于唱歌吧？"

米拉的住宅"花园"

我从德里回来后发现，我的"花园"房子建设工作已经结束，但是看到各房间的地板，我的心情很沮丧。地面上一些地方堆积着水泥，要想把这些东西除掉，谈何容易啊！多少天来，用煤油将地板上的痕迹的确清除掉了，可是还是不像我心里想象的那样好，我日夜努力，想用不太多的时间，把房子后面的那个院子建设成一座美丽花园。在这里，我第一次获得了建设花园的经验。代杰石先生当时正在学校里教工人们修建花园，他喜欢做这方面的事情，这是他的爱好。在很短的几天内，在他亲手操持下，静修院就得以恢复了原来的面貌。我问他，植树时树之间要留多大的距离好，树坑要挖多深才行，他都一一告诉我。我就严格按照他教我的方法去做。我担心自己不在的时候桑达尔族船夫挖的树坑就会比需要的深度浅，所以从早晨起我打着一把伞站在阳光下，看着他们劳作。看到我如此不知疲倦的操劳，大家都很惊讶。我自己现在想一想也感到惊奇，我怎么能够忍受如此的炎热呢？绍静大夫每天出诊都从我家门前经过，当他出去的时候看到我头顶上打着伞站在花园里，而当他看完病回家的时候还看到我仍然那样站着，他多次笑着对我说："您现在还站在这里？"经过四五年的努力打造，这座花园看上去像个样子了，满园的树木郁郁葱葱，素馨花、茉莉花开始绽放了。早晨起床后，我就可以看到，缀满露水珠的赛法利花枝已经伸展到红色沙砾铺就的道路上面，和风习习吹拂，从远处带来了查梅莉花的芳香，此时我的任何痛苦都消逝了。以前我做任何事情都不能集中精力，修建这座花园改变了我，也挽救了我。爸爸看到我的花园后很高兴，于是就给我的这座房子起名为"花园"。可是我精心打理的这座花园现如今由于无人关注已经失去了昔日的华彩。现在我自己已经不去亲自照看了，因为身体虚弱，我也不能常去那里了。

　　当时的姑娘们中只有达波茜、吉达和萨维特丽三个人常来我家走动，假日里我叫她们三个人来我家吃饭。在厨房的前面垒一个高一点的灶台，就在那上面做饭。她们中最喜欢做菜做饭的是吉达，而且她是烹调的能手。我不仅叫姑娘们来我这里吃饭，而且每天都叫一些男孩子来与她们相识，例如，马绍吉、山迪代波和侬多拉尔先生的儿子比舒。除此之外，代杰什先生也常来，他很善于烹调。每当学校过"甘地日"的时候，代杰什先生就来我这里，卷起袖子，开始做菜做饭。他不仅一个人做，而且还善于组织很多人来做菜做饭，然后大家一起吃饭，吃完饭，就洗刷餐具——代杰什先生也插手和男生一起洗刷。在这种闲暇的时候，不用说，代杰什先生已成为孩子们最喜欢的人了。他一次又一次承担教授孩子们的任务，孩子们特别喜欢骚扰他。在代杰什先生家的附近有一棵棕榈树，所以爸爸就给他家起名叫"棕榈树标"（taldhbaj）。

四

我还记得童年去圣蒂尼克坦的情景，现在我来说一说。

登上火车之后，我心里就怀着无限的好奇，很想知道，什么时候我会到达那里，在那里我会看到什么。黄昏之前，我们到达了目的地，在火车站外面有一辆座位很宽敞的大车在等待着我们。说它是一辆公共汽车，是不可以的，如果说它是一辆牛车，也是错误的。它比公共汽车大很多，两侧共有四个窗子，里面的位置可以坐很多人。我以前从未见过这样的车，大概谁都没见过。我不知道在什么地方生产这样的牛车。看来，这辆车从头到尾都是用钢铁制造的，四头肥壮的公牛气喘吁吁地拉着这辆车，在黄昏的黑暗中我们缓慢地前行。坐在车里，我不知道什么时候睡着了。车子一停下来，我就醒了，于是我看到，我们的车子停在了一座两层的楼房前面，当时大家急忙把车上的东西卸下来。在二层的一个房间为我们准备好了床铺，房间里一张很大的床占据着很大地方，此外还有一两张小床，于是我们就分别倒在每一张床上。绍米留在了妈妈的床上。二层楼中间有一个房间比较小。在它后边有一个很大的房间，这房间的隔壁就是我们的卧室。东面和西面的两个房间的中间是洗澡间。房屋的南北两侧有两个游廊，与朝南方向的游廊相连的是一个敞开的停放车辆的游廊。在一层也有游廊，同二层的房间设计相类似。现如今，由于一层的游廊被封闭，这座楼房的整体美就被破坏了。

早晨起床后，我在周围转了一圈，瞧看了一下。首先映入我眼帘的是从火车站把我们接回来的那辆大车，它就停在不远处的一棵贝库尔树下。两棵高大的贝库尔树的树荫伸展开来，遮盖着很大的一块地方，这辆大车经常停放在那里，那里面是我们玩耍的一个好地方。这个方向就对着这栋楼的前面。在它的后面有一扇门，碎石铺成的红色道路一直延伸到门边。无数赛法利花从道路两侧的赛法利树上纷纷飘落下来，当时的花朵上附着露水珠。每当回忆起圣蒂尼克坦的时候，附有露水珠的赛法利花的温馨芬芳及其可爱的美景就出现在我的脑海里。对圣蒂尼克坦的回忆，总是与贝库尔花和赛法利花不可分地联系在一起。现在已无法确定，我坐在贝库尔树下编织过多少花环。

现在我来讲一讲爸爸住在门房时的情况。门房的楼梯特别不好。一部狭小的楼梯，台阶之间的跨度又很高，从这个楼梯上楼很困难。沿着这个楼梯上到二层，那里有一个狭小的走廊。从那里再上两个台阶，才能进入房间。我不知道爸爸为什么喜欢这样的楼梯。爸爸住在那栋楼房，要从一个房间进入另一个房间，必须再登上两台阶的楼梯。我曾经在拐角处的房间住了几天，当时我很少看到爸爸，因为住在那里总是提心吊胆地害怕，担心什么时候上下楼梯时会掉下来。

爸爸早晨就坐下来写作，只是洗澡吃饭需要一点儿时间，他才停下笔来，吃过饭又坐下来继续写作。当时外面是炎热的阳光，木头都被晒裂了，热风呼呼地吹着。不管多么炎热，爸爸从不关闭门窗。他看到我们怕热而把房间遮挡起来，就会不高兴，并且常常对我们说："你们越是制造炎热的气氛，你们就会越感到炎热。"看来，爸爸出生在非常炎热的拜沙克月，所以他才不怕热。他和太阳很亲密，他的名字"罗比"[①] 真是富有意义啊。我听大姑妈说过，爸爸不是出生在他哥哥们所出生的那个房间。在爸爸出生的前几天，我的祖母身体很不好，因此就没有把她安置在分娩房里，而是将其安置在一个比较舒适的大房间里，爸爸就是在那个房间里出生的。很多人都想知道，爸爸出生在哪个房间，但是没有办法提供确切的线索。

[①] 孟加拉语意为"太阳"。

在这里我要讲一讲，不论别人怀有何种奇妙的心态，爸爸都能洞察到。现在我来说说我自己的体验。有时如果我怀着沮丧的心情走到他的身边，什么都不用说，爸爸只是望着我的脸，他就能洞察到，我何处感到不舒服，于是他就慈爱地把我拉到怀里。我在爸爸身边获得了如此多的疼爱，所以，我从来不觉得，因为母亲过世而缺失疼爱。

我既爱爸爸，又怕爸爸。他从不责骂我们。如果做了某件不对的事情，我都不敢瞧看爸爸的脸——看一下他的脸色，我就明白了，我没有把事情做好。因为突然降雨，我被淋湿而回家的时候，总是担心被爸爸看见。这种情况发生过很多次。只有一次，爸爸看见了，我的全身都被雨水淋湿了，于是爸爸就说："去把湿衣服换掉，喝杯姜汤茶，这样就不会感冒了。"

苏塔甘多在寄给我的一封信里描写了爸爸的苦闷："他不满意的时候，他的严肃是如此的可怕，那时候谁都不敢轻易地进入他的房间。受委屈时，他也是非常严肃的。由于多种原因，我多次亲眼见过他的这两种严肃性。"我无法抑制自己从苏塔甘多信中摘录这几行文字的欲望。

爸爸即使忙于他自己的读书写作，每天上午也抽出时间来教我朗读一些作品。很多时候他从《金色的亵渎》中选取一些诗歌，教我朗读。我常常不能很好地背诵，爸爸就用很美好的方法教我背诵。哪个地方我想不起来了，爸爸就让我想一想那个地方诗歌所描述的画面，于是我就慢慢地想起来了。爸爸如果希望我背熟某一首诗，他就教我抄写几遍，写着写着，我就自然地背诵下来了。依靠抄写比高声朗读更容易牢记所要背诵的诗歌，学校里的男女生如果知道了，他们一定会采用我的这种方法的。随着我的年龄的增长，爸爸喜欢教我一些稍微难一点的内容。他常说，小孩子如果因为不懂而放弃，那么以后他们就永远不想再学习了。爸爸逐渐让我了解了丁尼生、华兹华斯的诗歌，索拉波和鲁斯多姆（sorab o rustom）的故事，然后是埃诺克·阿登（enok arden）等英国文学中一些杰出的诗歌。有一天，他拿来了拜伦的诗歌，于是我就陷入了困境，后来也没有多少进步。奥吉多·丘克罗博尔迪来到了当时的静修院，爸爸就让我跟他学习。奥吉多先生教我阅读了古代罗马史。我从来都不记得年份日期，不过我的兴趣是在历史方面。古代住宅的式样、农村的情况如何，过去人们的生活方式、习惯是什么样，他们看上去如何——这一切我都想知道。直到今天，我都记得我读过的那本书的样子。有一天，我的一本记载罗马历史的笔记本突然从陈旧废品中滑落下来，看了一下，我自己都感到惊奇，我是怎样一页接一页地用英文毫无差错地写下这么厚一个本子的。同时我想起来了，为了教姐姐学习，洛伦斯先生和一位梵语学者来到什莱多赫，住了一段时间。我也跟随洛伦斯先生学习过。他有一个爱好，就是养蚕。很多时候甚至让蚕宝宝在他的身上爬来爬去。在奥吉多先生来静修院之前，绍迪什琼德罗·拉伊就来了。但是他过早地逝世了，此后奥吉多先生来了。我从哥哥们的口中听到了很多有关绍迪什先生的故事，可是我没有机会与他相识。奥吉多先生也教过我英文诗歌。他很善于背诵诗歌，他自己也写诗。奥吉多先生不仅善于教学，而且他还善于演戏。他唱歌的声音也很靓丽。我记得，在门房楼的一层一个房间里有一台风琴，奥吉多先生一边弹着风琴，一边一首接一首地唱着雨季之歌。外面哗哗下着大雨，他的歌声竟然压过了潇潇雨声。

爸爸不仅从事读书写作，而且他还要去检查学校的工作是否在正常运行。夜里男生们入睡之后，他就走进他们的各个房间去查看——他们的蚊帐是否都披好了。我多次看到，如果有人生病了，爸爸就会忐忑不安。在爸爸还能够徒步行走的时候，学生中如果有人生病了，他就会亲自送药去。现如今他再也不能走很多路了，他就派苏塔甘多·拉伊乔杜里代替他前去打听学生们的消息。当我有什么不舒服的时候，爸爸就打发苏塔甘多来"花园"探望，不仅送药来，而且还让苏塔甘多再来查看我是否把药吃了。在吃药方面我是很固执的。有一次，我连续多日发高烧，爸爸就来到我的床边，坐下来，用手抚摸着我的前额，于是我就觉得痛苦减轻了很多，爸爸一离开，又开始觉得疼痛，于是我就烦躁起来。爸爸从来不让我们感到缺少母爱，但他从不以更多的关爱娇惯我们。

爸爸常常带我们做室内游戏。一种游戏是这样的：先画一条线，在线的最后让我们说出一句话，然后在这句话下面再画一条线。这样继续下去，很多时候就能编写出一个故事来。

我还要讲一讲关于爸爸的一个故事。爸爸喜欢想出各种各样的烹调方法，并且让妈妈按照他说的方法去制作。我记得，有一次，他让妈妈在烙饼的时候不用奶油而是用蓖麻油，结果会怎么样呢？第一次听说，我们就觉得，一定会有一股很不好的味道。可是令人惊奇的是，这样做的烙饼却没有一点儿怪味道。

我们住在"圣蒂尼克坦之家"的时候，拉伊普尔的罗比·辛赫常常去那里，住在一个房子里。在那里他们家有很多土地，所以有很多农民常来看他做事。罗比·辛赫是一个非常虔诚的性力派信徒，宽大的前额上点画有一颗很大的朱砂痣，一头长卷发，一看到他那双大大的血红色的眼睛，我就害怕。他常常带领我们到桑达尔人居住的村庄游逛。我们走出去不太远，当时离开家稍远一点儿，我就觉得我们走出很远了。看到桑达尔人用茅草苫盖的斜面屋顶上有一些瓠子瓜、南瓜，他就叫我们去摘。在回来的路上，因为天色已经黑下来，为了点火把，他就从人家的柴垛上拿一些木柴来，然后点燃，于是我们就借助火把的光亮回到家里。现在回想起来，当时我们打着火把回家，多么有趣啊！

我去过罗比·辛赫先生在拉伊普尔的家，是乘坐牛车去的，走了很长时间。与他们家相连的是一大片土地，不能说那是花园，可以说那是一片森林。在那里，我第一次看到树上挂着念珠果，罗比·辛赫先生的手上和脖子上都挂着念珠串。我见到了他的妻子——在体态和性格两方面，她与丈夫完全不相匹配。她就像一般温柔苗条的孟加拉姑娘一样。她孤身一人在家里，见到我们她特别高兴。我们在她那里度过了一整天，黄昏前我们乘坐牛车回到家里。在那时候的白天乘坐牛车慢悠悠地行走，比起乘坐快速的汽车来有意思，因为能够观察到更多的风景。白天的时候我们要经过两英里长的伊拉姆集市森林。那里有一种叫作恒雷尔（henrel）的野兽，可以说它是狼的小兄弟。有时它看到山羊在居民区附近吃草，就把羊叼走。有一次，在圣蒂尼克坦的大门外，它把一只山羊叼走了。我的确听到从房子外面传来的一种嚎叫声，当时我起来后走出去瞧看，可是却什么也没有看见。所以，这种怪兽有多大，看上去什么样子，我都说不清楚。

根据我祖父大哲仙人定下的规矩，每天早晨在圣蒂尼克坦的庙堂里都进行祈祷，并且为主持祈祷从西部请来了一位学者，还有两位歌手。两位歌手是当地人，其中一位的皮肤是暗黑色，名字叫高罗；另一位名叫夏木·婆达恰尔久，他的皮肤呈浅黑色，看上去很帅气。他很会唱歌，而且他比高罗唱得还好。他的歌声属于"基尔侗"曲调。他经常演唱歌颂迦梨女神的歌曲，非常优美动听，我们非常喜欢听他唱歌。他演唱的基尔侗，其歌词和曲调与现代的基尔侗不一样。如果有人去农村收集那些古老的基尔侗歌曲，那就太好了。我已经讲过了曾经在圣蒂尼克坦居住过的一些人的故事，唯独没有讲过头领。他从前一个时期是强盗的头领，所以大家都叫他"头领"。他的身材高挑细瘦——看到他，并不像看到罗比·辛赫那样可怕。我们有时去苏鲁尔旅游，头领就拿着一根长木棒，在我们的牛车旁边步行，这时候他就跟我们讲述很多关于强盗的故事。强盗蹬上战靴，一公里又一公里飞快地走着，进入远处的一个村庄进行抢劫，然后平安地回到自己的家里，躺下睡觉，从来都不曾被抓到过——所有这类故事，他都给我们讲过。讲完故事，他总是不让我们害怕。他说，只要他活着，我们就不会受到任何伤害。大概，由于大哲仙人常来这里居住，在他的影响下强盗们的思想行为都改变了。他们中的很多人租了土地，开始种庄稼。有的人在我们家里做事，他们中一些人学会了做菜做饭，那时候他们为我们做各种事情。头领有一两个后人，现在还活着。

　　离开高土坡，在不远处就可以看到一座二层楼房——那是普罗帕特库马尔·穆科巴泰的家。他是《罗宾德罗传记》的作者，因此他很著名。从开设学校图书馆最初时期开始，普罗帕特先生就长期做图书馆管理员。由于普罗帕特先生妻子苏塔女士的关心和努力，波尔普尔女子小学今天已经成为一所高级中学了。苏塔女士是一位平易近人、性格温柔的女人。如果突然看到她，你就不难理解，在她身上为什么会蕴含着如此大的创造力。

五

　　巴乌沙月初七是大祭节，此后圣蒂尼克坦学校10天不上课。当时所有院系的教授都带领他们自己班级的男女学生出去旅游，不论去哪里旅游，男女学生们都会很高兴地受到一些教育。例如，古老的庙宇或被废止的首都，大多数情况下都去这样的地方。有一次，侬多拉尔先生他们徒步去了一个地方——那是高尔国的首都。那个地方为什么叫"城堡热带丛林"呢——我不知道。大概，那个地方现在已经是一片稠密的丛林，所以才有了城堡丛林的名称。学生们回到静修院的时候，他们的全身——从头到脚都覆盖着一层深红色的灰尘。假期里，侬多拉尔先生带领男生们出去远足的愿望和热情是非常高的。看到他们的情况，其他男女生也开始出去旅游了。这种习惯现在仍然存在。这样徒步走出去的目的，就是让静修院的学生们能够了解周围农村及当地人们的生活。

　　除了男女学生，熟悉的朋友们中间如果有人也想去，那么，得到具体消息，他们也可以参加。有一次，我也和他们一起出去了。我不确切知道那个地方在哪里，可能在拉吉沙希县境内，因为返回的时候看见了哈尔普尔土岗，于是侬多拉尔先生就对我说："既然我们已经走到离你们家的地产所在地波迪绍尔不远了，那么走吧，我们去那里吧。"于是大家想去的热情都很高涨。我舅舅诺根德罗纳特·拉伊乔杜里当时是那处地产的经理，于是我就给他发了电报。为迎接我们，舅舅带来了"帕德玛"号船。一看到这艘房屋似的大船，同学们都特别的高兴。我们这群女生占据了大船的两个舱室，而男生们就睡在船的甲板上和船的顶部可以睡觉的地方。

陆地上的人能够乘船在河上漫游，所以大家都非常开心。不用说，舅舅为我们精心准备了非常丰盛的饭菜。舅舅住在与办事处办公大楼相毗邻的一栋房子里，我们去他那里吃过两次饭。同我们一起出来旅游的还有侬多拉尔先生的妻子苏媞拉姐姐。男生们假期出来旅游的时候，都要带着苏媞拉姐姐。到了一个新地方，很短时间内苏媞拉姐姐就能做好非常可口的饭菜。从圣蒂尼克坦出发的时候，她就包扎好需要携带的东西，以便到达一个新地方后，马上就能够做菜做饭。像她这样整洁而又善于积极做事的女人，是很少见的。她的身体很强健，走起路来就像男生一样。对她不需要做任何特殊的安排，她可以适应任何环境。我是个怕凉的人，我不能用冷水洗澡。住在巴哈尔普尔的时候，苏媞拉姐姐看到我身体虚弱的状况并且知道我在家里都是用热水洗澡，于是她就做了安排，而且对做这类事情从来都不嫌厌烦。

美术学院的男学生比纳姚科·马绍吉是苏媞拉姐姐的右臂，不说一说他的故事，我的回忆录就会是不完整的。如果没有他，当时美术学院的任何事情都做不成。需要搭设展台，马绍吉就和苏棱先生一起干。马绍吉那健壮的身体内蕴含着极强的做事能力，他既聪明又有智慧。有一次，我"花园"内干枯的草地着火了。我保留很大一块草地，是为了方便放牛吃草，那时候我自己养牛。当时地面上有很高的干草，附近四周都没有水，火势向整块阜地蔓延开来。我非常着急，不知道如何灭火。人们从水井里提水来，开始泼洒，可是根本不起作用。马绍吉从远处看见着火了，就急匆匆地跑过来。近处有一颗榕树，马绍吉从衣袋里掏出锋利的刀子，从榕树上砍下一些细长的树枝，然后就用这些树枝开始击打草地上的火苗。看到他这样做，其他人也纷纷砍下树枝，开始参加灭火行动。那一天，如果马绍吉不来，谁晓得那场火灾会演变成怎么样的结果呢！

马绍吉有一把很大的诗琴，它比一般诗琴要大很多。在一些集会或演出的乐队里，他的形象最先映入人们的眼帘——他在演奏那把大诗琴，他是演奏的一名高手。他走了之后，我就再也听不到他那把大诗琴演奏出的浑厚乐音了。

现在我来讲一讲基迪莫洪先生的故事。他还有一个名称"老爷爷"，不论孩子还是成年人，大家都叫他老爷爷。我不知道，是谁给了他这样一个称呼。大概因为他是一个很诙谐的人，所以他才获得了"老爷爷"这样一个称号。那些将来会成为学者的人，会研究他的学问或哲学问题。我在这里只想讲一讲他作为我们的"老爷爷"的故事。晚饭后的很多时候，他都带我们出去散步。以前，我从未幻想过夜里出去散步。因为是"老爷爷"带我们出去，所以住在宿舍里的女生们如果有谁想去，那么赫摩芭拉姐姐是不会反对的。大多数情况下，我们走到牛舍村后就会返回来的。走到那里，就看到树上有无数的萤火虫在闪闪发光，所以大家都非常开心。在这之前，我从未见过萤火虫如此闪烁发光的美景，因为圣蒂尼克坦当时树木不多。此后过了很久，我在我自己的花园里又看到过萤火虫，可是它们整夜都附在树上啃食树叶，树木就会变得光秃秃的，这种情况我还是第一次知道。夜里看到萤火虫的美景，心里当然感到快乐，可是早晨起床后，看到树木那种光秃秃的样子，我的心情就变得沮丧了。很多人都来"老爷爷"的课堂，听他讲解爸爸的诗歌。他教我们阅读《渡口集》中的一些诗歌并且讲得清晰易懂。"老爷爷"很喜欢出去散步。每天早晨一起床，他就要出去散步，而且从来都没有间断过。他也叫谭姐跟他一起出去散步。谭姐跟老爷爷一起气喘吁吁地快速走着，这当然是我自己的猜想。我们的谭姐是位瘦弱矮小的人，她怎么能够比得上"老爷爷"的体力呢？在导师村与基迪莫洪先生毗邻而居的是内巴尔先生，他们这两家的关系非常密切。内巴尔先生的肤色犹如熟芒果，而他的思想就像孩子似的天真。他是个健忘的人，时钟打过几点了，他不知道，他根本就没有时间观念。上课的时候，学生们经常要出去找他很长时间。他对某人说过，邀请人家吃饭，回到家里经常忘记告诉家里人。有的时候就赶不上火车，为此大家就嘲笑他。露兜树开花的时节，他每天都想去露兜树林里去采花。那时候露兜树很多，现在露兜树林里很多树都被砍掉了。通向露兜树林的那条小路，从我家门前经过，所以内巴尔先生每天去采花的时候，我都能看到他。采摘完鲜花，在返回的路上他总会送给我几枝，很多人想购买内巴尔先生采摘的露兜花。如此芳香的鲜花，谁不想要啊？就这样，在路上走着走着，他手里鲜花的数量就减少了很多。内巴尔先生带回来很多露兜树枝，——还有带刺的露兜树叶，不知他想做什么。他就是一个像孩子一样天真的人。我举一个例子，我家的屋顶太低，因此我常常抱怨。有一天，内巴尔先生对我说："那怎么办呢？"于是他就建议把屋顶拆掉，重新加高。

久格达侬德·拉伊是算数教师，从外表看他是个粗暴的人，其实并不是，在他的课堂上孩子们都不敢淘气。看到他，你就不会觉得，他内心里非常严厉，但是孩子们都知道，即使遭到他训斥，过一会儿他也会忘记，并且他还会听一听他们的奇思怪想。久格达侬德先生的内心仿佛就是一泓喷涌戏剧性乐观情感之泉，爸爸是怎样发现他这种优点的呢？说起来简直是一件令人惊奇的事。他非常善于扮演喜剧角色。在演出《秋天的节日》的时候，他扮演的洛科索尔是无与伦比的。他一走上舞台，看到他的表情，大家就会笑起来。

六

那个时期还有一位教授，他就是普本·沙内尔，他是一位真诚厚道的人。他自己做饭吃。他会做一种豆汤，里面放有各种蔬菜，还要加一点儿奶油。这是他每天的食品。这种豆汤太好吃了，我非常喜欢吃他做的这种豆汤。他是位身材矮小而瘦弱的人，他穿一双木板拖鞋，手里拿着拐杖，穿过桫椤树下的小路，向我们家的方向走来——现在我仿佛看到他就在我的面前。我非常害怕学习算数。跟普本先生学习了几天后，对于印度钱币卢比、安纳、拜萨之间的换算，我的头脑有点儿开窍了。他知道，我不想进入任何学校读书，但要管理家务，就需要了解一点儿加减乘除以及卢比－拜萨的计算，于是他就努力让我学会这方面的一些知识。在普本先生的帮助下，我学会了这方面的计算，不过现在我很高兴，因为有仆人们在身边，不用我去做计算了。

松多什哥哥的爸爸，我们称呼他为大伯。大伯过世后，爸爸就把大伯母接到圣蒂尼克坦来。除了松多什哥哥，当时大伯母的几个儿子女儿都很小。爸爸如果不把他们接过来，大伯母就会陷入非常困难的境地。最初，很多天他们住在门房楼里，后来有了自己的房子，就搬到他们自己的家里。他们始终住在圣蒂尼克坦，大伯母就是在那里去世的。这位可怜的女人遭受过很多痛苦，她活着的时候，她的三个儿子和三个女儿都先后死去了。松多什哥哥有一个妹妹，名叫罗玛（很多熟人都叫她妮杜），她有一副会唱歌的好嗓子。她跟迪努学习过声乐，跟随演出的剧团去过很多地方，她是剧团主要的女歌手，是迪努最喜爱的女学生。

松多什哥哥同我哥哥一起前往美国留学，他学习的是农业科学。回到圣蒂尼克坦后，买了几头牛，开始办起了一个小型的乳品厂。那时候那里缺少牛奶，因此爸爸才派松多什哥哥去学习养牛和乳品加工专业，为的是让学生们能喝上牛奶。但是在圣蒂尼克坦贫瘠的土地上牧草长得不茂盛，所以那个地方是不适合开办养牛场的。他刚到那里的时候，牛奶的数量在减少。不过，松多什哥哥还是经营过很多天的奶牛场。在他不在的情况下，他雇请过一个印度斯坦的养牛工人，经营了几天，后来他就卖掉了一切，跑回家乡去了。

松多什哥哥又承担起新的任务。客人们来了，他就带领他们游览参观，并且安排他们的住宿等事宜。当时松多什哥哥体现了静修院的好客传统，因而获得了极好的声誉。如果有人突然而至，他就将其安排在自己的家里住下。

松多什哥哥在自己家的附近买了一些土地，在上面种植花生、豌豆和一些其他蔬菜。这些土地大部分是旱田，在水坝附近有几块可以种水稻的水田。院子里有储存稻谷的粮仓，房子外面堆积着稻草，桑达尔族船夫们拿着一扎扎稻谷在往地上摔打脱粒。走进松多什哥哥的家里，看到这一切，你就会觉得，这是一个典型农村的家庭。我去他家里的次数是最多的。

松多什哥哥有三个妹妹尚未结婚，她们都是我的好朋友。在他们家的前面有一棵高大的黑莓树，松多什哥哥在树上挂了一架秋千。松多什哥哥那些已经结婚的姐妹们回来的时候，这个家里到处都是她们的孩子。她们一回来，我们队伍的人数就更多了。松多什哥哥的母亲——我的大伯母是一位非常和蔼可亲的人，她的性格温顺平和，我们这些小孩子们都非常爱她，喜欢听她讲故事。大伯父曾经做过副县长，大伯母跟随他游览过很多地方，她向我们讲述了她所去过的一些地方的故事。他们穿越过多少桫椤树—莫胡业树森林，天色马上就要暗下来，坐在轿子里，身上毛发都吓得竖起来了。天黑之前必须到达目的地。当时在向哈贾里巴格—科达罗马方向前进的时候，就害怕老虎出现。

当圣蒂尼克坦成立了"教育救济会"的时候，松多什哥哥就肩负起管理它的责任，而我们以前的一个学生高罗戈巴尔·高士就成为斯里尼克坦的负责人，松多什·米特罗负责乳制品检查工作。奶牛场开始生产大量的牛奶，这些牛奶都送到圣蒂尼克坦，供给学生们饮用，直到现在仍然这样做。

在这里我来说一说迦利莫洪·高士。他参加了斯里尼克坦的苏鲁尔村附近几个村庄的农村改造工作。他动员村子里的年轻人修建道路和码头以及清除池塘淤泥等工作。在迦利莫洪先生的领导下，村里的人们对农村改造工作的积极性逐渐高涨起来，农村又恢复了原来的优美。为了孩子们读书学习，开设了一两所小学；为了增强孩子们的体质，开设了体育课。后来组建了由男生组成的农村少年稽查队。

诺妮芭拉·拉伊负责教授农村姑娘们裁剪缝纫。她带领自己的女儿洛蒂迦，住在斯里尼克坦。洛蒂迦曾经就读于圣蒂尼克坦的美术学院，在圣蒂尼克坦获得文科学士后，如今在波尔普尔女子高中任教，她的儿女们也都在静修院读过书。

由于居民们的粗心大意，当时在农村时常发生火灾。一旦发生火灾，松多什哥哥就立即带领一群男生跑去灭火。即使是远处村庄失火了，看到微弱的火光，他们也会跑向那里去救火，为了不让整个村庄被烧毁，他们就把附近的稻草垛移走。不过，由于村民们的愚昧无知，在扑灭火灾的行动中他们很少得到村民们的帮助，相反，却常常遇到阻碍。村民们只是聚集在一个地方，唉声叹气地干着急。现在已经看不到像以前那样的失火场面了，在学校前面总是摆放着一排红色的水桶，一旦需要去灭火的时候，学生们每个人拿起一个就可以跑去救火了。所有这些措施都是松多什哥哥安排落实的。松多什哥哥一个时期曾经是足球队的队员，可是一次因为骨折，他就再不能踢足球了。他非常注意培养优秀的足球运动员。那时候我们的男生中有几个人是非常棒的足球队员，什么时候在什么地方要举行足球比赛，他们就代表静修院去参加。那时候的运动员中有比棱·森、高罗戈巴尔·高士和绍罗吉·乔杜里——他们三人是最优秀的足球运动员。每个星期三，松多什哥哥都带领男生们到大坝水库里去洗澡。他们在那里十分快乐地洗澡，并且跟随松多什哥哥学习游泳。

松多什哥哥有两个弟弟珀拉和绍碧，他们两人都在小小的年纪死去了。绍碧去了贝拿勒斯读书，因为生病，他一个人从那里回来。头痛让他坐卧不安，很有可能他的脑髓患了什么疾病。家里人赶到豪拉火车站去接他的时候，看到他已经失去知觉，躺在椅子上。大伯母因为先后失去两个儿子而感到悲伤。珀拉走了之后，我总是怀着忐忑不安的心情去看望大伯母，我如何面对她呢，我能说什么呢！走到她身边，我总是看到，她犹如石雕像似的，静静地坐着。我什么话都没有说，而她只说："你坐吧。你好吗？"后来由于松多什哥哥和他的妹妹努杜的死亡，大伯母就更加悲痛了。努杜嫁给了苏棱·科尔先生，生了两个儿子，就过早地死亡了。

从松多什哥哥的关系上论，我称苏伯特·马宗达为叔叔。他作为我的家庭教师，住在我们的家里。过了几天之后，苏伯特先生的妻子带着她的一个小女儿来了，安排他们住在我的那间学习室里。从松多什的关系方面论，她是松多什哥哥的婶娘，所以我也称呼她婶娘。短短几天内我就和婶娘混熟了。我的大部分时间都是在那个房间里度过的。婶娘的爸爸住在德里，他从那里经常给婶娘寄来薄薄的豆面油炸饼，一般都用洋铁盒子包装。我第一次吃过德里的这种豆面油炸饼，就非常喜欢——我就常常一把一把地吃。直到今天，我每当回忆起婶娘她们，就会想起吃油炸豆面饼的情景。童年的多少琐事我都记得，可是后来发生的多少事件，却都被我忘记了。

这一次学校放假，爸爸把我们从圣蒂尼克坦接到什莱多赫——我们的地产管理之家住一些日子。我们当时住在"帕德玛"号船上，那个时候发生了一个不幸的事件。大家都住在船上，地方不够用，所以苏伯特先生和妻子就住在地产管理之家，他从那里来船上教我读书。苏伯特先生的女儿洛度一看到步枪就很害怕。有一天，洛度坐在房间里，一个工作人员在擦拭步枪，可是其中的一支步枪里装有子弹，他却不知道。为了吓唬洛度，他就扣动了步枪的扳机，那个可怜的孩子被击中了，浑身是血，滚落在地上。看到婶娘手里那件沾满血的上衣，我吓得浑身发抖。洛度走了之后，我们就把婶娘接到我们的船上来了。

我们同松多什哥哥的一家是如此的亲密，我不能不特别写一写他们的故事。不是因为不喜欢别人，只是为了满足自己的心愿，我才尽我所能来描写他们的形象。

通过法律程序，国际大学被承认是一所综合性的大学，那时候哥哥罗廷德罗纳特就任该大学的第一任副校长。他做事很细致认真，他为斯里尼克坦的发展做了很多工作，在皮革上进行蜡染是他的首创。他用如此美丽的色彩绘制的各种花卉画案，看上去就觉得那是真花在绽放。在松多什·庞吉先生的指导下，斯里尼克坦的各种美丽的建筑、红茶的栽培及其他事业都开始发展起来，斯里尼克坦成为家庭手工业的培训中心，远处农村的姑娘们也开始来斯里尼克坦学习了。

我本来打算，我的回忆录写完之后，就交给我嫂子——普罗蒂玛女士，可是在这之前她就走了。我很不幸，我写的这部回忆录就没能交到她的手里。我写了那个时代的故事，同时代的几个人还活着，她们如果读了我写的东西，就能够想起那个时候的故事。我嫂子和我几乎是同一时代的人。我们一起在圣蒂尼克坦和什莱多赫居住过。如果她能读到那时候的故事，她一定会很高兴的。在举行结婚仪式之前为她涂抹姜黄的那一天，我见过她，当时她佩戴着新首饰站在戈格诺哥哥家的屋顶晒台上。看上去，她是多么美丽啊！那种娇媚的形象，我永远都不会忘记。当嫂子作为新媳妇走进我们家的时候，爸爸就把一串钥匙交给她，并且说："这串钥匙已经在你手里了，从现在起你就是这个家庭的女主人，你就来管理这个家吧。"爸爸把她当作贤惠的儿媳妇接受下来，一直到自己生命的最后一天，都是这样看待她的，嫂子也像对待自己亲生父亲一样孝敬我爸爸。

嫂子第一次来到圣蒂尼克坦的那一天，男孩子们正在举行足球比赛，嫂子给他们每个人都送去了一个橙子。当时那些男孩子中如果有谁还活着，那么，他们一定会记得从新媳妇手里接受橙子的情景。

涅 槃

普罗蒂玛·泰戈尔　著

蕴含着无数慈爱的
临终的最后话语
都已注入到心里。
那无声的谏言暗示
装满我们那永远
奉献的盘子里。

罗廷的妻子普罗迪玛

诗人的一家人（左起：小女儿米拉、长子罗廷、诗人、儿媳妇普罗蒂玛、大女儿玛图莉洛达）

在1940年8月末，按照爸爸的指示，已经开始筹备雨季欢乐节，可是对于我来说已经不可能一直住到过节。由于生病我不得不在雨季欢乐节之前前往噶伦堡，在动身的前一天，黄昏过后，我前往北斋向父亲大人告别，因为我要乘坐凌晨的火车去加尔各答。

我看到，爸爸正默默地坐在北斋上面的凉台上，当时夜色已经很深了，前面那棵高大的波迦邕树（bakaayan）的浓密树阴落在了凉台上，群星在头上静静地闪烁。我坐在爸爸的脚边，爸爸说："孩子，康复后你就回来吧。假期结束后我也要去梅特蕾伊① 那里去。随后你也去那里吧。"他那充满慈爱的嗓音仿佛现在都没有从我的耳边消逝。然后我在8月底经过加尔各答去了山区，途中我在芒布停留了一个星期。在那里，我收到了他写来的一封信：

儿媳妇：

看着你们这栋房子，我觉得空荡荡的。你不在，罗廷不在——主要的人物在，他就是仆人那图。

秋季无法忍受的燥热已经降临，吝啬的雨水从乌云里面诅咒着整个大地。如果在大雁的行列里写有我的名字，那么，我就可以飞向玛纳斯圣湖的方向，停留在芒布的鲶鱼湖岸边，大概，是可以获得宁静的。我期待着9月中旬的降临。那篇小说② 已经写完了——现在我正在对其进行润色加工。

今天夜里如果老天爷赏脸，那么，雨季欢乐聚会就会在图书

---

① 梅特蕾伊·高士女十（1914—1990），爱称"嫚波碧"，著名哲学家苏楞德罗纳特·达什古普多的女儿，是诗人最喜欢的学生，她丈夫是科学家莫诺莫洪·高士。婚后移居到北孟加拉，诗人多次住在她们在芒布和噶伦堡的家里。诗人最后一次去他们那里，住了几天就病倒了，1940年9月29日返回加尔各答，从此就没有再康复。她写过回忆录，如，《泰戈尔在芒布》等，她来过中国。

② 指短篇小说《实验室》。

馆的院子里举行。今天上午进行了植树活动。

　　我的身体时好时坏，体温已经降下来了。最近我觉得好了一点儿。

　　你去芒布前，我有过一个承诺，要好自为之。最近饭量增加了，我吃些蔬菜。根据医生的建议，最近开始吃鱼和肉了。我听说，在你那里藏有我财产中的十来个卢比。告诉我，用这点钱能过几天——应该据此决定在那里停留的时间。代我祝福嫚波碧。

爸爸

爸爸很喜欢同所有人开玩笑。在同女儿、同儿媳妇、同家里所有人开玩笑，甚至同尼尔摩尼仆人开玩笑的时候，他也会感到轻松愉悦，在这封信里就充分展现了他爱开玩笑的情况。从他撒手不管财务的时候起，我从没看到过他手里存过钱。如果什么时候某人送一些钱来，他就会立即把我叫来，说："把这钱存在你的银行里吧。"有时突然寻找钱，就想起了那一天。他根本不关心与自己有关的任何账目。当他有什么需要的时候，如果拿到了一些钱，他就会像孩子似的开心。他自己与金钱或财富毫无关系，可是如果遇到与圣蒂尼克坦或其他经济方面的事情，他就如同一位管理人一样，内行地提出建议。

我动身去噶伦堡的时候，他开始写小说《实验室》。但是那时候写小说，他是很犹豫的，他说："这要花很多时间，我不能像以前那样很快地写成啊？"此外，他又是自己作品的严厉审查者，不达到完美无瑕的程度，他是不会满意的。多少次手里拿着作品的复制稿，还在进行修改，还定不了稿，即使复制人员已经来到办公室，也不肯交给他。《实验室》这篇小说写完了，阅读的时候他还是很困惑。人们是否能正确理解，对此他是怀疑的，因此他很难找到他满意的听者。当他需要朗读一篇新作品的时候，他就非常着急，而且周围的人们也都为此感到焦急不安。在米拉的一封信里可以看到这种情景的一个画面，所以我摘录了这封信的一部分。我一到噶伦堡，就收到了这封信。

亲爱的嫂子：

我来到这里的第二天，哥哥姐姐去了加尔各答，他们要从那里前往地产的所在地。你走了，然后哥哥也走了，所以爸爸的心情有几天特别不好。现在这种情况已经消失了一些。起初，他开始感到眼睛很不好，为此他要去加尔各答；然后派人把苏塔甘多·吉登先生叫来了，就把那种病痛驱除了。

欢度了喜雨节，大家都很开心。

两三天之前，爸爸写的那篇小说已经写完了，他读给几个人听了。那一天从上午开始，不知为什么爸爸很激动。上午同苏塔甘多商量了一下，决定要招呼哪些人来参加，就让仆人莫哈代波去各街区像分送信件一样去通知他们，随后苏塔甘多没吃东西就回家去了。而莫哈代波又跑去叫苏塔甘多，苏塔甘多又来了，提了什么建议，有人拿着信又跑掉了。那一天仆人莫哈代波不停地来回奔波，还有苏提尔·科尔那个可怜的人，他拿着作品的复制稿，同样受到了责备。爸爸如此地容易生气，朗读没有结束之前，我们几个人都坐在那里。朗读小说的时候，大家都小心翼翼地坐着，谁都不敢笑，也不敢说话。走到高处，往四周一看，就仿佛觉得他们是被告被传到法院受审一样，现在想起来，都觉得好笑。

实际上，对于这篇小说的内容曾经有过如此的担心，但是这种担心是没有必要的。如果朗读小说时加一个类似前言的部分，那就会使这篇小说更具有吸引力。从我坐的那个位置可以看到奥尼尔先生的表情，因此在大家静听朗读小说的时候，我自己的目光就落在那个方向。我说的情况一点儿都不夸张，奥尼尔先生的脸色如此的阴沉，一只手放在地上，低头望着地面坐着，瞧着那个方向。我仿佛觉得，法官正在宣判某人的死刑，所以听众的脸上都呈现出痛苦的表情。苏塔甘多情愿坐在室外的一个地方，从什么地方都看不到他，所以我无法描述他的面部表情。而苏提尔·科尔很可怜啊，他隐藏在爸爸床铺后边的一个地方，如果不是有时要去传送报纸，他就像一个站在被告席上的犯人一样，毫无反应，那么，人们就不会知道，在那个房间里还坐着一位有身份的人。这篇小说是关于当代女人们的故事……此致。

米拉

爸爸大人不喜欢山脉，他喜爱江河。他常说，江河有一种宽阔的流动性，处在山脉中间，心胸就会变得狭窄，所以他不喜欢长期住在山里。很久以前他在拉姆戈尔建了一栋山区别墅，他给那栋别墅起名为"海蒙蒂"——他的短篇小说《海蒙蒂》就是在那栋山地别墅里写成的。他心里总是想建设一栋理想的住宅，但是现实世界从来都不与他的理想配合，于是他又一次次萌生建设新住宅的幻想。这样建设新的住房，将成为他的一种欲望。这样的理想住宅或绘画工作室，一个时期在他的心里已经形成草图，在下面这封信里可以看到它的影子。1930年他去德国旅游，当时给我写了一封信，那时候我们住在伦敦。

致幸福吉祥的孩子：

儿媳妇，阴雨纷纷，一天接一天地下个不停。大家都说，这种情况从来不曾有过。我在心里想，这是我的荣耀。我是雨季的诗人。斯拉万月喜雨节刚过，我就漂洋过海，来到了这里。但是应该说实话，《我的心在翩翩起舞》这首诗用在这里并不合适。心没有翩翩起舞，而是感到压抑。……不说了——下周二我要去日内瓦，在那里还有一个庆典活动。我听说，那里进行了大规模的准备，不会缺少隆重的欢迎仪式……

你听说了吧，这里的国家美术馆取走了我的五幅画作，这就意味着它们已经进入了绘画的天堂。我在想，是因为它们有价值吧——没有钱，怎么办呢？我给他们写过字据，我将其赠送给德国，我没有想过要钱。我非常开心。很多地方发来了要求举办画展的请求，一份是来自西班牙——他们希望在11月份，维也纳等地也想举办。我作为画家的名声被传播开来，诗人的名声却被掩盖了。有时我想起了要建的你那间画室：在莫尤拉基河岸边，在桫椤树荫下——靠近敞开的窗子，外面一棵椰子树笔直地耸立着；阳光伴随着树叶颤抖的阴影，一起撒落在我房间的墙壁上——黑莓树枝上的鸽子整个中午都在叫个不停；河岸边有一条林荫小路，树上开着庠尔吉花朵，和风吹送着浓郁的柚子、柠檬花的芳香，贾鲁尔花、火焰花、马达罗花竞相开放，垂挂的绍吉纳花随风飘荡，菩提树的枝叶在瑟瑟颤抖——白玫瑰树的枝条伸到我的窗子旁边。一个狭小的台阶通向河边——它是用红色石料砌成的——台阶旁边有一棵羌巴树。只有一所房子，睡觉的床铺放在墙壁内的窑洞里。房间里唯一的家具是一把带扶手的安乐椅，地板上铺着厚厚的红色坐垫，墙壁是淡黄色，上面画有黑色的边框。房间的东面有一个小凉台，太阳升起来之前我就默默地走到那里坐下，而在进餐时候利尔摩尼就会把吃的东西送到那里，一个嗓音很甜美的人要住在这里。她自己喜欢唱歌，她就住在附近的茅草房里——她高兴的时候就会唱歌，我在我的房间里就能够听到。她的丈夫是个好人而且聪明，他给我写过信，闲暇的时候他就和我讨论文学问题，他懂得开玩笑，而且笑得很开心。河上要架两座桥——我会给这地方起个名字——"焦拉桑科"①。这桥的两边要种植茉莉、夜来香、红夹竹桃。河的中间水很深，天鹅在那里游来游去；而我那头淡红色母牛带着她的牛犊，正在倾斜的河岸边草地上悠闲地

---

① 孟加拉语的意思为"双桥"。

漫步吃草。有一块菜地,在大约两印度亩的土地上种植有水稻等作物。吃的东西都是蔬菜素食,家里自己制作的奶油、酸奶、牛奶酒、牛奶蔬菜制品,可以用于烹调的东西足够了——就是没有厨房。算了,就到此为止吧。望着外面,就觉得我是在柏林——打扮成一个老人的样子——说起话来就长了——承载着殊荣的重负,不得不一天又一天地行走——如果有人提出布满世界的所有问题,我都想回答。在另一个方向,在印度洋岸边,正在期待的是国际大学——她有很多要求,很多责任——我不得不国内外奔波乞讨,所以我的绘画室就算了吧。不论我还能活多少时日,只要活着,我就得到处转悠去完成任务——乘坐火车,乘坐汽车,乘坐轮船,乘坐飞机——成为文明有礼貌的人,因此没有时间了。

此致

爸爸

1930 年 8 月 18 日

他的梦想是在拉姆戈尔的土地上建设一个花园,但是最后不得不把房子卖掉,如此遥远的路程,频繁地来去奔波是不可以的。

我来到噶伦堡所在的山区,三个星期后,就接到电话,传达这样一个消息:明天爸爸抵达噶伦堡。这个时期的降雨刚刚结束,秋天的明媚阳光洒满天空大地。我心里很高兴,爸爸大人不去芒布,而要来这里。高里普尔别墅所有他住过的房间,按照他的心愿都曾经布置过,我安排人按照原来的样子开始进行装饰。当时山上的各种鲜花正在盛开,其中特别要提到的是随风飘荡的黄色羌巴花,花园里弥漫着它的芳香。在这里,早晨起床后要做的一件特殊的工作就是插花。有一位英国女人当时和我住在一起,她做的插花非常好看。因为今天爸爸大人要来,所以我们就为在房间布置插花而忙碌起来。各个房间里都摆放好鲜花,弥漫着花香的房间在期待着贵客的光临。当我们将他休息的那个房间布置得特别整洁而舒适之后，我们就期待着我们尊贵的客人的到来。

我们正热切地期盼着，这时候我听到轰隆隆的响声，一辆大汽车沿着狭窄的山道开下来。车到近前，车门被打开了，我们走向前去，首先看到苏塔甘多走下来，随后他搀着爸爸下了车。这一次看上去，爸爸的身体很不好。把他搀扶到房间，让他坐在椅子上，我们所有人瞬息间都沉默了。爸爸大人打破了沉寂，说道："儿媳妇啊，梅特雷伊写信来，请我到她那里去，可是我不敢冒险去她那里，所以我就来这里了。大夫们说，不知什么时候我会出什么情况，所以还是住在你们身边好。现在我非常疲惫，我的身体很虚弱，仿佛觉得我正面临一场大灾难。"这时候波诺马利进来通报说，爸爸的洗澡水已经准备好了，所以大家就停止了谈话，站起身来离去了。我抓住苏塔甘多一个人，对他说："你竟然沿着山路把爸爸大人带到这里来，这是何等冒险啊！如果需要，你可以给我写信，或者我去他那里呀。"最近这些天来，如果我或者我丈夫不在他身边，他就非常不安。苏塔甘多说："嫂子，有什么办法呢？他老人家坚持要来这里，绝对不让步，我们多方努力劝他留下来，甚至拉伊大夫劝他说：'您不应该离开城市到很远的地方去，您应该住在容易请到医生的地方。'听了医生的话后，师尊说：'好吧，我不去芒布了，但是我去噶伦堡，该不会有障碍吧，那里可是在抢救的范围之内呀。'看到他非常想来这里，我们就不敢阻止他了。"

我丈夫此时前往波迪绍尔视察地产去了，他是唯一能够劝说爸爸返回城里的人。现在如果对他施加某种压力或因为某件事他可能都会激动起来，这时候谁的话他也听不进去。只有我丈夫回来向他解释，他才会如同彬彬有礼的学生一样冷静下来。这种情况是我们陪同他的人们感到很开心的事情。然而，我们大家只能在背后享受这种乐趣。毋庸赘言，所有人在师尊面前都会保持应该有的严肃性。对于他的这种蕴含慈爱的柔和的人性弱点，大家心里不会不感到甜蜜温馨的。

那一天，爸爸休息了。第二天上午，爸爸的面色看上去很健康，很精神。根据医生的建议，今天爸爸又开始吃鱼和肉了。在加尔各答，他都是吃孙子媳妇奥妮达亲手做的肉食。多日之后又吃肉食，他感到口感很好，他一次次提到那天做的羊肉汤。他进食的时候，我们大家都坐在他的面前聊天，这个时候苏塔甘多最健谈。他说："今天嫂子做了山羊肉，您尝尝吧。"爸爸笑着说："比孙子媳妇做得更好。"最后他把羊肉汤都喝了。在身体好的情况下，爸爸连续吃一种菜肴从来都不会超过两天，他总是非常喜欢吃新的菜肴。除此之外，他自己也给我们列出各种菜肴的清单，如果根据这种清单进行烹调，他就会很高兴。他多次笑着说过："儿媳妇啊，我向你的婆婆提供过多少种菜谱啊，教过她很多种菜肴的做法。我知道，你们是不相信的。"家里还有一两个姑娘的时候，她们时常开玩笑地说："我们都听说过，她也是很会做菜的！"爸爸常常笑着说："是的，否则，我怎么会给她提供那么多菜谱呢。"

不管怎样，看到爸爸现在又开始吃鱼和肉了，我们都很高兴，因为对于他的进食我们做过各种尝试，他长期处于生病状态，每当他进食过量的时候，我们就发现，他的身体会不舒服的。实际上，他内心里是希望吃素食的，不过，尽管他喜欢吃素食，如果能够吃一点儿肉食，也挺好。有一次，他曾经给我寄来一份关于他吃的食物的清单，当时我大概在前往加尔各答的船上。

致幸福吉祥的孩子：

儿媳妇，我现在已经找不到向你诉苦的事由了。诉苦的内容太少了。凌晨三点起床后，在头上和身上擦一些芥子油，洗澡。天亮的时候，沏好的茶送来了——一个大托盘里装有黄油，加一点儿糖——在中午喝茶的时候加两片面包。苏塔甘多和秘书也坐在桌子旁边，为他们准备了面包，此外，还有苏侬达公司生产的甜食点心。我还从没见过，我的这两位客人喜欢吃这种食品——当然，早晨他们都不太饿。十点半的时候我吃早饭——完全是用纯净大米做的黄油炒米饭——精白米做的大米饭、炖土豆、炖洋芋头。你园子里生产的海芋头，有些天我担心吃得太多了，还喝一杯脱脂牛奶。三点钟的时候，喝果园里生产的番荔枝和葡萄做的汁。六点钟的时候，吃两块烙饼，加一些炖土豆，一杯牛奶，里面加些果汁。送来的东西如果超过这些，我就将其用于敬神，或者由于天神的恩惠而让别人享用。

从迦尔迪克月开始，天气逐渐凉爽了，昨天和前天都是阴天，有时下一点儿雨——今天空气清新。我不希望炎热再次降临，担心四周会发生饥荒，围裤和上衣上面又加了一件宽松的外衣。

我在盼望着你来，接受我们的重任。你何时来呀？

此致。

爸爸
1935 年 10 月 22 日

今天下午喝过茶之后，我搀扶着他在高里普尔别墅的长廊里散步，他说："儿媳妇，我需要散散步，一直坐着，我的两条腿就感到麻木。"我在想，爸爸来这里只有一个星期，现在他就感觉这么好，看来，天气凉爽了，他会更好些。整个白天他都在忙于写作，下午喝过茶后，就和大家一起聊天。来到噶伦堡两天，他就把苏塔甘多叫来，对他说："你回圣蒂尼克坦去吧，你的孩子身体不好，你应该陪在他的身边。这里只有一种土豆了，还有很多零活儿，需要做。我会写信叫奥米耶来，如果他能来就好了。另外，还听说梅特蕾伊也要来。"根据爸爸的指示，苏塔甘多尽管很不情愿，第二天还是走了。

这里，气候在变化，雨季刚一结束，现在再也见不到雨云的踪影了。天空中和风习习，阳光明媚，大地解开绿色面纱，披上了一件轻薄的大气纱丽。一股凉爽的和风从西藏方向习习吹来，白天简直成为风和日丽的节日，爸爸大人完全陶醉于快乐享受之中。

9月25日。早晨起来后，我发现，所有门窗都已经敞开，爸爸坐在房间里，波诺马利在稍远一点的地方准备茶点，透过敞开的大门——朝向天边地平线的方向，可看到白色雪山那圣洁而魁伟的山峰，朝霞的第一缕阳光穿过无限的沉寂，透过窗子，照在低头打坐的诗人那潇洒的头发和前额上，清新的晨风温馨地吹拂着他的身体。在下面花园里，五颜六色的鲜花正在绽放，到处弥漫着芳香，枝叶在欢快地颤抖着，今天诗人的心灵与花草树木的心灵融为一体了。

我把波诺马利叫来，悄悄地对他说："这么早，天气还凉啊，你就把窗子打开了，你怎么能这样做呢？他会着凉的。"

波诺马利说："这是爸爸大人的吩咐，不打开，他会生气的。"

当他站起身来去喝茶的时候，我说："爸爸，天气刚刚凉下来，您再加一件棉大衣吧，只靠一点阳光取暖是不够的。"

爸爸笑着说："你们都怕冷，这算什么冷啊！"随后他喝过茶，就回到写作室坐下来，写道：

> 青青地平线，青青的山峦，
> 用相同的韵律缔结天地姻缘。
> 秋日金色的阳光为森林沐浴，
> 紫褐的蜂群在橙黄的花丛中采蜜。
> 我置身其中，
> 听浑圆的苍穹无声的掌声。
> 我的欢愉里交织着色彩、音调——
> 这，噶伦堡，你可知道？
>
> ——《生辰集》第 14 首

今天，长期以来用身心吸纳的东西统统都变成了韵律，这一天爸爸真的与阳光和色彩融为一体了。仿佛突然忘掉了几天来的疲惫，他的心灵沐浴在愉悦的阳光之中。当时谁又会知道，这五天他的身心所享受的健康之美感还会坚持多少天呢，其背后还隐藏着黑暗之夜。多日来的疲惫阴影已经消逝，一种充满激情的心灵愉悦的时刻仿佛突然熠熠闪光地降临了，他激动地唱起来："今天声音和色彩都融入我的欢乐中。"

在9月24日他在噶伦堡写过一首诗，从他的这首诗中就可以明白，他已经融入整个宇宙大自然里，徜徉在一种由音响和姿态构成的欢乐的世界之中：

只是音响、姿态越发刚劲豪迈。
一上午我心里听见
一群群词汇冲出原义的栅栏——
天上，天上，锣鼓敲响，
咚锵，咚锵，马儿化妆。

——《生辰集》第20首

在他的生活充满沮丧疲惫的那一章开始的前几天，他一直生活在充满睿智的世界里，他的那种感受都融入那几天所写的作品中。整个创造力仿佛迸发出最后的刚劲豪迈，所以音响和各种姿态在心灵的天空展开了渴望创作的翅膀四处翱翔，对于这种心态无法赋予任何名称，他只能说它是"咚锵，咚锵，马儿化妆"。

9月25日下午两点的时候，他给奥米耶先生写了一封信，邀请他来这里。写完后他把我叫过来说："儿媳妇啊，我写了一封信请奥米耶来这里。你是这个家的女主人，应该征求你的意见啊。"尽管他也知道，他的意愿就是一切，但是他还是很风趣地这样对我说了。不过我知道，像他这样的艺术家那精细的内心里充满对我的慈爱和尊重。我笑着回答说："好的，奥米耶先生来了，您会高兴的。"听了我这么说，爸爸非常快乐。

那一天下午,他说:"今天早晨吃的东西还没有消化,下午我不能吃得太多了。"他只吃了一点点。爸爸对于今天吃的东西特别注意。就在这时候从芒布寄出的信到了,明天上午梅特蕾伊抵达高里普尔别墅。爸爸显得很开心,傍晚的时候他说:"这样,蔓波碧要来,而今天身体却不太好,儿媳妇,今天夜里我要吃药,这样明天身体就会好一点。"因为他的腿脚肿了,所以大夫说需要按摩,通常都是在睡觉之前擦些油进行按摩。那一天夜里9点的时候,爸爸倒在沙发上,我给他做脚部的按摩。房间昏暗,我意识到他要打瞌睡了,于是我就小心翼翼地站起来,避免将他惊醒。可是,看来,站起来的响动还是把他惊醒了。他把我叫回来,说:"儿媳妇啊,我现在要睡觉了,你把那些夜里我要吃的生物性药品放在我的桌子上吧。"他躺下了。按照他的要求,我把药品放在桌子上,收拾起按摩用的东西就离开了。我的卧室在走廊的另一端,不是很远,我走过去,对波诺马利说:"我爸爸如果夜里起来,你就叫我。"波诺马利睡在爸爸卧室的门边。一开始,我不晓得什么声音把我突然惊醒了,随后我意识到,波诺马利起来了,爸爸卧室里亮着灯。那一天是9月26日。我起来后就问波诺马利:"怎么啦,爸爸身体怎么样?"

波诺马利说:"不好,媳妇啊,很不好,您自己进房间问一问吧。"

我走进房间看到,爸爸坐在安乐椅上,前面的桌子上放有几个药瓶子。我问他感觉怎么样,他说:"儿媳妇啊,不好。"说完,他又吃了一粒药,就躺下了。早晨阳光照射进来了,为了不让阳光影响爸爸休息,我把窗帘拉上后就到隔壁房间等候。将近7点的时候,我看到爸爸慢慢地走进书房,坐下来,手里拿着一本写有诗歌的笔记本,开始在这个笔记本上写起来。我意识到,现在他好一点儿了,我走进来在他的腿脚上盖一条厚毛毯。这时候他喝了一杯热咖啡。我说道:"现在我去叫医生吧。"爸爸同意我去叫医生。以前在别的时候,他是很不喜欢医生的,今天他再也没有表示反对。

眼看着时钟已经打过9点了,医生戈巴尔先生来了。他看了看,听了听,说道:"没有什么事,吃点儿药就会减轻的,只是消化系统紊乱。"医生先生走了。这时候我看见,从芒布来的汽车到了,"嘎"的一声车停下来,梅特蕾伊女士带着她的小女儿来了。看到她们,爸爸是何等的高兴啊!瞬息间他脸上的病态仿佛立即消逝了。爸爸让梅特蕾伊坐在他的身边,给她朗读了三四首诗。而他手里拿着新写的短篇小说《实验室》手稿,说道:"我很想把这篇小说读给你们听,我儿媳妇也想听,但是她不让我朗读,你拿去读吧。"

我们说:"为什么呢?明天您好了之后再给我们朗读吧。"

他冷漠地说:"那要到何时啊?"这时候药送来了,我在药瓶子上画了记号,他喝了药就在床上躺下了。在隔壁房间给梅特蕾伊娘俩准备了吃的东西,大家都去吃午饭了。过了一会儿,迦乃小声呼叫,我和梅特蕾伊两个人急忙走进房间,我们看到,爸爸的脸色发红,而且好像神志模糊,他都认不出我和梅特蕾伊了。我大吃一惊,马上意识到,爸爸病得不轻,于是我立即派车去请医生。医生又来了,可是我不知道,他是否比我们更清楚地意识到爸爸病情的严重性,傍晚他离开了,说是请当地医院的医生来会诊。时间就这样一分一秒地过去,有时好一点儿,有时差一点儿。黄昏后仿佛觉得爸爸好起来,他还说了几句话,也能够辨认出我们来了。戈巴尔先生带着医院的医生来了。这一次两个人进行了认真的检查,然后说:"这是一种肾脏的病,叫作尿毒症。"那天夜里他们说要让爸爸喝一些葡萄糖水和椰子水,早晨再来观察病人,根据病情,再采取措施。爸爸喜欢这位新大夫,他望着梅特蕾伊说:"大夫是个好人。"

俗话说,你关注什么,那东西也会关注你的。在寒冷的地区,当时从哪里弄椰子来呢?不过,我想起来了,几周前跟爸爸一起来的时候从山下带来了两个椰子,这两个椰子在那一天的不寻常夜里发挥了作用。夜里爸爸睡眠不好,有时躺着,有时坐着,不过神志还清醒,能认出我们所有人。清晨，我做好了立克粉饮料，他喝了，还和梅特蕾伊说了一两句笑话。他对我说："儿媳妇啊，我给你们增添了很大的麻烦，你把这位嫚波碧也拖来了。"

我曾经想过，早晨爸爸好一点，那么，可能今天病情会平稳的。为了尽早用电话向波尔普尔通报消息，我派阿鲁去我们的邻居家里打电话。他们那里有电话，所以很方便。阿鲁回来报告说："奥尼尔先生接的电话，我说师尊身体很不好，希望他们那里有人能来。奥尼尔先生说，他们今天就安排人来。"在此期间，戈巴尔先生上午按时来了，但是医院的那位大夫先生没有再露面。对于这个消息的理解是，他不想接手外科手术方面的事情，看来他害怕了。

中午12点过后，爸爸又开始神志不清了，梅特蕾伊此时在场，提供很大的方便和帮助。这两天来，我非常清楚地体会到，她对爸爸的敬爱是多么深厚啊！看到今天的情况，我的心仿佛跌入了深渊。我对梅特蕾伊说："你去一下城里，给加尔各答和我们的国际大学办公室打个电话，并且也要向我丈夫通报一下消息，尽管现在我也不知道他在哪里，可能在波迪绍尔附近的某个村子里。你还要做一件事，今天夜里如果从大吉岭能来一位医生，也请你去安排接待一下。"梅特蕾伊进城去了，竭尽全力做完这些事情，回来后说："今天夜里为大吉岭来的大夫做好了接待安排，我也给加尔各答打了电话。"与此同时，为了确保万无一失，我从我们的邻居家给普罗山多琼德罗打了电话，这样就会保证明天上午有人去接医生来这里。每一分钟我都在观察爸爸身体怎么样，可是我们谁都不能做什么，他老人家又高烧了，从中午起体温到了华氏102度，我坐在他身边，期盼着大吉岭的医生能早点儿来。黄昏的时候，我觉得他有一点儿知觉了。

晚上8点钟的时候，大吉岭的医生到了，是一位身高体胖的英国大夫。梅特蕾伊把该说的情况都跟他说了，他们谈话的时候我不在场。他走进来说："他就是泰戈尔博士吧。"然后把血压计放在爸爸的手臂上，瞧看着血压计表，说道："血压很好。"检测心脏的时候，解开了上衣的扣子，看到爸爸那高大健壮的身体，大夫惊奇地说道："泰戈尔博士的身体多么优美呀！"（what a body Dr. Tagore has!）检查完了之后，医生走进另一个房间。我让梅特蕾伊跟他一起进去，了解他的意见。过了一会儿，梅特蕾伊出来说："普罗蒂玛姐姐，您也去吧，去听听大夫说什么。"

我问道："什么情况？"

梅特蕾伊说："大夫想今天夜里做手术，希望您同意，并说如果今天夜里不做手术，他怀疑爸爸是否还能活着。根据医生的意见，师尊患的是尿毒症，由于体内毒素的聚集，所以他才处于昏迷状态。"医生戈巴尔先生也走进了房间，对我说了同样的话，如果征得我的同意，今天夜里医生就可以安排做手术。现在该怎么办呢？一切都取决于我的意见。天神这是把何等考验抛给了我呀！我站在昏迷的爸爸身边，仿佛看到了自己内心里的想法，于是我的主意已定。可是我的判断力绝不会同意给爸爸做手术。除此之外，我很清楚这样一点，如果此刻爸爸能够清醒一会儿，那么他也不会同意做手术的。这一点，我真的很理解。依据这种想法，我心里更加坚定了，于是我对医生说："今天夜里不能做手术。第一，我丈夫不在这里；第二，加尔各答几位医生要来看诗人，他们明天上午就会到达这里。我不能同意，不等他们到来，今天夜里就做手术。"看来，这位医生从来不曾陷入如此的困境。大概他在想，如果威胁一下女人，一切都会搞定的，于是他说道："您可要知道，泰戈尔女士，您要承担12个小时内可能发生危险的责任，您不会知道，明天可能会出现什么情况。"（Do you know Mrs. Tagore, you are taking the risk of 12 hours—you don't know what may happen to-morrow.）这番话很可怕，我心里感到很吃惊，随后一种自信仿佛在心里锻造出了勇气，于是我在心里说道："不，不，不应该相信医生的话。爸爸的天命绝不可就这样结束，他身上有一种神奇的力量，这种力量不会如此轻易地消逝的。"看到我坚定的决心，大概这位洋大人有点沮丧，他说："好吧，我亲自给莫赫兰比什教授打电话，问问看，如果今天夜里他能够带医生来，那么就按照泰戈尔女士的意见办，等到明天上午也好。"这位医生是个不肯轻易放弃自己主张的人，那天夜里他到邻居家给莫赫兰比什教授打了电话，他得到的回答是，他已经带着医生乘坐邮车向大吉岭出发了。当时洋大夫无奈地说："既然他们要来了，就应该等待他们。如果明天需要我，就给我打电话，我会来的。"说了一句"晚安"，他就上车走了。我把他送走后，也松了一口气。

  接下来，现在应该怎么做呢？今天这一夜如果能够平安度过就好啊，但是我能够意识到，爸爸在忍受何等难以想象的痛苦啊，只是有时说一句"你说说，我这是怎么了"。我们手里只有顺势疗法的药物，对于此药的用法我们谁都没有经验，不过这里的一位顺势疗法医生在场，我对他说："您给加尔各答的马宗达医生打个电话，问一下在这种情况下可以用什么药。"他犹豫了一会儿，还是去打电话了。当时尽管已经是夜里12点了，还是在他家里找到了医生，这是我们的幸运。他交代说，每隔两小时给他服用顺势疗法药物甘提里斯（caanthirisi）30粒，一夜都用这种药。这仿佛是一个暴风雨之夜，我只能听命由天了。我满怀着无限的希望，仿佛望着那艘在暴风雨的大海中沉没的大船，我的心当时处于恐怖中，只是相信，爸爸那种空前的生命力一定会使他度过这危险的一夜。凌晨，一种欢乐的声音将我和梅特蕾伊惊醒了，爸爸恢复了神志，而且其他方面也出现了好转的迹象。他能够认出我们了，当然，这是药物的作用。昨天的一夜过去了，当时天空逐渐亮了起来。

  9月28日。我现在希望，加尔各答的医生们尽快到来。我们和爸爸已经度过了黑夜，我希望早晨的情况会更好。我在焦急地等待着，每一个小时我都觉得，现在他们都该来了。如此焦急地等待的一天，在我的一生中是很少有的。等待他们来的时间，就觉得很漫长。最后传来汽车呼呼的响声，我看到，普罗山多琼德罗带领三位医生准时到达了。这三位医生是久迪先生、奥米耶先生和松多松卡先生，还有米拉女士也来了，我松了一口气。医生们一到就立即来到了爸爸的房间，进来后，他们立即给爸爸做了检查，其中的一位医生当时立即给爸爸注射了葡萄糖注射剂。望着医生们的脸色，我没有一点儿信心了。不过他们过一会儿说："如果半个小时之内发现葡萄糖注射液的效果很好，那么今天我们就把诗人带回加尔各答。"他们对于昨天夜里没有做手术很满意。这时大约已经到了中午12点，另一辆汽车也到了。苏棱先生、奥尼尔先生和苏塔甘多先生从汽车上走下来，他们是乘坐特快火车赶来的。看到他们所有人，我的心情就像是即将沉没的轮船上的乘客看到营救之船来到时的心态一样。过了一会儿，医生们对我们说："你们做好准备吧，今天我们就可以带他走。"普罗山多等先生们带着救护车来了，很快就收拾包装好要带走的东西，一切准备就绪。这期间我收到了我丈夫的电报，他正前往西里古丽的途中，因为他在波迪绍尔的一个农村，所以他得到消息晚了。我听说，前一天广播电台的一个特别广播节目中说到诗人患病的消息，此消息传到了我丈夫的耳朵里。我们同爸爸一起动身前往加尔各答，我请求梅特蕾伊跟我们一起去，她同意了。一路上没有发生什么值得提及的事件，一切都很顺利。第二天我们到了焦拉桑科，把爸爸安顿在二层楼的大理石房间，让他躺下了。当时他的神志恢复了一点儿，他说："儿媳妇啊，你把我带到什么地方来了？"

　　我当时就站在他的身边，我说："这就是您的石头楼房。"

　　他又说道："是啊，的确是石头的，心胸太硬了，一点儿都不软。"我默默地望着他。

　　回到焦拉桑科之后，再也没有什么可担心的了，周围有无数的亲人和朋友。由各科医生组成一个小组，他们一起会诊商量，对爸爸进行治疗，同时还要由男女服务人员组成一个护理小组。可是在安排这件事情上却遇到了困难，爸爸在健康的时候常常风趣地说："圣雄甘地先生比我幸运啊，他身边不缺乏男女服务员。"现在他清醒的时候就明白了，他也很幸运，今天希望为他服务的人员有多少啊！但是他不能接受所有人的服务，要想成为他心中满意的服务员，就需要具备一些特殊的素质。同人接触应该温柔，应该具有懂得他的各种表情暗示的想象力，而且应该总是面带微笑，要手巧，还要说话风趣幽默。不具备这些素质，就不可能加入到他的服务人员行列。在他健康的时候，在圣蒂尼克坦和其他地方，我多次看到，很多人都热心地来为他服务。白天就这样过去了，我坐在椅子后面观察到，他闭着眼睛坐在椅子上。看到这种情况，我在心里偷偷地笑了。看到他的表情，我就明白了，他陷入了困境之中——由于他性格善良，他不会直说让他们停止服务，可我明白，他根本不会感到舒服。过了一会儿，这个人自己起身离开了，这时候爸爸叫我过去，说："儿媳妇啊，我的腿脚完全麻木了，我不晓得，为什么我身上的皮肤无法忍受所有人的抚摸，我虽然说了一些感觉不舒服的话，他还是很热心地按摩了我的脚。"这类的情况很多时候都发生过。护理如此敏感的病人，需要很熟练的技巧。为照顾爸爸组成了一个护理小组，参加的人员都是多多少少具有上述素质的人员。这些人都是在尽心尽力地护理爸爸，他们的名字如下：侬迪达·克里巴洛尼、奥米达·泰戈尔、拉妮·莫赫兰比什、梅特蕾伊·森、普罗蒂玛·泰戈尔女士、拉妮·琼德、苏棱德罗纳特·科尔、比绍鲁波·巴苏、奥尼洛库马尔·琼德、苏塔甘多·拉伊乔杜里、绍罗久龙窘·乔杜里、比棱德罗莫洪·森，等等。所有人都是他喜爱的学生或尊敬他的人，爸爸在他们的亲手护理下感到特别的快乐。

我们回到焦拉桑科两天后，莫哈代波·代沙伊先生从瓦尔塔带来了尊敬的圣雄甘地先生的信息。那一天爸爸的神志恢复了，但是对他生命的担心当时并没有消除。莫哈代波·代沙伊和奥尼洛库马尔一起走进了爸爸的房间，传达了圣雄甘地先生对诗人的同情、由衷的爱戴和关心。奥尼洛库马尔大声地向师尊解释了莫哈代波·代沙伊带来的口信，因为当时爸爸的听力不好。泪水从他的眼睛里簌簌地流淌下来，这是我第一次看见爸爸流泪。爸爸本来具有很强的自我控制力，即使面对巨大的悲痛，我也从没看到过他心神错乱，今天他忍耐的堤坝崩塌了。

　　远方的很多朋友来到他的身边，参与到这种护理中来。在师尊生命的最后一年，他们接触到了诗人，他们是幸运的。他更喜欢女人们的亲手护理。他常说："女人们具有母亲的本性，她们的服务精心细致。"尽管敬爱他的服务人员并不比女人们做得差，并且很善于对他进行护理服务，可是爸爸还是更偏爱女人们的服务，这并不是因为女人们很少傲慢。对于接受别人的护理服务，他总是有一种强烈的羞怯感。他总是觉得，他在给大家增添麻烦。回到圣蒂尼克坦之后，装作安慰自己，有一天他说道："妈摩妮，那些来到我身边的人不会白白地浪费掉他们的时间的，我有回报能力。我能把我的最后触摸置于他们的灵魂世界。"他在《后写集》的一首诗里写出了自己的这种心情：

　　　　融和友人的摩挲，
　　　　融和凡世最后
　　　　友谊的琼浆，
　　　　我欲带走人们最后的祝福。
　　　　……
　　　　我已经倒光
　　　　可赠送的一切，
　　　　如果我收到回赠——
　　　　些许温情，些许谅解，
　　　　那我将带走这一切……

　　　　　　　　　　　　　　——《后写集》第 10 首

　　两个月来，爸爸在圣蒂尼克坦一直同疾病进行斗争，那些目睹的人都知道，他遭受了什么样的痛苦。在他这次患病期间，《欢乐市场报》

大祭节专号出版了，上面刊登了短篇小说《实验室》。那一天他虽然在病中，但是精神还好，所以那期报纸刚一到，我丈夫就拿去给他看。看到那篇小说，他何等高兴啊！尽管医生们禁止他看报，可他还是接过报纸，从头到尾浏览了一遍。当有些人讨论绍希妮（小说女主人公——译者注）的时候，爸爸就对他们说："看来，大家都不了解绍希妮，她完全属于当代黑白颜色混杂的真正现实主义的人物，而且就像地下水一样，绍希妮的自然本性就是理想主义。"朋友们来赞美他的这篇小说的时候，爸爸虽然处于患病中，可是他的脸色依然焕发出神采奕奕的光彩。

9—10月两个月都是在加尔各答度过的，这时候医生们又开始讨论能否做手术的问题。可是由于尼尔罗东先生不同意，所以就没有做手术。第一个月爸爸的神志是朦胧的，有时清醒，随后又回到朦胧状态，第二个月他完全恢复了神志，并且能够口授儿歌，能够写诗了，这个时候他身边的人记录下所有这些作品。医生们认为，虽然危险期已经过去了，但是他不可能恢复到以前的那种健康的状态了。当时他还是病人，医生们同意带他前往圣蒂尼克坦。在经历第一次疾病袭击之后，圣蒂尼克坦那里流畅的空气，凉爽清新的环境，使他的身心焕发出了新的活力。我觉得，可能他会康复。也许，他可能还会像以前那样行走散步。住在加尔各答的时候，他最后写的那些诗歌的大部分都以《病榻集》的书名出版了。这本书和《康复集》中的很多诗都是为尊爱他的那些护理人员而写的。

> 凡世执掌康复的女神
> 居住在生活的内宫里；
> 飞禽走兽林木罗滕，
> 时时受到无形的照拂，
> 她以轻柔的摩挲缓解腐朽中死亡的折磨，

传播治愈痼疾的福音。
我在两位女性温柔、健美的姿态中
看见她的转世再现，
我把不灵便之笔所编串的
第一个松散的韵律花环送给她们。
　　　　　　　　　　——《病榻集》献诗

在他的身体极度痛苦的日子里，他的那些尊爱者对他的护理，给予了他以宁静和病痛的缓解，在剧烈的痛苦中他深深地感受到了他们的内在灵魂世界。他们每个人的真实形象呈现在他的面前。他们在他那清醒的世界里获得了新生，这些男人女人的心灵形象就体现在《病榻集》的诗韵情感中。

我畅饮了
这世界的永恒甘露，
那里面蕴含着
每时每刻的爱。
　　　　　　　　　　——《病榻集》第 26 首

这甜美的护理卓有成效，
对病人来说须臾不可缺少。
我默默地望着她，
从我身上她是否看到了永恒的童小？
　　　　　　　　　　——《康复集》第 19 首

《康复集》中的绝大多数诗歌都是在圣蒂尼克坦写成的。我在这些诗中看到，他仿佛让他的人生旅程充满新的感悟，希望的预言仿佛又让他受到新生活的鼓舞：

> 觉醒的含福之河潺潺流出，
> 河中举行我的灌顶大礼，
> 他在我的额头上描上了胜利的标志，
> 宣布我拥有享受甘露的权利；
> 我与终极之我融为一体，
> 我沿着喜悦铺成的路
> 进入多彩的世界。

——《康复集》第 32 首

自从来到圣蒂尼克坦后，他一直接受国际大学工作人员的服务照顾。苏棱德罗先生自己承担了安排对他护理照顾的重担，此外，苏塔甘多、奥尼洛、拉妮·琼德、比绍鲁波、婆德拉女士、绍罗久、代杰什先生等所有人，都在用心地照顾扶持他们这位亲如父亲般的师尊。我们那位最幸福的依迪达是他的主要护理者之一。在与身体有关的所有事情上，日日夜夜都像照顾一个小孩子似的照顾他。他常常笑着说："六个月来我成了一个娇惯的婴儿。"迪诺纳特·丘多巴泰医生一直陪伴在他身边。因为他是位生人，所以起初爸爸对他的护理服务感到有些难为情，后来在与他相处时爸爸就感到轻松了。

在巴乌沙月大祭节的前几天，即公历的 12 月 10 日，从中国来了一位国家部长级的尊贵客人戴季陶。师尊会见了他，这是爸爸与代表国家的人物进行最后一次会谈。虽然有病，他还是亲自为客人写了一封包含有祝福内容的欢迎信函。

到了巴乌沙月初七，他的心情非常抑郁烦躁。这是他来到圣蒂尼克坦之后第一次没有参加庙堂的活动。上午他写道：

哦，太阳，
显露至善的真相，
在你明丽的昭示中，
让我看见
我那超越死亡的灵魂。

——《生辰集》第 23 首

这是他在巴乌沙月初七那一天的馈赠。他还为巴乌沙月初七的大祭节写了一篇讲话稿，标题是"康复"。此后不久，诗书《康复集》一书出版了。这时候每天他都会听到战争的信息，他对任何方面的任何情况都很关心。内心的生命力在病痛中一点儿也没有减弱。他在病中也听到了：

今日大炮在吼叫
是在呼唤创造。

——《生辰集》第 21 首

每天早晨，都要搀扶爸爸到南面凉台上坐下，他要写一些东西。这个时候他的心思是渴望创作的。清晨他的外孙女依蒂达来为他洗脸洗手梳头，为他戴上眼镜，如果不让他坐在外边的椅子上，就不会满足他的心愿。外孙女与姥爷的这种协调融洽使他感到很温馨。有一天，他很开心地为依蒂达口授了这样一首儿歌：

哦，我的朋友
今天上午心境多好，
你在我身边坐一会儿吧。
你为何离去，我并没做错什么。

依蒂达让他喝过咖啡就回家了，拉妮·琼德就来代替她。他开始写作了，这个时候他就对拉妮口授，拉妮就做记录。一个人在健康的情况下，除了特殊的人之外，一般都不想让其他人记录自己的作品，成为这样作家的记录者，拉妮是很幸运的。上午爸爸进行口头创作，苏塔甘多或拉妮两个人中谁在身边，谁就做记录。这个时期他开始写《小故事》。苏提尔先生是他的一位很老的虔诚的侍奉者。为了给诗人审查记录的内容，他总是在皮包里装着记有作品的笔记本，每天上午他都带着清样纸，低着头走过来，站在诗人的身边，有时在看清样的时候他还会受到责备，但是我从没见过，他那羞愧的目光什么时候离开地面而仰望着诗人的脸。某一天，爸爸实在忍不住了，就会说："孟加拉人的固执没完没了。""当孟加拉人进入我的家门的时候，一次又一次地要求提供新作品。"《国家》和《侨民》杂志都发表了他为此目的而写的这样一首诗。在另一首诗里他还写道：

　　孟加拉人捂着鼻子微笑
　　就是不做明确的回答噢，
　　他在做着全部工作，
　　在笔记本和印刷厂之间
　　架起了大桥。

《小故事》中那些故事是一种不同寻常的文学创造，在那里面没有留下一点儿他那病态身体的疲惫心灵的痕迹。他在童年时代看到的那些人物形象，伴随着他们相关的情味都长大成人了，那些人的影子将成为故事里的男女主人公——他们从诗人的心灵故乡走出来，所以他们是栩栩如生的。这些人物已经告别世俗世界很久了，但是他们在诗人的精神世界里是不朽的。

从11月到次年的5月，爸爸一直处于病态。他没能恢复到以前的体力，但是我总是觉得他会慢慢好转，病情时轻时重，体温也时高时低，不过总体说来，冬天还是顺利度过了。

尽管每天的体温稍高，为华氏99度（摄氏37.2度——译者注），这种情况也没有告诉他，免得他会有压力，因为这个时期他的心里出现了一线希望之光。医生们一般对他说，上午是97度（摄氏36.1度——译者注），而下午是98度（摄氏36.6度——译者注）。这已是他的最高体温了。患病的身体很疲惫，不过有人如果来探望，他还是会面带微笑与之交谈的。同他身边的人开玩笑，为家里增添了喜悦的气氛，一点儿都感觉不到他的房间是病房。这段时间他还为服务间创造了一种特殊的语言，他身边的亲人们都懂得这语言的含义。他一生的另一个特点就是喜欢开玩笑，直到最后他都保持着这个特点。即使在他生活最黑暗的日子里，他都会开怀地大笑。

九个月来他的形体慢慢地发生了变化，他消瘦了，但是并没有因此展现出一种病态的样子。他的一双眼睛炯炯有神，透露出一种怜悯的表情，现在就觉得他是位因苦修而瘦弱的贤哲，正在沐浴着灵魂之光，踏上了伟大的旅程，脸上焕发出一种慈祥而平静的光泽。因为他不喜欢继续留长发，所以就把银白色的头发剪掉了。由于剪掉了头发，他那宽阔的额头就清晰地呈现出来，鼻子上的半个脸型轮廓展现出哲学家的形象。今天瞧着病榻上的诗人，就觉得他是一位禅修的哲学家。

那时候他那锐敏的感知力逐渐变得迟钝了，耳朵的听力很弱了，需要大声对他说话。眼睛的视力也下降了，每一个字母他都写得很慢。估计山迪等人来给他唱歌，他会高兴一点儿，可是一切曲调他都听不见，所以歌唱一结束，他就用十分伤心的语调说："我的耳朵听不清楚所有这些乐曲啊。"曾经有一天我看到，乐曲犹如美酒一样使他兴奋愉悦，如今他已经失去了这种感受。他的那支笔曾经是不知疲倦的创作工具，如今他已经不再对它提出要求了，而是需要求助于其他人了。

有一天，他写道："你承认失败了，自尊心已经崩溃。"

薄伽梵难道就这样让他承认失败了？不过，天神还是会把他搂入怀抱的。那位天神何等残酷啊，这就是他的创造。

这期间寒冷减弱了，四周围落叶的沙沙声，仿佛在宣告：春天已经迈开了脚步，法尔滚月的炎热正在木棉树和火焰花树之间窥视。已经开始准备欢度多尔节（即洒红节——译者注）。法尔滚月已经降临，爸爸在查看是否已经做好了一切准备。如果有缺点，是不行的，节日要有歌舞表演。他对我们说："你们也去做点儿什么吧，就去开始排练《舞女的祭拜》吧。应该做点儿什么，否则，圣蒂尼克坦的生活就会变得昏聩。"他亲自把赛洛贾先生和山迪叫来，让他们选择歌曲。在他的指导下，《舞女的祭拜》已经排练好了，在节日那天公开演出之前，有一天在他面前单独演出了一次。看了之后，他非常满意。

多尔节那一天上午，在芒果园里表演了歌舞和诗歌朗诵。所有消息都传到他那里，他饶有兴趣地听完了一切消息。这一次春天的一首诗歌中回荡着另一种惜别的曲调，在他的生活中法尔滚月多次降临时都是承载着团聚的祝福，这一次团聚之杯的底层却残留有离别的气泡，伴随着大路气氛的暗示，他的心灵唱道：

> 今年火焰花树林白白送来了一份请柬。
> 我有过唱歌赞美春天的岁月，
> 不料即将离世的梦魇困扰着心灵。

——《生辰集》第 4 首

孟加拉历 1347 年（公历 1940 年——译者注）的法尔衮月已经过去，很快就到了拜沙克月的初一（这一天是孟加拉历的大年初一，即新年的第一天——译者注）。1348 年（公历 1941 年——译者注）已经开始了，这是历史上值得纪念的一年。当时我们谁都不晓得这个新的一年的意义，但是诗人内心里已经对未来有了深深的感触，所以他才写道：

今天又是我的生日
心中幽远的感觉是那么强烈。
……
在生日的这一天
我只听见从寂寥的海滨
走来的远方旅人的足音。

——《生辰集》第 1 首

　　在这一天他向人类发表了《文明的危机》的讲话，他的这篇极具说服力的讲话当时让我们的国人感到震惊。他的《生辰集》一书出版了，上午就送到了他的手上。这是他在这个吉祥的生日送给国家和人们的最后的礼物，这本诗集是他人生祭祀中的一种祭品，是他很多痛苦的禅思修炼的结果。它的每一页都记载着他这最后一年的经历。

　　在这里，我不能不提到《生辰集》中的这样一首诗：

我是人间的世人，
世界浮泛的声籁
在我的竹笛乐音中萦回。

　　因为内心里有一个甜蜜的旋律，所以诗人生命的竹笛里就吹奏出各种情感的撞击音符，并且以种种"越来越新的形式"表现出来。不过他那总不满意的心绪就会这样说起：

很多遗漏的心曲未进入
我的音乐艺术中——
留下很多空隙。

——《生辰集》第 10 首

自然界还没有这样的一个角落，那里的秘密可以避开他那令人惊奇的魔术师般的眼睛，他的这种惊人的洞察力超出了我们的感知力。他尽管感知的如此之多，但是他那颗神秘的心还是不满足，这种不满足从背后一次次向他那隐藏在内心的高傲的创造力提供激励的精神食粮。甚至在离去的时候他还呼唤着说——了解认识人的工作他最后也没有完成：

> 表象背后的人最难探触，
> 无论何时从外表都无从猜度，
> 要了解他们隐蔽的心灵，
> 应该袒开自己的心扉，与之交融。
> 进入之门我尚未找到，
> 由于我的人生藩篱从中阻挠。
> ——《生辰集》第 10 首

讲述各种命运的表演也不能使他满意。他的心灵对人民大众的"无语的心"和"无名之人"是敞开的。他只为怀疑自己不能进入普通人那充满苦乐的生活之中而感到痛苦。他这种内心的苦痛对于未来寄托着希望。他希望在他的世纪之末能够出现有才华的智者，从他的喉咙里发出"不用述说的话语"之乐音，对此他表达自己对其最后的赞美：

> 就让参加文学音乐会的
> 单弦琴师们也赢得荣誉吧——
> 他们在悲欢中哑默，
> 在世界面前垂首无言。
> 啊，智者，
> 就让我听见离得很近又很远的人们的心声吧。

你是他们的知音，
就让他们因你的名誉而获得声誉吧——
我要一次又一次
向你鞠躬施礼。

——《生辰集》第 10 首

　　这本书是他静卧病榻时心绪的一面镜子。他仿佛对他的胜利行程早有准备，并且表达了自己的深切感受。那位生命之神的禅思在他一岁时就已经置根他的心中，所以它总是同伟大人类的巨大感受融为一体。当时谁又会知道，是否还会再请他坐在众人面前，为他举行庆典生日的聚会。可是这一次的准备工作做得很充分，鲜花、水果布满了房间，特别是用芒果进行装饰。这种水果是他非常喜欢吃的，去年的这一天他吃了六七个芒果。这一次尊爱他的很多人从本国和外国给他送来了芒果，但是他的食欲消逝了，经大家多次请求，他才吃了一小勺。傍晚的时候，他的外孙女来为他出席生日庆典进行穿戴打扮，帮他穿上了吉祥的丝绸围裤，戴上北方出产的檀香花环，用轮椅把他推到高起斋的凉台上，在那里要为寿星准备一个祝寿仪式。他是位病人，但是他内在刚强之光抑制着自己的一切病痛。我们就觉得，仿佛一位禅修的世界神仙来参加今天新年的特殊庆典。

　　姑娘们带来了圣蒂尼克坦—斯里尼克坦的各种礼物，她们用自己制作的各种东西和作品装饰了这一次的祝寿会场。艺术工作者们为诗人 80 大寿精心准备了生日礼物。当姑娘们身穿春天的盛装，抬着一个奉献的篮子来到他脚边的时候，还不晓得，这种篮子以后再不能摆放在他的面前了，因为这是给他过的最后一个生日。但是他心里仿佛已经觉察到这种尚未来临事件的暗示，因此他写道：

　　在生日和死日面面相对之时，

> 在这两者相会中，
> 但愿我看到
> 在日出东山和日落西山时
> 疲惫的白昼目光的交接——
> 灿烂而谦恭的荣誉走向美丽的归宿。
>
> ——《生辰集》第26首

在新年的那一天他发表的那篇讲话，是他对住在静修院里的人们的最后祝福。

亲爱的静修院居民们：

今天你们带着礼物来向我祝贺，作为回报，我请你们接受我的祝福。我每天都在默默地向你们祝福，长期以来这种祝福一直在为你们加冕。就让我的祝福今天以新的装饰呈现在你们的面前，请你们接受我这份装饰精美的祝福吧。

在过生日的时候，我们所收获的亲情中没有任何企图，只有人生吉祥天女的无私奉献，在这种奉献中我们没有感到任何骄傲。而后在人生之旅的道路上如果我们能够收获情亲，那该多么惊奇啊！那才是值得骄傲的内容，那种情亲更加厚重、真诚，其价值是很大的——它承载着一种祝福。今天你们大家心灵的奉献以造物主祝福的形式呈现在我身边——这是一件惊奇的事情！我的童年玩耍限于狭小的家庭范围内，始于何等遥远的过去，我当时谁都不认识，我所熟悉的只有三四个亲人。今天我却被你们所围绕，我在想，造物主这是在我的生活中开了个什么样的玩笑啊！那一天我根本不可能幻想到今天的这种盛况。你们并不是流行语言所称之为亲属的人们，所以你们的钟爱就显得如此的珍贵。在这新的拜沙克月节日里，你们带来的这些礼物，我怀着感激的心情接受了。像我这样幸福的人是很少的。不仅我祖国的人们热爱我,而且遥远国家的很多有知识的幽默的苦修者也以深厚的亲密友情向我表示感谢。我不知道,他们在我的品行和工作中看到了什么。今天我在内心里接受所有人的这种关爱和服务,我向他们鞠躬致敬,正是他们赋予我这种令人惊奇的骄傲的权利。①

他的这次全民性的生日庆典是在新年举行的,尽管已经举行过了生日庆典,可是拜沙克月二十五日的庆祝集会还是十分隆重而壮观地举行了。在这个节日般的聚会的最后,教师和男女学生们演出了《征服》,他从头至尾欣赏了这次演出。那一天的庆典聚会是很有意义的。

这期间,天气热了起来,傍晚的时候热度减弱了,我们就把他扶到凉台上坐下来。那时候他的头脑里酝酿着很多小说的计划,而且他要口述的时候,他就说:"儿媳妇啊,你来写吧。"

我说:"爸爸,写短篇小说可不容易啊,我可不会写呀。"

他常常鼓励我说:"一点儿都不难,我为你构思了一个情节。"即使是在患病中,他也没有停止自己的文学生活脚步,他仍然随着自己的欢乐激流漂游,有时受到病痛的阻碍,但是他的创作总会越过这种阻碍,按照自己的速度继续前行。在文学研究领域,他也没有停止脚步,他口述了多少有趣的儿歌呀,苏塔甘多先生汇集很多他口述的儿歌。

一天中午,吃过饭之后,他躺下午睡了,我当时在隔壁房间。突然苏塔甘多走进来,对我说:"嫂子,叫您呢。"当时爸爸已经睡醒了,估计是下午3点。他坐起来,开始讲述短篇小说的内容。我明白了,以前他说过,要给我构思一篇小说情节,现在他要讲述了。我准备好一些纸和笔,开始写了。原来的情节完全改变了,结果短篇小说《坏名声》就产生了。就这样,通过游戏和讲故事的方式《进步的毁灭》也创作出

---

① 布林比哈里·森记录。

来了。上午由于忙于写这些作品，所以他的精神陶醉在品尝文学情味之中，看来，心情很好。有一天中午，他睡醒后叫我过去。那一天他的身体好一些，心情也很好。他对我说："这个时间你过来，给你叙述短篇小说的内容比较方便，上午我很疲倦。"我发现，小说在他的头脑里已经在酝酿。我拿着纸和笔坐下来，苏塔甘多坐在远处也开始分享着这篇小说。今天他的心情很好，所以他就很有兴趣地开始口述小说故事，我就将他口述的内容一一记录下来①。在写故事的时候，他的确感到是很好的享受，不过因为是脑力劳动，随后他就感到很疲倦，因此我们不再更多地鼓励他写小说。大概在杰斯塔月底，他说要给雷特波恩小姐的声明一个答复，于是就让克里什那写了回信，在这期间他写的关于圣蒂尼克坦理想的一个小册子出版了（1941年阿沙拉月）。在前往加尔各答之前的大约一个月左右，他刚刚开始撰写几篇小作品，这些作品都是他夜间思考的一些零散感受的影像，上午他常常说，拉妮·琼德拿去抄写了。我很喜欢这些作品，我总觉得，这是在创作了另一个《阿米尔日记》。可是遗憾的是，这类东西写了两三篇，他就再也写不下去了。

这个时候他的手指已经失去了知觉，雨季到来之前，他已经不能再握笔了。他还能勉强签署名字。随着雨季的开始，他的病情开始加重了，以前靠别人搀扶他还能行走，如今再不能走动了。看来，生命的堤坝崩塌了，再也无法补救了。与此同时高烧也加剧了，现在护理他的人们再也不能隐瞒他的病情了。他自己很清楚，他在发高烧。这期间的一天下午，他说："孩子，我在逐渐走下坡路，我明白，我已无法摆脱这种病魔之手了。我离去的时候到了，可为什么还要忍受这种病痛呢！我的事情结束了，你们已经安排好了家里的事情。我确信，还剩下了这个实验（圣蒂尼克坦），你们要让这项实验继续下去，这个重担落在你们的肩上了。"我眼睛里噙满泪水，低着头坐在他身边，我明白了，他开

---

① 《穆斯林的故事》，见《短篇小说集》，第4卷。——原注

始准备离去了。

　　这一次患病期间，他一直坐在一把椅子上，关于这把椅子的一小段历史，我在这里写一写，大概也不算是离题。他前往南美洲准备发表演讲，当时那里的著名女作家维多利亚·奥坎波夫人邀请爸爸去做客，她是一位十分尊爱爸爸的人。在那里停留期间，爸爸患上了流行性感冒，当时我们在伦敦。由于各种原因，那一次我们没有跟爸爸一起去南美洲。埃尔姆赫斯特先生作为他的秘书同他一起前往那里。他非常喜欢这位洋先生，爸爸与安德鲁斯·皮尔逊是师生关系，他与爸爸也同样建立了很友好的情谊。洋先生对爸爸就像对待导师一样尊爱，但是并没有因此而妨碍他们之间开玩笑或进行充满情趣的谈话。爸爸从南美洲回来后，对我丈夫说："你看，罗廷，我有过很多位秘书，但是像埃尔姆赫斯特这样能适合各方面工作的人，我见到的却很少。这一次他对我照顾得如此的周到，我简直没有什么可说的。事无巨细，他都一手操办，而且他总能理解我的意图，并且照此行事，我从未感到有什么不方便之处。此外，有他跟随，我感到很安逸。"

　　这位洋先生当时正在考虑同一位有钱的美国女人结婚，传说很快就要举行婚礼。爸爸想到一旦结婚，这位洋先生就会离开他的。有一天，他就风趣地对埃尔姆赫斯特说："你要结婚，我就不高兴。我知道，结婚之后，她就会把你从我身边带走，离我远远的。"埃尔姆赫斯特笑着说："先生，就是为了给您的事业带来财富，我才结婚。"爸爸笑了。他们两个人之间建立了这种非常有趣的经常开玩笑的关系。埃尔姆赫斯特的确就像我们家里的孩子一样。

　　因为在美国身体很不好，所以爸爸就急于前往伦敦。爸爸由于他的诗人性格所致，所以他不懂得出发之前需要做好一切准备，动作缓慢就会迟到。他的计划又经常随时改变，根本不考虑需要一些时间进行准备的。不跟随他一起旅游的人们是不会知道的，这种旅游是怎么样一种情况。

一天我在阅读达罗卡纳特·泰戈尔的旧书信时发现了一封手写稿，是他的外甥诺宾先生从英国写来的："我不知道我们什么时候回国，因为姥爷每时每刻都会改变主意——每一分钟姥爷的情绪都在变化。"

有一天，我饶有兴趣地把这封信的内容对爸爸说了，他当时笑着说："在这一点上我也跟我的爷爷一样啊。"如果有什么计划要改变的时候，他就会望着我的脸笑着说："儿媳妇啊，Babu changes his mind（老爷改变主意了）。"

尽管如此，爸爸还是经常讲述南美洲的故事："虽然订好了回去的船票，但是维多利亚根本不想放我走。她对洋先生有点嫉妒，因为洋先生总在我身边，对此她不能忍受。最后她以为，洋先生是为了自己的利益，才如此着急想把我带到伦敦去，所以她对埃尔姆赫斯特很生气。西班牙族是个重感情的民族，要说服他们很困难，不过这个民族又是个因激情肯做出自我奉献的民族。我在这个外国女人身上看到她那种火热的激情。"后来才了解到，这位女人为了爸爸做出了多少牺牲。这期间费了很多周折，才订到了船票，维多利亚为爸爸预订了豪华的头等舱，为的是不让爸爸在海上感到痛苦或不方便。做了这些，她还不满意，她还要把自己卧室里的一把安乐椅搬到轮船上，为此她还与船长发生了一次争论。但是谁都无法让维多利亚改变主意。巨大的椅子搬不进轮船的舱门，因此船长才反对。但是最后还是维多利亚夫人胜利了，她叫来了机械师，把门卸下来，把那把椅子搬进了船舱。

那一次这把椅子周游了一些国家，最后被运到了圣蒂尼克坦的高起斋。爸爸很多天没有再使用这把椅子了，现在放在了我们这里。今天我又看见了，在爸爸病中还是很喜欢坐在这把椅子上，几乎一整天都坐在那把椅子上打瞌睡或休息。有一天，他坐在那把沙发椅上，回忆那位外国女人的尊爱，写道：

怀着纯正的爱慕之情，

异域女子置放的沙发椅，

千秋万代保存着

她在我耳边的喁喁低语。

她的语言我听不懂，

她说话用温柔的眼睛，

这把椅子永远播放

她那怜悯的话语音讯。

——《后写集》第 5 首

  维多利亚讲起英语来很不流利，她驾驭法语的能力很强，不能说她很美丽，但是精明的智慧在她的脸上增添了一种娇媚之光。宽宽的黛色眼睑所覆盖着她那双深蓝色的大眼睛，那双眼睛蕴含着一种梦幻般的吸引力。她那高挑的身材透露出一种高傲的贵族气质。当她屈膝坐在爸爸脚边的时候，你就会觉得，那是一幅古老耶稣画像脚下一位希伯来虔诚女人的温顺形象。她是南美洲一位著名的极有才华的富贵女人，有关她的情况稍后我还想写一点。

  阿沙拉月到了，为了能看到开阔天空下的雨季景象，爸爸搬到了楼上，当时就想让他住在北寓所高起斋的二层楼上。最初他不肯来，做了很多工作他才同意。根据医生们的意见，开始运用印度传统医学的方法进行治疗，印医郎中比莫拉诺德·多尔科迪尔托先生承担起按照古老印医的方法进行治疗的任务。这时候拉妮·莫赫兰比什也来到了圣蒂尼克坦，参加护理爸爸的工作。爸爸对她十分关爱，她来后一直待到月底，所以，在手术前的那些天，师尊的周围充满了关爱和欢乐。他特别喜欢听拉妮讲故事，而且让她坐在身边，跟她聊天说笑，感到很开心。

  就在这期间，有一天，因杜先生、比谭先生和洛利多先生从加尔各答来了，同他们一起来的还有久迪先生。他们对爸爸进行了听诊检查后决定,在斯拉万月进行手术。拉姆·奥体迦里、吉登德罗·德多医生和绍登德罗·拉伊等先生稍后也来了,大家都一致同意做手术。那时候他们频繁地来看望他们的师尊。

在爸爸内心里已经勾画出他最后结局的一幅画面,他有时也讲述他的这种感受。他曾经想到过,自己就像一株花叶纷纷凋落的老树一样,在慢慢枯萎,有一天就会回到大自然的怀抱。这就是诗人正常的自然的结局:

> 岁末将至。
> "旧我"
> 像松软的梗茎上的干果,
> 即将垂落。
> 他的感觉
> 竭力在我拥有的一切中间
> 扩展自我。
>
> ——《生辰集》第 12 首

那种与大自然融为一体的深切感受,在他心里逐渐强烈了,但是命运的捉弄却是另一种样子。医生们讲述了让他放心的很多理由:"这种手术很简单,不必担心。"我听说,在加尔各答做手术之前大夫们安慰他说:"我们会特别细心仔细地操作的,不必有任何担心,小心谨慎,就不会有事。"他当时笑着回答道:"要出事的话,小心谨慎也没有用。"真是一句大实话。然而,他还是没有争辩,还是尊重医生们的科学意见。

就在爸爸动身去加尔各答的前两天,我突然患上支气管炎而发高烧卧床不起了,因此我没有和爸爸一起去加尔各答。7 月 25 日,那一天我发高烧,自己起不了床,人们为爸爸动身做准备的呼唤声和装运东西的声音传到我的耳朵里。就在这时候,依蒂达把爸爸生日那天出版的《国际大学季刊》交给了我,说:"我姥爷让我把这本书交给你。"太高兴了!书内夹着爸爸用颤抖的手写的话语"爸爸致孩子"——这是他永恒的慈爱的话语,是无与伦比的,我把这本书放在枕头下面。当时谁又会知道,这是他离别的暗示,他将他的永恒的慈爱祝福都编织、存放在这本书的封皮上了。

出发的时间到了,所以依蒂达匆匆地走了。我躺在床上,人们的喧哗声、汽车的轰鸣传到我的耳朵里。我突然听到,我们的男女孩子们一起唱起了《我们的圣蒂尼克坦》这首歌——这是他们用激动心情向他们师尊做最后的送别。

我的病情加重了,前往加尔各答的计划向后推延了,邵进先生每天都说:"再过两三天,您就可以去加尔各答了。"邵进先生本来一直在护理爸爸,但是为了照顾静修院里像我们这样的几个病人,他就没有跟师尊一起走。爸爸十分相信邵进先生,为了不让静修院的人们感到有什么不舒服,所以爸爸就没有带他走。后来得到消息,确定7月30日为爸爸做手术的日期。今天我不能不给爸爸写一封信,他走的时候怀着多少慈爱送给我一本书,我都没能向他鞠躬行个大礼,这是我的不幸啊!在这封信里我向他鞠躬施礼,表示敬意,但是对于他的回信我是不寄希望的。后来我听说,在手术前半小时,他让拉妮·琼德代他给我写了这封信,我听说,在这封信里他留下的最后签字成为永恒:

妈摩妮①:

因为我不能亲笔给你写信,所以写的内容就没有情趣。我只是传递消息,并且我在想象,你现在很好——至少你远离这里的一切忧虑,多少获得一点儿安逸。你的身体现在还有一点儿发烧,

---

① 宝石般的小母亲。

你就会感觉不舒服。因为渺小敌人的这种顽固坚持，也是最痛苦的。每天医生都在给我扎针——大量针灸的作用是独特的。我听说，大病发作是无法忍受的，这些不过都是些令人烦恼的小事。即便如此，这种情况也在走向终结，而且也不会拖得太久。一旦结束了，我就会安心了。此致

1941 年 7 月 30 日

上午 10 点

焦拉桑科　爸爸

他的声音停留在时间的节点上，这番话语的意义印在了人类的有声世界。

手术后的当天传来了电话消息：一切都向好的方向发展。我们的心情放松了，目前的担心消除了。我丈夫在信中写道：

爸爸做手术的消息在我动身的同时就寄出去了——你肯定收到了。9 点的时候我试图打电话，话务员说，线路坏了。我提醒她说，一旦线路修好，请给我接通。当线路修好的那一时刻，手术做完了，所以我们及时得到了消息。

上午来了十来个医生。凉台的窗子上挂着白色窗帘，手术台已经摆放好。爸爸直到最后什么也不知道。我把你的那封信交给他（奥米达给他读了），但是他已经拿不住了，你为什么要写信呢？当时他立即让人替他写了回信——我就寄出去了。这之前他写了一首诗。洛利多先生在十点多的时候来了，绍多绍卡先生和奥米耶先生作为他的助手，没有用任何护理。一位医生负责实施氯仿麻醉，还准备了氧气，但是没有使用。洛利多先生自己走到爸爸身边，说："这一次我要带给您一点痛苦。"说完就把爸爸推到凉台上。久迪先生进来要和爸爸说说话，可是他没有说太多的话，

爸爸闭着眼睛，沉默不语。手术的时候他说感到疼痛，可是医生们说，那在很大程度上是心理方面的作用。手术开始后的两个小时他一直处于沉睡状态。随后给他注射了葡萄糖溶液。现在是下午，他已经能够很正常地讲话了，没有感到任何疲劳。体温为华氏98.4度，比往日还低。现在再也没有什么可担心的了。

可是，好像风向突然变了，8月3日传来消息，病情有变化，不好。我的心情完全低落下来，那天下午我就和邵进先生一起动身前往加尔各答了。到达焦拉桑科，我就听说，当时爸爸的病情稍好一点儿。当我走进他的房间时，他正在沉睡，所以我等待着他醒来的时候再去看望他。中午的时候爸爸恢复了一点儿知觉，苏塔甘多和我费了很大的劲儿才让他明白，我来了。爸爸只是很短时间清醒，这一次他说："让她坐吧，现在我的身体很痛。"说完又合上眼睛，不再讲话了。我的心情很不好，我明白了，爸爸已经神志不清，那一天再也没有清醒过来。第二天上午，他稍微好一点儿。我来到他身边，对着他的耳朵叫道："我——您的妈摩妮来了。"这时候他像以前一样，睁大喜悦的眼睛凝视着我，我意识到，这一次他真的认出我来了。当我问道："您想喝水吗？"他不是很清楚地说"是啊"，我就开始往他口里一点儿一点儿地送些水，他慢慢地喝了下去。这是我最后一次亲手给他喂水。从8月6日下午起，大家都已意识到，再没有希望了，但是医生和死神仍然在继续战斗。这一方面的详细情况我就不说了，因为很多人都写过。

今天是斯拉万月的月圆之夜，天空很宁静，是互相在手腕上系吉祥线的节日。从黄昏时起大家都知道，今天他的生命岌岌可危，我走进凉台里站立着。医生们的很多车都静静地停在院子里。病房里亮着灯光，我明白，情况不好，要是爸爸感觉好一些，就会关掉灯光。但是也不敢贸然去打听消息，我会知道什么，我会听到什么。人们脚步轻轻地走来走去，仿佛这个家的周围被一个昏黑的影子笼罩着。月光仿佛也暗淡了。我一会儿站起来，一会儿又坐下。我的保姆怎么会理解今天我的心情呢，她只是一个劲儿的唠叨说，我应该去休息。

不知何时突然睡意来了，就在这时候苏塔甘多和拉妮走过来说："嫂子，走吧。"我明白了，她们为什么来叫我，但是我没有勇气发问，腿脚仿佛也不听使唤了，我跟随她们向那个房间走去。我明白了，今天一位伟人踏上了他的伟大离世之路，今天为他的死亡系上了吉祥之线。他怀着何等崇敬的心情多么深刻地感受到了这种死亡，今天到了与死亡相会的日子。他的意识在消逝：

我的"自我"之流
渐渐注入彻悟的入海口。

——《生辰集》第 12 首

师尊祈祷时获得的咒语"aanandaroopamomritang yadvibhaati"，他直到生命的最后时刻都一直在静坐时默念。他常说："这是我获得的咒语。"在他静坐禅思的过程中，在他的精神世界里，这个古老的咒语获得了新生。感悟到不朽的静修是他诗人生活的目标。一个人在灰尘中也能寻找到那种"极乐的不朽"，今天他的灵魂能不在充满知识的世界中体味到那种情味吗？他的献祭花篮是由他自己装饰的，没有什么是需要我们做的，我们坐在一旁，把手放在胸脯上，当时他的意识正在与他体内的分子细胞为分离而进行搏斗。30年前他在泰戈尔家的这个大楼里自己亲口以咒语的形式赐给他的妈摩妮的教诲——"从黑暗走向光明吧"。

天大亮了，我也松了一口气，慢慢地平静下来。尊敬的拉玛侬德先生 7 点钟的时候来到他的床边，坐下来，进行祈祷。家里的姑娘们唱起了他创作的梵天赞歌，家里的敬神室在赞歌的嗡嗡声中觉醒了。随着早晨太阳的升起，人越聚越多——亲戚朋友、素不相识的人，有多少啊，真是数不胜数。我就觉得一切都是魔影、幻想，这个世界仿佛披着魔法的外衣，是多么可怕的虚伪啊！师尊离开了一切真实的现实，他慢慢地停止了最后的呼吸，大家的内心顿时感受到一种极大的痛苦。8月7日星期四12点10分，师尊的永恒灵魂摆脱了肉体的束缚，获得了自由。护理人员为他的圣洁身体穿上了吉祥的围裤和外衣，在他的额头上用白色的檀香膏点画了吉祥痣，脖颈上涂抹了晚香玉油膏——他的这种装束曾经多少次华美地出现在节日的庆典会场，而今天的这种装束使他的遗体增添了具有灵性的华彩。他获得的这个身体，曾经是他的精神和智慧的载体。他在《生辰集》中所写的那首诗歌为他做了最后的装饰：

> 你们可以摘取首饰，用五色的外衣去遮盖它，
> 在我的前额描画一颗洁白的吉祥痣。
> 你们也可以提着斟满沾力的钵盂，
> 来参加最后的典礼，也许会远远地听到
> 地平线另一边传来的吉祥的法螺声。
>
> ——《生辰集》第29首

可是这种"吉祥的法螺声"为什么要传到我们的耳朵里呢？我们即使是魔幻的生灵，我们也没有神仙的眼力。与此同时我仿佛听到了外面大海的波涛声，门窗受到了可怕的撞击，就仿佛觉得在大海波涛的撞击下整个楼房就要坍塌下来，四周围都在发生地震。好像有人走过来，说，现在他被带走了，悲痛的旅程就要开始了。我跑过去，透过窗子观看，最后一次瞻仰也没有实现，一片巨大的人海波涛瞬息间把他的遗体卷走了。一位伟大的人物为了自己的禅思，离开那种巨大的人类心灵之海，今天随着汹涌澎湃的波涛飘走了。大海的汹涌波涛把他的遗体从人世间夺走了，而他的伟大精神却散布在最高天神的深沉的寂静中。那一天：

白天的最后一缕阳光
撒在西面的海岸上,
在沉寂的黄昏,提出最后一个问题:
你是何人?
没有得到回答。

附 录

家庭生活中的罗宾德罗纳特

赫摩洛达·泰戈尔①

诗圣罗宾德罗纳特的家庭生活是什么样子,他作为家庭生活中的人,是如何生活度日的,很多人请求我对此来描述一两个场景,讲述一两个故事。我是这个家庭经历过去岁月的老媳妇,对于往昔的事情,我是了解的。为了满足这些人的要求,今天我准备来写一点儿我见过的和保存在记忆中的几件往事。

如果有谁希望看到,诗人的生活场景是优美的,是井然有序的家庭生活画面,那么,他可能会失望的。

说到家庭生活的整洁和富丽的陈设,通常人们就会这样理解:起居室装有豪华的吊灯,客厅里摆设有外国家具,妻子的身上戴满首饰,衣柜里挂满瓦拉纳西、孟买出产的丝绸纱丽,有与华丽房间里相匹配的银制用具,银行里存有大量存款,房间壁橱里的铁皮箱子中存放有成捆的股票——可是这些东西中的任何一件,诗人从来都没有过。诗人经常坐在三楼自己卧室隔壁的一个犹如鸽子窝似的小房间里,进行写作。在旁边一个同样大小的房间里摆着座椅。现在一些人总是喜欢向人们介绍诗人的嗜好。

---

① 赫摩洛达·泰戈尔(Hemalataa thaakur,1874—1967)是诗人泰戈尔的侄媳妇,即诗人的大哥迪金德罗纳特的长子迪本德罗纳特(dvipendranaath)的第二房媳妇。

人们传说，诗人在少年时曾经卖掉自己身上的披肩，用以购买书籍。可以观察到，诗人作为家庭生活中的人，他在努力按照新的理想来安排家庭生活。诗人的女儿们并没有追随当时的潮流，进入洛雷陀、贝屯的贵族学校；他的儿子也没有到圣杰维雅斯学校、加尔各答大学的直属学院去读书。诗人企图按照自己的理想和环境把他们培养成人，并把他们带到自己后来所创建的理想学校去培养。

在家里和家外，到处都有这个家庭才华横溢的女婿和儿子们的天才影响。但是他们每走一步，都要与流行的传统习惯进行抗争。他们用新的眼光看问题、开辟新的道路，用新的方式述说着那种能够表达新情感的语言，所以在他们看来，这是很轻松的、很合适的、很自然的，可是最初在一般人看来，这是不轻松的、不合适的、不自然的。在诗圣罗宾德罗纳特·泰戈尔的生活中，到处都可以看到这种例子。

诗人们一般都按照自己的理想愿望行事。富有创作理想的这一类诗人，都会把自己的生活献给创作理想。他们的家庭和家庭生活总是朝着这种理想前进，不过他们又不可能原地踏步不前。宁静的家庭生活并不是这种理想主义者的追求。

不善于处理家庭生活的诗人，在他们的思想中其家庭生活和诗歌创作是不容易和谐相处的。诗圣罗宾德罗纳特·泰戈尔也总是沉醉于自己的理想中，从来都不善于处理家庭生活。他总是按照这种追求，带着自己的家人从此处转悠到彼处，再从彼处转悠到另一处。喜欢变换住所的诗人，总是在不断地变换住处，永远不会固定地住在一个地方。其结果是，家里人也永远不能固定安居在一个地方。直到今天，诗人也没有停止变换住所，这是大家都知道的。为给歌词谱曲和为诗作寻找合适的韵律，诗人并不墨守成规，同样，在家庭生活中他也不想让自己和自己的家庭沿着固定的、幸福舒适的一般道路前行。

诗人的妻子有时给孩子们穿上华贵的服装，诗人就会向她解释说："如果孩子生活在贵族式的环境中，他们就不会成为有用的人，由于习惯的影响，孩子身上就会萌生很多毛病。我们应该很好地尽力将我们的孩子们培养成人。"

诗人妻子听了此话之后感到很高兴，也感到很骄傲，但是心里还是希望孩子们能穿上好看的华贵服装，有时就向身边的人流露出这种愿望。不过，实际上她还是按照丈夫的理想要求去做的。诗人常常表达出这样一种愿望：自己希望与普通人的简朴生活习惯相适应——如果做不到，他心里就会感到痛苦和遗憾。他总想为适应他们那样的习惯而重塑自己。他说，他要自己建立一所学校，然后生活在学生们中间。诗人长时间住在圣蒂尼克坦的现在图书馆一侧一座房子里，常常跟学生们一起吃饭——吃的都是同样的饭菜。

诗人的妻子自然也不喜欢过分地打扮自己，很少佩戴首饰。与大家庭的媳妇相比，她喜欢穿一般的衣服。除此之外，在诗人那种简朴嗜好的影响下，她的穿着就更加朴素。

那时候诗人口里常说的一句话就是：抛弃奢侈，不要追求享受。诗人在言谈话语中经常谴责女人靠人为的方法修饰打扮自己、涂抹眼黛、把自己打扮得花里胡哨。他常说，在不文明国家里，人们才在脸上涂抹颜色。难道女人们想通过在脸上涂抹颜色而把自己打扮成不文明国家里的人吗？

有一天，诗人妻子在耳朵上戴上两只耳坠，准备去参加我们的募捐集会，诗人突然闯进房间。诗人刚一走进来，她就羞得用两只手捂住了耳朵，我们怎么拉扯，她都不肯放下手来。她很少佩戴首饰，这一次她戴着耳坠，就感到特别的害羞。她总劝同龄的媳妇们打扮，但是她自己却不打扮，这就是她的性格。她自己的口头禅是："身边周围都是已经长大的侄子们和外甥们——我怎么好意思打扮自己呢？"

诗人罗宾德罗纳特是他父亲的小儿子，他有几个比他年龄大一点儿的外甥或同龄的侄子。

有一次，诗人过生日，他的夫人就在他的上衣上钉上了金扣子，让他穿上。诗人见了就说："喊，喊，喊，男人何时喜欢穿金戴银哪——羞死人啦，穿金戴银是你们女人的偏爱。"诗人妻子于是就把金纽扣拆下来，换上了一般的纽扣。诗人三番五次这样处理此类事情，仿佛这是他应该做的。诗人的喜好同一般人是不一样的——要理解这一点是需要时间的。在学校建立之前，很长时间诗人的一家和我们一起住在圣蒂尼克坦静修院一座老旧的茅屋里，家务的重担都落在诗人妻子的肩上，我的责任就是帮助她料理家务。家庭生活所需要的东西供给，食品的采购，支出账目登记等责任，都由我丈夫承担（迪本德罗纳特·泰戈尔——受人尊敬的迪金德罗纳特·泰戈尔先生之子）。我们吃的非常好，诗人妻子一直忙着做饭做菜和准备各种甜食，一天也不休息。诗人有时对他的妻子说："白天，我坐在下面写东西，就常听见你的声音：'需要奶油，需要粗麦粉、食糖、米粉、面粉，我要做甜食。'你需要多少，就会得到多少，太有意思了。"他常常提到我丈夫的名字说："他从来都不会说'没有'，需要多少，他就提供多少。像他这样的主管和像你这样的媳妇，在艰难岁月的困难时期，到哪里去找啊！"诗人妻子在提到她侄子（我的丈夫）的名字时说："他懂得家庭生活，跟他一起做事很快乐，他从不会用厌恶的眼神看人！"

有一次，我们疼爱的波棱德罗纳特和我们在一起。早晨喝过牛奶、吃过早点之后，我带着几个孩子出去散步。波棱德罗纳特几乎一直跟我们在一起。在静修院的东部边缘有一个高高的土堆，上面堆积着一些碎石块——看上去就像是一座小山丘——从上面沿着斜坡滑下来，是孩子们喜欢的一种玩耍。有一天波棱德罗纳特和孩子们一起登了上去，可是他却下不来了。孩子们不得不跑回家里去，叫人来将他扶下来。看到仆人搀扶着波卢叔叔走下来，孩子们都笑得前仰后合。从此之后，他再也不攀登那个土堆了。

那时候人们手里没有那么多照相机，也不谈论照相的事情，如果真有照片展示给读者看，那一定是件很快乐的事情。

静修院的周围当时荒无人烟，只有我们这些人居住。晚上，诗人常常为我们朗读他自己的作品，记得他朗读了前不久写的一篇作品《神的鲸吞》。

诗人妻子在烹调方面是一把好手。她用咖喱粉做的各种菜肴和甜食，其味道好极了。她经常在家里为诗人制作各种各样的甜食。那些吃过一次她做的米粉团子、马洛波酸奶甜饼、熟芒果密泰甜食的人，都永远不会忘的。从前纳多尔的大公——已故的焦格丁德罗纳特·拉伊，对于诗人夫人做的马洛波酸奶甜饼大加赞美。

诗人对于一些新的烹调方法也很感兴趣。看来，夫人在这方面的才干极大地激发了他的兴趣。我多次看见，诗人坐在正在做菜的妻子旁边的一把藤椅上，教她试用新的方法做菜。他不仅不知疲倦地教妻子，而且他还教她用新的佐料和新的配方做菜，以此来满足自己的兴趣。最后为逗她生气，他就骄傲地说："看到你们的工作，我才来教你们一种新的烹调方法。"他故意生气地说："谁能与你们一起来做事呢？你在一切事务方面都要争先取胜的。"

在家庭生活中，诗人就自己吃的方面常常制造闹剧。有时他吃得如此的少，致使他身边的人不能不感到担心。诗人真是为所欲为啊——他总是按照自己的愿望行事。诗人由于生来就很健壮，而且随着年岁的增长越发强壮，他的身体就能很轻易地忍受所有这些闹剧。家里人就认为，诗人由于偏食而吃得少，这样会损害他的身体健康的，所以他们就认为他这样做纯系胡闹。很显然，他们根本不理解诗人不是在寻找身体所需要的食物，而是寻找心灵所需要的食物。家里人的目标是保证他的身体健康，所以他们就带着具有这种倾向的人到处奔波去寻找良方。看到诗人吃得越来越少，我们就常常对诗人夫人说："小婶啊，你就劝劝小叔吃些有营养的食物吧。"

诗人夫人说："你们不晓得，你越劝他，他就越固执；不吃东西，身体虚弱，上楼梯时因为头晕他就会摔倒的，然后他自己就会得到教训——他可不是那种肯听别人劝的人。"

　　诗人多年来一直喜欢吃素食。妻子逝世后，诗人就开始素食了，甚至有时他不吃米饭，只靠吃一点新鲜水果、豆类，当时因为工作需要，他有时要去波迪绍尔。诗人的岳母当时离开自己的村子——杰索尔县的富尔多拉村，迁到她儿子的工作地点波迪绍尔来居住。她亲手做好咖喱鱼来招待女婿，诗人没有说过"我不吃"。诗人在那里想到，岳母的女儿没了，怕她心里难过，于是就压制自己的愿望。跟他一起去的仆人乌马秋龙在回来后常常讲起当时的情况：在这里，巴布先生（指诗人泰戈尔）在吃的方面常常会引起轩然大波，可是在波迪绍尔，他岳母做什么他就吃什么。不过，他从没说过"岳母啊，去买吃的吧"。仆人们心里高兴的时候，就会当着诗人的面轻松地说，诗人喜欢吃什么。诗人罗宾德罗纳特绝对不喜欢威胁仆人，而仆人也不是因为惧怕他才去做事。

　　诗人住在圣蒂尼克坦住宅的二层，有一天下午，坐在茶几旁吃饭。在家里，我为叔叔做了很好吃的甜食劝他吃，诗人却突然说道："我不再需要家里做的甜食了。"我明白了，他一想起了婶子亲手做的甜食就很痛苦。他极力压制自己内心的痛苦，那一天他才顺口说出这样一句话来。

　　现在是他抛弃物质享受的时期。诗人走上了一条抛弃一切家庭生活物质享受之路，家里人也同诗人一起走上这条路。对于家庭生活中的伴侣，他还是满怀深情的。

　　从一开始，诗人内心里对于承受消费物质重担就十分厌恶。思想意识朴实的人们，是无法忍受物质的沉重负担的，他们对此会感到痛苦的。诗人几次离开居住的房舍，在别的地方建设住房。在旅游的时候诗人常说的一句话是"你们要抛弃物质垃圾，不要和追求物质享受的人为伍"。看到仆人要带走家里生活中必须使用的东西——鱼刀、菜刀、刮刀、托盘儿、铁锅、铲子，诗人就会制止。他就会生气地说："为什么要带这些没用的东西呢？"诗人觉得，仿佛外出带两件衣服就可以了。外出旅游的时候，女人们总是喜欢多带一两件日常生活用品，在男人们看来，这些东西都是不需要的。男人们常说："你们为什么要增加负担呢？"女人们的想法就是，什么时候都不要感到用品匮乏。几乎所有持家的女人，在外出旅游的时候，都会偷偷地随身携带一两件常用的东西，在诗人的家庭生活中也不例外，诗人的妻子也总是悄悄地随身携带一些用品。她常常背后喜欢对我们说："你们瞧，像孩子他爸这样的人，跟他怎么生活呢！我什么都不带就走，当然人也可以这样做，可是客人来了，就会手忙脚乱。诗人的客人可不少啊。要带上马洛波甜食、密泰甜糕、油炸菜团、油炸尼姆基糕、油炸饼，这些东西带少了也不行，还应该带上大量盘碗等餐具。要是没有这些用品，谁晓得能从哪里搞到这些东西啊！"

诗人即使在各个时期自己受到各种坑骗，心里也会毫不犹豫地追求自己的理想。诗人的夫人总是担心，追求理想的完美，说不定什么时候在什么地方会使他陷入某种危险境地。诗人和诗人的家庭是不同的。诗人遭遇危险，其家庭自然也会被殃及。关注丈夫儿女的身心健康，是妻子和母亲的自然企盼，所有母亲、妻子心中都怀有这种愿望，这种愿望总是前进在保护的路上。男人喜欢播撒，女人喜欢积累、保护。在家里和家外，男人和女人的这种理想的矛盾，是创造奥秘的特殊一章。听到诗人口里常说的"丢掉—丢掉，放弃—放弃"，诗人的妻子就会说："在承担家务、带着儿女过日子的时候，只打扮成苦行僧的样子，是不行的。"丈夫和妻子之间内心里存在隔阂是不可能的，一个人的情感融入另一个人的情感里是很自然的。诗人的妻子不可能不受到诗人情感的影响。妻子逝世之后，诗人就成为自己家产的唯一继承人。不几年之后，诗人就积极准备将所有财产以赠书的形式转到儿子们的名下——其中也包括学校的设施。赠书文件的起草工作已经在进行。诗人的一个近亲向其指出很多理由，劝说诗人停止这项工作：儿子们现在年纪还小，现在承担这种责任是不合适的，等等。诗人特别希望放下管理财产的重担——这种景象现在仍然清楚地浮现在我们的眼前。诗人那时候还为在圣蒂尼克坦静修院的一侧建设女生宿舍特别着急，于是就把自己所有孟加拉语书籍的版权卖掉了。当时诗人为办理转赠财产手续的缓慢而激动不安。那个时候还有一件值得提到的事情。他的女儿要前往诗人的朋友——一位大公的王宫里作客——诗人就让她穿一身很普通的服装去那里。亲人们都说，诗人让女儿穿着这样的装束去王宫，王宫里的人见了会羞辱她的。诗人回答说："我的女儿因为穿这种服装如果得不到关爱尊敬，那么，这种尊敬就毫无意义。不接受服饰所表明的那种尊敬，是最好不过了。"

热心于教育的诗人在忙于建设理想学校的时候，诗人的妻子就成为他这项事业的助手。她承担起为学生们制作饮食的任务，用关爱来培养学生们。学校开张还不到一年，学校的这位母亲——诗人的妻子就病逝了。在妻子病重期间，诗人亲自对她进行护理，这种情景至今仍然留在家里所有人的记忆里。几乎两个月他一直守在病榻旁，诗人连一天也没有把护理妻子的重担交给雇佣来的护士。

贤惠的妻子当然知道，得到丈夫的护理是多么幸福啊。在妻子弥留之际的病榻旁，诗人对她表现出了最美好的关爱。当时我们的国家还没有制造出电风扇，诗人手里拿着扇子日日夜夜为妻子扇风，他手里的扇子一刻都不停。雇佣来的女护理员当时在各个房间走动，进入诗人的房间，是她第一次越轨行动。在妻子病重期间，诗人把孩子们留在圣蒂尼克坦的学校里。诗人的妻子在愁闷的时候多次对他说："你总是对我说，睡吧睡吧。你把绍米留在学校里，离开他我怎么能够睡着呢？你根本不理解这一点。"这位母亲的最后一个孩子绍米当时还是个小孩子。诗人解释说，他的学校是关心照顾孩子们的合适处所。诗人无法忍受，让母亲死亡的阴影留在孩子们的记忆里。

诗人对儿女们的关爱是永恒的。第一个孩子是女儿，诗人作为父亲，就像母亲一样，承担起以母爱抚养儿女的责任。妻子当时尚年少，诗人似乎不相信并担心妻子不能对第一个孩子进行全面的关照。诗人自己给孩子喂奶、穿衣服、换床单等——这一切我们都亲眼见过。

孟加拉历1309年阿格拉哈扬月7日（公历1902年11月23日），星期天，在圣蒂尼克坦梵学书院建立整11个月之后，诗人的妻子就离开了人世，年龄只有29岁。那一天我生病了，躺着床上。那时候我自己不能够前往，夜里我丈夫回来说："婶子亡故了，叔叔登上了屋顶晒台，禁止任何人走近他。"我听说，诗人几乎一整夜都在屋顶晒台上走来走去。诗人的父亲大哲大人当时还在世。他在得知小儿媳妇亡故的消息时说："我不为罗比担心，他会以读书学习和写作来打发日子。我只为小孩子们感到痛苦。"幸运的诗人妻子穆里纳莉妮女士，抛开公公、丈夫、儿子、女儿、女婿组成的家庭走了——诗人的家庭破损了，从此诗人就带着自己的破损家庭四处行走，直到现在都是如此。

如今他成为心怀无数琐碎负担的诗人，他的这个破损的家庭，今天在国际大学进入大发展的时期也结束了。

罗宾德罗纳特的婚礼

赫摩洛达·泰戈尔

  罗宾德罗纳特是在冬季阿格拉哈扬月结婚的，具体日期是孟加拉历1290年阿格拉哈扬月24日（公历1883年12月9日）。他是在自己的家里结婚的，他没有去他的岳父家里举办婚礼。这个家里的大小男孩子的婚姻大事都由他们的父母做主——因为这是他们的首要责任，也是最后的责任。罗宾德罗纳特是大哲大人的小儿子，他已经没有母亲——不喜欢热闹场面的父亲当时住在喜马拉雅山区。那么，谁来主持他的婚礼呢？罗宾德罗纳特的婚礼，就是按照这个家庭男孩子结婚的一般家庭方式举办的，没有豪华隆重的场面。家里有一条贝拿勒斯出产的披肩——家里有人结婚，它就成为新郎的一件装饰品。罗宾德罗纳特从自己家西面的游廊来到内室参加婚礼，那里通常是放置女眷用品的地方。身披一件作为新郎装束的披肩的罗宾德罗纳特，站在木板上面。新婶子的女亲戚，大家都叫她"大甘谷利媳妇"——是她选中了罗宾德罗纳特这位新郎的。她身穿一件黑色的贝拿勒斯出产的金丝纱丽。

  结婚的时候新婶子很瘦弱。乡村少女，根本不懂得城里女人的仪态举止，她同什么样的男人结婚——他多大年纪，是何等令人惊奇的男人，她与之结婚的是何人——对于这一切，她一点概念都没有。新娘子被带进来，绕行七圈儿，最后新郎新娘进入婚礼大厅。家里未婚的大姑娘们跟着他们一起走进来，我也跟随他们一起走进来。大厅的一侧是我们坐的地方。我亲眼看到，在那里堆放着新婶子的嫁妆礼品。

赠送过礼物之后，新郎新娘进入洞房，坐下来。罗宾德罗纳特的媳妇，来到他们将来要居住的一个事先安排好的房间，婚礼仪式也在这个房间里举行。在婚礼仪式上，罗宾德罗纳特开始做起了违犯规矩的举动。往陶盆陶碗里装粮食的仪式开始了，应该将陶罐陶碗的盖子打开，将其装满谷物，可是罗宾德罗纳特却慢慢地将陶罐陶碗都倒扣过来，以此取代装谷物的仪式。他的小婶娘特里普拉荪多丽对他说道："罗比，你这是干什么？这就是你的装谷物仪式吗？你为什么把这些陶罐陶碗都倒扣过来呢？"

这是罗宾德罗纳特自己的家——他自己是新郎。他没有去岳父的家里，所以他就没有害羞困窘的理由。罗宾德罗纳特说："婶子，你不知道，一切都被颠倒过来了，因此我也把这些陶碗倒扣过来。"

罗宾德罗纳特是位能言善辩的人——谁都不能在辩论中胜过他。他的小婶娘又说道："那你唱一首歌吧。在你的婚礼上有你这样善于唱歌的人在，谁还能唱歌呢？"

罗宾德罗纳特的嗓音非常美妙动听，没有听过他唱歌的人，是不了解的。我们听过他唱歌，所以我们是很幸运的。现在大家都被他征服了——不过，我听到他唱的那首歌至今都留着我的记忆里。

在婚礼上他唱起了下面这首歌：

啊，可爱的女人，我多么惊喜！
谁人和凝滞的雷电光子
以那圆月的光华
将那张容颜洗得娇媚靓丽？
啊，看到了这种美颜
谁不想转过脸去！？
是智慧女神还是天堂歌姬

> 我不晓得谁是美女？

　　罗宾德罗纳特一边望着新婶子，一边反常地唱起了这首歌。无可奈何的婶子只能用围巾捂着脸低头坐着，眼睁睁地看着罗宾德罗纳特的胡闹。他还唱了一首歌，我已经想不起来了。那一天的仪式到这里就结束了。婶娘几乎与我同龄——她只比我大一岁，所以后来我同她很投缘。我们谈论过各种幼稚的故事。新婶娘有一个名叫妮罗佳的外甥女，也常来焦拉桑科住——她也是我们讲故事群体中的一个人。新婶子结婚三个月后，又发生了一件事，我不能不说一说。四姑的第一个女儿希龙摩伊要结婚。中午，我们被邀请去参加往其身上涂抹姜黄的仪式。中午坐下来吃饭的时候已经是一点钟了，吃完饭已是两点了。在这个时候加尔各答博物馆重新开馆，举办一个展览会，这是在加尔各答第一次举办展览会。大家准备三点钟的时候动身前往展览会场参观，我们还要先返回家里做准备，小婶子和二婶娘也要去参观展览。

　　小婶子穿一件橙黄色的纱丽，上面带有红色条格，条格上绣有金丝的镶边，显得非常艳丽。俗话说，婚礼的喜水洒在身上，姑娘就会更加娇媚。这位身材瘦弱的小婶子的美丽形象当时就是如此。罗宾德罗纳特这个时候不知从哪里突然来到这里——手里拿着托盘，里面放有几块点心，他一边吃着一边走过来。看到盛装打扮的小婶子，就对毫无准备的小婶子即兴唱起了一只俏皮的歌：

> 你在心灵花园里催促鲜花绽放，
> 女友啊，你用半睁的双眼凝望。

　　他用这种高亢的声调所唱的这首歌传到大家的耳朵里：

> 啊，你徐徐地进入我的心灵，

啊，你用甜蜜的微笑表达爱情。
你在心灵花园里敦促鲜花绽放，
女友啊，你用半睁的双眼把我凝望。
啊，你的笑脸流露出笑意，
却让我的心灵凄楚地哭泣。

我们的往事

普罗富洛摩伊①

我们印度的姑娘通过履行所有的誓愿，从多方面来培养她们自己的品德。这种誓愿就是，以对家庭所有人的爱护、关心、善待、忍让、宽容，战胜自己精神方面的弱点，使自己走上谦恭地与人和谐相处的、确定人生方向的唯一道路。现如今，在外国思想和教育的影响下，这种习惯做法逐渐地消逝了。家庭的快乐、安宁、幸福更多地取决于女人，而取决于男人却比较少。女人在抚养子女方面肩负着更多的责任。母亲如果不能给予子女良好的教育，那么，她的家庭生活就不会幸福。女人们肩负着多么重大的责任和维系家庭生活幸福的纽带啊！我们的先人用他们的美好品行向我们昭示了感悟这真理的必要性和力量。

从童年时代开始，由于履行这种誓愿的结果，我们才可以看到，人们不敢贸然地将错误和混乱带入某一个社团或自己的生活内部来，对于不幸和侮辱的恐惧，首先敲打着他们的心灵。因此，我们不论用何种短浅的目光看待这种现象，同现在的社会现实一对比，就可以看到，在童年时代他们通过履行这种内心誓愿所获得的尊严、忠诚、珍爱，在当今的男女孩子的教育过程中是非常缺乏的。那种教育是适用于我们国家

---

① 普罗富洛摩伊（praphullamayee），诗人的四嫂，即他四哥比棱德罗纳特（beerendranaaath，1845—1915）的妻子。

的，并且会使家庭幸福和兴旺，应该对子女进行这种教育，因为未来的持久幸福取决于他们。在我小的时候，我履行过很多这种誓愿。这其中的一个誓愿我还记得，那就叫作"圣塘誓愿"。这其中有10个诗节范例：例如，要像悉多那样守贞节，要有像十车王那样的公公，要有像乔萨罗那样的婆婆，要有像罗摩那样的丈夫，要有像杜尔伽那样的幸运，要做像黑公主那样的厨师，要像恒河那样凉爽，要像大地那样宽容。如果在每一个人身上都具有这种品质，那就会感到无限的幸福和快乐。不过，谁如果在某种程度上也获得了这些品格，对此人来说，也不会感到少许的骄傲。我很幸运，除了一两种外，所有的愿望都圆满地实现了。我进入了在财富、尊严、声誉、富贵、功行、品貌等各方面都很优越的一个家族。确实，我不是像贡蒂那样的拥有上百个儿子的母亲，但是我认为，我生育的那个儿子并不比她那上百个儿子渺小！这不只是母亲对儿子的赞美，家里所有人和外面接触过他的人都明白，我有幸成为什么样儿子的母亲。那些爱他就像自己生命一样的旁遮普居民都说，在短短的几天内他们失去什么！

我得到他的岁月并不长，但是由于他内心里具有爱的品格，因而他把所有人都当作自己的亲人。天神赐给我一切欢乐，但是他又慢慢地把这一切都收回去了。人的生与死的戏要都是在痛苦和欢乐中进行的。在我写的这篇作品中痛苦多于欢乐。那些像我一样与命运纠缠在一起的人，将他们的境况融入我这篇短小的作品里，就会因为成为痛苦欢乐的承受者而感到满足。我正在走向生命的终点，有一位曾经给予我内心承受如此巨大痛苦力量的人，我期待着在他的足下获得庇护。我不晓得，他何时会满足我的最后心愿。如果这部作品能够给予某些人的心里带来一点儿宁静或慰藉，那么，这篇作品就是有价值的。

在胡格利县内有一个竹林环绕的乡村，我的祖父普兰克里什诺·丘多巴泰就居住在这个村子里。父辈有兄弟二人，霍罗代博和迦利波德。我的父亲名叫霍罗代博·丘多巴泰，母亲的名字为芭玛逊多丽。

我的父亲早年宣传过萨那丹宗教信仰，由于父亲笃信这一宗教，他就与我的未来公公代本德罗纳特·泰戈尔建立起亲密的友谊。他老人家非常喜欢我的父亲。在为我祖父举行的葬礼之前，有一次我的公公来竹林环绕的村子旅游，并且从到过那里的他的工作人员基绍里·丘多巴泰、凯拉斯·穆科巴泰和他的管家琼德罗纳特·拉伊那里听到过一些情况，随后就把我父亲叫来，看到他穿着孝服的情况，就用各种话语安慰他，然后就回家了。回到家后，他就给我父亲寄来了一笔钱，让我父亲很好地为我祖父安排葬礼等事宜。父亲就用这笔钱为祖父操办了葬礼。他老人家与我父亲建立了如此深厚的友谊，两个人商定：活着的人要为先死者按照习俗举办葬礼。我的父亲先死了，我的公公就亲自来用檀香木架设焚尸床，为父亲举行了非常隆重的葬礼。为了使两个人之间如此深厚的友谊继续下去，父亲的愿望是与泰戈尔家族联姻，以此建立更加亲密的关系。他的愿望实现了。父亲是位善良的、笃信宗教的人，村子里那些穷苦人遭遇灾难和不幸的时候，他常常以体力和财力帮助他们。除此之外，他还在村子里经常资助人们治疗疾病。

我父亲结过三次婚。他是库林家庭的婆罗门。第一房妻子生有两个女儿，第二房没有子嗣，最后他与我母亲结婚。我母亲生有8个女儿和3个儿子，我在兄弟姐妹中是最小的一个。姐妹们的名字是莎罗达、苏科达、甘诺达、尼斯达丽妮、拉克什米、诺丽波摩伊和普罗富洛摩伊，还有一个刚出生就死了。三个哥哥的名字是达拉普罗松诺、夏马普罗松诺和杜尔伽普罗松诺。我有两个同父异母的姐姐安诺达和绍达米妮。母亲最早生过一个女儿，没活几天就死了，所以也没有留下名字。

我已经不记得安诺达了，因为她在5岁时患天花也死了。安诺达和绍达米妮两个人进入贝屯贵族学校读过书。

父亲的第一房妻子，其性格很粗暴，行为举止很不好。我的奶奶对她的种种不端的行为举止很恼火，因此就让我父亲再婚。后续娶的这个媳妇没有儿女。因为她是父母特别娇惯的唯一女儿，所以她的父母就没有把她送到婆婆家里来。我听说，由于上述种种原因，父亲就娶了我的母亲，而且是奶奶逼迫父亲这样做的。我的二娘（父亲的第二房妻子）的性格也不比大娘细腻。她是一位忠于丈夫、性格朴素的女人。我的母亲是高拉羌德·般多巴泰的女儿，家住马库罗达村。当我母亲有了三个儿女后，在大娘的逼迫下，父母亲离开竹林环绕村，来到加尔各答居住。第一次来加尔各答，我父亲在山卡里多拉的菩提台附近租了一栋房子，住了一些日子。后来又在媳妇市场附近租了一栋房子，住了没几天，我就在这栋房子里出生了。我听妈妈说，当时正逢士兵大起义，我那时候还在产房里。当我五六岁的时候，我的两个姐姐尼斯达丽妮和拉克什米在 15 天内都先后死了。那时候我们住在什亚洛多赫的一栋房子里。尼斯达丽妮嫁到了西莫拉巴拉街区，因为在婆家遭受了各种痛苦，她的身体和心绪逐渐变坏了，因此她开始患上重病，回来就死了。拉克什米是一个情感十分脆弱的姑娘，她不能忍受任何人的粗暴话语。有一天，由于某种原因她被我哥哥打了，此后她就发烧了，这一次发烧竟成为她死亡的一个原因。

这两个人在很小的年纪就死去了，尼斯达丽妮当时 13 岁，而拉克什米才 10 岁。她们俩死后，我父亲就在桑多拉嘎齐买了一栋房子，并且在那里长住下来。在我 10 岁的时候，我的姐姐诺丽波摩伊和大哲代本德罗纳特的三子海门德罗纳特结婚了。此前，我大姐莎罗达逊多丽和我二姐苏科达就已经结婚了。莎罗达逊多丽与北街区的焦度纳特·般多巴泰结了婚。

诺丽波摩伊结婚的时候，在我们这边发生了一场非常大的风波。我们的亲戚朋友们都认为，这种联姻会毁坏我们的种姓的。出于愤怒他们准备了一百个手持棍棒的打手，待新郎来参加婚礼时打他一顿，然后将新娘劫走。我的哥哥杜尔伽普松诺已经得知这个消息，就请警察来帮助，为了使婚礼不发生任何麻烦，警官部署了警察卫兵。很幸运，没有发生任何危险。当新郎来到婚礼现场的时候，就觉得仿佛大神湿婆真的降临尘世了。他既英俊，穿着又优雅得体。街区里的人们看到新郎后都惊呆了，为了观看新郎，人们开始从四面八方拼命地涌进来。看到他显得何等英俊啊，直到今天我都不能够忘怀。在阿格拉哈扬月的一天晚上举行了婚礼。姐姐结婚后，我和妈妈经常前往焦拉桑科泰戈尔的家里。这期间我未来的小姑子绍尔诺库马丽和绍罗特库马丽曾经见过我，而且很是喜欢我，因此她们就多次请求我未来的丈夫和我结婚。我的未来丈夫听了她们的建议就对她们说，他要迎娶"香蕉媳妇"。听了这话她们姐俩大笑起来。我一来，她们姐俩就一起为我打扮起来，并且想尽办法把我带到外边的游廊里，让我未来的丈夫瞧看。可是我是乡下姑娘，当时非常害羞，所以我无论如何都不肯到外边去见他，于是我就跑回内室里。这一年的法尔滚月8日我结婚了。在姐姐结婚两年后，我也走进了这个家庭，与大哲的四子比棱德罗纳特·泰戈尔结婚了，当时我只有12岁零8个月。我的婚礼是在那一年有风暴的阿什温月举行的，婚礼中并没有发生什么骚乱，不过，为了预防万一，还是安排了一些警察。

  在婚礼的第二天，我的小叔子久迪林德罗纳特就正式地带着首饰匣子到我们家来接我了。母亲给我穿好衣服、佩戴好首饰，让我祭拜了杜尔伽女神像，擦净双足，坐上轿子。我在告别父母、临走的时候非常难过，一整夜我的心里都很不是滋味，于是我哭了起来。当时的轿子不是像现在这种样子。轿子里的座位很狭小。轿子上面雕有各种花纹，覆盖着苦布，那时候它被称为"丹贾姆"①。我坐上这顶轿子，被抬上了大船，我仍然坐在轿子里面。我丈夫坐着四匹马拉着的马车来迎亲。我们到家的时候已经是黄昏了。马车在大门前停下来，这时候我的婆婆、我的大姑子绍乌达米妮女士和家里的几位女人，把我从轿子里搀扶下来。我的婆婆拿来一杯清水让我饮用，并把松代什油饼送到我的口中。我们俩被带到二楼，坐在座垫上，在那里完成了婚礼的各种程序。在结婚8

---

① 人抬的小轿子。

天后的那一天，我要回娘家，那一天婆婆亲自给我戴上首饰，为我打扮，她自己有一个镶有红宝石的珍珠鼻环，她要给我戴在鼻子上。这件首饰太重了，戴上之后我就开始流眼泪。看到这种情况，我的大姑子就不再让我佩戴了。这一次回娘家，我获得了解脱。红宝石和两颗珍珠价值2000卢比。婚礼之后我来到婆家，得到了大姑子、妯娌和家里亲人们的尊敬和关心，因此我忘掉了父母的悲伤。我结婚7个月时我的父亲去世了，他长期患有痔疮病。

在那个年代，我婆家的规矩是，下午的时候花圃女工们编织好花串花环送过来，家里的姑娘媳妇们都喜欢把这种花串花环挂在头上或脖子上，以此来打扮自己。我当时是刚过门的新媳妇，我的大姑子每天都为我梳扎各种发式，在头上缠上花串，我的大伯嫂绍尔波逊多丽女士自己花钱买来带有各种镶边的纱丽，将其染成各种颜色，每天都让我穿上，以此来打扮我。我的大伯嫂像关爱自己女儿一样关爱我。当时我们大姑子、小姑子和妯娌们都坐在一起吃饭。我是新媳妇，而且是农村姑娘，所以蒙头的头巾很长，而且一刻也不摘下来。吃饭的时候，我就用一只手伸到头巾里面设法进食。我的小叔子久迪林德罗纳特不喜欢这种盖着头巾的样子。当我坐下来吃饭的时候，他就躲在背后偷偷地盯着瞧看我如何吃饭。看到我吃饭的样子，他就再也藏不住了，于是他就对我进行种种嘲笑。我的这位年轻的小叔子（久迪林德罗纳特）很迷恋唱歌并且特别喜欢听别人唱歌。有一天，他听到我唱歌，他喜欢得不得了。绍尔诺库马丽在唱歌方面也特别热心，她把我带到久迪林德罗纳特的身边。我在想我该唱什么，可是我怎么也确定不下来，心里觉得非常胆怯和难为情，最后我唱了在家里学过的一支歌曲。他听了我唱的歌很高兴，因此他觉得，如果有机会学习，我会唱得更好。那时候一些著名的音乐大师、歌手常来我们家里演唱歌曲，我就一边聆听他们唱歌，一边努力学习。我就这样快乐地度过了4年多的时光。结婚4年后我丈夫患上了头疼病，他就这样痛苦地度过3年半的时间。我结婚之后他通过了升学考试。在患此病之前，他的记忆力相当好，所以我公公就把管理整个家庭生活收入支出的重任交给他了，在这之前我舅公负责管理账簿文书。可是我丈夫的脑子有了毛病，公公不得不解除他负责的这项工作。当时他就处于这种病态并且病情一天天加重了，这时候我的心情非常不好，我不知道该怎么办，家里所有人和我的公公婆婆一样为他担心。我丈夫甚至发展到放弃洗澡进食，并且产生了对所有人的怀疑情绪，由于他的这种怀疑心态，我不得不遭受各种苦难。种种忧郁使我的心绪激动不宁，我就独自坐在一个房间里痛哭。这时候住在三楼的一个房间里的我的二嫂甘丹侬蒂妮，她无法忍受我的这种痛苦，于是就把我叫到她的身边，像母亲一样对我进行种种安慰，竭力想让我的心情平静下来。她的关爱、尊重、体贴当时给我带来了力量、信心，对此我的这篇短小作品是无法表达的。直到今天，每当我想起此种情景，我的心里对她就会充满尊爱之情。假如当时她不在我身边，我真说不好会做出什么事情来。贾诺基纳特那时候也像兄弟一样，给予我很多帮助。

我丈夫还是同样拒绝进食，此外，还出现了咳嗽和轻微的哮喘。由于这些原因，我就带着他，和我的大伯嫂、新嫂子、我的姐姐一起前往波尔普尔。即使到了那里，他的饮食也没有什么变化。有时吃一勺米饭或吃一点儿炒蔬菜，这样在那里住了3天。因为在进食和身体方面没有任何变化，3天后我们又回到加尔各答。他的身体状况一天天恶化，我的公公就把他送进阿利普尔精神病院。在那里住了6个月，他的健康状况有了很大好转，于是就把他接回来。由于忧心忡忡，这时候我的身体很不好，我的大部分时间都是在思考他的病情中度过的，心里感觉不到一点儿欢乐。我丈夫从精神病院回来几天后，波卢（波棱德罗纳特）就出生了。在他出生的前一天，我做了一个梦，梦见一个姑娘穿一件红色纱丽，头上分发线里抹着朱砂，手里拿着一个陶盘，里面装有带血的羊头，站在我的面前。我把梦见的情况全部告诉了我的奶奶婆和婆婆。我婆婆说："这个梦很吉祥。"第二天波卢就出生了。

他是在孟加拉历1277年迦尔迪克月（公历1870年11月）21日星期日下午5点钟出生的。降生之后，根本听不到他的哭声。他处于虚脱的状态。此后医生们采取各种办法，才让他哭出声来。那时候我的身体也非常不好，脉搏很虚弱，连续几天都处于昏迷状态。这孩子是在我的各种不安的心绪中诞生的，所以他的身体如此的不好，两条腿甚至有点儿弯曲，很多天他的腿都伸不直。在他出生第六天的时候，我的大伯子（迪金德罗那特·泰戈尔）为孩子祈祷，并送给波卢一枚金币，为他祝福。

在孩子出生8天时，我婆婆为这孩子增寿送给家里所有男女仆人每人一个装满油的青铜杯子。我婆婆非常喜爱波卢。波卢小的时候常常模仿我婆婆走路，我婆婆看到了就非常开心，而且经常叫他到自己身边来。

波卢4岁半的时候，就于里拿着粉笔坐在我身边学习写字。从那时候起到5岁，我自己慢慢地教他学习，6岁的时候我把他送到文化学校里读书。他同他的姑表兄弟和堂兄弟一起乘坐公共马车去上学，可是因为他腿有毛病，兄弟们常常嘲笑他。听说此事后，我就租用普里耶纳特大夫的车子送他上学，但时间不长。后来我就买了一辆马车，让他乘坐着去上学。他12岁时进入赫亚尔学校，15岁时通过了升入高校的入校考试。就在波卢进入大学的那一年，我的婆婆去世了。从我这里得知波卢进入大学的消息，她非常高兴。由于我婆婆的亡故，我开始觉得四周围一片黑暗。我的婆婆是真正的好婆婆。像她那样幸运的、忠于丈夫的贞节女人，现在是很少见的。由于她的命运吉祥，达罗卡纳特·泰戈尔的商贸事业才如此得兴旺发达。我听我婆婆说过，因此她的公公很高兴，于是就买了一件价值10万卢比的镶有钻石、绿宝石、珍珠的玩具送给她。她的思想是很笃信宗教的，如果有人遇见她时夸奖赞扬她的儿子女儿们，她就低下头来，以免心中萌生出骄傲之情。这个时候我们的家里停止了祭祀活动。每当我的公公坐在祭祀大厅进行祈祷的时候，大多数时间她也坐在他的身边参加祈祷。除此之外，我还看到她经常默念神灵的名字。这样一个大家庭的整个生活重担都压在了她的肩上，她同样地尊敬和关心每一个人，很善于消除大家的匮乏和痛苦。即使解除某人承担的某种工作，也从不让其心里感到痛苦。她的心灵宛如儿童似的温柔。尽管她作为这样一个大人物的儿媳妇和女主人，在她心里任何自我炫耀和摆谱的影子都没有。她总是尽可能地穿着一般的服装，可是这样更增加了她的身段美。有一次一个铁箱的盖砸了她的手，从此后那只手几乎总是疼痛，请来五六个著名的大夫看过，还不见好转，不得不重新做了手术。伤口正愈合的时候，根据一位教师妻子的建议，把罗望子烤焦捣碎，敷在伤口的四周，结果伤口中毒又肿起来，伤口内部逐渐腐烂，导致了她的死亡。

我的大伯嫂也是很幸福的。她得到了迪金德罗纳特·泰戈尔这样的好夫君，其命运也不缺少艰辛。我大伯嫂在31岁时就留下5个儿子2个女儿离开了这个世界。孕育8个月的一个婴儿就降生了，这个孩子死亡之后，她就一直生病。进行各种治疗，都没有效果，最后死去了。她生了迪本德罗、奥鲁嫩德罗、尼登德罗、苏廷德罗、克里丁德罗——5个儿子和绍罗佳、吴莎两个女儿。他们都在很小的年纪夭折了，大儿子当时只有16岁。

我的大伯嫂爱我如同爱她的亲妹妹，我也同样地爱她，尊敬她。在她死亡之前3个月的时候，不知道为什么我的心神很不安，怎么都不想待在家里。在她弥留之际我来到她身边，她直截了当告诉我，在她死前想见一见她的丈夫和儿女们。我把她的愿望立即告诉我的大伯子，在他到来之前的几分钟她的生命就离去了。大伯嫂死后，照顾她的几个小儿女的重担首先由我承担起来，他们的洗澡吃饭都由我来负责。她的大女儿当时结婚了，相看女婿等一切活动都是我安排的。婆婆和大伯嫂死后，我的心灵受到很大的打击。从结婚后我进入婆家的时候起，我就得到了我大伯嫂、大姑子无微不至的关爱。其他小姑子们的年纪还小，她们的关爱更多都深藏在心里。我的二伯嫂大部分时间都和丈夫住在外国。每当她们回来的时候，我对她们的关爱也不逊色。探听各种消息是她的一项主要工作。她一回来，家里所有人都高兴得不得了。我们那个时候的服饰一点儿都不奢华。我们只穿一件纱丽，上身不时兴穿上衣。她第一次从孟买回来，在纱丽下面穿有裤子、衬裙，还穿短上衣和孟买风格的纱丽，她这身装束在我们家里引起了很大的反响。看到这种打扮，外面的其他人就开始模仿。家里的男女仆人、外面的各种裁缝、金匠等任何人都不准进入内室的命令取消了，是我的二嫂逐渐解除了这个禁令，并且请来了摄影师，给我的婆婆、大伯嫂和家里所有人都拍摄了照片。

我大伯嫂去世两三年后，她的大儿子迪本德罗纳特与苏什拉结婚了，她是巴里沙尔的地主拉卡尔·拉伊的大女儿。她父母都是很有成就的名人——在宗教信仰、事业、特性、慈善等方面，她完全继承了父母的思想。她不论接触何人，她那温馨的举止都使人感到愉悦。尽管娶到了如此美好的媳妇，可是我命中注定在家里接触她的时间不长。她对我也非常尊敬和友爱。她生了一个女儿和儿子，此后过了几年，她的身体患病了，最后因为肺结核病而去世。在她重病期间，他的四小叔子苏廷德罗纳特坐在她床边，像儿子一样护理她。她临终时留下唯一的女儿诺莉妮和儿子迪嫩德罗纳特也走了。她的女儿诺莉妮具备了她妈妈一样的品格。她的心灵也特别美好，充满了慈爱、同情、善良、关心和服务精神。她的儿子迪嫩德罗纳特以甜蜜的嗓音令所有人着迷。苏什拉的歌喉也很甜美，她唱歌时的那种强烈情感深深地感动了人们的心灵。在迪嫩德罗纳特的歌声中也保留了他母亲歌曲的那样一种特点。在他们母亲的祝福下，他们姐弟俩成为这位合格母亲的优秀后代。

苏什拉死后，迪本德罗纳特又与赫摩洛达女士结了婚，她是副县长罗利多莫洪·丘多巴泰的二女儿。赫摩洛达没有子女，她把丈夫先房妻子的子女当成自己的子女，以自己的关爱抚养他们。当我因为丧子而陷入悲伤的时候，她就以足够的关心和尊爱来照顾和安慰我。她的两个弟弟莫希尼莫洪·丘多巴泰和罗焦尼莫洪·丘多巴泰，同我的大伯嫂的两个女儿绍罗佳、吴莎结了婚，现在她们两个姊妹都不在世了。我的大姑姐绍乌达米妮女士——像她父亲一样，具有强烈的宗教情感，而且她的性格也特别温柔。每年玛克月 11 日晚上的时候，她都带领我们大家一起亲手用鲜花装饰我们家里的一个房间，并在这房间里进行祈祷，我的婆婆也来参加。在那里做祈祷之后，走出来还要为一个节日做特别的准备，在那里我们躲在背后聆听诵念经文。我公公大人在家里的时候，他亲自主持祈祷，如果他不在家的时候，吠陀经师阿侬德拉姆、巴克拉湿、甘侬德罗——这三个人主持玛克月 11 日的节日祭祀，有时我的大伯子迪金德罗纳特也参加祈祷会。

我的公公特别疼爱我的大姑子。看到她参加所有这些活动，他很开心，称她为"护家的绍乌达米妮"。我的公公让他的四个女儿连同女婿都住在这个家里，除此之外，还给予她们每家一栋房子。除了我的大姑子，其他的小姑子们也都住在这个家里。大姑子直到死都一直住在她父亲的家里，她也是在这家里亡故的。父亲活着的时候，他的吃喝用度等一切都由她来照顾。我的大姑子有两个女儿和一个儿子。她的大女儿伊拉波蒂与德齐纳龙窨·穆科巴泰王公的侄子尼多龙窨·穆科巴泰结了婚，小女儿音杜莫蒂与波尔陀曼县的一个婆罗门之子尼多·丘多巴泰结了婚，这个女婿后来成为很著名的医生。儿子绍多普罗沙德·贡戈巴泰在事业和管理家务方面都像他母亲那样精细。母亲去世之后，他现在住在波罗达，与儿子儿媳妇一起生活。

过节的时候，我们都必须佩戴各种首饰，打扮起来。那时候的首饰不像现在这样轻。家里的新媳妇一过门，也不得不忍受很多首饰的折磨！我当时不是新媳妇，所以我的境况倒不是特别坏。身上要佩戴金项链、金项圈，手臂上要佩戴手链、手镯、臂钏，耳朵上佩戴珍珠串、金耳坠、金耳环，头上戴着分发梳子；脚上带着脚镯、脚链、脚趾环，脚跟涂红。我不得不佩戴着 6 种沉重的首饰走路，甚至都没法说话。在首饰的压力下，我常常弯着腰小心翼翼地走路，外人还以为我这样走路是为了显示富贵和傲慢，但是我自己知道，我处于什么样的状况。此外，还有一个规矩——每人要扎一条沉重的腰带。

* * * * * * * *

就这样，波卢伴随着我的所有苦乐长大了。

由于他父亲的那种状况，那时他心里就怀有一种快点儿长大的强烈愿望。在 8—9 岁的时候，他就常常对我说，他要好好学习，成为一名工程师。读书学习对他来说，是一件快乐的事情，没有一天轻视过。在他 13 岁的那一年，我们去过一次斯里拉姆普尔。在那里小住的时候，有一天，一个船夫一边划船一边唱起歌来："我的小叔小婶得不到爆米花……"等等。听到这首歌之后，他的心里不知萌发了一种什么情感。从那时起，他一篇又一篇地写文章，读给我听。尽管我不能像当年读书时那样理解，但是我听了还是很开心。从那时候起，他对文学的兴趣一天天强烈起来。

波卢 26 岁时与基罗琼德罗·丘多巴泰大夫的女儿莎哈娜结了婚，婚礼很隆重。婚礼的一切筹划准备工作都是由我的二伯嫂来承担的。我的小叔子媳妇（罗宾德罗纳特·泰戈尔的妻子）穆里纳莉妮也参与了这项工作，并给予多方面的帮助。她喜欢和家里的亲人们一起做各种使人愉快高兴的事情。她的思想非常单纯朴实，因此家里所有人都很喜爱她。我的所有小叔子媳妇都把我当作自己的亲姐姐一样，给予我各方面的关爱。穆里纳莉妮是杰索尔县贝尼马陀波的女儿。

波卢是在公历 1896 年玛克月 22 日结婚的。儿媳妇一进入家门，在经历诸多痛苦之后，我的心里感到了巨大的愉悦。我在想，如今天神大概把欢乐的笑脸转过来了。莎哈娜结婚的时候，她的年龄已经过了 12 岁，进入 13 岁了。身体的肤色尽管显得有点儿黑，但是她相貌特别俊美，性格就像孩子似的朴实，不论别人说什么或开什么玩笑，她都能够承受。我没有女儿,她却占据了我女儿的位置。每当我坐下来吃饭的时候,她也总是快乐地走过来,和我一起吃饭。她结婚的时候,我们家里已经有很多小孩子了。她也和他们一起做游戏、玩耍。波卢也常常和她一起玩耍。我从来没有因为她是我儿媳妇而用某种规矩去约束她。

有一次,为了商定一个亲戚家两个女儿的婚事,我带着波卢去了她们家。在返回家的时候,已经是夜晚了。在路上我突然听说,穆斯林和英国人之间开始疯狂地械斗起来。在焦丁德罗纳特·泰戈尔王公的土地上曾经建有一座清真寺,在英国人的帮助下,他把这座清真寺拆毁了,因此穆斯林很怨恨。以前我不知道,走在大街上我看到了这种情况——我们家有一辆马车——那是医生我小姑子女婿的车子,那一天我们是乘坐这辆车子去的。他们一开始问马车夫,这是谁的车子,车夫不加考虑就回答说,是"洋先生的"。这话一说完,无数的砖块、棍棒就开始向我们的车子砸来。车子上的玻璃被砸碎了,散落在四周。我把波卢的头搂在怀里,企图保护他,很多砖块砸在我的后背上。当时我们处于这种危机的境况,马车夫开始大声喊道:"这车子是孟加拉先生的,不是洋先生的。"他们走近车子看到,真是孟加拉人的车子,他们这才住手。我们也总算保住了性命,回到了家里。到家后,两三天我们两个人几乎都处于昏迷状态。全身都感到难以忍受的疼痛,我的全身都变成了青紫色。大夫用了一些药物之后,我才慢慢好起来。在波卢的额头上扎进一个小木块,很多天后它才自动掉下来。

我们的梵社与旁遮普的雅利安社之间建立了联系,想以此来加强其生命力,为此波卢经常去雅利安社,雅利安社里的人们都非常爱他。他们之间如果什么时候产生了矛盾,那么,他们就喜欢请波卢去帮助调解,而且他一到那里,就化解了他们之间的矛盾,重新团结如初。他在自己的生活中从来都不放弃满足他们这种愿望的机会。当他收到他们的电报后第二次要去的时候,那一天正是我二伯嫂的女儿印蒂拉结婚的日子,因此大家都劝他不要去。但是既然收到了电报,就不能蔑视自己的责任，尽管大家劝阻，可他还是去了。从那里返回来的途中，他游览了秣菟罗、布林达森林、阿拉哈巴德和附近的许多圣地。途中在悉多昆德温泉洗过澡之后，他就感到耳朵特别痛，于是就带着疼痛回到家里。回家后经过各种关照处置，疼痛减轻了很多，可是这时候为了还清泰戈尔公司的欠账，他不得不前往什莱多赫地产庄园。萨哈娜住在我小妯娌那里，那时候在那里有一位英国老师教她英语。我儿子夜以继日地忙于处理账目，甚至他都没有固定的洗澡吃饭时间，有时下午3点有时5点才能吃上饭。由于这样无规律的生活工作，他的耳朵疼痛又重新加重了。他在什莱多赫的时候，有一天我做了一个梦：波卢站在我的身边说："妈妈，我的身体不好。"此后我的心情就更加为他感到不安了，于是我给萨哈娜写信："你赶快让他回到我身边来，因为我做了这样一个梦。"当他回来的时候看到他身体的状况，我陷入无限忧虑之中，我只是一门心思地在想，怎样才能使他康复起来？奥科洛大夫、乌马达什·般杜杰大夫、萨尔贾尔大夫三位医生开始来给他看病。他们对我说，没有什么可担心的，会好的。可是我根本没有信心。家里有人都问我，是否想请某位专家来瞧瞧，我当时的思想陷入忧虑担心之中，完全失去了理智，什么都没有说。家里人请来了洋大夫瞧看，但波卢的病情开始逐渐恶化。有一天，就像他出生时想脱离我而要获得自由一样走了。那一天罗比（我最小的小叔子）走过来对我说："你到他身边去看他一下吧，他一直'妈妈妈妈'地呼叫你呢。"我当时无法看到他痛苦的样子，就待在隔壁的房间里。听了罗比的话，我走过去，坐在他的床边。我觉得，他看见我时认出了我，然后又呕吐了一次，就一切都结束了。当时是清晨时分，太阳慢慢地将其光芒洒满大地，唤醒着万物生灵，就是在这个时候波卢的生命之灯熄灭了。我久久地陪他坐着，然后大家把我拉到别的房间。当我再一次返回的时候，他已经不在了，房间空了，当时我心里也变得空荡荡的。凡是那些感受到丧子之痛的猛烈火焰炙烤的人，都会理解这种空虚心灵之痛。对他的回忆每时每刻都在从四面八方烧烤着我。

当时我就觉得，所有这一切都与对他的思念一起被烧成了灰烬。当我瞧看一下儿媳妇脸的时候，我就摆脱了这一切。在我儿子死的那一天，我丈夫在屋里屋外不停地走动。我听说，他一次又一次地询问工作人员："为什么家里人都沉默不语？"他尽管当时处于疯癫状态，但是薄伽梵还是给予他在内心里感受到丧子之痛的力量。

我心里也无法接受儿子离开我的现实，可是如今他已离开31年了。1899年帕德拉月3日，他29岁时就死亡了。在他死之后，我就常常把那个房间的门插上，处于无知觉的状态，躺在里面。心里总是觉得，仿佛他还是像以前一样站在我的身边。我日夜都躺在他那个房间前面的一块草席上。狂风暴雨淋洒在我的身上，可是当时我根本没有什么感觉，只是总觉得，我不在场不知他吃饭时会多么难过。他吃的东西都是我亲手做的。我为此买来一头奶牛，并且用各种好饲料喂这头牛，因为只有它产好奶，波卢的身体才会健康。我亲手从牛奶里搅拌出奶油来，做成各种食品给他吃。每当回忆起这一切，特别是想起吃饭时他走过来的样子，我的心情就更加激动不安了。一天下午，在思念他的时候，我就觉得，仿佛谁在对我说："是谁让你给他送牛奶了？"每当想起这句话的时候，心里就得到很多安慰。我就觉得，那位把他送到我怀里的天神，也一定会消除他的一切缺憾。比代罗特诺先生这时候常来我家，他为了安慰我经常朗读宗教赞歌、奥义书、薄伽梵歌给我听。我的一个侄子湿婆普罗松诺当时住在我这里，他具有虔诚的宗教情感，他也常常来聆听，并且同我一起进行火祭。著名的苦行者湿婆那拉扬大师常常到我大伯嫂的儿媳妇赫摩洛达女士的家里来，我从他那里获得许多忠告，心里就平静下来。他劝我进行火祭，而且波卢也说过："你进行火祭，心里就会平静。你就会见到薄伽梵。"当时我的心里想急于见到薄伽梵，自从进行火祭之后，心里就开始感到特别的宁静。我的公公和罗比两个人一起把比代罗特诺先生安顿下来，这一年他每天都给我朗读宗教方面的书籍。波卢已经死去十五六年了，我丈夫还活着，只是处于疯癫的状态，他常常寻找波卢。从那时起，我就开始穿上棕色的衣服，手腕上只戴两只贝壳手镯。看到我穿棕色服装，他就常常问我，为什么改穿这种颜色的服装。我就回答说，我父亲穿这种颜色的服装，所以我也穿，我不能亲口告诉他这种不幸的消息。我又重新开始把自己的精力集中于家务中。减轻人痛苦的唯一朋友就是工作。人在工作中就可以忘掉自己的巨大痛苦。即使到了这样大的年岁，我也不能抛弃做家务。丈夫活着的时候，护理照顾他、探望儿媳妇等等重担，都落在我的肩上。除此之外，我的弟弟、侄子们也经常来我这里，也需要招待他们——我投入到所有这些工作中。湿波普洛松诺从小就是由我抚养大的，他也来打扰我。我把儿媳妇萨哈娜送进了英语学校。我想她把精力用在读书学习上，心里就会平静些，通过学习还可以提高自己的思想境界，当然，她如果能真正用心接受教育才行。过了几天，她就去英国实习，但是在那里住了几天后，她就生病了，不得不回国。

不论她想做什么，我从来都没有阻止过，我尽力让她的身心得到发展。从英国回来之后，她的身体就康复了，于是她就在练习做裁缝、读书学习中打发时日。就这样，她没有做过家庭生活的各种杂务和照看别人，我从来也没有让她去做这些事情。因为她是波卢的妻子，我一直在关注着，在任何事情上都不要让她感到为难。由于波卢的死亡和我丈夫的疯癫，我们都被从家务中解脱出来。但是只要我们活着，我们享受着这个家庭成员的权利，每个月都领取生活费。我们就是在这种安排中过日子。但是由于所有东西都一天天涨价，靠这点儿钱就难以维持生活了，于是我们就放弃了作为我们这个大家庭成员的权利，不得不搬到别的地方租房居住。最初，我们在湿婆普尔租了房子，和我的外甥女苏绍玛在一起住了一段时间，居住在那里的那栋房子有诸多不便之处，因此我们又重新在巴大里多拉租了一栋房子。这栋房子很大，但是由于很久都没有维修过，所以处于极度破损的状态。租住这栋房子需要一些开支，我们还不得不换掉破损的房顶。在这栋房子里居住一些天后，萨哈娜突然身患重病并且开始感到种种不适，因此她又回到焦拉桑科的家里。我当时一个人住在那里，只有一个女仆帮助我。我还有一个侄子霍里普罗松诺住在我那里，他整个白天都要在外面工作，夜里 10 点钟甚至 10 点半才能回到家里。这栋房子位于穆斯林街区里面，虽然居住在这里面临种种危险，但是我觉得，这个寂静的小镇却能给人带来一种宁静。我获得了一种将自己生活中每时每刻都与各种情况结合起来进行观察思考的机会。每一个人的生活都会经历过许多情势的变化，由于尘世生活的各种挤压，瞬息间生活都会被碾压成粉末的——我在开始思考着这一切。在各种尘世生活的喧嚣中，我们都没有找到机会思考过去的岁月，所以思想一直处于纷乱的状态。昔日伟人们都曾经探索过使自己进入宁静状态的道路。由于天神的怜悯，我在生活中只获得了唯一的一次机会。从萨哈娜那里离开之后，在她的要求下，我又回到了那个我很熟悉的焦拉桑科的家。离开我，萨哈娜在任何地方独自一人都不能居住很多时日，她在很小的时候就离开了父母，来到我身边，所以她就常常把气恼、委屈、痛苦、任性的要求等向我发泄。她小小的年纪就失去了父亲、母亲、丈夫等亲人，所以我就成为满足她的一切任性要求和缺憾的唯一靠山。

　　很多天之前，她的身体就不舒服，常常咳嗽，并且因为咳嗽而导致哮喘。鉴于这种情况，我不得不带她去外地换换空气。在她死前的几个月，她有一个愿望，就是她要去克什米尔旅游一次。那时候我的小姑子波尔诺库马丽的儿子绍罗吉和妻子两个人要去克什米尔，萨哈娜就决定与他们同行。我有一个侄孙子苏湿尔，他在萨哈娜生病之后一直在她身边照顾她，萨哈娜爱他如同自己儿子一样，并且立下遗嘱，死后把自己的一些财产赐给他。她也带着苏湿尔一起去了克什米尔。可是在从克什米尔返回的途中抵达拉瓦尔品第的时候，她的胸部疼痛加剧了，她感到返回家里都很困难。甚至有一天脉搏都摸不到了，眼看着生命之火就要熄灭。那里的一位旁遮普大夫为她进行了治疗。经过多日细心的医治护理，她的身体有了好转，于是我就把她带回家里。这一次克什米尔之行，打开了她通向死亡之路的大门。回到家里之后，她的胸部疼痛开始加重了，尽管进行了治疗，但是没有任何效果。法尔滚月她的病情恶化了。法尔滚月27日下午1点钟的时候，她的全身高烧，最终她获得了永恒的宁静。

为了使她那痛苦的内心获得平静，这么多天来我一直注视着她的脸，可是她却在我这样年迈的年龄离我而去了。我就像石头一样，被抛在一个角落里。这个痛苦女人留下的唯一财富，就是仁慈。

在痛苦悲伤的煎熬中获得了那位最高的天神大梵天。当一个人沉湎于痛苦之海的时候，他是找不到海岸的，为寻找宁静之路，他就会不停地四处奔波，这时候大梵天让他触摸到一块大木板，他就从面临的危险中解救出来。任何人都不能说，他能够让某人克服尘世生活中的各种艰难险阻，成为某条道路上的旅行者，使他看到光明。蚁垤仙人通过抢劫而获得了财富，当悔恨的火焰激烈燃烧而使他身心交瘁的时候，当他为扑灭这火焰急于想见到薄伽梵而心灵激动不安的时候，他那撕心裂肺的恸哭声震撼了宇宙创造者的宝座。这位造物主亲自下凡，让他的生活摆脱了污秽，变得神圣。虽然处于富有幸福的享乐中，但是乔达摩却萌生了求知的渴望。为了解那些经历衰老、死亡、忧伤之人的情况，他毅然离开了他那亲爱的父亲、母亲、儿子等家庭中所有亲人。尘世生活中的痛苦情景，石头般沉重地压在我们的心上，当人能放下这种负担，获得解脱的时候，他就得救了。那是薄伽梵、佛陀的幸运日子，那一天降临了。深入了解这些伟大人物的生活之后，我们也得到了了解这些智慧的机会，痛苦悲伤、幸福欢乐、贪欲享乐，都在极大地影响着我们的身心，战胜这一切的唯一途径，就是获得永驻我们心中的那位抛弃一切痛苦的、怜悯的庇护者。生是为了死，而死也是为了生——在世世代代的历史中都可以看到这种情况，因此才会产生悲伤、痛苦、悔恨等一切情感。就像首饰商人用试金石测试金银的真实性一样，造物主每天都在用试金石敲打我们的心灵，并以此来检验我们的痛苦情况。我们如此地深陷悲伤之中，我们就丧失了分辨好坏的能力。如果造物主在极端的痛苦中也能使我的心灵保持平静，能够忍受，那么，我就会在内心里感受到他那幸福的愿望和无限的爱。就像倾盆大雨瞬息间可以让燃烧的火焰冷却下来，将其浇灭一样，当痛苦的火焰向心灵的四周扩展燃烧起来的时候，怜悯的暴雨大量倾泻下来，就会将所有燃烧着的火焰浇灭。

当身心总是处于悲伤之中的时候，心灵就根本无法获得平静，这时候我的心就急于想见到薄伽梵。当我怀着这种激动的心情日夜思念他的时候，我就会在沉思中常常看到波卢的那张脸。一方面是波卢，一方面是薄伽梵，于是我就融入这两者之中了。

罗比非常爱波卢。此时我处于这种状态之中，有一天他从《颂歌集》中选出一首优美的合适的诗读给我听。现在我已经记不得那是哪首诗了，可是他的话语却仿佛在我心里鸣响。听了之后，我就觉得一种灵魂存在于万物之中，那也是波卢内心里的灵魂，这灵魂也存在于所有人的身上，当时我一次又一次回忆着这件事。当这种意识萌生之后，那种怀着在所有人身上看到波卢形象的愿望和通过劳作为大家服务，就成为我的最高目标。开始将勇气、力量和希望注入工作中，让破碎的心愈合，我找到了完成他的事业的途径。万物生灵所包围着的一切及其一切活动都不是永恒的，什么都不会长期存在；凡是永恒的，都不会变化，永远同样地存在于生死的形式之中。因为我们总是认为悲伤是很恐怖的，所以我们就不能感受到它的益处。可是，如果世界上没有痛苦悲伤，我们只是在幸福的波涛中漫游，那么，大概就不会萌生寻找玉液琼浆的强烈愿望，也不会消除内心里的迷茫。为了获得试金石，人就会成为一路乞讨的乞丐，犹如盲人一样怀着空虚的心灵，把万物生灵都看成虚无。当人生的某个时候那种美好的时刻到来时，他就抓住了并且觉得自己是幸运的。世界之神也会以另一种面貌展现自己。在他的鼓励下，他让我借助我这种微弱的力量进行这样一点儿修炼，借助这种亮光我获得了在所有人心中看到我的波卢的机会。我觉得,他仍然像以前一样在院子里嬉笑玩耍。他的那张脸依然在东部天边朝霞的辉映下熠熠闪着光。随着太阳的落山,他也仿佛倒在我的怀里睡着了。我失去了我的波卢,但又没有失去,因为总觉得他一直在我身边。他一个人变成了多个,每天都在我的面前转来转去,今天他以无数的形象伸出无数的手臂,扑到我的怀里来。

母亲!当我们在无助的状态下,从母亲的子宫里呱呱坠地的时候,是你在你的怀里给予这无助的生命一个位置,直到死亡。在与他一起进行各种斗争中,你一直把他抱在怀里,决不会抛弃他。我的一切痛苦欢乐在你的玉足下都结束了。我出生在吉祥时刻,当我第一次睁开眼睛,看到了你那慈祥之光,从孩提时代跨入成年,直到今天,在生命的每一时刻,每一个事件中,你都以母亲的形象成为我的女友,而且直到今天你依然如此。当因为丧子而感到悲痛的时候,当我已超越了忍耐极限的时候,我就痛苦地请求说:"既然你已经带走了一切,那你就把我也带走吧。"因为处于半昏迷状态而由难以忍受的痛苦、干涩的嗓音发出的这句话语,我觉得瞬息间以欢乐的形式表达出一种空前的欢乐,这种欢乐是无法用语言来表述的——这一点你是知道的。那些日夜沉浸在痛苦悲伤中的人,因为悲痛而扑到你的怀里不停地抛洒泪水,而你却用你那无限忍耐的品格赐予他们伟大的力量,为他们拭去眼泪,因此他们心里就获得了力量,他们就能够在尘世生活的大海中劈波斩浪,奋勇前进。请你也赐给我们这种力量,有了这种品格,就会蔑视我们面临的危险,就会感到内心里的平静。

1940 年

译者后记

罗宾德罗纳特·泰戈尔（1861.5.7—1941.8.7），是中国读者熟悉的外国诗人，也是中国读者最喜爱的外国作家之一。《泰戈尔作品全集》（18卷33册），于2015年初全部译成中文，2015年底由人民出版社出版。对于不懂得孟加拉语言且喜欢泰戈尔的中国读者和泰戈尔的研究者来说，毫无疑问，这套书的出版是个福音。为配合这套书的出版，人民出版社此前还推出了《天竺诗人泰戈尔》，其实，那是泰戈尔传的一种新版本。

诗人罗宾德罗纳特·泰戈尔和他的妻子穆里纳莉妮共生育了5个子女，其中二女儿蕾奴卡（1891—1903，爱称"拉妮"）和小儿子绍明德罗纳特（1896—1907，爱称绍米）先后在少年夭折，大女儿玛图莉洛（1886—1918）只活到32岁，也亡故了，身后没有留下后代。诗人儿女中活得比较长久的，是他的长子罗廷德罗纳特和小女儿米拉。罗廷德罗纳特1888年出生，1961年去世，享年73岁，自己没有生育子女，夫妻俩抱养一个女儿依迪妮；诗人的小女儿米拉1894年1月13日出生，1969年去世，享年75岁。米拉生育两个孩子，儿子尼杜在德国留学时因患肺结核病于1932年死亡，时年21岁；女儿依蒂达（nanditaa）早于母亲两年，即于1967年病故，享年51岁。米拉1969年仙逝，她死后，诗人泰戈尔这一支家族就后继无人了。

《我们的父亲》这本书收录了泰戈尔子女的三部作品：一是诗人的

儿子罗廷德罗纳特所写的回忆录《回忆父亲》(Pitri-smriti)，二是他的小女儿米拉所写《回忆往事》(Smriti kathaa)，三是他的儿媳妇普罗蒂玛所写的《涅槃》(Nirvaan)。

关于《回忆父亲》这部作品，需要做一点说明。罗廷德罗纳特·泰戈尔用英文写过回忆录——*On the edges of time*（《在时间的节点上》），并于1958年出版了。这部英文书出版后，他的一些朋友要求他以该书的内容为基础，用孟加拉语写一本更充实的回忆录。他接受朋友的建议，开始撰写，由于作者1961年病故，这部书没有写完。剩余的部分是由齐迪什·拉伊先生依据 *On the edges of time* 翻译成孟加拉语的。

米拉的《回忆往事》是1968年写成的，是一部容量不大的回忆录，曾经在1969年《国家》周刊上发表，并于1975年出版单行本。普罗蒂玛的《涅槃》是诗人最后一年的生活、创作、患病、治疗，直至仙逝的详细记录，于1942年春天首次出版，此后多次再版。

最后部分为附录，其中收录三篇文章：《家庭生活中的罗宾德罗纳特》《罗宾德罗纳特的婚礼》《我们的往事》。前两篇是诗人的侄媳妇写的，后一篇是诗人的四嫂普罗富洛摩伊写的。三篇回忆文章译自2002年加尔各答出版的《回忆》一书。

我相信，喜欢泰戈尔的中国读者也一定会喜欢这部回忆录的，因为这部书中所描写的故事都是诗人子女们亲身经历的，或者说，是他们亲眼目睹的。读者通过这部回忆录，可以更深入地了解大诗人罗宾德罗纳特·泰戈尔的思想、人品、性格、爱好、生活和创作，一句话，可以更全面地了解、认识大诗人罗宾德罗纳特·泰戈尔。

董友忱

2018年8月26日

于北京西郊大有庄100号63号楼410室

责任编辑:宫　共
封面设计:源　源

图书在版编目(CIP)数据

我们的父亲:泰戈尔子女回忆录/董友忱 译. —北京:人民出版社,2018.12
ISBN 978-7-01-020117-7

Ⅰ.①我… Ⅱ.①董… Ⅲ.①泰戈尔(Tagore,Rabindranath 1861-1941)—生平事迹 Ⅳ.①K833.515.6

中国版本图书馆 CIP 数据核字(2018)第 277326 号

我们的父亲
WOMEN DE FUQIN
——泰戈尔子女回忆录

董友忱　译

人民出版社 出版发行
(100706 北京市东城区隆福寺街 99 号)

中煤(北京)印务有限公司印刷　新华书店经销

2018 年 12 月第 1 版　2018 年 12 月北京第 1 次印刷
开本:710 毫米×1000 毫米 1/16　印张:25.75　字数:352 千字

ISBN 978-7-01-020117-7　定价:69.00 元

邮购地址 100706 北京市东城区隆福寺街 99 号
人民东方图书销售中心　电话 (010)65250042　65289539

版权所有·侵权必究
凡购买本社图书,如有印制质量问题,我社负责调换。
服务电话:(010)65250042